DATE DUE

Les instituts de vie consacrée au Canada

The Institutes of Consecrated Life in Canada

François II Limosin (†1646): Oblatio mystica animae
voventis vel vota renovantis, 16e s./16th cent. (Limoges).

Plaque en émail qui représente trois saints bénédictins personnifiant les trois voeux et les offrant, à la manière des Rois Mages, à l'Enfant-Jésus tenu par Sa Mère: saint Benoît offre l'or de l'obéissance, *aurum obedientiae*, saint Maur, la myrrhe de la pauvreté, *myrrha paupertatis*, et sainte Scholastique, l'encens de la chasteté, *thus castitatis*.

Musée national des Thermes et de l'Hôtel de Cluny, no d'inventaire Cl. 2532; cliché no 70 DN 2294 reproduit avec l'aimable permission du Service de documentation photographique, Réunion des Musées nationaux, Paris.

Enamel plaque which represents three Benedictine saints personifying the three vows and offering them, like the Three Wise Men, to the Child Jesus on the knees of His Mother: Saint Benedict offers the gold of obedience, *aurum obedientiae*; Saint Maur, the myrrh of poverty, *myrrha paupertatis*; Saint Scholastica, the incense of chastity, *thus castitatis*.

Musée national des Thermes et de l'Hôtel de Cluny, inventory no. 2532; negative no. 70 DN 2294 reproduced with the kind permission of the Service de documentation photographique, Réunion des Musées nationaux, Paris.

Les instituts de vie consacrée au Canada depuis les débuts de la Nouvelle-France jusqu'à aujourd'hui

The Institutes of Consecrated Life in Canada From the Beginning of New France Up to the Present

notes historiques et références

historical notes and references

par/by
Michel Thériault

 Bibliothèque nationale du Canada   National Library of Canada

Ottawa
1980

Données de catalogage avant publication (Canada)

Thériault, Michel, 1942-
 Les instituts de vie consacrée au Canada depuis les
débuts de la Nouvelle-France jusqu'à aujourd'hui =
The institutes of consecrated life in Canada from the
beginning of New France up to the present

Textes en français et en anglais.
Comprend des références bibliographiques et des index.
ISBN 0-660-50453-7
Cat. MAS no SN3-127/1980

1. Monachisme et ordres religieux--Canada--Histoire.
2. Communautés religieuses--Canada--Histoire.
I. Bibliothèque nationale du Canada. II. Titre.
III. Titre: The institutes of consecrated life in
Canada from the beginning of New France up to the
present.

BX2527.T48   255'.00971   C81-090010-6F

Canadian Cataloguing in Publication Data

Thériault, Michel, 1942-
 Les instituts de vie consacrée au Canada depuis les
débuts de la Nouvelle-France jusqu'à aujourd'hui =
The institutes of consecrated life in Canada from the
beginning of New France up to the present

Text in French and English.
Includes bibliographical references and indexes.
ISBN 0-660-50453-7
DSS cat. no. SN3-127/1980

1. Monasticism and religious orders--Canada--History.
2. Religious communities--Canada--History. I. National
Library of Canada. II. Title. III. Title: The
institutes of consecrated life in Canada from the
beginning of New France up to the present.

BX2527.T48   255'.00971   C81-090010-6E

Les deux symboles au centre de la couverture représentent:
l'**anneau**, évoquant l'engagement de la personne consacrée envers le Christ, et
le **chrisme**, monogramme grec du nom du Christ (Χριστός, Christos), dont une des formes est le Chi-Rhō, aussi appelé improprement monogramme constantinien, et formé des lettres grecques X ou chi et P ou rhō, respectivement première et deuxième lettres du nom du Christ en grec.

The two symbols at the centre of the cover represent:
the **ring**, signifying, the commitment to Christ of the consecrated person; and
the **chrismon**, Greek monogram of the name of Christ (Χριστός, Christos), one form of which is the Chi-Rhō, also improperly called Constantinian monogram, and composed of the Greek letters X or chi and P or rhō, respectively the first and second letters of the name of Christ in Greek.

4

1. PRÉFACE

En 1968 fut publié un ouvrage maintenant épuisé depuis plusieurs années, *A List of Canadian Subject Headings* (Ottawa, Association canadienne des bibliothèques/Canadian Library Association, 1968). Comme, il y a un certain temps, la Bibliothèque nationale du Canada prit en charge la préparation et la publication d'éventuelles listes de vedettes-matière, les recherches des dernières années aboutirent à la publication de *Canadian Subject Headings* (Ottawa, Bibliothèque nationale du Canada, 1979). À cette occasion, certains aspects de l'histoire canadienne furent aussi plus spécialement étudiés, comme les forts, régiments, ordres religieux, etc.

En mars 1976, la Direction du catalogage de la Bibliothèque nationale demanda à Michel Thériault, chef de la Division de la bibliographie nationale rétrospective et canoniste en plus d'être bibliothécaire, de réviser la liste des ordres religieux préparée en rapport avec l'éventuel ouvrage *Canadian Subject Headings* par Mme Mildred F. Linton, bibliothécaire de Toronto travaillant à forfait pour la Bibliothèque nationale. Ce travail devait consister seulement en une révision du texte au point de vue grammatical et une normalisation des courtes notes historiques. Petit à petit, cependant, le travail changea de nature: la liste sur fiches devint un véritable ouvrage de référence.

De 1976 à aujourd'hui, une quantité considérable de renseignements ont été recueillis; les notes historiques ainsi rassemblées, beaucoup plus précises et complètes que celles du début et sur un nombre d'ordres doublé par rapport à celui d'origine, devinrent utiles non seulement aux bibliothécaires, spécialement aux catalographes, mais à un éventail assez vaste d'usagers.

Bref, décision fut prise de publier en entier et séparément de *Canadian Subject Headings* la liste des ordres religieux, complètement révisée, corrigée et considérablement augmentée, au point d'ailleurs qu'elle est devenue un instrument de travail totalement différent de ce qu'il était au départ: vedettes, notes historiques et références relatives aux instituts de vie consacrée au Canada (pour utiliser la formule plus précise, telle que définie en 3.2.1-3.2.2), en plus de divers appendices et index.

Un peu plus tard, un extrait du présent ouvrage, comprenant les vedettes et les références, sera publié comme appendice à *Canadian Subject Headings*.

La Bibliothèque nationale du Canada est redevable à Michel Thériault de cet instrument de travail complet et très soigneusement préparé. Nous nous considérons chanceux d'avoir pu utiliser sa connaissance de l'histoire religieuse au Canada et sa formation de canoniste pour ce travail. Nous remercions tout spécialement le père Jean-Léon Allie, o.m.i., ancien bibliothécaire en chef de l'Université Saint-Paul, Ottawa, d'avoir donné à monsieur Thériault l'accès le plus large possible aux collections très riches de cette bibliothèque. Nous tenons aussi à

1. PREFACE

A List of Canadian Subject Headings (Ottawa, Canadian Library Association/Association canadienne des bibliothèques, 1968) has been out of print for many years. Some time ago the National Library of Canada took over the task of preparing and publishing eventual lists of subject headings. Research for that project culminated in the publication of *Canadian Subject Headings* (Ottawa, National Library of Canada, 1979). Research for that work also involved special study on certain aspects of our Canadian scene and history, such as forts, regiments, and religious orders.

In March, 1976, the Cataloguing Branch of the National Library asked Dr. Michel Thériault, Chief of the Retrospective National Bibliography Division, who is a canonist as well as a librarian, to edit the list of religious orders prepared in connection with the future publication *Canadian Subject Headings* by Mrs. Mildred F. Linton, a Toronto librarian under contract to the National Library. The work was supposed to involve only grammatical corrections and a standardization of the short historical notes. Little by little, however, it evolved from a list in index card form into a true reference work.

From 1976 to the present time, a considerable amount of information has been collected. The historical notes, much more precise and complete than the original ones and on double the number of orders than at the outset, have been found to be useful not only to librarians, especially cataloguers, but also to a rather varied clientele of users.

Consequently, the decision was made to publish the list of religious orders in its entirety and separately from *Canadian Subject Headings*. The list has been so completely revised, corrected and augmented, that it has become a totally different tool than the original one. It now includes headings, historical notes and references on the institutes of consecrated life in Canada (to use the more precise formula defined in 3.2.1-3.2.2) as well as assorted appendices and indexes.

Sometime in the near future an excerpt of the present work, actually the list of headings and the references, will be published as an appendix to *Canadian Subject Headings*.

The National Library is indebted to Dr. Michel Thériault, who painstakingly prepared this very thorough tool. We consider ourselves fortunate to have been able to use his knowledge of Canadian church history and his training as a canonist. We address a very special word of thanks to Fr. Jean-Léon Allie, O.M.I., former chief librarian of St. Paul University, Ottawa, who gave Dr. Thériault the widest possible

6

exprimer notre reconnaissance aux archivistes, supérieurs et supérieures d'instituts, aux chanceliers, vicaires généraux et archivistes de diocèses, qui, tous et toutes, ont été d'une patience exemplaire et ont gracieusement répondu aux demandes, même apparemment farfelues, de détails pouvant sembler insignifiants.

access to his library's rich collections. We also wish to express our gratitude to the archivists and superiors of institutes, the diocesan chancellors, vicars general and archivists, for their forbearance. Their cooperation was always gracious even when requests were made for seemingly insignificant details.

Cynthia J. Durance
Directrice
Direction du catalogage

Cynthia J. Durance
Director
Cataloguing Branch

2. INTRODUCTION MÉTHODOLOGIQUE

2.1 Généralités

Les lecteurs ne pourront faire autrement que se rendre compte de l'omniprésence des instituts de l'Église catholique romaine dans cet ouvrage: sur un total de 448 notices, seulement cinq sont consacrées aux Orthodoxes et douze aux Anglicans, parce que les autres Églises au Canada n'ont pas développé cette forme de vie chrétienne autant que l'Église catholique romaine. Les Luthériens ont des instituts de vie consacrée en Europe, surtout en Allemagne, mais n'en ont aucun au Canada. D'autre part, certaines formes de vie communautaire à connotation ou nature religieuse dépassent malgré tout le cadre du présent ouvrage, parce qu'elles ne sont pas des formes de "vie consacrée" au sens strict du terme; ainsi sont exclus les Huttérites, les Mennonites et les Doukhobors.

De façon globale, l'objectif du présent ouvrage est de renseigner le lecteur sur chaque institut de vie consacrée au Canada: nom, histoire, présence au Canada, autres formes du nom. Nous définirons en 3.2.1-3.2.2 ce que nous entendons par "institut de vie consacrée". Dans la préface, nous utilisons "ordre religieux" parce que la liste d'origine utilisait ces termes, mais ces derniers sont spécifiques à un type d'institut et ne se rencontreront dorénavant que dans leur acception propre, le terme générique étant "institut de vie consacrée" (dans une forme plus courte, "institut").

La présente introduction consistera donc surtout en une explication de la méthodologie suivie, des termes utilisés et des concepts qui sont à la base des 448 notices qui composent le corps du présent ouvrage.

2.2 Méthodologie

2.2.1 NOM

2.2.1.1 Terme indiquant le statut ou le sexe

Beaucoup de bibliothécaires et d'usagers considèrent comme faisant partie du nom même de l'institut les expressions **Congrégation, Société,** ou d'autres mots semblables. Ceci est une erreur, car ces mots sont plutôt une indication du statut canonique (voir 3.2.2.1). Au lieu donc de donner en vedette "Congrégation des Soeurs de...", nous avons donné "Soeurs de...", **sauf** quand il n'était pas grammaticalement possible de faire autrement: v.g. Congrégation de la Mère de Dieu, que nous ne pouvions amputer.

La même politique a été suivie en ce qui a trait aux différences sexuelles: nous ne mettrons pas "Soeurs dominicaines de..." mais "Dominicaines de...", le genre féminin étant suffisamment indiqué; par contre, nous devons mettre "Dominican Sisters of..." en anglais, "Dominicans" étant morphologiquement indifférencié quant au genre.

2.2.1.2 Forme du nom

Le nom de chaque institut pris comme vedette, i.e. le nom devant être utilisé au Canada, a été choisi en suivant

2. METHODOLOGICAL INTRODUCTION

2.1 Generalities

Readers will not be able to avoid noticing the omnipresence of Roman Catholic institutes in this work; of 448 entries, only five are for Orthodox institutes and only twelve are for Anglican ones. This results from the fact that other churches in Canada have not developed this form of Christian life to the same extent as the Roman Catholic Church. Lutherans possess institutes of consecrated life in Europe, mostly in Germany, but not in Canada. Moreover, certain forms of community life, religious in connotation or nature, are beyond the scope of the present work, which is restricted to those institutes that are, in the strict sense of the phrase, forms of "consecrated life." Therefore, for example, the Hutterites, the Mennonites and the Doukhobors are excluded.

Generally speaking, the objective of the present work is to inform the reader about each institute of consecrated life in Canada: name, history, presence in Canada, other forms of name. We will define in 3.2.1-3.2.2 what is meant by "institute of consecrated life." In the Preface, we used the phrase "religious order" because the original list used it, but that phrase is actually specific to a type of institute and will henceforth be used only with its proper meaning, the generic term being "institute of consecrated life" or, in a shorter form, "institute."

This Introduction will therefore consist mostly of an explanation of the methodology followed, the terms used and the concepts underlying the 448 entries which form the core of the present work.

2.2 Methodology

2.2.1 NAME

2.2.1.1 Term Denoting Status or Sex

Many librarians and users consider that terms such as **Congregation** or **Society** form part of the name of the institute. These words actually denote the canonical status of the institute (see 3.2.2.1). Headings will therefore not start, for example, with Congregation of the Sisters of... but with Sisters of..., **except** when grammatically impossible: e.g., Congrégation de la Mère de Dieu, a name which could not be truncated.

The same policy has been followed in the case of sexual differences: headings will not start, for example, with Soeurs dominicaines de... but with Dominicaines de..., the feminine gender being sufficiently explicit in French; in English, however, they would be known as Dominican Sisters of..., Dominicans being insufficiently differenciated in terms of gender.

2.2.1.2 Form of Name

The headings for the name of each institute, i.e., the name used in Canada, have been chosen according to

les *Règles ae catalogage anglo-américaines* (Montréal, Association canadienne des bibliothécaires de langue française, 1973), qui disent, à la traduction française de la règle 96A:

"La vedette des sociétés ou ordres religieux est prise au nom sous lequel ils sont le mieux connus selon l'ordre de priorité suivant:

1° Le nom conventionnel consacré par l'usage français pour désigner ses membres;

2° la forme française du nom employée par les unités de l'ordre ayant leur siège dans les pays francophones; ou

3° le nom de l'ordre ou de la société dans la langue de son pays d'origine."

Concrètement, cela veut dire que la vedette sera prise au nom conventionnel en français utilisé par chaque institut au Canada: v.g. Dominicains et non Frères prêcheurs, Soeurs grises et non Soeurs de la charité de l'Hôpital général de Montréal. Bien sûr, si un institut n'utilise qu'un nom en anglais au Canada, aucun nom ne sera donné en français dans la vedette: v.g. Sisters of Mission Service.

D'autre part, la même règle vaut pour le nom en anglais: (*Anglo-American Cataloging Rules*, Chicago, American Library Association [c1967]). La règle 96A dit, dans son texte original en anglais:

"Enter a religious order or society under the name by which it is best known, according to the following order of preference:

1) the conventional name by which its members are known, when such a name is well established in English language usage;

2) the English form of name used by units of the order located in English-speaking countries; or

3) the name of the order or society in the vernacular of the country of its origin."

Le nom conventionnel en anglais utilisé au Canada sera donc celui choisi pour la vedette: Jesuits et non Company of Jesus. Si le seul nom utilisé au Canada est un nom en français, aucun nom en anglais ne sera donné en vedette: v.g. Soeurs de la Sainte-Famille de Bordeaux.

Comme une bonne partie des instituts utilisent deux noms, respectivement en anglais et en français, le principe sera donc appliqué deux fois: les noms en anglais et en français utilisés par les instituts au Canada ne sont pas nécessairement traduits l'un de l'autre et la règle 96A doit donc être appliquée indépendamment pour chaque forme linguistique. D'autre part, le texte de la deuxième édition des règles (RCAA 2, règle 24.3D) est sensiblement le même.

Par ailleurs, les noms en anglais et en français choisis en vedette ne sont pas nécessairement identiques à ceux donnés par l'incorporation civile, ces noms-ci n'étant pas toujours utilisés quotidiennement dans leur forme com-

the *Anglo-American Cataloging Rules* (Chicago American Library Association [c1967]), Rule 96A:

"Enter a religious order or society under the name by which it is best known, according to the following order of preference:

1) the conventional name by which its members are known, when such a name is well established in English language usage;

2) the English form of name used by units of the order located in English-speaking countries; or

3) the name of the order or society in the vernacular of the country of its origin."

The English-language conventional name used in Canada will therefore be the same as the one chosen as the heading: Jesuits and not Company of Jesus. If the only name used in Canada is a French-language one, no English name will share the heading, e.g., Soeurs de la Sainte-Famille de Bordeaux.

The same rule applies for the French-language name (*Règles de catalogage anglo-américaines*, Montréal, Association canadienne des bibliothécaires de langue française, 1973). The French translation of Rule 96A says:

"La vedette des sociétés ou ordres religieux est prise au nom sous lequel ils sont le mieux connus selon l'ordre de priorité suivant:

1° Le nom conventionnel consacré par l'usage français pour désigner ses membres;

2° la forme française du nom employée par les unités de l'ordre ayant leur siège dans les pays francophones; ou

3° le nom de l'ordre ou de la société dans la langue de son pays d'origine."

In concrete terms, this means that the French heading used will be the conventional name used by the institute in Canada, e.g., Dominicains and not Frères prêcheurs, Soeurs grises and not Soeurs de la charité de l'Hôpital général de Montréal. Of course, if an institute uses only an English-language name in Canada, no French name will share the heading, e.g., Sisters of Mission Service.

Since a great number of institutes use two names, respectively French and English, the principle will be applied twice: the French and English names used by the institutes in Canada are not necessarily a translation of one another; therefore Rule 96A needs to be independently applied to each linguistic form. Let us add that the text of the 2nd ed. of the rules (AACR 2, Rule 24.3D) is approximately the same.

Incidentally, the French and English names chosen as headings are not necessarily the same as those given in the act of civil incorporation, since the latter are not necessarily used on a daily basis in their complete

plète. À l'Assemblée nationale du Québec, jusqu'à maintenant, ainsi qu'au Parlement fédéral et, depuis quelques années, au Nouveau-Brunswick, les lois ont été promulguées dans les deux langues, mais les noms des instituts n'apparaissent pas nécessairement en français et en anglais dans les versions respectives de la loi: il arrive que le nom de l'institut soit unilingue dans les deux versions. Dans le cas où le nom est traduit mais que l'institut est unilingue, cette traduction est de pure forme pour nos fins et n'est certes pas considérée comme le nom français ou anglais "utilisé couramment" par l'institut au Canada.

Bien sûr, dans le cas des instituts énumérés dans la section 5.1.4 et dont le préfixe alpha-numérique commence par D, le nom choisi comme vedette n'est pas celui utilisé par les divers instituts au Canada, et pour cause; on a plutôt choisi comme vedette le nom utilisé par chaque institut dans le pays où il exerce ou exerçait son activité, ou le nom sous lequel il est ou était généralement connu.

2.2.1.3 Changement de nom

Quant à décider du nom conventionnel pour les instituts qui en ont utilisé plusieurs au cours de leur histoire, nous avons pris comme politique générale de mettre en vedette le nom conventionnel **le plus récent**. Bien sûr, des exceptions, malheureusement inévitables, sont prévues: dans le cas d'instituts ayant oeuvré au Canada il y a très longtemps, sous une forme de nom fort différente de la forme actuelle ou du moins plus récente, il aurait été absurde d'établir la vedette à cette dernière forme, celle-ci ne voulant rien dire pour les chercheurs; il a donc fallu conserver le nom tel qu'utilisé à l'époque: v.g. Filles de la Croix (maintenant disparues par l'union avec six autres instituts pour en former un nouveau) et les Pénitens [sic] gris (institut français de tertiaires réguliers de Saint-François). Dans le cas des "instituts à intérêt canadien" (voir 2.2.3), le principe de l'utilisation du "nom conventionnel le plus récent" subit un accroc semblable à celui mentionné précédemment: le nom mis en vedette dans le présent ouvrage est celui utilisé par l'institut **au moment où** a eu lieu le fait qui a donné naissance à cet "intérêt canadien", ce fait ayant pu avoir lieu il y a cent ou deux cents ans. Ce nom est rarement le même que celui utilisé maintenant, si l'institut existe encore. La raison de cette exception est fort simple: les chercheurs pourront ainsi faire les liens qui s'imposent entre la note historique publiée maintenant et tel ou tel passage des sources mentionnant l'institut avec son nom du moment: v.g. Missionnaires de France et non Fathers of Mercy, nom actuel.

2.2.1.4 Cas spéciaux

Bien qu'il semble aller de soi que le présent ouvrage publie **une** note par institut (un institut porte **un** nom), il a été difficile d'intégrer certains instituts à cette structure normalisée:

- **Rédemptoristes:** Comme tant d'autres, cette congrégation est sous l'autorité d'un supérieur général et est divisée en provinces sous des supérieurs provinciaux (niveau inférieur de l'administration de l'institut); ces provinces ne sont pas des unités indépendantes groupées

form. Up to now, acts have been promulgated in both languages in the National Assembly of Quebec, as well as in the Federal Parliament and, for the past few years, in New Brunswick; but the names of the institutes do not necessarily appear in French or English in the respective texts of the act: the name can be unilingual in both texts. In the case where the name is translated but the institute is unilingual, this translation is purely a formal one for our purposes and is certainly not considered to be the French or English name "generally used" by the institute in Canada.

Of course, in the case of institutes listed in Section 5.1.4, the alpha-numerical prefix of which is D, the name chosen as the heading is obviously not the one used by these institutes in Canada. Instead, the name used by each institute in the country in which it is or used to be active or the name by which it is or was generally known has been chosen as the heading.

2.2.1.3 Change of Name

In choosing a heading for institutes that have been known by more than one conventional name in the course of their history, the general rule has been to choose the **most recent** form as the heading. Of course, some exceptions had to be made: in the case of institutes having been present in Canada a long time ago under a conventional name quite different from their current one or, at least, from the name they used later, it would have been absurd to employ the latest form as a heading, since users would not be able to relate it to their research; we have had to keep the headings used at the time, e.g., Filles de la Croix (an institute which ceased to exist a few years ago when it merged with six other ones to form a new institute) and Pénitens gris (a Franciscan Third Order Regular male institute from France). Similarly, the principle of using the "most recent conventional name" has not been applied very strictly in the case of "Canadian interest" institutes (see 2.2.3). The name chosen as a heading in the present work is the one used by the institute **at the time** the events giving rise to this Canadian interest took place, these events having occurred one hundred or two hundred years ago. If the institute is still in existence, the name it uses now is rarely the same one that it employed then. The reason for this exception is very simple: users will be able to connect the historical note published here with their sources which mention the institute with its then-used name, e.g., Missionnaires de France, and which do not refer to Fathers of Mercy, the name now in use.

2.2.1.4 Special Cases

Even if it seems evident that this work would publish **one** note per institute (**one** institute bears **one** name), certain institutes could not easily be integrated into this standardized structure:

- **Redemptorists:** like many others, this congregation is under the authority of a superior general and is divided into provinces, each one under a

en fédération mais font partie intégrante de l'institut. Nous n'avons donc établi aucune vedette au nom des provinces de quelque institut que ce soit, **sauf** pour une province des Rédemptoristes qui se nomme province de Yorkton, mais pour laquelle le nom de Eastern rite branch est utilisé couramment. Cette province a une histoire bien à elle et assez complexe, en plus d'être de rite byzantin ukrainien, ce qui lui donne par la force des choses une certaine autonomie. Nous avons donc établi une vedette à: Redemptorists. Eastern Rite Branch.

- **Bénédictins et Cisterciens:** Bien que ces deux instituts soient des ordres, ils sont structurés différemment des ordres médiévaux en ce sens qu'ils sont formés de maisons autonomes. C'est seulement au cours des siècles que se sont développées des "congrégations" (pas au sens de congrégations opposées à ordre, encore moins au sens de provinces à l'intérieur d'un ordre centralisé ou d'une congrégation). Ces "congrégations" sont des fédérations de maisons autonomes groupant les maisons suivant des critères géographiques, linguistiques et surtout de tradition (la vie monastique respecte beaucoup l'autonomie des individus et des maisons, ce qui provoque la formation de plusieurs courants et observances à l'intérieur d'un "ordre", l'ordre étant dans le cas présent plus une réalité spirituelle que canonique). Ces fédérations font partie à leur tour d'une confédération (il en existe pour les Chanoines réguliers de Saint-Augustin, l'Ordre de Saint-Benoît et le Saint Ordre Cistercien). Certaines maisons ne font partie d'aucune congrégation monastique et sont rattachées directement à la confédération. Chaque congrégation monastique est une entité qui demande un traitement particulier. Nous avons donc une notice au nom de la confédération, cette appellation étant aussi celle de "l'ordre" en son entier, v.g. Bénédictins, et autant de vedettes et de notices pour les congrégations monastiques représentées au Canada, v.g. Bénédictins. Congrégation de France.

- **Moniales bénédictines:** Les moniales bénédictines sont présentes au Canada dans trois abbayes. Les moniales, analogiquement au "second ordre" des ordres médiévaux, font partie de la même structure canonique que l'ordre masculin. D'autre part, comme, malgré tout, les abbayes féminines ont une vie à elles, une vedette a quand même été établie au nom de chacun des trois groupes (voir aussi 3.2.3.2). Deux des abbayes sont rattachées à la confédération bénédictine sans faire partie d'une congrégation et les vedettes ne sont pas au nom propre de l'abbaye mais au nom conventionnel des communautés: Moniales bénédictines de Mont-Laurier et Moniales bénédictines du Précieux-Sang. La troisième abbaye, Sainte-Marie des Deux-Montagnes, fait partie, comme l'abbaye Saint-Benoît du Lac, de la Congrégation de France. Une vedette à "Bénédictins. Congrégation de France" a été établie pour Saint-Benoît; en soi, elle serait juste aussi pour Sainte-Marie, mais les lecteurs ne penseraient pas à chercher une abbaye féminine sous la vedette masculine. De plus, la vedette mise au féminin "Bénédictines. Congrégation de France" ne serait juste qu'en apparence; en effet, il n'existe pas d'organisation centrale pour les moniales et les congrégations monastiques féminines. Il ne resterait donc, pour la troisième abbaye, que le nom conventionnel de la communauté: Moniales bénédictines. Le même raisonnement a été suivi dans le cas des Trappistines, bien

provincial superior (inferior level of administration within an institute); these provinces are not independent units grouped in a federation. On the contrary, they form an integral part of the institute. We have not established headings for any province of any institute, **except** for a Redemptorist province named Province of Yorkton which normally uses the name Eastern Rite Branch. This province has its own very complex history and is of Byzantine Ukrainian rite, which gives it, by the force of circumstances, a certain autonomy. We have therefore established a heading for: Redemptorists, Eastern Rite Branch.

- **Benedictines and Cistercian monks:** although these two institutes are orders, they are composed of autonomous houses and therefore structured differently than mediaeval orders. Only in the course of centuries have "congregations" been developed (not in the sense of congregations vs. orders, nor in the sense of a province within a centralized order or congregation). These "congregations" are federations of autonomous houses grouped according to criteria of geography, of language and, mostly, of tradition. Monastic life has a fundamental respect for the autonomy of houses and individuals that brings about the creation of many tendencies and "observances" within an "order," the order here being more a spiritual reality than a juridical one. These federations, in turn, form a confederation (there is one for each of the following: the Canons Regular of Saint Augustine, the Order of Saint Benedict and the Cistercian Order). Certain houses are not part of a specific monastic congregation, but are attached directly to the confederation. Each monastic congregation has to be treated as a separate entity. We therefore have a heading for the confederation, since it is the name of the entire "order," e.g., Benedictines, and a heading and a note for each monastic congregation represented in Canada, e.g., Bénédictins. Congrégation de France.

- **Benedictine nuns:** there are three abbeys of Benedictine nuns in Canada. The nuns are analogous to the "second order" of mediaeval orders, in that they are part of the same canonical structure as the male order. On the other hand, since female abbeys have a life of their own, a heading has been established for each abbey (see 3.2.3.2). Two of the three are members of the confederation without first being members of a congregation; in this case then, the headings are not made for the proper names of the respective abbeys but for the conventional name of each community: Moniales bénédictines de Mont-Laurier and Moniales bénédictines du Précieux-Sang. The third abbey, Sainte-Marie des Deux-Montagnes, is part of the Congrégation de France of the Benedictines, like the male Abbey of Saint-Benoît du Lac. A heading for Bénédictins. Congrégation de France has been established for Saint-Benoît; it would also be valid for Sainte-Marie, but users would never think of looking for a female abbey under a male heading. Furthermore, the heading in the female gender, Bénédictines. Congrégation de France, would only be right on the surface; actually, there is no central organization for nuns and monastic congregations are

que les Trappistes ne soient pas divisés en congrégations monastiques.

- Soeurs adoratrices du Précieux-Sang: Premier institut contemplatif fondé au Canada, cet institut a été formé, à partir de sa fondation en 1861, de maisons autonomes relevant de l'évêque local. Ce n'est que plus tard que les maisons s'unirent pour former deux instituts indépendants l'un de l'autre et groupant respectivement les maisons francophones et anglophones, portant chacun pratiquement le même nom, différencié par l'ajout des termes "Congrégation de Saint-Hyacinthe" et "Congregation of London". Ces deux congrégations, contrairement aux congrégations monastiques, n'ont pas de liens de type confédéral ensemble et sont en fait deux instituts séparés.

À noter: Les Soeurs de Saint-Joseph du Puy (B111) n'ont jamais été établies elles-mêmes au Canada, mais la notice est quand même dans cette section, pour rendre plus claire l'histoire des instituts de sa filiation qui s'y sont établis.

Un problème s'est posé: quels termes de la vedette devaient prendre la majuscule? Le premier terme ne présentant aucun problème en français ou en anglais, la question se posait surtout pour le reste de la vedette anglaise. Les règles de la langue française sont suffisamment précises: prennent la majuscule les noms propres, ainsi que les adjectifs, pronoms, synonymes et vocables désignant Dieu et les personnes de la Trinité ou la Vierge Marie. Les mêmes règles existent dans la grammaire anglaise. Cependant, l'emploi des majuscules dans les vedettes anglaises est normalisé dans le monde des bibliothèques par des règles dépassant celles de la grammaire: RCAA 1 (*Anglo-American Cataloging Rules*, Chicago, American Library Association, 1967, Appendix II) utilise de façon générale le United Government Printing Office *Style Manual*; RCAA 2 (*Anglo-American Cataloguing Rules*, 2nd ed., Chicago, American Library Association, Ottawa, Canadian Library Association, 1978, Appendix A), qui entrera en vigueur en janvier 1981, suit plutôt, sans le dire, le *Manual of Style* de la University of Chicago Press; beaucoup de bibliothèques utilisent d'autres normes ou des combinaisons de normes de sources diverses ou bien des normes-maison. Ne pouvant donc imposer un système définitif pour les vedettes, nous avons décidé de suivre les règles de grammaire et nous laissons aux bibliothèques et autres usagers le soin de décider de l'emploi des majuscules suivant en cela leurs besoins propres.

Dans le même ordre de choses, aucun mot n'a été abrégé dans les vedettes, surtout pas **saint**.

2.2.2 NOTE HISTORIQUE

Dans la plupart des cas, la note historique est construite de façon normalisée: date et lieu de fondation, nom du fondateur, quelques détails historiques, lieu et date du premier établissement au Canada.

2.2.2.1 Date de fondation

Malgré les apparences, ce renseignement est souvent le plus difficile à obtenir, surtout à cause du fait que le

not female monastic congregations. The only possible heading for the third abbey was the conventional name of the community: Moniales bénédictines. The same reasoning was followed in the case of the Trappistine nuns, although the Trappists are not divided into monastic congregations.

- Sisters Adorers of the Precious Blood: from its founding in 1861, this first Canadian contemplative institute was composed of autonomous houses subject to the local bishop. Only later, in recent years, were the houses united into two independent institutes that grouped together French-language and English-language houses respectively. Their names are practically the same, except for the addition of the differentiating phrases Congrégation de Saint-Hyacinthe and Congregation of London. Contrary to monastic congregations, these two congregations are not linked in a confederal structure and are in fact two totally separate institutes.

Please note that the Sisters of Saint Joseph of Le Puy (B111) were never themselves established in Canada, but the entry is put there to clarify the history of the different offshoots of the congregation that established themselves in Canada.

What terms of the heading should be capitalized? Of course, the first term presented no problem in French or English and the question was actually posed for the rest of the English heading. The rules are rather clear in French: Proper names, adjectives, pronouns, synonyms and other words designating God and the three persons of the Trinity or the Virgin Mary are capitalized. The same rules exist in English. For other terms, however, the rules for capitalization of English headings used in libraries go beyond the rules of grammar: AACR 1 (*Anglo-American Cataloging Rules*, Chicago, American Library Association, 1967, Appendix II) generally uses the United States Government Printing Office *Style Manual*; AACR 2 (*Anglo-American Cataloguing Rules*, 2nd ed., Chicago, American Library Association, Ottawa, Canadian Library Association, 1978, Appendix A), in force as of January, 1981, follows, without really saying so, the University of Chicago Press *Manual of Style*; many libraries follow other rules, or a combination of rules of different origin or in-house ones. Since we cannot impose a definitive capitalization system for the headings, we have opted to follow the solution adopted in the French and English grammatical rules and we leave it to individual libraries and other users to choose whatever system suits their purpose.

In the same order of things, no terms were abbreviated in headings, especially not the term **Saint**.

2.2.2 HISTORICAL NOTE

In most cases, the historical note is standardized: date and place of foundation, name of founder, some historical details, place and date of the first establishment in Canada.

2.2.2.1 Date of Foundation

Contrary to appearances, this information is often the most difficult to obtain, mostly because the term

terme "fondation" n'est pas compris de la même façon par tous les instituts ou par toutes les sources.

Certains considèrent comme date de fondation la date de la première approbation par l'évêque local, souvent comme pieuse union (voir 3.2.2.3). Or, un groupe peut vivre en communauté pendant plusieurs années *ad modum religionis,* i.e. de façon purement matérielle et sans aucune approbation explicite de qui que ce soit. C'est donc dans ce dernier sens que nous avons appliqué le concept de "fondation": année durant laquelle les premiers sociétaires ont commencé à vivre en commun ou tout au moins ont commencé à se former à cette vie ou à pratiquer le type d'apostolat du groupe, indépendamment du statut canonique de départ qui, d'ailleurs, a pu varier d'institut en institut suivant les circonstances de lieu et de temps.

Comme les sources ne sont pas toujours claires ou précises, il est inévitable que, dans certains cas, la note ne donne pas la date précise de la fondation de certains instituts au sens de la définition donnée plus haut. Bien sûr, dans le cas de quelques ordres anciens, la date est mentionnée comme étant approximative s'il n'est pas possible de faire autrement, mais ceci est une autre question.

Dans les cas d'instituts issus de fusion ou d'autres formes de regroupement, des termes plus précis sont utilisés: v.g. formé en telle année par l'union de tel institut avec tel autre, etc.

Dans le cas des instituts qui ont cessé d'exister, la date de disparition est celle de l'année où le dernier membre a quitté l'institut ou est décédé. Canoniquement, cependant, à moins qu'un décret de l'autorité compétente ne supprime un institut (canon 102, § 1 du Code de droit canonique) ou prenne acte de sa disparition pour en attribuer les biens et régler d'autres problèmes matériels ou juridiques, une personne morale collégiale (en termes de droit civil: une corporation, ce que sont les instituts en droit canonique) continue d'exister légalement pendant cent ans à compter de sa disparition matérielle. Cette norme rend la reprise des activités plus facile et les formalités plus simples. Nous ne tenons bien sûr pas compte de ce délai de cent ans en donnant la date de la disparition d'un institut.

2.2.2.2 Lieu de fondation

Le lieu de fondation est le nom civil de la localité au moment de la fondation, suivi du nom du pays, sauf dans le cas de Rome, Londres et Paris, qui ne sont suivis d'aucun ajout. Dans le cas de localités au nom identique dans le même pays, un élément supplémentaire est ajouté: le nom d'une région intermédiaire, v.g. province; la même politique est aussi suivie dans le cas de localités situées dans des régions à l'histoire administrative complexe, v.g. l'ancien empire austro-hongrois, dont les différentes composantes n'avaient pas toutes la même nature juridique et n'étaient pas toutes administrées de la même façon. Dans le cas de localités canadiennes ou américaines, le nom est suivi du nom de la province ou de l'État, sauf dans le cas de Montréal, Québec et Toronto, qui ne sont suivies d'aucun ajout. Sauf pour les villes dont le nom

"foundation" is not necessarily given the same meaning by the different institutes and printed sources.

Some consider the date of foundation to be the date of the first approval, often as a pious union (see 3.2.2.3), by the local bishop. But a group can live in common for many years *ad modum religionis,* i.e., in a purely material fashion without any kind of official approval. It is this last meaning which we have adopted for the concept of "foundation": the year during which the first members or associates started — independent of the original canonical status which, in any case, may have varied from institute to institute according to circumstances of time and place — to either live in common, or to form themselves to that eventual life, or to practice their specific type of apostolate.

Since the sources are not always clear or precise, it is inevitable that certain notes will not give the precise date of foundation according to the above-mentioned definition. Of course, if there is no other choice the date given in the case of certain old orders is an approximate one; but this is another matter.

In the case of institutes formed by mergers and other types of amalgamation, more precise information is given, e.g., formed in such and such a year by the merger of this institute with that institute, etc.

In the case of extinct institutes, the date of extinction given is the year in which the last member left the institute or died. Canonically speaking however, unless an institute is suppressed by a decree of the competent authority (Canon 102, §1 of the Code of Canon Law), or unless the extinction is officially established by a similar decree in order to assign its assets and liabilities to others and to solve other material or juridical problems, a collegiate moral person (in terms of civil law: a corporation, which is what institutes are in canon law) continues to exist legally for one hundred years after material extinction. This norm makes the "resurrection" of an institute easier. We do not of course use the one-hundred-year date as the date of extinction.

2.2.2.2 Place of Foundation

The name of the place of foundation is the civil name of the place at the time of foundation, followed by the name of the country, except for Rome and Paris to which no additions are made. In the case of places bearing the same name within a country, the name of an intermediate region, e.g., a province, is added. The same policy is followed in the case of places situated in regions having had a complex administrative history, e.g., the former Austro-Hungarian Empire; where all components did not have the same legal status and where they were not all administered in the same way. In the case of American and Canadian places, the name is followed by the name of the state or province, except for Montreal, Quebec City and Toronto. Excluding localities whose French or English-language names are well-known, e.g., Rome, London, the name of the locality is given in

est très connu en anglais et en français, v.g. Rome, Londres, le nom de la localité est indiqué dans la langue du pays; par contre, le nom du pays est indiqué en français, v.g. Codogno, Italie.

Dans le cas de villes dont le nom a changé depuis le moment de la fondation, les noms successifs jusqu'au nom présent, ou tout au moins le nom présent, ont été indiqués entre parenthèses après le nom datant du temps de la fondation. La même politique a été suivie quand le nom du pays a été changé. Ces deux circonstances se rencontrent surtout dans le cas des instituts fondés dans l'ancien empire austro-hongrois ou dans les limites actuelles de l'Union des républiques socialistes soviétiques: par exemple, une notice se lisant "Zhuzhel, Galicie, Autriche-Hongrie (ensuite Ukraine; Pologne; maintenant République socialiste soviétique d'Ukraine, Union des républiques socialistes soviétiques)" veut dire qu'au moment de la fondation, cette ville était dans la province de Galicie de l'empire austro-hongrois et que, à la suite de changements politiques, elle fit partie successivement de l'Ukraine et de la Pologne et qu'elle se trouve maintenant dans la République socialiste soviétique d'Ukraine, en Union des républiques socialistes soviétiques.

Dans tous les cas, les noms géographiques ne sont jamais abrégés.

2.2.2.3 Nom du fondateur

On dit que le fondateur (terme générique s'appliquant ici aux deux sexes, au singulier comme au pluriel) est la personne qui est à l'origine de l'institut, celle qui mit en application telle ou telle conception d'un certain apostolat. Le fait que le fondateur devienne effectivement membre ou non de l'institut qu'il fonde n'entre pas en ligne de compte.

Il n'est pas toujours facile de distinguer parmi plusieurs "fondateurs" celui qui l'est vraiment, par rapport aux autres qui peuvent n'être simplement que les premiers membres ou des collaborateurs à divers titres. Ce problème existe souvent dans les instituts féminins où, surtout autrefois, on portait souvent une certaine vénération à l'ordinaire du lieu qui avait donné la première approbation à l'institut et qui était ainsi considéré comme fondateur. Les sources ne donnant pas toujours une narration des faits, il n'a pas été possible de résoudre toutes les énigmes des évêques-fondateurs, certains l'étant par ailleurs véritablement.

Le nom complet du fondateur est donné dans sa propre langue, les prénoms n'étant pas traduits, v.g. Enrico Giuseppe Allamano. Dans le cas de fondateurs dont la langue maternelle ne s'écrit pas en caractères romains, mais en cyrillique ou en arabe, il aurait été pratique de toujours trouver ces noms dans la langue d'origine pour pouvoir les translittérer tous de façon systématique en utilisant toujours les mêmes tables (soit celles de la Library of Congress ou celles de l'ISO [Organisation internationale de normalisation]). Nous avons dû nous contenter la plupart du temps de la forme en caractères romains utilisée par les sources, qui indiquent d'ailleurs rarement quel système de translittération elles utilisent ou si elles utilisent un. Il est donc arrivé que nous ayons dû

the language of the country; on the other hand, the name of the country is given in English, e.g., Codogno, Italy.

In the case of localities whose names have changed since the time of foundation, the successive names up to the present date, or at least the current name, is given in parentheses after the name at the time of foundation. The same policy is followed when the name of the country has been changed. These two facts are easily verified in the case of institutes founded in the former Austro-Hungarian Empire or within the present borders of the Union of Soviet Socialist Republics, for example, an entry which reads "Zhuzhel, Galicia, Austria-Hungary (later Ukraine; Poland; now Ukrainian Soviet Socialist Republic, Union of Soviet Socialist Republics)" means that at the time of foundation this locality was in the Province of Galicia of the Austro-Hungarian Empire and that, because of political changes, it successively became part of the Ukraine and Poland and is now within the borders of the Ukrainian Soviet Socialist Republic of the Union of Soviet Socialist Republics.

In no case are names of localities abridged.

2.2.2.3 Name of Founder

The founder (generic term used here for male and female, singular and plural) is the person from whom the institute originates, the one who put into practice the concept of a certain type of apostolate. Whether or not the founder actually became a member of the institute he founded is irrelevant.

It is not always easy to distinguish between the real founder, the first members and the collaborators of different types. This problem exists mostly in female institutes, especially where in the past the local ordinary who first approved the institute was so venerated that he was considered to be somewhat like a founder. Since the sources do not always give a narrative supporting their information, it has not always been possible to solve the enigma of bishops-as-founders, certain ones being quite authentic founders as well.

The complete name of the founder is given in his own language. The forenames are not translated, e.g., Enrico Giuseppe Allamano. In the case of founders whose mother tongue is not written in Roman characters, but in Cyrillic or Arabic script, it might have been preferable to determine the form of name in the original script in all cases and then transliterate following a standardized scheme, using either the tables published by the Library of Congress or those approved by ISO (International Organization for Standardization). In most cases, it was not possible, so we have had to be satisfied with using the form given by sources using Roman characters, sources that rarely say which system of transliteration, if any, they use. We have then had to choose between different Roman alphabet renditions of a Ukrainian or

14

choisir entre différentes formes romaines d'un nom ukrainien ou arabe; puisqu'il n'est pas possible de retourner de la forme latine à l'original, pour ensuite retranslittérer, ce choix se fait de façon assez arbitraire et n'est pas exempt d'incongruités.

Dans le cas de fondateurs aux noms religieux, le nom laïc est donné en premier suivi, entre parenthèses, du nom en religion dans la langue originale, précédé du titre religieux approprié en français, i.e. frère, soeur, etc., v.g. Françoise Simard (nom en religion: mère Marie du Bon-Conseil). Dans le cas des femmes mariées ou veuves, le nom de jeune fille de la fondatrice est utilisé, suivi, entre parenthèses, du nom de son mari et, s'il y a lieu, de son nom en religion, v.g. Marie Fitzbach (veuve de François-Xavier Roy, nom en religion: soeur Marie du Sacré-Coeur). Quand le nom de jeune fille n'a pu être trouvé, ni celui du mari, un style approprié est employé dans la note pour rendre ce fait évident.

Quant à la fonction du fondateur, nous ne tenons généralement pas compte des fonctions inférieures à celle de l'épiscopat ou de l'équivalent (vicaire et préfet apostolique, etc.).

Dans le cas des fondateurs qui sont déjà membres d'un autre institut au moment de la fondation, leur nom est précédé du titre religieux approprié, v.g. père, dom, frère, etc., et suivi des initiales de l'institut auquel ils appartiennent, s'il y lieu, v.g. le père Jean-Baptiste Bertier, m.s.

Dans le cas des évêques ou des personnages occupant des fonctions équivalentes, le titre épiscopal et le nom du siège au moment de la fondation sont suivis, s'il y a lieu, des titres ultérieurs; ces désignations étant suffisantes, aucun titre honorifique (v.g. Mgr) ne précède le nom, v.g. Louis-Adelmar Lapierre, p.m.é., préfet apostolique de Szepingkai, plus tard (1934) évêque titulaire de Cardicio et vicaire apostolique de Szepingkai, plus tard encore (de 1946 à son décès en 1952) évêque de Szepingkai; Charles de Forbin-Janson, p.s.s., plus tard évêque de Nancy et Toul et primat de Lorraine; Philibert de Bruillard, évêque de Grenoble.

Les fondateurs qui ne sont pas encore canonisés mais qui, après leur décès, ont passé par certaines étapes des procès diocésains ou apostoliques de béatification, s'il y a lieu jusqu'à l'octroi de celle-ci, sont désignés par leur titre à cet égard, suivi comme d'habitude des autres titres et fonctions, s'il y a lieu, v.g. la servante de Dieu Marie-Esther-Christine Sureau dit Blondin (nom en religion: mère Marie-Anne); le bienheureux Charles-Joseph-Eugène de Mazenod, évêque de Marseille.

Dans le cas des fondateurs qui ont été canonisés, la désignation **saint(e)** a été utilisée et le nom n'est suivi d'aucun ajout, v.g. saint Jean Eudes, saint Dominique, saint Vincenzo Pallotti; si un saint est évêque, ce fait n'est généralement pas mentionné. Le nom des saints apparaît dans leur langue d'origine, sauf pour les saints universellement connus, par exemple, saint Dominique et non saint Domingo.

Pour le cas d'instituts formés de maisons autonomes, nous avons compris de façon analogique dans le concept de "fondateur", et pour les besoins des index, le premier

Arab name; the choice has had to be rather arbitrary and is not without its incongruous aspects, since it is not possible to guess the original form from different romanizations and transliterate it back again.

In the case of founders who bear names in religion, the lay name is followed, in parentheses, by the name in religion in the original language preceded by the appropriate style in English, i.e., Bro., Sisters, etc., e.g., Françoise Simard (in religion: Mother Marie du Bon-Conseil). In the case of married women or widows, the maiden name is given followed, in parentheses, by the name of the husband and, if need be, by the name in religion, e.g., Marie Fitzbach (the widow of François-Xavier Roy, in religion: Sister Marie du Sacré-Coeur). When either the maiden name or the name of the husband has not been found, this fact is made clear by the use of appropriate phrases, expressions and styles.

As to the founder's functions, we do not take into account functions below the episcopate or its equivalent (vicar or prefect apostolic etc.).

In the case of founders who are already members of another institute at the time of the foundation, their name is preceded with the appropriate style e.g., Bro., Fr., Dom, and followed by the initials if any are used, e.g., Fr. Jean Baptiste Bertier, m.s., of the institute to which they belong.

In the case of bishops or individuals serving in equivalent episcopal functions, the title of the see and the title of the function at the time of foundation are followed, as the case may be, by the later titles of the incumbent; these designations are deemed sufficient enough that the name is not preceded by any style of address, such as Most Reverend, e.g., Louis-Adelmar Lapierre, p.m.é., prefect apostolic of Szepingkai, China, later (1934) titular bishop of Cardicio and vicar apostolic of Szepingkai, later still (1946) bishop of Szepingkai; Charles de Forbin-Janson, p.s.s., later bishop of Nancy and Toul and primate of Lorraine; Philibert de Bruillard, bishop of Grenoble.

Founders who have not yet been canonized but who, after their death, have passed through certain steps of the diocesan or apostolic processes of beatification are, until the conferring of the latter, styled with the appropriate title; their name is followed in the normal manner, with their other titles and functions as the case may be, e.g., Servant of God Marie-Esther-Christine Sureau dit Blondin (in religion: Mother Marie-Anne); Blessed Charles-Joseph-Eugène de Mazenod, bishop of Marseille.

In the case of founders who have been canonized, their name is preceded by **Saint** and is followed by no other addition, e.g., Saint Jean Eudes, Saint Dominic, Saint Vincenzo Pallotti; if the saint is also a bishop this fact is generally omitted. The name of the saint is given in his own language, unless it is a universally known one, e.g., Saint Dominic and not Saint Domingo.

In the case of institutes composed of autonomous houses, we have included, analogically, within the

supérieur d'une nouvelle maison autonome (v.g. voir les Irish Ursulines, B216) ainsi que le premier supérieur [général, s'il y a lieu] d'un nouvel institut détaché d'un autre institut et formé, la plupart du temps, des maisons canadiennes de l'institut *a quo* (v.g. voir les Soeurs de Sainte-Croix, B200).

2.2.2.4 Détails historiques

Ne sont pas fournis de façon ordinaire les différentes étapes du statut canonique de l'institut (v.g. pieuse union, congrégation de droit diocésain, congrégation de droit pontifical), sauf quand des questions de nature historique ne peuvent s'expliquer autrement ou lorsque, pour certains instituts séculiers, la distinction entre le statut premier et provisoire de pieuse union et celui d'institut séculier de droit diocésain ou pontifical est essentielle pour différencier les instituts séculiers en formation des nombreuses pieuses unions qui ne sont pas érigées en vue de devenir instituts séculiers. Il aurait d'ailleurs été pratiquement impossible, à moins de communiquer avec chaque institut pour avoir les renseignements les plus récents, de donner ce genre d'information pour les instituts religieux. De toute façon, de savoir qu'une congrégation est de droit diocésain ou pontifical est peu important pour les besoins du présent ouvrage: c'est toujours, au sens technique du mot, une congrégation.

Quand le développement d'un institut n'a pas suivi la courbe normale du développement de ce genre d'organisme, ou quand des incidents particuliers sont venus influencer le développement et la structure juridique de l'organisme, les détails pertinents sont fournis, de la façon la plus claire et concise possible, équilibre pas toujours facile à respecter.

2.2.3 ORDRE DES NOTICES

Trois possibilités s'offraient à nous:

- ordre alphabétique strict;

- ordre alphabétique à l'intérieur de chaque catégorie juridique (ordres: chanoines réguliers, moines, mendiants, clercs réguliers; congrégations religieuses cléricales; sociétés de vie commune sans voeux publics; congrégations religieuses laïcales; instituts séculiers);

- ordre alphabétique à l'intérieur d'un classement systématique.

La première possibilité rendait l'ouvrage trop lourd. La deuxième était impossible à appliquer, comme nous venons de le dire à propos du statut canonique dans 2.2.2.4.

Restait la troisième. Nous avons donc classé les instituts par l'ordre alphabétique de la forme française du nom (ou, dans le cas d'instituts n'utilisant que la forme anglaise, selon celle-ci) à l'intérieur des catégories générales suivantes:

- **Église catholique:**
- Instituts religieux et sociétés d'hommes (A).
- Instituts religieux et sociétés de femmes (B).
- Instituts séculiers d'hommes et de femmes (C).

concept of "founder" and for the purposes of the indexes, the first superior of a new autonomous house (e.g., see the Irish Ursulines, B216) and the first superior [general, as the case may be] of a new institute detached from another institute and generally composed of the Canadian houses of the *a quo* institute (e.g., see the Sisters of the Holy Cross, B200).

2.2.2.4 Historical Details

The different steps of the canonical status of the institute (e.g., pious union, diocesan congregation, pontifical congregation) are not given in the note, except when questions of an historical nature cannot otherwise be explained and, in the case of secular institutes, where the distinction between the original provisional step of a pious union and that of a diocesan or a pontifical secular institute is essential to separate the eventual secular institutes from the numerous pious unions which are not erected in view of becoming secular institutes. It would have been practically impossible to give very up-to-date information of this type on religious institutes without corresponding with almost each one of them. In any case, to know whether a congregation is diocesan or pontifical is relatively unimportant in this work; it is still technically a congregation.

When the development of an institute has not followed the normal line expected of it; when particular incidents have influenced the institute's development and structure; the pertinent details are given, as clearly and as concisely as possible (a balance sometimes difficult to keep).

2.2.3 ARRANGEMENT OF ENTRIES

There were three possibilities:

- Strict alphabetical order;

- Alphabetical order within each canonical category (orders: canons regular, monks, mendicants friars, clerics regular; clerical religious congregations; societies of common life without public vows; lay religious congregations; secular institutes);

- Systematic arrangement sub-arranged alphabetically.

The first possibility would have made the work unwieldy and difficult to use. The second was impossible to apply, according to what we have just said on canonical status in 2.2.2.4.

Only the third one remained. We have arranged the institutes according to the alphabetical order of their French name (or, when only an English-language term is used, according to that one) within each of the following categories:

- **Catholic Church:**
- Male Religious Institutes and Societies (A);
- Female Religious Institutes and Societies (B);

- Instituts d'intérêt canadien (D).
- Instituts projetés au Canada mais n'ayant jamais vu le jour (E).
- Cas spéciaux (F).

- **Églises orthodoxes au Canada** (G).
- **Église anglicane du Canada** (H).
- **Divers** (I).

Chaque section est identifiée par une lettre et chaque institut l'est à son tour par un numéro séquentiel à l'intérieur de chaque section. Une notice sera donc toujours identifiée par un code alpha-numérique, v.g. B68.

Comme toute règle a ses exceptions, en voici une dans le présent ouvrage: ont été groupés ensemble les instituts à souche commune. L'institut d'origine sera classé à son rang dans l'ordre alphabétique et les instituts qui en sont issus le seront à la suite par ordre chronologique de fondation, v.g. Soeurs grises, Ursulines. De la même façon, les associations et fédérations d'instituts sont placées à leur nom et les instituts-membres au Canada sont à la suite, par ordre chronologique de fondation. Cependant, les ordres médiévaux successivement réformés les uns par rapport aux autres, v.g. les Bénédictins, Cisterciens et Trappistes, sont traités séparément, chacun à sa place. Ils ont d'ailleurs d'autres problèmes que nous verrons plus loin.

Définissons les rubriques:

- "Instituts religieux et séculiers" (A, B, C): instituts qui, à un certain moment donné, ont eu des membres en résidence au Canada (par Canada, nous entendons le Canada dans ses limites actuelles); quant aux instituts qui ont eu des membres en vacances, en voyage d'affaires ou en pèlerinage au Canada, ils sont évidemment exclus de nos préoccupations, sauf si le voyage était directement lié à l'implantation future de l'institut au pays.

- "Instituts d'intérêt canadien" (D): instituts qui n'ont pas été implantés au Canada, mais qui ont des liens d'une façon ou d'une autre avec le Canada: tel a eu des fondateurs canadiens, tel autre a donné un fondateur à un institut canadien, d'autres ont été approchés pour s'implanter ici mais ne l'ont pas fait.

- "Instituts projetés au Canada" (E): instituts qui n'ont jamais vu le jour, mais dont la fondation avait été pensée et des démarches effectuées à cet effet par des Canadiens.

- "Cas spéciaux" (F): il s'agit de deux fondations récentes, originales dans leur conception et qui peuvent difficilement prendre place sous les rubriques ordinaires: le monastère Grandcoeur et les Ouvriers de la Cité nouvelle.

- "Églises orthodoxes au Canada" (G): les Orthodoxes n'ont pas d'instituts comme tels, les monastères sont autonomes et relèvent de leur hiérarche respectif (ordinaire du lieu); il s'agit ici de monastères et de couvents de l'Église orthodoxe russe hors-frontières, au

- Male and Female Institutes (C);
- Institutes of Canadian Interest (D);
- Institutes Whose Foundation Was Planned in Canada but Which Finally Were Not Founded (E);
- Special Cases (F);

- **Orthodox Churches in Canada** (G);
- **Anglican Church** of **Canada** (H);
- **Miscellaneous** (I).

Each section is identified by a letter and each institute is given a sequential number within each section. An entry will always be identified by an alpha-numerical code, e.g., B68.

Since every rule has its exceptions, here is one: the institutes with a common stem or origin are placed together. The original institute will be placed normally according to the rule, and the daughter-institutes will be placed after it and arranged by chronological order of foundation or formation, e.g., Grey Nuns, Ursulines. The associations and federations of institutes will be filed according to their name and the member-institutes in Canada will be placed right after, by chronological order of founding. However, the mediaeval orders that were successive reform movements within one another before forming separate orders, e.g., Benedictines, Cistercians and Trappists, are processed separately, each in its own regular place in the arrangement. Moreover, they have other problems which we will take up later.

Let us define the section headings:

- "Religious and Secular Institutes" (A, B, C): institutes which have at some point had members residing in Canada (Canada meaning within the present borders); as for institutes which have had members come to Canada on holidays, pilgrimages or business trips, they are of course excluded, unless the trip was an exploratory one related to the eventual implantation of the institute;

- "Institutes of Canadian Interest" (D): institutes which have not been implanted in Canada, but which have some links with Canada or Canadians: some may have had Canadian founders, others may have given founders to Canadian institutes, others may have been asked to come to Canada but have not;

- "Institutes Whose Foundation Was Planned in Canada" (E): institutes which were never founded but whose foundation was planned by Canadians who worked on the projects;

- "Special Cases" (F): these are two recently founded institutes; they are original in their concept and structure and do not easily fit into the usual categories: the Grandcoeur Monastery and the Ouvriers de la Cité nouvelle;

- "Orthodox Churches in Canada" (G): the Orthodox do not have institutes per se. Their monasteries are all autonomous and are each under the jurisdiction of their respective hierarchs (local ordinaries).

Canada, d'un projet de monastère de l'Église grecque-orthodoxe ukrainienne du Canada et d'un monastère en formation de l'Église orthodoxe en Amérique (section du Canada).

- "Église anglicane du Canada" (H): il s'agit ici d'instituts structurés un peu à la façon catholique romaine; il n'est pas toujours facile cependant de distinguer entre les formes originales de vie religieuse et des formes de vie en groupe plus ou moins séculières, sans engagement personnel analogue aux voeux (v.g. des "communes").

- "Divers" (I): il s'agit des Apôtres de l'Amour infini, à Saint-Jovite, Québec, de la Fraternité Saint-Pie X, de Shawinigan-Sud, Québec, et de quelques autres.

2.2.4 APOSTOLAT SPÉCIFIQUE DE CHAQUE INSTITUT

À moins de circonstances particulières, aucun renseignement n'est fourni sur le type particulier d'activités apostoliques de chaque institut. Pourquoi? Les renseignements fournis seraient trop vite périmés. Dans beaucoup de cas, les instituts sont devenus polyvalents par rapport au charisme initial de la fondation et il ne servirait à rien de dire, dans le cas d'au moins la moitié des instituts féminins, par exemple, qu'ils se consacrent à l'enseignement et aux oeuvres de miséricorde corporelle. D'autre part, la plupart des instituts, à la suite du Concile Vatican II, cherchent à retrouver et à mettre en application le charisme original de leur institut. Beaucoup de changements ont eu lieu depuis dix ans dans les instituts et ce remue-ménage n'est pas terminé.

2.2.5 PREMIER ÉTABLISSEMENT AU CANADA

La note historique est normalisée pour donner toujours les mêmes renseignements dans le même ordre:

- **lieu:** il s'agit du nom civil de la localité où se sont établis les premiers arrivés au Canada; les principes élaborés dans 2.2.2 au sujet des noms géographiques sont appliqués ici;
- **date:** l'année de l'implantation est indiquée.

Dans le cas des instituts fondés au pays, la date et le lieu d'implantation au Canada ne sont pas indiqués puisqu'ils se confondent avec la date et le lieu de fondation.

Dans le cas des instituts projetés mais non fondés, il n'est bien sûr pas question d'établissement.

Dans quelques cas, deux endroits sont indiqués, soit qu'il n'ait pas été possible de vérifier l'antériorité d'une fondation par rapport à une autre, soit que les fondations soient si rapprochées l'une de l'autre (v.g. de quelques semaines) que de privilégier l'une par rapport à l'autre est un peu ridicule.

Dans le cas des ordres monastiques bénédictins, cisterciens et trappistes, qui sont formés de maisons autonomes, chaque fondation canadienne est énumérée par ordre chronologique de fondation.

By "Orthodox Churches" we mean monasteries and convents of the Russian Orthodox Church Outside of Russia, in Canada, a projected monastery of the Ukrainian Greek-Orthodox Church in Canada, and a monastery being developed within the Orthodox Church in America (Canada section);

- "Anglican Church of Canada" (H): these institutes are structured somewhat like the Roman Catholic ones; however, it is not always easy to distinguish groups with an original form of religious life from groups with a more-or-less secular life in common that do not have a personal form of consecration similar to vows (e.g., communes);

- "Miscellaneous" (I): entries are for the Apostles of Infinite Love, at Saint-Jovite, Quebec, the Fraternité Saint-Pie X, at Shawinigan-Sud, Quebec, and a few others.

2.2.4 SPECIFIC TYPE OF APOSTOLATE OF EACH INSTITUTE

Unless special circumstances warrant it, no information is given on the specific type of apostolate of each institute. Why? It would be too soon out of date. The apostolate of many institutes has very often become multi-purpose, contrary to the original charisma of their founder; nothing would really be said for example, if for at least half the female institutes we wrote that they teach or devote themselves to works of mercy. On the other hand, due mostly to Vatican II, most institutes are trying to rediscover, reinterpret and reapply the charisma which justified their foundation. Many changes have been made in the past ten years within the institutes and this process is still going on.

2.2.5 FIRST ESTABLISHMENT IN CANADA

The historical note is standardized in order that the information may be given in the same order:

- **place:** the civil name of the locality where the first members arriving in Canada established themselves; the principles on geographic names as found in 2.2.2 have been applied here;
- **date:** the year of arrival is indicated.

In the case of institutes founded in Canada, the place and date of establishment in Canada are not indicated, because they are the same as the place and date of foundation.

In the case of planned institutes which were not founded, there is of course no question of an establishment.

In a few cases two places have been given, either because it has not been possible to verify the chronological priority of one over the other, or because the dates of establishment, within the same year, are so close to one another (e.g., by a few weeks) that to grant priority to one place over the other would be unfair.

18

Même dans le cas ou un seul membre de tel ou tel institut est au Canada, nous parlerons d'établissement, bien qu'il puisse arriver que le membre soit ici pour des raisons liées plus à sa personne (v.g. enseignement, ministère spécial) qu'à l'établissement progressif de son institut. La notice reste donc normalisée par rapport à l'ensemble des notices.

2.2.6 INDEX ALPHABÉTIQUE DES NOMS D'INSTITUTS

La plupart des lecteurs auront besoin de consulter l'index pour trouver la notice qu'ils veulent lire. Dans **un seul** ordre alphabétique se retrouveront:

- les noms en français et en anglais utilisés en vedette suivis du numéro de la notice;

- les autres formes du nom, en quelque langue qu'elles soient, renvoyant au nom utilisé en vedette et au numéro de la notice (pour simplifier et éviter autant que possible le double emploi, les formes romanes renverront au nom en français et les formes non romanes renverront au nom en anglais quand deux vedettes sont établies pour un institut);

- les noms des instituts disparus par fusion ou union renvoyant, respectivement et s'il y a lieu, aux noms en français ou en anglais utilisés en vedette pour l'institut nouveau ou *ad quem*;

- les initiales des instituts renvoyant au nom en français utilisé dans la vedette et au numéro de la notice (il est important de noter qu'un institut peut utiliser, suivant les circonstances de temps et de lieu, plusieurs groupes d'initiales, que les mêmes initiales v.g.: o.p. peuvent être utilisées par plusieurs instituts et que certains instituts n'en utilisent pas; nous tiendrons compte de toutes ces contingences); quand seul un nom en anglais est utilisé par un institut, c'est à ce nom que renvoient les initiales; la pratique à l'intérieur des instituts n'étant pas stable, certains utilisant des initiales minuscules, d'autres utilisant des initiales majuscules, nous avons opté pour les minuscules.

Voici quelques notices-spécimens tirées de cet index:

In the case of the Benedictine, Cistercian and Trappist monastic orders, each Canadian house, whether still in existence or not, is listed by chronological order of foundation, since these orders are made up of autonomous houses.

Even in the case where only one member of an institute is in Canada, we have used the word "establishment," although his presence in Canada may be due more to his person (e.g., teaching, special ministry) than to an eventual establishment of his institute. The entry will then remain as standard as the others.

2.2.6 ALPHABETICAL NAME INDEX OF INSTI-TUTES

Most readers will have to use the Index to find the entry they want to read. The following will be found in **one** alphabetical order:

- the French and English names used as headings, each followed by the entry number;

- the other forms of name, in whatever language they may be, referring to the name used as heading and to the entry number. To simplify matters and avoid duplication, the Romance forms will refer to the French heading and the non-Romance forms will refer to the English heading, when headings in both official languages have been established for an institute;

- the names of extinct or amalgamated institutes will refer, respectively as the case may be, to the French or English heading for the new or *ad quem* institute;

- the initials of the institutes will refer to the French heading and to the entry number (it is important to note that an institute, according to circumstances of time and place, may have used different sets of initials; that the same set of initials, e.g., o.p., may be used by more than one institute; that certain institutes do not use them. We will take all these factors into account); when the heading is unilingual English, the initials will of course refer to it. The use of capitals or lower case initials not being standardized even within institutes themselves, we have chosen to use lower case initials throughout.

Here are a few sample entries of the Index:

Augustinian Confederation,
  Canons Regular of Saint Augustine, A14

c.r.i.c.,
  Chanoines réguliers de l'Immaculée-Conception,
  A15

Compagnie de Jésus,
  Jésuites, A54

Company of Jesus,
  Jesuits, A54

Frères de Saint-Jean de Dieu,
  Frères hospitaliers de Saint-Jean de Dieu, A46

Jésuites, A54

p.m.é.,
  Société des missions étrangères de la province
  de Québec, A104

2.2.7   INDEX COMPLÉMENTAIRES

Ces index sont les suivants:

- **Index onomastique des fondateurs et autres collaborateurs:** cet index comprend les noms des fondateurs, co-fondateurs et collaborateurs divers mentionnés dans les notices; le nom propre à chacun apparaîtra dans la liste, suivi du numéro de la notice; des renvois seront faits à ce nom à partir des autres formes de nom, v.g. du nom en religion au nom laïc.

- **Index alphabétique des instituts fondés au Canada ou fondés à l'étranger par des Canadiens:** ces instituts apparaîtront tous dans l'index principal dont celui-ci est un extrait; nous n'inscrivons ici que la vedette, en français et en anglais s'il y a lieu, sous laquelle apparaît la notice, cette vedette étant suivie du numéro de la notice; sont considérés comme instituts canadiens les instituts formés de maisons autonomes et qui ont au moins une maison au Canada.

- **Index onomastique des fondateurs et autres collaborateurs canadiens:** cet index est un extrait de l'index onomastique des fondateurs; il ne contient que le nom suivi du numéro de la notice; les deux derniers index ne couvrent que les sections A et B des notices, puisque les sections C à I sont suffisamment explicites quant à leur relation avec le Canada.

- **Index des termes canoniques:** chaque terme canonique ou spécialisé renvoie à la définition donnée dans le chapitre 3 en mentionnant le numéro de la section; les listes en français et en anglais forment autant d'index.

2.2.8   NOTE BIBLIOGRAPHIQUE

Le travail ayant changé de nature au cours des troix dernières années, la méthodologie s'en est trouvée affectée. Le présent ouvrage ne comporte donc pas de bibliographie complète, puisqu'on n'en avait pas prévu au départ. Une telle liste aurait sûrement énuméré des ouvrages monographiques sur des instituts en particulier, qui n'ont été consultés que pour obtenir un ou deux renseignements de détail; d'autre part, au moins le quart sinon le tiers des notices ont été complétées à la suite d'un échange de correspondance avec les instituts concernés.

Nous pouvons cependant donner une courte liste partielle d'ouvrages généraux de base, desquels beaucoup de renseignements ont pu être tirés. Les lecteurs qui compareront les notices du présent ouvrage avec celles de ces encyclopédies ou dictionnaires et qui y verront des différences concluront donc que les notices ici publiées

2.2.7   SUPPLEMENTARY INDEXES

These Indexes are as follows:

- **Onomastic Index of Founders and Other Collaborators:** this Index contains the names of founders, co-founders and other collaborators mentioned in the note; the proper name of each will refer to the entry number; references will be made to the name from other forms of name, e.g., from the name in religion to the lay name;

- **Alphabetical Name Index of Institutes Founded in Canada or by Canadians Outside Canada:** these institutes will all have been found in the main Index. This present one is only an excerpt of it; the heading, in both French and English if need be, will refer to the entry number; institutes composed of autonomous houses and which have at least one house in Canada are considered Canadian;

- **Onomastic Index of Canadian Founders and Other Collaborators:** this Index is an excerpt of the Alphabetical Name Index; it contains only the proper name followed by the entry number; these last two indexes cover only Sections A and B of the entries, since Sections C to I are sufficiently explicit as to their relationship to Canada;

- **Indexes of Canonical Terms:** each canonical or specialized term listed refers to the definition given in Chapter 3 by indicating the appropriate section number; there are French-language and English-language lists in two separate indexes.

2.2.8   BIBLIOGRAPHICAL NOTE

In the course of the last three years, a lot of modifications have been made to the nature of this work, and the methodology thereof has had to follow suit. Therefore, the present work does not have a complete bibliography, since it had not originally been planned to have one. Such a bibliography would certainly have listed monographs on individual institutes that might have been consulted only to check or to find one or two small details; nevertheless, at least one-fourth if not one-third of the entries has been completed after an exchange of correspondence with the institute concerned.

We can however give a short partial list of general and basic works from which a lot of information has been extracted. Users who compare our entries with those of the listed encyclopaedias and dictionaries and find differences will conclude that the entries in

ont été modifiées à l'aide de sources plus spécialisées ou plus à jour, ou même souvent suite à un échange de correspondance avec les instituts concernés.

this publication have been modified, owing either to the use of specialized or up-to-date sources, or more often to an exchange of correspondence with the institutes concerned.

Annuario pontificio. Città del Vaticano. Libreria Editrice Vaticana. Annuel/annual, 1912-   .

Ouvrage excellent dans la précision des renseignements qu'il fournit; la section sur les instituts féminins pourrait être améliorée; de plus, il est dommage que le répertoire des instituts se limite à ceux de droit pontifical. C'est un instrument de travail que les catalographes auraient avantage à utiliser plus qu'ils ne le font dans tout ce qui a trait à l'Église catholique et à ses institutions, dans certains cas même régionales ou locales.

Excellent work that gives very precise information; the section on female institutes could be improved; furthermore, it is unfortunate that the directory of institutes is limited to pontifical entries. Cataloguers should use this working tool more often than they presently do when confronted with a problem related to institutions, even regional or local ones, of the Catholic Church.

Le Canada ecclésiastique/Catholic Directory of Canada. Montréal. Annuel/annual, 1887-1967; biennal/biennial, 1968/1969-1973/1974.   N'est plus publié/no longer published.

Ouvrage dont il faut se méfier: non seulement il manque du tiers à la moitié des instituts, mais les renseignements sont souvent plus ou moins précis ou corrects; les éditions récentes donnent beaucoup moins de renseignements et deviennent ainsi de moins en moins satisfaisantes; il est dommage que cet instrument soit traité un peu comme une bible par les catalographes.

Quite an untrustworthy source: about one-third to one-half the entries cannot be found in it; the information given in the published entries is often incorrect; in recent editions, the quantity of information has been greatly reduced and the work has become very unsatisfactory; it is highly unfortunate that this work is treated somewhat as if it were a cataloguer's bible.

The Catholic Encyclopedia ... New York, R. Appleton [c1907-c1912] 15v. plus v.16: Index (New York, R. Appleton[c1914]; v.17: Suppl. 1 (New York, Encyclopedia Press [c1922]); v.18: Suppl. 2, publié en 9 sections comme service de mise à jour sur feuilles mobiles/issued in 9 sections as a loose-leaf update service (New York, Gilmary Society [c1951-1958]).

Bien que non exempte d'erreurs et d'affabulation religieuse sous le mode romantique, cette encyclopédie donne beaucoup de détails historiques et ne lésine pas sur l'espace accordé aux notices.

While sometimes adept at religious fiction on the romantic mode and not exempt from errors, this encyclopedia gives a lot of historical detail and allots adequate space to its entries.

Catholicisme hier, aujourd'hui, demain. Paris, Letouzey et Ané [1948-   .] En cours de publication/in progress.

Ouvrage surtout utile pour des renseignements succincts sur des questions complexes.

This work is especially useful when giving information on complex subjects in concise or capsulized form.

Dictionnaire d'histoire et de géographie ecclésiastiques... Paris, Letouzey et Ané, 1912-   . En cours de publication/in progress.

Spécialement appréciable pour ses notices biographiques.

Especially good for its biographical information.

Dictionnaire de théologie catholique... Paris, Letouzey et Ané, 1909-1972. 15v. plus 2v. de tables générales/general indexes.

Pour ce qui est de l'objectif du présent ouvrage, c'est une excellente source de renseignements sur l'histoire des grands ordres monastiques ou médiévaux et sur les courants de l'histoire de la vie religieuse.

As regards the present work, this source is excellent on the history of major monastic or mediaeval orders, as well as on the history of major trends in religious life.

Dizionario degli istituti di perfezione. [Roma] Ed. Paoline [1974-   .] De 1974 jusqu'à maintenant (1980), 5v. ont été publiés, de A en 1974 jusqu'à Monachesimo en 1978/from 1974 up to now (1980), 5v. have been published, from A in 1974 to Monachesimo in 1978.

L'ouvrage est excellent, très à jour et merveilleusement précis. La bibliographie est à point. Il est malheureux que l'ouvrage ne soit parvenu entre nos mains qu'au moment où la rédaction de notre manuscrit était pratiquement terminée. Il a donc très peu servi.

The work is an excellent one, very up to date and marvelously precise. The bibliography is well chosen. Unfortunately, the work came into our hands at a time when our manuscript was practically finished; it was therefore of very little service.

Kapsner, Oliver L. *Catholic Religious Orders; Listing Conventional and Full Names in English, Foreign Language, and Latin, also Abbreviations, Date and Country of Origin and Founders.* 2nd ed. enl. Collegeville, Minn., St. John's Abbey Press, 1957.

Instrument très utile mais pas toujours constant: la liste des renvois des noms qui ne sont pas utilisés en vedette est parfois incomplète [beaucoup ne seraient plus appropriés aujourd'hui, compte tenu des règles de catalogage adoptées depuis 1967]; les dates de fondations sont quelquefois à corriger et les noms des fondateurs ne sont pas toujours fournis suivant le même principe au plan de la langue: s'agit-il de la langue maternelle du fondateur, de l'anglais, de la langue de la source de renseignement? Le pays de fondation est donné, mais non la localité, ce qui est un inconvénient. Les catalographes devraient continuer à utiliser cet instrument, mais en essayant d'en contrôler les renseignements par d'autres sources. L'ouvrage est rédigé suivant l'ordre alphabétique des vedettes, les références étant intercalées dans ce même ordre.

A very useful tool, although not a consistent one: the list of references from other forms of the name to the form used as a heading is not always complete. Many of these "see references" would not be made today, owing to the new cataloguing rules published in 1967. The dates of foundation are not always correct and the names of founders are not always standardized as to language: mother tongue of the founder, English, and language of the source of information. The country of foundation is given, but not the locality, which is a disadvantage. Cataloguers should continue using this working tool, while trying to control the information by using other sources, as well. It is arranged by alphabetical order of headings with the "see references" included in the same arrangement.

New Catholic Encyclopedia... New York, Toronto, McGraw-Hill [c1967] 15v. plus v.16: Suppl. 1967-1974 (Washington, Publishers Guild in association with the McGraw-Hill Book Co. [c1974]).

Les notices de cet ouvrage sont à jour et très concises, les bibliographies, courtes mais excellentes. L'index est très complet.

The entries are up to date and in a very concise form. The bibliographies are short but excellent; the index is very complete.

Ooms, Herwig. *Repertorium universale siglorum ordinum et institutum religiosorum in Ecclesia catholica.* Bruxelles, Commission belge de bibliographie, 1959. (Bibliographia belgica, 45)

Aussi utile que Kapsner, mais classé par ordre alphabétique de sigles, avec un index alphabétique des noms d'instituts; le nom mis en vedette est le nom officiel, souvent latin; l'ouvrage contient moins d'erreurs que Kapsner dans les dates et les noms; par contre, il ne répertorie que 569 instituts et Kapsner, 1776.

As useful as Kapsner, but arranged by alphabetical order of initials with an alphabetical name index; the heading chosen is the full official name, often in Latin; it contains a lesser number of errors of dates and names than Kapsner. However, it lists only 569 institutes to Kapsner's 1776.

3. NOTIONS ÉLÉMENTAIRES SUR LE CADRE CANONIQUE DE LA VIE CONSACRÉE

3.1 Introduction

Les usagers qui consulteront le présent ouvrage rencontreront très souvent des termes spécialisés relatifs à la vie consacrée, utilisés de plus dans un contexte théologique et canonique assez peu familier. Il n'y a pas lieu bien sûr de publier ici tout un traité théologique, mais il semble opportun de familiariser les lecteurs avec la terminologie spécialisée, qui suppose à son tour une théologie de la vie consacrée.

Il est par conséquent important que le présent chapitre soit parcouru par les usagers non initiés, car les termes utilisés et les éléments théologiques appropriés ne sont pas définis et expliqués au moment où ils sont mentionnés dans le texte des notes, celles-ci étant tout à fait spécifiques. Les lecteurs déjà initiés, par contre, comprendront qu'il n'a pas toujours été possible ou désirable de tenir compte de certaines nuances, au risque que le texte soit critiqué à l'occasion comme étant simple ou élémentaire, sans qu'il ne soit faux pour autant. C'est le cas, entre autres, de la note [générique] sur les Frères mineurs et des notes [spécifiques] sur les différents ordres faisant partie de l'arbre franciscain au Canada: il n'est tout simplement pas possible de résumer en quelques pages ce que des experts eux-mêmes n'ont pu toujours réaliser, cette fois dans des ouvrages d'étendue considérable et fort sérieux, eu égard aux recherches entreprises pour les préparer et les publier.

Nous parlerons tour à tour de l'Église catholique romaine, de l'Église anglicane ainsi que de la tradition monastique russe. Le texte le plus long sera celui sur la vie consacrée dans l'Église catholique romaine; les textes suivants supposeront que le premier a été lu et assimilé et ne mentionneront par conséquent que les éléments de la vie consacrée qui n'ont pas été traités auparavant ou qui doivent l'être de façon différente.

Qu'il soit bien entendu que nous parlerons ici du cadre juridique, c'est-à-dire canonique, de la vie consacrée. Nous ne toucherons pas, sauf occasionnellement si nécessaire, à l'aspect théologique de cette forme d'engagement chrétien, aspect bien sûr essentiel, dont la facette juridique forme la structure extérieure et l'encadrement.

Nous parlerons, en d'autres mots, de certains aspects du droit canonique des religieux, pour employer cette expression consacrée, mais du droit canonique **actuellement en vigueur** (1980). Depuis 1963, le processus de refonte de l'ensemble du droit canonique est en marche; le nouveau code devrait pouvoir être promulgué entre 1981 et 1983. La Commission pontificale de révision du droit canonique fut formée le 28 mars 1963. Ses groupes d'études, composés d'experts, furent constitués en janvier 1966. Les experts travaillent seuls et se réunissent occasionnellement pour traiter de telle ou telle partie du code sur laquelle ils ont travaillé et fondre leurs différents projets en un seul. Le Groupe d'étude sur les religieux (nommé plus tard Groupe d'étude sur les instituts de perfection et, maintenant, Groupe d'étude sur les instituts de vie consacrée) s'est réuni pour la première fois du 21 au 26

3. ELEMENTARY NOTIONS ON THE CANONICAL FRAMEWORK OF CONSECRATED LIFE

3.1 Introduction

Users of the present work will very often stumble upon specialized terms relating to consecrated life, terms which, furthermore, are used within a rather unfamiliar theological and canonical context. There is no reason to publish a whole theological treatise here, but it seems advisable to accustom users to specialized terminology which presupposes a theology of consecrated life.

It is therefore important for uninitiated users to go through this Chapter, since the terms used and the appropriate theological elements involved are neither defined nor explained when mentioned in the notes, the latter being quite to the point. Users who are already familiar with the subject will understand that it has not always been possible or desirable to take certain nuances into account; the text is therefore running the risk of being occasionally criticized as simplistic or elementary. But it is still not incorrect. Examples that might be criticized are, among others, the [generic] note on the Friars Minor and the [specific] ones on the individual "branches" of the Franciscan "tree" present in Canada. It is just not possible to summarize in a few pages what the experts themselves have not been able to do in extensive scholarly works, published after considerable research.

We will deal in turn with the Roman Catholic Church, the Anglican Church and the Russian monastic tradition. The longest text will deal with consecrated life in the Roman Catholic Church. The texts following the initial one will suppose that the first one has been read and assimilated and will therefore comment on only those elements of consecrated life that did not have to be mentioned before, or that have been treated in a different manner than in the Roman Catholic Church.

Let it be said once and for all that we are referring here to the juridical, i.e., canonical, framework of consecrated life, without touching, except occasionally if necessary, the theological aspect of this form of Christian commitment. The theological view is of course the essential one; the legal side of consecrated life is concerned with its external structure and organization.

In other words, the rest of this Chapter will deal with certain aspects of the canon law on religious, to use this conventional expression, but it will be concerned with the **presently in force** (1980) canon law on religious. The process of revision of canon law as a whole has been going on since 1963. The new code should be promulgated between 1981 and 1983. The Pontifical Commission for the Revision of Canon Law was formed on March 28, 1963. Study groups, formed by experts, were created in January 1966. Experts work alone, occasionally meeting to discuss the particular part of the code they have worked on and

novembre 1966 et pour la dernière fois du 6 au 10 mai 1974. Le 2 février 1977, le projet de droit des instituts de vie consacrée a été transmis pour commentaires à la Curie romaine, aux Conférences épiscopales, aux unions de supérieurs généraux, aux instituts de vie consacrée et aux universités catholiques; les commentaires devaient parvenir à la Commission au plus tard le 31 décembre 1977. Un groupe d'étude spécial a été formé pour l'examen de ces commentaires et s'est réuni pour la première fois du 19 au 22 juin 1978. Les lecteurs intéressés pourront consulter:

to agree on one composite project. The Study Group on Religious (later renamed Study Group on Institutes of Perfection and, now Study Group on Institutes of Consecrated Life) met for the first time from November 21 to November 26, 1966, and for the sixteenth and last time from May 6 to May 10, 1974. On February 2, 1977, the draft Canon Law on Institutes of Consecrated Life was sent for comment to the Roman Curia, the Episcopal conferences, the unions of superiors general, the institutes of consecrated life and the Catholic universities; the comments had to be sent to the Commission no later than December 31, 1977. A special study group was formed to examine these comments and met for the first time from June 19 to June 22, 1978. Interested readers should consult:

Beyer, Jean. *Vers un nouveau droit des instituts de vie consacrée: commentaire du projet et premières observations.* Paris, Fribourg, Ed. Saint-Paul [c1978] 352 p. (À jour en 1977/updated in 1977.)

Communicationes. Città del Vaticano, Libreria Editrice Vaticana. Semestriel, 1969- . Organe officiel de la Commission de révision du Code de droit canonique/Official organ of the Commission of Revision of the Code of Canon Law.

3.2 Église catholique romaine

Tout fidèle doit tendre à la perfection évangélique, c'est-à-dire à la charité, sous l'action de la grâce. Mais certains chrétiens, depuis des temps immémoriaux et de différentes façons suivant les époques, ont été portés à vivre cette vie de "perfection à acquérir" non pas purement privément mais dans un cadre externe et social, bref, dans un cadre institutionnel.

L'Église, en tant qu'institution, ne pouvait donc se désintéresser de tous ces groupes qui se réclamaient d'elle et dut les réglementer et les encadrer.

Qu'en est-il aujourd'hui?

3.2.1 INSTITUTS DE VIE CONSACRÉE: TYPOLOGIE

Un état canonique de perfection dans l'Église est un état de vie externe et social caractérisé par quatre composantes:

- un **engagement**, personnel et libre,
- qui porte sur la pratique des **conseils évangéliques** (pauvreté, chasteté, obéissance) comme moyens de perfectionnement,
- dans une **communauté de vie** avec d'autres ayant pris le même engagement,
- cette communauté de vie étant **reconnue et instituée** par l'Église.

Il existe trois genres d'états ou d'instituts canoniques de perfection ou de vie consacrée:

3.2 Roman Catholic Church

Moved by grace, every Christian is supposed to tend toward evangelical perfection, i.e., charity. Certain Christians, however, from time immemorial and in different ways according to different periods, have been prompted to live this life of perfection not on a purely private basis, but within an external and social framework, i.e., an institutional one.

The institutional Church could not dissociate itself from these groups which used the name of the Church as their sponsor and authority. It had to regulate their status and their activities.

What of today?

3.2.1 INSTITUTES OF CONSECRATED LIFE: TYPOLOGY

A canonical state of perfection in the Church is an external and social state or way of life, characterized by four component parts:

- a **commitment**, personal and free;
- to the practice of the **evangelical counsels** as means (poverty, chastity, obedience);
- in a **community of life** with others who have undertaken the same commitment;
- this community being **recognized and instituted** by the Church.

There are three types of states or institutes of perfection or consecrated life:

- **Les instituts religieux:** associations approuvées par l'autorité ecclésiastique légitime, dont les membres, vivant en commun, font profession d'observer les conseils évangéliques en prononçant, suivant les lois propres à leur institut, les voeux publics, perpétuels ou temporaires (renouvelables à leur expiration) ou des promesses temporaires (renouvelables aussi) de pauvreté, chasteté et obéissance.

- **Les sociétés de vie commune sans voeux publics:** associations approuvées par l'autorité ecclésiastique légitime, dont les membres, vivant en commun, s'engagent, par voeu privé, promesse, serment, consécration ou simple agrégation à la société, à observer les conseils évangéliques; de l'extérieur, peu distingue les membres de ces sociétés de ceux des instituts religieux, si ce n'est la portée juridique de leur engagement et l'absence d'application de certaines lois des religieux; généralement, on utilise les expressions "sociétés" ou "sociétés de vie commune", qui sont plus courtes, pour parler de ces associations.

- **Les instituts séculiers:** associations de clercs, de laïcs ou des deux, approuvées par l'autorité ecclésiastique légitime, dont les membres s'engagent par voeu privé, promesse, serment ou consécration à observer les conseils évangéliques dans le monde.

Expliquons tout de suite certains termes que nous venons de rencontrer dans les trois définitions ci-haut:

- **Autorité ecclésiastique légitime: soit** le Saint-Siège, par l'intermédiaire de la Sacrée Congrégation pour les religieux et les instituts séculiers (et, dans le cas des instituts autochtones dans les pays de mission, avec la permission préalable de la Sacrée Congrégation pour l'Évangélisation des peuples); **soit** l'ordinaire du lieu: sous cette expression sont compris dans le présent contexte non seulement les évêques résidentiels, mais aussi les prélats et évêques-prélats (tous deux anciennement appelés prélats *nullius dioeceseos),* les abbés *nullius dioeceseos,* les administrateurs apostoliques permanents, les vicaires apostoliques, les préfets apostoliques et les supérieurs de missions *sui juris.*

- **Voeu:** promesse libre et réfléchie, faite à Dieu, d'accomplir un bien à la fois possible et préférable. Les voeux peuvent être:

  publics, s'ils sont reçus au nom de l'Église par les supérieurs légitimes, ce qui est le cas des voeux émis par les membres des instituts religieux (certains instituts, en plus des trois voeux de pauvreté, chasteté et obéissance ont un quatrième voeu portant sur tel ou tel bien suivant les instituts, v.g. Bénédictins, Jésuites);

  privés, s'ils ne sont pas reçus officiellement au nom de l'Église, tels les voeux par lesquels s'engagent les membres de certaines sociétés de vie commune ou les voeux divers (pas seulement relatifs aux trois conseils évangéliques) que peuvent prononcer tous les fidèles.

- **Religious institutes:** associations approved by the legitimate ecclesiastical authority, whose members, living in common, profess to observe the evangelical counsels by making, according to the appropriate laws of their institute, the public vows, perpetual or temporary (renewable upon expiry) or the temporary promises (renewable also) of poverty, chastity and obedience;

- **Societies of common life without public vows:** associations approved by the legitimate authority, whose members, living in common, bind themselves by private vow, promise, oath, consecration or just by admission into the society, to observe the evangelical counsels; from the outside not much distinguishes the members of these societies from the members of religious institutes, except for the legal nature of their commitment and the inapplicability of certain parts of the canon law on religious; usually, these institutes are referred to as "societies" or "societies of common life," these expressions being shorter than the full description;

- **Secular institutes:** associations of clerics and/or laymen approved by the legitimate ecclesiastical authority, whose members bind themselves by private vow, promise, oath or consecration to observe the evangelical counsels in the world.

Let us briefly explain a few of the terms that have been used in the three definitions given above.

- **Legitimate ecclesiastical authority: either** the Holy See, through the Sacred Congregation for Religious and Secular Institutes (and in the case of native institutes in mission countries, with the previous permission of the Sacred Congregation for the Evangelization of Nations); **or** the local ordinary: in the present context this expression includes not only the residential bishops, but also the prelates and bishops prelates (both formerly called prelates *nullius dioeceseos),* the abbots *nullius dioeceseos,* the permanent apostolic administrators, the vicars apostolic, the prefects apostolic and the superiors of missions *sui juris;*

- **Vow:** free and deliberate promise, made to God, to accomplish some good at the same time possible and better; vows can be:

  public, if they are received in the name of the Church by legitimate superiors, which is the case for vows made by members of religious institutes. A few institutes, apart from the three traditional vows, have a fourth vow whose object is a particular good, e.g., Benedictines, Jesuits;

  private, if they are not received officially by the Church, such as the vows of members of certain societies of common life and the different vows made by individual faithful which do not necessarily relate to the three evangelical counsels; the **public** vows are **temporary** if they are made for

Les voeux **publics** sont **temporaires** ou **perpétuels** s'ils sont émis pour des périodes définies (v.g. pour un an ou trois ans) ou non (la profession perpétuelle est **toujours** précédée d'une profession temporaire).

Les voeux **publics** sont **solennels** ou **simples** (cette distinction, très complexe, n'est indiquée ici que pour rendre l'exposé complet et ne sera pas utilisée dans le corps de l'ouvrage; la distinction se situe en partie dans la portée juridique des actes contraires aux voeux, i.e. illicéité ou invalidité).

- **Promesse:** engagement pris envers l'institut d'accomplir le bien qui est l'objet de l'engagement.

- **Serment [promissoire]:** invocation du nom de Dieu comme témoin de la véracité d'une promesse.

- **Consécration:** offrande totale de soi-même à Dieu et à Son service.

- **Agrégation:** contrat par lequel le candidat devient membre d'un institut et s'engage à en suivre les constitutions.

Bien que cela soit probablement trop simple, ce qui distingue les sociétés de vie commune des instituts religieux est l'absence de voeux publics; ce qui les rapproche est la vie commune et la plupart des aspects extérieurs. Ce qui distingue les instituts séculiers des instituts religieux et des sociétés de vie commune, c'est l'absence de voeux publics et de vie commune: c'est en somme la sécularité, soit le fait de vivre **dans** le monde et d'exercer un apostolat par les **moyens** du monde, v.g. dans la vie professionnelle.

3.2.2 DISTINCTIONS DIVERSES ENTRE LES INSTITUTS

3.2.2.1 Suivant la nature juridique

3.2.2.1.1 Instituts religieux

Les instituts religieux peuvent être divisés ainsi:

- **Ordres:** instituts religieux dans lesquels sont émis des voeux solennels. C'est le cas des anciens instituts, v.g. Franciscains, Dominicains, Bénédictins, etc., et de certains instituts modernes, v.g. Jésuites (ces derniers sont quand même un cas spécial: la Compagnie de Jésus est un ordre bien que la plupart des membres émettent en fait des voeux simples, à ceux-ci étant donnés les mêmes effets que les voeux solennels). Les membres des ordres sont appelés des **réguliers.** Il y a quatre types d'ordres:

  - les **chanoines réguliers** et **chanoinesses régulières:** ordres dont les membres vivent sous la règle de saint Augustin et qui ont pour caractéristique la récitation ou le chant de l'office divin au choeur (v.g. Prémontrés);

definite periods (e.g., one year or three years) or **perpetual.** The perpetual profession is **always** preceded by a temporary one;

the **public** vows are **solemn** or **simple.** This very complex distinction is only listed here for completeness, and will not be used in the main part of this work; the distinction partly revolves around the juridical qualification of acts contrary to the vows, i.e., illicit or invalid;

- **Promise:** a commitment made to the institute to accomplish the good which is the object of the commitment;

- **[Promissory] oath:** taking God as a witness to the truthfulness of a promise;

- **Consecration:** total offering of oneself to God and His service;

- **Aggregation:** contract by which the candidate becomes a member of an institute and binds himself to follow its constitutions.

Although this is probably somewhat too simplistic, what distinguishes the societies of common life from the religious institutes is the absence of public vows; what draws them closer together is the life in common and most external aspects; what distinguishes the secular institutes from the others is the absence of public vows and common life, in other words: the secularity, i.e., life **in** the world and the apostolate with the **means** of the world, e.g., in professional life.

3.2.2 VARIOUS DISTINCTIONS BETWEEN INSTITUTES

3.2.2.1 According to Their Juridical Nature

3.2.2.1.1 Religious Institutes

Religious institutes can be divided as follows:

- **Orders:** religious institutes in which solemn vows are made. This is the case for old institutes: e.g., Franciscans, Dominicans, Benedictines, etc., and for certain modern institutes, e.g., Jesuits (these are also a special case: they are in an order even if most members actually make only simple vows, which are privileged by having the same canonical effects as solemn vows); the members of the orders are called **regulars;** there are four types of orders:

  - **Canons regular and canonesses regular:** the members live under the rule of Saint Augustine and are characterized by the saying or chanting of the Divine Office in church (e.g., Premonstratensians);

- les **moines** et **moniales:** ordres voués surtout à la vie contemplative, qui ont comme caractéristiques les observances canoniales ainsi que le travail intellectuel et manuel (v.g. Bénédictins, Cisterciens);

- les **ordres mendiants:** ordres médiévaux, souvent sous la règle de saint Augustin, qui associent vie active (pastorale, enseignement) et observance de type monastique (v.g. Dominicains, Franciscains, Carmes, Servites de Marie);

- les **clercs réguliers:** ordres créés à partir du début du XVIe siècle dans le mouvement de la Réforme catholique et voués à une vie active d'apostolat extérieur (v.g. Jésuites, Camilliens).

- **Congrégations** ou congrégations religieuses: instituts dans lesquels sont émis des voeux simples; comme le Saint-Siège n'approuve plus de nouveaux ordres depuis plusieurs siècles, la plupart des instituts religieux sont en fait des congrégations.

3.2.2.1.2   Sociétés de vie commune

Comme il n'est pas question de voeux publics dans les sociétés, il n'y a pas de distinction entre les diverses sociétés à ce niveau. Elles n'ont pas toutes les mêmes exigences pour leurs candidats et ceux-ci peuvent devenir membres par différents moyens, chaque société ayant le sien propre (promesse, voeu privé, etc.). Voici quelques exemples de sociétés de vie commune: Sulpiciens, Pères Blancs, Société des missions étrangères de la province de Québec.

3.2.2.1.3 Instituts séculiers

Pour la même raison qu'en 3.2.2.1.2, les instituts séculiers ne sont pas divisés comme les instituts religieux.

Voici le nom de quelques instituts séculiers: Institut séculier Saint-Pie X, Institut Voluntas Dei.

3.2.2.2   Suivant le degré de dépendance à l'égard de l'ordinaire du lieu

3.2.2.2.1   Instituts exempts

L'exemption est un privilège qui soustrait l'institut à la juridiction de l'ordinaire du lieu et le place sous la dépendance directe du Saint-Siège. Cette définition, appliquée de façon très stricte il y a plusieurs siècles, est comprise de façon très relative aujourd'hui. Il faudrait plutôt dire de nos jours qu'un institut exempt dépend à un degré moindre de l'ordinaire du lieu et conserve, sous la dépendance du Saint-Siège bien sûr, une assez grande autonomie. De plus en plus, cependant, le contenu de l'exemption s'amenuise.

- **Monks and nuns:** orders dedicated to a life of contemplation; they are also characterized by their balanced life of intellectual and manual work interspersed with their canonical obligations (e.g., Benedictines, Cistercians);

- **Mendicant orders** (the Friars): mediaeval orders, often under the rule of Saint Augustine, which try to strike a balance between an "active" life (i.e., external apostolate) e.g., ministry, teaching, and monastic-style observance (e.g., Dominicans, Franciscans, Carmelites, Servites);

- **Clerics regular:** orders created from the beginning of the 16th century during the Counter-Reformation movement and dedicated to a life of active outside apostolate (e.g., Jesuits, Camillians);

- **Congregations** or religious congregations: institutes in which simple vows are made; most of the present institutes are in fact congregations, since the Holy See no longer approves new orders and has not done so for a few centuries.

3.2.2.1.2   Societies of Common Life

Since there is no question of public vows in societies, there are no distinctions to be made at this level. They do not all have the same requirements for their candidates who become members through different means, each society having its own one (promise, private vow, etc.). Here are a few examples of societies of common life: Sulpicians, White Fathers, Scarboro Foreign Missions Society.

3.2.2.1.3   Secular Institutes

For the same reason as in 3.2.2.1.2, the secular institutes cannot be divided the way the religious institutes are.

Here are the names of a couple of secular institutes: Pius X Secular Institute, Voluntas Dei Institute.

3.2.2.2   According to Their Degree of Subordination to the Local Ordinary

3.2.2.2.1   Exempt Institutes

Exemption is a privilege by which the institute is withdrawn from the jurisdiction of the local ordinary and reports directly to the Holy See. This definition was interpreted very strictly many years ago, but is now understood in a very extensive and relative manner. In this day and age, it would be better to say that an exempt institute is not under the jurisdiction of the local ordinary to the same extent and that, subject to the Holy See, it enjoys a greater degree of autonomy. More and more, however, the content of exemption tends to be reduced.

Sont exempts tous les ordres masculins (v.g. Dominicains, Bénédictins, Cisterciens), les moniales soumises à l'ordre masculin correspondant (v.g. Moniales bénédictines, Moniales dominicaines), ainsi que certaines vieilles congrégations.

Tous les instituts exempts sont de droit pontifical (voir 3.2.2.3.2).

3.2.2.2.2 Instituts non exempts

Ceux-ci sont soumis à toutes les lois diocésaines appliquables aux instituts de vie consacrée et à leurs membres. Certains sont plus dépendants que d'autres (voir 3.2.2.3), mais tous conservent, du fait d'être une personne morale à l'intérieur de l'Église, une certaine autonomie interne.

3.2.2.3 Suivant l'autorité ayant donné son approbation

Depuis le moment de la fondation d'un institut jusqu'à la stabilisation de son statut, plusieurs étapes doivent être franchies. Quelles sont-elles? Il va sans dire que nous parlons de la procédure contemporaine et non de celle des siècles passés. Nous ne parlons ici que des congrégations, sociétés et instituts séculiers, puisque le Saint-Siège n'a plus approuvé d'ordre depuis la fin du 18e siècle (à part une exception en 1848).

3.2.2.3.1 Instituts de droit diocésain

L'ordinaire du lieu exerce un pouvoir plus étendu sur ces instituts. C'est lui qui approuve l'institut; il est mêlé aux élections, aux constitutions et à beaucoup d'actes de l'institut.

Les étapes sont:

a) fondation,
b) permission temporaire de l'ordinaire du lieu,
c) supplique de l'ordinaire du lieu au Saint-Siège,
d) avis favorable *(nihil obstat)* du Saint-Siège,
e) érection canonique de l'institut par l'ordinaire du lieu.

La fondation (étape a) est le seul fait de se grouper autour d'une activité commune au sein de l'Église, avec une certaine forme d'engagement privé.

Les étapes a) et b) peuvent être fondues ensemble quand, par exemple, une personne ou un groupe vient voir l'ordinaire du lieu pour lui exposer un projet, que celui-ci encourage et bénit. D'autre part, ces mêmes étapes peuvent être souvent séparées par plusieurs années.

L'étape b) peut consister en une simple permission de l'ordinaire du lieu de vivre en commun sous un supérieur (élu par les membres ou nommé par l'ordinaire, mais qui ne prononce ni ne reçoit de voeux publics et n'a pas d'autorité reconnue officiellement par l'Église) ou peut même consister en une approbation comme pieuse union.

Les pieuses unions sont des associations de fidèles vouées à des oeuvres de piété ou de charité. Bien qu'elles puissent avoir une organisation assez souple, elles peuvent

All male orders are exempt (e.g., Dominicans, Benedictines, Cistercians), as well as the nuns (the "second order") who are subject to the corresponding male order (e.g., Benedictine and Dominican nuns); certain old congregations are also exempt.

All exempt institutes are pontifical institutes (see 3.2.2.3.2).

3.2.2.2.2 Nonexempt Institutes

These are subject to all diocesan laws for institutes of consecrated life and their members. Some are less under the jurisdiction of the local ordinary than others (see 3.2.2.3), but all have a certain measure of internal autonomy, due to their status as moral persons (i.e., corporations in lay legal terminology) within the Church.

3.2.2.3 According to the Approving Authority

From the founding of an institute to the stabilizing of its status, many steps have to be passed. What are they? Needless to say, we are describing the contemporary procedure, not the one of preceding centuries. As no new orders have been approved since the end of the 18th century (apart from an exception in 1848), the procedure described applies only to congregations, societies and secular institutes.

3.2.2.3.1 Diocesan Institutes

The local ordinary wields a greater power over these institutes. It is he who approves an institute; he participates in the elections; he has a hand in the formulation of the constitutions and in many actions of the institute.

The steps are:

a) Foundation;
b) Temporary permission from the local ordinary;
c) Petition of the local ordinary to the Holy See;
d) Favorable opinion *(nihil obstat)* of the Holy See;
e) Canonical erection of the institute by the local ordinary.

The foundation or founding (step a) is only the grouping together of a few people with some form of private commitment to a common activity within the Church.

Steps a) and b) can be merged when, for example, an individual or a group tells a local ordinary about a certain project of theirs, which he then encourages and blesses. On the other hand, these steps can often be separated by a number of years.

Step b) can either be simple permission from the local ordinary to live in common under a superior (elected by the members or named by the ordinary), who

28

aussi facilement être structurées comme des instituts religieux. Beaucoup d'ordinaires préfèrent cette forme d'approbation temporaire, parce que les liens avec l'ordinaire sont assurés, une vie structurée peut se développer et les membres sont ainsi mis à l'épreuve sous des constitutions expérimentales. Il s'agit donc d'un stade intermédiaire qui peut, pour toutes sortes de raisons, durer des années et souvent très longtemps.

Les instituts séculiers en formation passent par cette forme d'approbation et nous avons signalé dans leurs notes respectives ceux qui sont ou qui ont été des pieuses unions érigées en vue de devenir des instituts séculiers.

Le Saint-Siège est consulté (étape c) parce que la création d'un institut de vie consacrée est un acte important dans la vie de l'Église, en soi et au plan de sa valeur comme expression ici-bas et préfiguration des valeurs eschatologiques. L'avis favorable donné par le Saint-Siège (étape d) n'est qu'un laissez-passer qui permet à l'ordinaire du lieu d'user de l'autorité qu'il possède.

L'érection canonique de l'institut par l'ordinaire du lieu fait du groupe un véritable institut de vie consacrée, reconnu comme tel. Des constitutions lui sont données, une structure est établie ainsi qu'une administration. D'autre part, des voeux publics sont émis si l'institut est une congrégation; sinon, la forme d'engagement privé utilisée par les membres est renouvelée, cette fois-ci officiellement, i.e. **devant** l'Église. La plupart des petits instituts, répandus seulement dans un diocèse ou dans quelques-uns, sont de droit diocésain.

3.2.2.3.2   Instituts de droit pontifical

Chez ceux-ci, même ceux qui ne sont pas exempts, l'ordinaire du lieu exerce un certain contrôle moins étendu, même sur la discipline, certaines matières (v.g. les constitutions et la régie interne) relevant du Saint-Siège.

Comment un institut de droit diocésain passe-t-il de ce statut à celui d'un institut de droit pontifical? Les étapes à suivre sont celles-ci:

a) supplique de l'institut au Pape,
b) décret de louange de l'institut par le Saint-Siège,
c) approbation temporaire des constitutions,
d) approbation définitive des constitutions.

Un institut demande habituellement le changement de statut en raison de son étendue géographique ou numérique, ce qui rend l'administration difficile: en effet, l'ordinaire du lieu de l'administration centrale d'un institut de droit diocésain possède depuis les débuts de celui-ci une autorité réelle sur l'institut, à l'exercice de laquelle il doit maintenant faire participer les ordinaires des diocèses où se trouvent d'autres maisons de l'institut, puisque son autorité ne s'étend pas sur les maisons situées dans d'autres diocèses que le sien.

neither makes nor receives public vows nor holds any officially recognized authority from the Church, or it can even be approval as a pious union.

A pious union is an association of faithful dedicated to pious or charitable work. Although a pious union can be organized very loosely, it can also be structured almost like a religious institute. Many local ordinaries prefer this form of temporary approbation, because the links with the ordinary are assured of existence and maintenance. A structured life can be developed and the members can thus be put to the test under experimental constitutions. It is therefore an intermediary state which, for all sorts of reasons, can last for years, and even for a very long time.

Secular institutes-to-be go through this step and we have mentioned the fact in the respective notes on those pious unions erected in view of becoming secular institutes.

The Holy See is consulted (step c) because the erection of an institute of consecrated life is important both in the life of the Church per se, and from the point of view of its value as a symbol of the Kingdom to come. The favourable opinion given by the Holy See (step d) is only a permit to enable the local ordinary to use his own authority.

Canonical erection of an institute by the local ordinary transforms the group into a real and recognized institute of consecrated life. It is given constitutions; a structure as well as an administration is established. Furthermore, if the institute is a congregation, public vows are made; if not, the type of private commitment used by the members is renewed, this time publicly, i.e., **before** the Church. Most small institutes, present in only one diocese or at most in a few, are diocesan.

3.2.2.3.2   Pontifical Institutes

The local ordinary also wields power, even on disciplinary matters, over pontifical institutes including nonexempt ones; but he exercises his authority less extensively with them than with diocesan institutes. However, certain matters (e.g., the constitutions and internal administration) are reserved to the Holy See.

How does a diocesan institute change status to become pontifical?

a) Petition of the institute to the Holy Father;
b) Decree of praise of the institute by the Holy See;
c) Temporary approval of the constitutions;
d) Definitive approval of the constitutions.

Usually, an institute requests the above-mentioned change of status either because it has extended itself over more than a few dioceses, or because it has many members. This makes administration difficult, because the ordinary of the place where a diocesan institute has its central administration has wielded real power over it since its foundation, and now he

La supplique de l'institut (étape a) doit être accompagnée d'un certain nombre de documents:

- lettres testimoniales des ordinaires **de tous** les diocèses où se trouvent des maisons de l'institut et recommandant le changement;

- synthèse du développement historique et juridique de l'institut depuis ses débuts;

- rapport sur l'état disciplinaire, matériel et économique de l'institut, ainsi que sur la situation de celui-ci quant à sa composition (nombre de membres, âge, formation, etc.); ce rapport doit être contresigné par l'ordinaire du lieu de l'administration centrale, celui-ci faisant foi de sa véracité;

- projet de constitutions tenant compte du statut éventuel d'institut de droit pontifical;

- exemplaires des autres livres propres à l'institut et qui peuvent porter divers noms tels que "directoire", "coutumier", etc.

C'est par le décret de louange (étape b), lequel approuve l'institut, que celui-ci jouit du statut d'institut de droit pontifical.

Les approbations des constitutions forment les dernières étapes de ce processus. L'approbation temporaire (étape c) est habituellement valide cinq ou sept ans, ce qui donne le temps de mettre le nouveau texte à l'épreuve et de prévoir les changements à demander en vue de l'approbation définitive (étape d).

3.2.2.4   Suivant la relation au sacerdoce

Suivant que le sacerdoce est exigé par l'institut pour la plupart de ses membres ou non, l'institut est **clérical** ou **laïc**. (Cette distinction ne s'applique qu'aux instituts masculins.) Cette distinction est d'une portée mineure aujourd'hui parce que les instituts laïcs, v.g. les instituts de frères enseignants, peuvent maintenant faire ordonner certains de leurs membres pour assurer un service sacerdotal aux membres par des confrères.

Cette distinction est d'autant plus imparfaite que ce n'est pas tellement le nombre de prêtres dans un institut qui compte que le fait que le sacerdoce soit un élément prépondérant ou non. Pour rendre cette réflexion concrète, voici un exemple: si, par le hasard des circonstances, les Dominicains se retrouvaient avec une majorité de frères coopérateurs et une minorité de prêtres, l'ordre resterait clérical; de la même façon, les Frères hospitaliers de Saint-Jean de Dieu, ordre laïc comprenant une minorité de prêtres - seul institut laïc jouissant de ce privilège jusqu'à tout récemment -, ne changeraient pas automatiquement de statut advenant cette hypothétique modification radicale des rapports statistiques prêtres-non-prêtres.

has to share this power with the ordinaries of the places where the institute has houses (his authority does not extend over houses situated in other dioceses than his own).

The petition of the institute (step a) has to be accompanied by certain other documents:

- testimonial letters recommending the change sent by the ordinaries of **all** the dioceses where houses of the institute are situated;

- synopsis of the historical and canonical development of the institute since its foundation;

- report on the disciplinary, material and economical state of the institute as well as on its membership (number, age, training, etc.); this report must be countersigned by the ordinary of the place of the central administration who testifies to its truthfulness;

- draft of constitutions as they would be if the institute were pontifical;

- copies of the other books proper to the institute and which can bear different titles, e.g., Directorium, Customary, etc.

The Decree of praise (step b), commending and approving the institute, makes the institute pontifical.

The two approvals of the constitutions complete the process. The temporary approval (step c) is usually good for five or seven years, and allows enough time to test the new text and foresee the changes to be requested before definitive approval of the text (step d) can be granted.

3.2.2.4   According to the Relationship to the Priesthood

The institute is **clerical** or **lay** depending on whether or not the priesthood is required for most of its members. Of course, this distinction applies only to male institutes. This distinction is of minor importance today because lay institutes, e.g., institutes of teaching brothers, can have certain members ordained to ensure that priestly functions and ministries can be offered to the members by their confreres.

This distinction is also rather imperfect because it is determined not by the number of priests within the institute, but by whether or not the priesthood is an essential element of the nature of the institute. To put this idea in concrete form, here is an example: if, for any reason, the Dominicans found themselves with a majority of lay brothers and a minority of priests, the order would remain clerical; conversely, the Brothers Hospitallers of Saint John of God, a lay order with a minority of priests -- the only lay institute enjoying this privilege up to a few years ago -- would not automatically change status if there were a radical shift in the statistical proportion of priests to non-priests.

3.2.3 DISTINCTIONS DIVERSES À L'INTÉRIEUR DES INSTITUTS

Nous changeons ici de perspective et pénétrons à l'intérieur des instituts. Bien sûr, il existe des différences appréciables, sinon entre chacun, du moins entre différents groupes d'instituts, la plupart du temps à cause de leur histoire et de leur âge.

Par exemple, les ordres mendiants sont structurés de façon démocratique, chose qui peut paraître à première vue fort étrange compte tenu de leur origine médiévale. Le meilleur exemple est celui des Dominicains qui, non seulement sont structurés de façon démocratique (v.g. élections du prieur local, du prieur provincial et du maître général), mais ont su adapter la formule cistercienne dont ils dépendent au point où un équilibre presque parfait des forces en présence (frères individuels, prieurs, chapitres et autres groupes) a fait de l'organisation dominicaine un modèle de choix pour toute étude de droit constitutionnel. D'autre part, les multiples congrégations du 19e siècle sont souvent très centralisées; ce phénomène diminue depuis les réformes des dix dernières années, puisque les structures des instituts de vie consacrée n'ont pas été exemptes de changements, au contraire.

3.2.3.1 Dans les instituts non monastiques

Les structures qui reviennent le plus souvent dans les instituts non monastiques, i.e. tous sauf les moines et les moniales, sont les suivantes:

- **Chapitre général:** collectivité groupant les provinciaux et des délégués des provinces, seulement les provinciaux ou d'autres combinaisons de personnes suivant les constitutions. Ce corps est consultatif, législatif ou électif suivant les constitutions de chaque institut et il peut même bénéficier dans **un même** institut de ces trois caractéristiques, pour différents sujets. Dans beaucoup d'anciens ordres, le chapitre général est l'organe suprême de l'ordre pendant le temps qu'il siège; partout, il ne siège qu'à des moments bien précis de la vie de l'institut.

- **Conseil général:** groupe permanent autour du supérieur général, formé des collaborateurs les plus immédiats de ce dernier (secrétaire général, économe général, certains conseillers). Il a habituellement un rôle consultatif, mais peut aussi disposer d'autorité, tout dépendant des constitutions.

- **Province:** division territoriale d'un institut normalement de droit pontifical. Elle porte un nom qui, s'il est identique à celui d'une région géographique, ne rend pas la province nécessairement coextensive avec cette région, mais est seulement un terme commode pour l'administration de l'institut (v.g. la province Saint-Dominique du Canada des Dominicains couvre aussi des couvents de la Nouvelle-Angleterre). Les provinces sont érigées par le Saint-Siège au moment de la première division de l'institut en provinces; les érections, délimitations, unions et suppressions de provinces

3.2.3 VARIOUS DISTINCTIONS WITHIN INSTITUTES

The perspective here is different; we are staying within individual institutes. Of course, there are important differences, if not between each institute, at least between groups of institutes, usually because of their age and history.

For example, the mendicant orders are structured democratically, which may seem strange at first sight because they are of mediaeval origin. The best example is the Dominicans who are not only structured democratically (e.g., election of the local prior, the prior provincial and the master general), but who have known how to adapt the Cistercian formula on which they depend to the point where an almost perfect system of checks and balances has been devised (individual friars, priors, chapters and other groups); this has made the Dominican organization a choice model for studies in constitutional law. On the other hand, the very numerous institutes founded in the 19th century are often highly centralized. This phenomenon has been steadily declining because of the reforms of the last ten years and because of the changes in the structures of institutes of consecrated life.

3.2.3.1 In Non-monastic Institutes

Which structures occur most often in non-monastic institutes, i.e., in all except monks and nuns?

- **General chapter:** body grouping together provincials and delegates of provinces, or provincials alone, or other combinations of persons according to the constitutions; this body is consultative, legislative or elective, according to the constitutions of each institute, and can even have these three characteristics in **one** institute, for different matters of course; in many old orders, the general chapter is the supreme organ of the order while in session; everywhere, it sits only at very definite moments in the life of the institute;

- **General council:** permanent body surrounding the superior general and composed of his closest collaborators (secretary general, treasurer general, certain counsellors); his role is consultative, but it can enjoy some real authority, depending on the constitutions;

- **Province:** territorial division of a usually pontifical institute; although the name given to a province may correspond to the name of some geographic entity, the territory of the province is not necessarily coextensive with the region whose name it bears. This is just a convenient name for the administration of the institute (e.g., the Province of Saint Dominic of Canada of the Dominicans also has priories in New England within its limits); provinces are erected by the Holy See when the

effectuées après cette première division le sont par les instances appropriées de l'institut selon les constitutions.

- **Chapitre provincial:** groupe analogue au chapitre général mais au niveau de la province, à l'intérieur d'un institut.

- **Conseil provincial:** groupe permanent analogue au conseil général.

Certains instituts ne sont pas divisés en provinces, mais en régions ou districts (les Prémontrés sont même divisés en "circaries"!). Dans certains cas, la différence n'est que terminologique; dans d'autres, le contenu du terme est différent et le supérieur de district, souvent dans des instituts fortement centralisés, est plus un délégué de l'administration générale qu'un supérieur provincial traditionnel. Bien sûr, les termes que nous avons énumérés ne sont pas les seuls utilisés, les traditions particulières à chaque institut et les circonstances historiques ayant eu une influence même sur la terminologie.

3.2.3.2 Dans les instituts monastiques

Les Bénédictins et Bénédictines, Cisterciens et Cisterciennes (réformés ou non), pour ne parler que des instituts monastiques occidentaux les plus connus, ne sont pas structurés de la même façon que les autres instituts de vie consacrée.

Le principe de base est l'**autonomie** des personnes, des maisons et des groupes de maisons (nous parlerons de ceux-ci plus bas). D'ailleurs, les Bénédictins s'engagent par un quatrième vœu, celui de **stabilité**, stabilité dans l'état de vie monastique, bien sûr, mais aussi et surtout stabilité dans une **maison** donnée qui devient la **famille** propre du moine, dont le **père** est l'**abbé** (qui vient de l'araméen *abba*, père), maison dans laquelle il promet de vivre jusqu'à la mort. Autant le membre d'un institut non monastique entre **dans un institut**, autant le moine entre **dans une maison-famille** de telle ou telle tradition.

Chaque monastère (terme générique s'appliquant à abbaye, prieuré et aux autres types de maisons) est autonome et régi par ses membres; cette autonomie est plus ou moins étendue suivant les congrégations monastiques (terme que nous verrons plus bas), mais il reste toujours vrai que la moins autonome des abbayes bénédictines l'est plus que la plus autonome des maisons d'un institut non monastique; la perspective est différente.

Les monastères ont eu tendance à se grouper petit à petit au cours des siècles et à former ce qu'on appelle aujourd'hui des **congrégations monastiques.** Ce ne sont **pas** des congrégations comme nous avons vu plus haut en 3.2.2.1.1, mais un regroupement de monastères autonomes sous un même supérieur. Ces groupements sont de nature spirituelle surtout: les maisons qui sont de même observance ou issues d'origines communes se regroupent; des facteurs géographiques entrent en ligne de compte aussi. Une congrégation bénédictine américaine dans

institute is first divided into provinces; subsequent erections, limit changes, mergers and suppressions of provinces are the responsibility of the appropriate authorities of an institute, according to the constitutions;

- **Provincial chapter:** body similar to the general chapter but at the level of a province within an institute;

- **Provincial council:** permanent body similar to the general council.

Certain institutes are not divided into provinces, but into regions or districts (the Premonstratensians are divided into "circaries"!). In some institutes, the difference is only terminological; in others, the content of this term is different, and this district superior, often found in very centralized institutes, is more a delegate of the general administration than a traditional provincial superior. Of course, the terms we have given are not the only ones used; particular traditions of respective institutes and historical circumstances have had an influence even on terminology.

3.2.3.2 In Monastic Institutes

Benedictine and Cistercian monks and nuns (reformed or not), to mention only the best known Western monastic institutes, are structured in a different way than other institutes of consecrated life.

The basic principle is **autonomy:** of persons, houses and groups of houses (for these, see below). Moreover, Benedictines make a fourth vow, one of **stability** in the state of life called monasticism; also and above all, it means stability in a certain **house** which becomes the **family** of the monk, whose **father** is the **abbot** (from the Aramaic *abba*, father), a house in which he promises to live unto death. In the same way that the member of a non-monastic institute enters **into an institute**, the monk enters into **a house-family** of this or that tradition.

Each monastery (generic term for abbey, priory and other types of houses) is autonomous and governed by its members; the extent of this autonomy depends on the monastic congregations, but it is always true that the least autonomous Benedictine abbey is more autonomous than the most autonomous house of a non-monastic institute; the perspective is different.

Gradually over the centuries, monasteries have had a tendency to group themselves into what we today call **monastic congregations.** These are **not** the congregations seen above in 3.2.2.1.1, but a group of autonomous monasteries under a common superior. These forms of grouping are mostly of a spiritual nature: houses group themselves together if they are of the same observance or if they share a common origin; geographical factors also have some influence. An American Benedictine congregation whose members

32

laquelle les membres font beaucoup de ministère paroissial à l'extérieur des abbayes sera forcément fort différente d'une congrégation bénédictine européenne traditionnelle, vouée à la louange de Dieu, au travail intellectuel et manuel sur place. Plusieurs congrégations peuvent avoir assez en commun pour se réunir en **confédération,** groupement large dont les organes centraux n'ont pas d'autorité, si ce n'est celle qui est acceptée d'un commun accord par les membres, mais une fonction de service (secrétariat, publications, liaison), de représentation auprès du Saint-Siège et de symbole (signe de spiritualité commune ou tout au moins de racines partagées).

Les monastères de Bénédictines ou de Cisterciennes font partie des mêmes congrégations monastiques que les monastères masculins mais pas de la même façon. Il y a, par exemple, un "ordre bénédictin" composé de monastères masculins, mais pas "d'ordre bénédictin" composé de monastères féminins. Il y a des monastères féminins qui, à cause de la règle, de la spiritualité et de l'observance, se rattachent plus à telle forme de vie monastique qu'à telle autre. Chacun de ces monastères fait affaire, suivant les cas, avec le Saint-Siège, l'ordinaire du lieu ou tel abbé, mais il n'existe pas de groupement de moniales bénédictines ou cisterciennes (il en existe dans d'autres ordres, v.g. chez les Augustines).

Voici un tableau des deux confédérations de tradition bénédictine:

- **Confédération bénédictine:** ordre créé au 6e siècle, confédération créée en 1893 et composée des congrégations bénédictines suivantes. Celles qui sont représentées au Canada sont précédées d'un astérisque, toutes étant suivies de leur date de "fondation" ou de formation; elles sont classées dans l'ordre de préséance suivi par l'*Annuario pontificio*:

Cassinienne (1408)
Angleterre (1336)
Hongrie (1500)
Suisse (1602)
Bavière (1684, reconstituée en 1858)
Brésil (1827)
*France (1837)
*Américaine cassinienne (1855)
Beuron (1868)
Subiaco (1872)
*Benedictine Federation of the Americas (1881)
Autriche (1889, réorganisée en 1930)
Sainte-Ottile (1884)
Annonciation (1920)
Slave (1945)
Olivétaine (1313)
Vallombreuse (1039)
Ermites camaldules (980)
Hollande (1969)
Silvestrins (1231)
Cono Sur (1970)

De plus, certains monastères ne font pas partie d'une congrégation monastique mais sont directement rattachés à la confédération.

exercise a lot of parish ministry outside the abbey will, of course, be very different from a traditional European congregation dedicated to the praise of God as well as to intellectual and manual work within the abbey. Some congregations may find that they have enough in common to form a **confederation,** a rather loose body whose central organs do not have any authority beyond that voluntarily decided on and accepted by its members. The central organs mostly have a service function (secretariat, publications, liaison), a representation or liaison function with the Holy See and a symbolic function (sign of a common spirituality or, at least, of shared roots).

Monasteries of Benedictine and Cistercian nuns are part of the same monastic congregations as the male monasteries, but not in the same way. There is a "Benedictine order" made up of male houses, but not a "Benedictine order" made up of female houses. There are female individual houses which have more ties with one form of monastic life than with another, because of the rule, the spirituality or the observance. Each of these monasteries reports to the Holy See, to the local ordinary or to a particular abbot, depending on the matter involved; but there are no groups of Benedictine or Cistercian nuns as there are in other orders, e.g., the Augustine nuns.

Here is a synoptic table of two confederations of the Benedictine tradition:

- **Benedictine Confederation:** order formed in the 6th century, confederation created in 1893 and made up of the following congregations, the ones present in Canada being preceded by an asterisk, all being followed by the year of their "foundation" or formation; they are arranged in the order of precedence as in the *Annuario pontificio*:

Cassinese (1408)
English (1336)
Hungarian (1500)
Swiss (1602)
Bavarian (1684, reconstituted in 1858)
Brazilian (1827)
*French (1837)
*American Cassinese (1855)
Beuron (1868)
Subiaco (1872)
*Benedictine Federation of the Americas (1881)
Austrian (1889, reorganized in 1930)
Saint Ottila (1884)
Annunciation (1920)
Slavic (1945)
Olivetan (1313)
Vallombrosa (1039)
Carmaldolese Hermits (980)
Dutch (1969)
Silvestrines (1231)
Cono Sur (1970)

Furthermore, certain monasteries are not part of a monastic congregation but are attached directly to the confederation.

- **Saint Ordre cistercien:** réforme bénédictine débutant par la fondation de l'abbaye de Cîteaux en 1098; confédération de style moderne formée en 1869 et composée des congrégations cisterciennes suivantes, dont l'une est représentée au Canada:

Autriche (1859)
Mehrerau (1618)
Saint-Bernard d'Italie (1497)
Marie Médiatrice (1846)
*Immaculée Conception (1854)
Zirca (1923)
Bohême (1923)
Casamari (1943)
Marie Reine (1953)
Brésil (1961)
Sainte-Famille (1964)

(Les **Cisterciens réformés** ou **Trappistes,** eux-mêmes autrefois une congrégation du Saint ordre cistercien, séparée de cet ordre en 1892, ne sont pas divisés en congrégations monastiques, mais les abbés élisent un abbé général. Ils sont demeurés au fond comme une congrégation monastique.)

3.2.3.3 Terminologie utilisée dans la désignation des titulaires des postes

Les termes suivants sont les plus communément utilisés pour identifier les postes occupés à l'intérieur des instituts. Cette nomenclature n'est pas complète, certains termes (analogues, par exemple, à celui de "circarie" pour dire province chez les Prémontrés) pouvant être particuliers à certains instituts ou à certaines situations. Il va sans dire que certains termes ont aussi habituellement leur pendant féminin; ici, nous parlerons généralement au masculin pour ne pas alourdir la rédaction.

- **Abbé primat:** l'abbé présidant la Confédération bénédictine.

- **Abbé général:** l'abbé présidant le Saint Ordre Cistercien aussi l'abbé dirigeant les Cisterciens réformés ou Trappistes; les abbés présidant certaines congrégations bénédictines.

- **Président:** la plupart des abbés présidant les congrégations bénédictines; celui ou celle qui préside une fédération d'instituts religieux (ce concept sera expliqué à 3.2.5.1).

- **Abbé président:** certains abbés présidant les congrégations bénédictines.

- **Supérieur général:** terme le plus courant pour désigner celui ou celle qui dirige les destinées d'un institut religieux non monastique. Termes aussi employés: maître général (Dominicains), ministre général (Franciscains, Capucins, Conventuels, Trinitaires), prieur général (Augustins, Carmes, Servites de Marie, Frères hospitaliers de Saint-Jean de Dieu), général (Barnabites, Jésuites, Maristes), recteur majeur (Salésiens), recteur général (Pallottins).

- **Cistercian Order:** Benedictine reform originating with the foundation of the Abbey of Cîteaux in 1098; modern-style confederation formed in 1869, and composed of the following Cistercian congregations, one of which is represented in Canada:

Austrian (1859)
Mehrerau (1618)
Saint Bernard of Italy (1497)
Mary Mediatrix (1846)
*Immaculate Conception (1854)
Zirca (1923)
Bohemian (1923)
Casamari (1943)
Mary Queen (1953)
Brazilian (1961)
Holy Family (1964)

(**Reformed Cistercians** or **Trappists:** formerly a Cistercian congregation themselves, they separated from the order in 1892; they are not divided into monastic congregations, but the abbots elect an abbot general. They have more or less remained like a monastic congregation.)

3.2.3.3 Terminology Used When Describing the Incumbents of Offices

The following terms are the ones most commonly used to identify positions held in institutes. This list is not complete, of course, as certain terms (analogous for example to "circarie," denoting province in the Premonstratensians) can be specific to an institute or respond to particular situations. Needless to say, some terms have a female counterpart; to simplify matters, only the masculine form is usually given here:

- **Abbot primate:** the abbot presiding over the Benedictine Confederation;

- **Abbot general:** the abbot presiding over the Cistercian Order; the abbot ruling over the Reformed Cistercians or Trappists; the abbots presiding over certain Benedictine congregations;

- **President:** most of the abbots presiding over Benedictine congregations; the one who presides over a federation of religious institutes (see 3.2.5.1 for the meaning of federation);

- **Abbot president:** the abbots presiding over certain Benedictine congregations;

- **Superior general:** term generally used to refer to the individual who heads a non-monastic religious institute; other terms used: master general (Dominicans), minister general (Franciscans, Capuchins, Conventuals, Trinitarians), prior general (Augustinians, Carmelites, Servites, Brothers Hospitallers of Saint John of God), general (Barnabites, Jesuits, Marist Fathers), rector major (Salesians), rector general (Pallotines);

34

- **Vicaire général:** remplaçant temporaire du supérieur général, v.g. en cas de vacance du poste de ce dernier, jusqu'aux prochaines élections; à ne pas confondre avec le vicaire général d'un ordinaire du lieu.

- **Procureur général:** proche collaborateur du supérieur général, faisant habituellement partie du Conseil général et dont le rôle est de représenter l'institut et ses membres auprès des organes du Saint-Siège et d'assurer ainsi une liaison constante et ordonnée entre celui-ci et l'institut.

- **Supérieur provincial** ou **provincial:** celui ou celle qui, à l'intérieur d'un institut religieux non monastique, dirige une province ou son équivalent; les termes particuliers s'appliquant à certains instituts se retrouvent ici en remplaçant le terme "général" ou son équivalent par le terme "provincial" ou son équivalent, v.g. prieur provincial.

- **Supérieur:** celui ou celle qui dirige une maison dans un institut non monastique. D'autres termes peuvent aussi être utilisés: gardien (Franciscains), prieur (Dominicains, Servites; à ne pas confondre avec le prieur dans une maison d'un institut monastique).

- **Abbé - abbesse:** moine ou moniale qui préside aux destinées d'une abbaye.

- **Prieur:** dans un institut monastique, moine ou moniale dirigeant, sous un abbé ou une abbesse et à l'intérieur d'une abbaye, la vie quotidienne (somme toute, c'est un "chargé des affaires courantes"); on utilise aussi le terme prieur claustral pour le distinguer de certains supérieurs de maisons d'instituts non monastiques; prieur se dit aussi pour celui ou celle qui, sous un abbé ou une abbesse, dirige une maison filiale d'une abbaye (un prieuré), trop jeune ou trop petite pour être autonome et jouir du statut d'abbaye.

- **Supérieur ecclésiastique:** terme impropre mais traditionnel pour désigner le prêtre qui, dans un diocèse ou un territoire équivalent, est le délégué de l'ordinaire du lieu et agit pour celui-ci dans les actes de juridiction auprès des instituts féminins, surtout de droit diocésain; il est souvent le conseiller officieux des supérieures. Beaucoup d'évêques utilisent plutôt maintenant dans ces fonctions un **vicaire épiscopal pour les religieux.**

- **Supérieur majeur:** terme générique désignant les supérieurs, sauf ceux des maisons locales, depuis les supérieurs généraux jusqu'aux supérieurs provinciaux ou à leurs équivalents, y compris leurs vicaires (i.e. assistants immédiats ou remplaçants temporaires); dans les ordres monastiques, ce terme comprend aussi les abbés.

3.2.3.4 Terminologie utilisée dans la désignation des membres des instituts

Certains termes ont un sens technique assez précis même dans la désignation des simples membres des instituts,

- **Vicar general:** acting superior general, e.g., in case of vacancy, until the next elections; not to be confused with the vicar general of a local ordinary;

- **Procurator general:** close collaborator of the superior general; he is usually a member of the General Council and his function is to represent the institute and its members to the different organs of the Holy See, thus ensuring a constant and ordered liaison between the institute and Rome;

- **Superior provincial** or **provincial:** the one who, within a non-monastic religious institute, heads a province or its equivalent; terms specific to certain institutes are used by replacing the term general or its equivalent with the term provincial or its equivalent: e.g., prior provincial;

- **Superior:** the one who heads a house in a non-monastic institute; other possible terms: guardian (Franciscans), prior (Dominicans, Servites; not to be confused with the prior in the house of a monastic institute);

- **Abbot - abbess:** monk or nun heading an abbey;

- **Prior - prioress:** in a monastic institute, under an abbot or an abbess and within an abbey, monk or nun in charge of daily life (in other words, in charge of the ordinary administration); the term claustral prior is also used to distinguish this prior from certain superiors of houses in non-monastic institutes; the term prior is also used for the individual who, under an abbot or abbess, heads the daughter-house of an abbey (a priory), too young or too small to be autonomous and enjoy abbatial status;

- **Ecclesiastical superior:** incorrect but traditional term referring to the priest who is the delegate of the local ordinary in a diocese or its equivalent, and deals for him in jurisdictional acts with female institutes, especially diocesan ones; he is often the unofficial advisor of superiors; for the past ten years or so, many bishops have preferred to use an **episcopal vicar for religious** to exercise these functions;

- **Major superiors:** generic term indicating all superiors except local ones, i.e., from superiors general to provincial superiors or their equivalents, including their deputies (i.e., immediate assistants and acting superiors); in monastic orders, the term also refers to abbots.

3.2.3.4 Terminology Used When Describing the Members of Institutes

Certain terms used in referring to members of institutes carry a very specific meaning, independent from any positions held by members of the institutes.

indépendamment des postes qu'ils peuvent occuper. Certains des termes seront disposés dans un ordre logique sous des termes plus génériques.

- **Religieux:** *membre d'un institut religieux masculin.*

  - **Régulier:** *membre d'un ordre (même un profès à voeux simples temporaires dans un ordre est un régulier).*

    - **Moine:** *membre d'un ordre monastique.*

    - **Chanoine régulier:** *membre d'un ordre de chanoines réguliers.*

    - **Mendiant:** *membre d'un ordre mendiant (terme très peu utilisé).*

    - **Clerc régulier:** *membre d'un des ordres de la Réforme catholique (16e siècle).*

  - **Religieux à voeux simples:** *membre d'une congrégation religieuse.*

- **Religieuse:** *membre d'un institut religieux féminin.*

  - **Moniale:** *membre d'un ordre monastique (même de ceux qui, du fait des circonstances historiques, n'ont que des voeux simples pour l'ensemble des membres).*

  - **Chanoinesse régulière:** *membre d'un ordre de chanoinesses régulières (même parenthèse que la notice précédente).*

  - **Soeur:** *membre d'une congrégation religieuse.*

    - **Soeur tourière** ou **soeur externe:** *chez les moniales, soeur, donc à voeux simples, qui est chargée, au nom de la maison locale et de ses membres, des relations avec l'extérieur, à cause de la sévérité de la clôture, v.g. porterie, courses à l'extérieur.*

    - *Le terme* **soeur** *est aussi employé par les laïcs pour désigner n'importe quelle religieuse dans la correspondance ou la conversation; il est alors employé comme pendant de père ou frère.*

- **Père:** *prêtre membre d'un institut religieux non monastique.*

- **Frère:** *non-prêtre membre d'un institut religieux non monastique; aussi utilisé souvent par les prêtres membres d'instituts laïcs; également utilisé en français pour les prêtres membres des ordres mendiants, v.g. le fr. N., o.p. (en anglais, le terme correspondant ici n'est pas* **Brother** *mais* **Friar,** *lequel n'est utilisé en anglais maintenant que de façon générique pour les ordres mendiants et non de façon spécifique pour les membres individuels: on ne dira pas Friar N., o.p., ni Brother (sauf pour un frère convers, ce qui n'est pas le cas ici), mais tout simplement Fr. pour Father; on dira cependant Blackfriars pour Dominicains.*

Some of these will be arranged systematically under more generic terms:

- **Religious:** member of a male religious institute;

  - **Regular:** member of an order (even a simple professed religious in temporary vows is a regular);

    - **Monk:** member of a monastic order;

    - **Canon regular:** member of an order of canons regular;

    - **Mendicant:** member of a mendicant order (rarely used term);

    - **Cleric regular:** member of one of the orders of the Catholic Reformation (16th century);

  - **Religious with simple vows:** member of a religious congregation;

- **Religious:** member of a female religious institute (rarely used term in this context, because of possible confusion with the male meaning; it is used generically in English to designate religious of both sexes; in its place, the term **sister,** in its generic meaning for all female religious, is used);

  - **Nun:** member of a monastic order (even of one whose members, due to historical factors, in fact make only simple vows);

  - **Canoness regular:** member of an order of canonesses regular (the same parenthesis as in the preceding definition is valid);

  - **Sister:** member of a religious congregation;

    - **External sister:** because of the severity of enclosure, a sister (i.e., with simple vows) who, within monastic orders, is charged in the name of the house and of its members with relations with the outside world e.g., door-keeping, shopping;

    - the term **sister** is also employed by laypersons in correspondence or conversation to refer to any female religious; it is used then as the counterpart of brother or father;

- **Father:** priest-member of a non-monastic religious institute; it is also used in English to designate any priest;

- **Brother:** nonpriest-member of a non-monastic religious institute; it is often also used by priest-members of lay institutes; it is used in French for priest-members of mendicant orders, e.g., le fr. N., o.p. (in English, the corresponding term is not **brother** but **friar,** used not for individual friars but

- **Frère convers:** membre non prêtre qui ne se prépare pas au sacerdoce; il est habituellement affecté aux tâches domestiques, auxiliaires ou de soutien administratif. Autres termes utilisés: frère lai (inusité maintenant, archaïsme pour "frère laïc), frère auxiliaire, frère coopérateur.

- **Soeur converse:** pendant féminin de frère convers.

- **Madame:** terme désignant une abbesse, v.g. madame Gertrude Adam, abbesse de l'abbaye de Saint-Marie des Deux Montagnes; désigne une supérieure dans quelques instituts non monastiques féminins.

- **Dom:** moine; vient du latin *dominus* (seigneur), v.g. dom Georges Mercure, o.s.b. (compositeur de musique liturgique québécois bien connu).

- **Mère:** terme coutumier ou du droit interne de certains instituts, mais non consacré par le droit canonique, et désignant une soeur occupant ou ayant occupé une charge dans un institut (le niveau de la charge où commence à être utilisé le terme dépend des instituts).

- **Postulant - postulante:** personne vivant dans un institut pour en faire connaissance et permettre d'en être connue avant d'entrer au noviciat; le postulat n'existe pas dans tous les instituts.

- **Novice:** apprenti(e) religieux(se) qui se forme à la vie religieuse de tel institut, en porte l'habit (souvent sous une forme modifiée) et en suit la règle.

- **Profès - professe:** membre d'un institut religieux; on devient membre par la profession, i.e. l'émission des voeux.

  - **Profès temporaire - professe temporaire:** qui a prononcé des voeux temporaires, toujours simples.

  - **Profès perpétuel - professe perpétuelle:** qui a prononcé des voeux perpétuels; un profès perpétuel est soit un **profès à voeux simples,** soit un **profès à voeux solennels** (on dit aussi: profès simple, profès solennel) (le féminin s'applique ici aussi).

3.2.4 DEVENIR MEMBRE ET CESSER D'ÊTRE MEMBRE D'UN INSTITUT

3.2.4.1 Dans les instituts religieux

3.2.4.1.1 Devenir membre

Les étapes du processus par lequel une personne devient membre d'un institut religieux ont été touchées à l'occasion et ne seront que rappelées à l'attention du lecteur.

Les étapes du **postulat** (étape n'existant pas partout) et du **noviciat** forment la période d'apprentissage et de formation à la vie religieuse. Le postulat est de longueur variée; il peut durer d'une semaine à six mois et être renouvelé pour une seconde période maximale de six mois.

collectively for mendicant orders: one does not say or write Friar N., o.p., or Brother N., o.p. except for a lay brother, which is not the case here , but simply Fr. for Father; on the other hand, we might say Blackfriars instead of Dominicans);

- **Lay brother:** nonpriest who is not training for the priesthood; he usually works in domestic, ancillary or administrative support functions; other term used: auxiliary brother;

- **Lay sister:** female counterpart of lay brother;

- **Lady:** an abbess, e.g., Lady Gertrude Adam, abbess of Sainte-Marie des Deux Montagnes Abbey, or Lady Abbess Gertrude Adam; also used for superiors in a few non-monastic female institutes;

- **Dom:** monk; from the latin *dominus* (lord), e.g., Dom Georges Mercure, o.s.b. (well-known Quebec composer of liturgical music);

- **Mother:** either a customary term or one adopted by the internal law of certain institutes, but not one officially used by canon law; it designates a sister holding or having held an office in an institute (the level of the office for which the term is used depends on the individual institute);

- **Postulant:** person living in an institute in order to know it and be known before becoming a novice; postulancy does not exist in every institute;

- **Novice:** apprentice training himself to the religious life in a particular institute, wearing its habit (albeit often in a modified form) and following its rule;

- **Professed:** member of a religious institute; he becomes a member by making his profession, i.e., by making his vows;

  - **Temporary professed:** who has made temporary vows, always simple;

  - **Perpetual professed:** who has made perpetual vows; a perpetually professed religious is either **simply professed** or **solemly professed.**

3.2.4 BECOMING AND CEASING TO BE A MEMBER OF AN INSTITUTE.

3.2.4.1 In Religious Institutes

3.2.4.1.1 Becoming a Member

The steps of the process by which a person becomes a member of a religious institute have occasionally been mentioned in the preceding pages. Here they will only be recalled to the attention of the reader.

The steps of **postulate** (it does not exist in all institutes) and **noviciate** form the apprenticeship and

Le noviciat commence habituellement par la prise de l'habit religieux, habit souvent quelque peu différent de celui des profès, et dure un an, jour pour jour, bien que dans certains instituts le noviciat soit plus long.

Incidemment, le postulant et le novice sont absolument libres vis-à-vis de l'institut et celui-ci l'est autant vis-à-vis d'eux. Ils peuvent être renvoyés comme ils peuvent partir, les deux sans préavis.

Le noviciat est suivi de la **profession** qui fait du novice un **membre** de l'institut. La première profession est toujours **simple** et **temporaire**, habituellement pour une période de trois ans.

À la fin de la période de voeux temporaires, le novice est renvoyé dans le monde, il part de lui-même ou il est admis à la **profession perpétuelle, simple** ou **solennelle,** suivant les instituts, qui fait du membre un membre permanent de l'institut, à perpétuité en d'autres mots.

3.2.4.1.2 Cesser d'être membre

Il existe quatre façons de cesser d'être membre d'un institut religieux, certaines étant complexes dans leur application. Nous ne donnerons pas ici tous les détails mais brosserons seulement un tableau relativement schématique, qui permettra aux lecteurs tout au moins de se retrouver dans la terminologie (v.g. exclaustré, sécularisé et laïcisé ne sont pas du tout des termes synonymes).

Mode 1: Passage à un institut

Suivant les cas, il faut soit la permission du Saint-Siège soit celle de l'ordinaire du lieu. Le religieux doit entrer au noviciat de l'institut *ad quem*, mais les voeux émis dans l'institut *a quo* restent valides. Au moment de la nouvelle profession, le religieux retourne à son institut d'origine (dont il est encore membre) ou s'engage par une nouvelle profession dans l'institut *ad quem* (il cesse alors d'être membre de l'institut *a quo).*

Mode 2: Sortie légitime

Un **profès temporaire,** comme nous venons de le voir en 3.2.4.1.1, peut **quitter** l'institut à la fin de la période de voeux temporaires.

Par la **sécularisation,** accordée par le Saint-Siège, l'ordinaire du lieu ou l'abbé président d'une congrégation monastique, suivant les cas, un religieux peut "retourner au siècle" sur sa demande. Au moment de l'acceptation, signée par le religieux, du document lui accordant la sécularisation, celui-ci cesse d'être religieux et redevient laïc s'il n'est pas prêtre. S'il est prêtre et veut continuer à exercer le ministère, il doit, avant d'être sécularisé, trouver un évêque prêt à l'accepter dans son diocèse; au moment de la sécularisation, il devient alors prêtre séculier.

Dans le cas d'un religieux-prêtre qui ne voudrait plus exercer le ministère, la procédure est plus élaborée et

training period for religious life. Postulancy can vary in length from one week to six months; it can be renewed for a second period of a maximum duration of six months. The noviciate usually begins with the taking of the religious habit, which is often somewhat different than that of the professed, and lasts one year to the day, although certain institutes require a longer period.

Incidentally, postulants and novices are absolutely free toward the institute and the latter is as free toward them. They can be sent home or they can leave on their own, both without previous notice.

Profession is the step by which the novice becomes a **member** of the institute. The first profession is always **simple** and **temporary,** usually for a period of three years.

If at the end of the period of temporary vows the novice has not voluntarily left, he is either sent home or he is admitted to the **perpetual profession, simple** or **solemn** according to each institute, whereby he becomes a permanent member of the institute, in other words: in perpetuity.

3.2.4.1.2 Ceasing To Be a Member

One can cease being a member of a religious institute by using any one of the four following methods, some of which are more complex than others. Not all details will be given here, but a synoptical overview will at least help readers encountering technical terms (e.g., exclaustrated, secularized and laicized are not all synonyms).

Method 1: Transfer to another institute

Depending on the case, permission is given either by the Holy See or by the local ordinary. The religious has to become a novice in the *ad quem* institute, but the vows made in the *a quo* institute remain valid. At the time of his new profession, he either returns to his original institute (of which he is still a member) or makes a new profession in the *ad quem* institute. He then ceases to be a member of the *a quo* institute.

Method 2: Legitimate departure

A **temporary professed** religious can, as we have seen in 3.2.4.1.1, **leave** the institute at the end of the period of temporary vows.

Through **secularization,** given either by the Holy See, the local ordinary or the abbot president of a monastic congregation, depending on the case, a religious may request his "return to the world." At the moment the religious officially accepts his secularization by signing the document granting it, he ceases to be a religious and becomes a layperson again, if he is not a priest. If he is a priest and wants to continue with the ministry, he must, before being

38

s'appelle la **laïcisation** ou **réduction à l'état laïc**, avec ou sans dispense du célibat sacerdotal (la plupart du temps bien sûr, cette dispense est accordée), en plus de la dispense des voeux, comme pour la sécularisation.

Mode 3: Sortie illégitime

L'**apostat de la vie religieuse** (apostasie à ne pas confondre avec l'apostasie doctrinale) quitte sans autorisation la vie religieuse avec l'intention de ne plus y revenir.

Le **fugitif** quitte la vie religieuse, toujours sans autorisation, pour une période d'une certaine importance, mais avec l'intention d'y revenir.

L'apostat de la vie religieuse et le fugitif sont soumis à des peines canoniques diverses, suivant les cas, peine encourues *ipso facto*.

Cette sortie étant illégitime, le coupable reste religieux, à moins que, plus tard et suivant la procédure appropriée, il ne soit renvoyé (voir mode 4).

Mode 4: Renvoi

Trois types de renvois, chacun doté d'une procédure particulière, sont en vigueur.

Sont **renvoyés *ipso facto*** les religieux ayant commis les délits canoniques suivants:

- l'apostasie publique de la foi catholique,

- l'abandon de la vie religieuse pour aller vivre avec une personne de l'autre sexe,

- le fait de contracter un mariage, même civil.

Les religieux peuvent aussi faire l'objet d'une **procédure de renvoi**. Suivant que le religieux est un profès temporaire ou perpétuel, dans un institut clérical ou laïc, exempt ou non, féminin ou masculin, les motifs peuvent varier et la procédure aussi.

Dans certaines circonstance. la **procédure spéciale de renvoi en cas urgent** peut être employée. C'est une expulsion *de facto* qui n'a d'effets canoniques, i.e. qui ne devient *de jure,* que plus tard, au moment où l'autorité compétente s'est prononcée sur l'initiative prise par le supérieur (même local).

Un religieux-prêtre renvoyé est-il considéré comme prêtre séculier? Cela dépend des circonstances ayant causé le renvoi. L'autorité qui renvoie le religieux-prêtre indiquera la solution appropriée: laïcisation, sécularisation dans tel diocèse, suspense temporaire ou partielle de l'exercice du ministère.

secularized, find a bishop willing to accept him in his diocese; at the moment of secularization, he becomes a secular priest.

In the case of a religious who is a priest but does not wish to go on exercising his ministry, the procedure is more complicated and is called **laicization** or **reduction to the lay state**. This occurs with or without the dispensation from celibacy (most of the time however this dispensation is granted) and of course includes the dispensation from the vows, as in the secularization.

Method 3: Illegitimate departure

The **apostate from religion** (this apostasy is not to be confused with doctrinal apostasy) leaves religious life with the intention of never going back to it.

The **fugitive** leaves it for a rather lengthy period but intends to return.

In both instances, the guilty religious incurs *ipso facto* certain canonical penalties.

This departure being illegitimate, the person involved remains a religious per se, until later and after the appropriate procedure has been followed, he is dismissed from the institute (see Method 4).

Method 4: Dismissal

Three different types of dismissal are in use, each with its own procedure.

Dismissed *ipso facto* are the religious who have committed the following canonical crimes:

- public apostasy from the Catholic faith;

- departure from religious life to live with a person of the opposite sex;

- attempted marriage, even a purely civil one.

The regular **dismissal procedure** can also be used. The reasons and the procedure may vary depending on whether the religious is a perpetual or temporary professed one, in a clerical institute or not, exempt or not, female or male.

In certain circumstances, the **special dismissal procedure in urgent cases** may be used. It is a *de facto* expulsion which has canonical effects, i.e., effects which become *de jure* only afterwards, when competent authority has decided on the initiative taken by the superior (even local).

Is a religious who is a priest and who is dismissed considered to be a secular priest? This depends on the circumstances which brought about the dismissal. The authority effecting the dismissal will indicate which is the solution to be used: laicization, secularization in such and such a diocese, or temporary or partial suspension from exercising priestly ministry.

3.2.4.2   Dans les sociétés de vie commune

3.2.4.2.1   Devenir membre

Ces sociétés ressemblent beaucoup aux instituts religieux de l'extérieur. Elles sont quand même plus souples dans leur organisation.

Le **postulat** n'existe pas chez la plupart des sociétés masculines mais il est une étape à parcourir chez beaucoup de sociétés féminines.

La période de **noviciat** existe chez tous mais elle peut porter d'autres noms, v.g. probation. Cette période dure plus ou moins longtemps suivant les instituts et n'est pas obligatoirement d'un an au minimum, elle peut être plus courte ou plus longue.

Le noviciat terminé, l'aspirant retourne dans le monde, est renvoyé ou est admis à l'**agrégation.** Cette agrégation peut se faire par la profession, si l'aspirant émet des voeux privés, ou encore par un simple acte d'incorporation. D'autres formes peuvent aussi être utilisées, v.g. consécration.

Cette agrégation est **temporaire** et peut être, suivant les instituts, de trois ans, de trois ans renouvelable chaque année, de deux ans ou même renouvelable à intervalles réguliers chez ceux qui n'ont pas d'agrégation perpétuelle.

Après l'agrégation temporaire, se fait l'agrégation **perpétuelle** dans la plupart des instituts.

3.2.4.2.2   Cesser d'être membre

Dans les sociétés où les liens d'agrégation n'ont aucun caractère permanent et où les constitutions prévoient la sortie volontaire, le membre peut faire ce qu'il veut, en autant qu'il suive la procédure appropriée.

Les causes de sortie énumérées dans 3.2.4.1.2 sont valables pour les sociétés, *mutatis mutandis,* puisque les structures des sociétés sont plus souples et que certains éléments des instituts ne s'y trouvent pas, la solennité et la publicité des voeux par exemple, ou encore le fait que les membres prêtres restent, dans la plupart des sociétés, incardinés à leur diocèse respectif (il n'est donc pas nécessaire pour celui qui sort de se trouver un diocèse, il n'a qu'à retourner à celui qui a toujours été le sien).

3.2.4.3   Dans les instituts séculiers

Comme pour les sociétés de vie commune, on doit se reporter aux prescriptions de la loi-cadre des instituts séculiers ou, à défaut de normes, au droit des religieux utilisé de façon analogique, donc *mutatis mutandis.*

3.2.5   REGROUPEMENT ET DISPARITION DES INSTITUTS

3.2.5.1   Regroupement

Indépendamment des formes un peu spéciales de regroupement déjà vues plus haut en 3.2.3.2 chez les ordres monastiques, et qui ne sont certes pas à assimiler aux

3.2.4.2   In Societies of Common Life

3.2.4.2.1   Becoming a Member

From the outside, these societies strongly resemble religious institutes. However, their organization is rather more flexible.

Most male institutes do not have a **postulancy** period for their eventual members, but it exists in many female institutes.

The **noviciate** exists in all, but it may be under a different name, e.g., probation. It may last for a shorter or a longer period of time and, depending on the individual institute, it may be shorter or longer than one year.

After the noviciate, the candidate either returns to the world, is dismissed, or is aggregated in the institute. This **aggregation** is done by profession, if the candidate makes private vows, or by a simple act of incorporation into the society. Other forms may also be used, e.g., consecration.

This aggregation is **temporary** and, thus, depending on the individual institute, may be for three years or for three years renewable each year, for two years, or even renewable on a regular basis for those institutes with no perpetual aggregation.

In most institutes **perpetual** aggregation follows temporary aggregation.

3.2.4.2.2   Ceasing To Be a Member

In societies where the aggregation is not permanent and where the constitutions provide for voluntary departure, the member is free to do as he wishes, as long as he follows the appropriate procedure.

The ways of leaving enumerated in 3.2.4.1.2 apply to societies, *mutatis mutandis,* because societies are structured more flexibly and certain elements found in institutes are absent, e.g., the solemnity and publicity of vows; also, in most societies, members who are priests remain incardinated to their respective dioceses. The priest who leaves, therefore, does not have to look for a diocese; he just returns to the one that has always been his own.

3.2.4.3   In Secular Institutes

As with societies of common life, the norms of the fundamental law on secular institutes or, in the absence of norms on a certain topic, the canon law on religious, used analogously, i.e., *mutatis mutandis,* are to be followed.

3.2.5   AMALGAMATION AND EXTINCTION OF INSTITUTES

3.2.5.1   Amalgamation

Independent of rather special forms of grouping previously seen in 3.2.3.2 re: monastic orders, which

formes énumérées ci-après, indépendamment aussi des types d'association qui ont un autre sens que celui employé dans la présente section (v.g. Conférence religieuse canadienne, Fédération des frères enseignants du Canada), plusieurs formes de regroupement sont possibles chez les instituts de vie consacrée. La raison? Pour rendre possibles, pratiques et meilleurs la vie et l'apostolat d'instituts comptant souvent maintenant peu de membres, bien que ce ne soit pas nécessairement la seule raison. Ces formes de regroupement doivent être approuvées par le Saint-Siège, certains regroupements spécifiques étant même dus à son initiative et à son encouragement.

- **Association** entre instituts: L'association a un nom, mais **chaque institut conserve son indépendance canonique**, i.e. son statut (diocésain ou pontifical, congrégation ou société, etc.), son gouvernement, ses structures. Des instituts ayant des statuts différents les uns des autres peuvent s'associer. L'association en est une d'entraide et de concertation au plan apostolique.

- **Fédération** d'instituts à spiritualité ou vie apostolique semblable: Cette forme d'entraide est plus poussée que la précédente; la fédération aura un nom et des structures centrales (président, conseil, services) et l'entraide portera non seulement sur le travail apostolique mais peut porter sur la formation (dans certains cas d'instituts très semblables, cela peut aller jusqu'à un noviciat commun), ou sur des questions économiques. La fédération est souvent une forme préparatoire à une étape subséquente: l'union ou la fusion.

- **Fédération de monastères de moniales:** Cette forme assez particulière de fédération réunit des monastères féminins du même "ordre" qui, jusqu'à maintenant, se réclamaient d'une tradition commune mais étaient tout à fait indépendants les uns des autres. Les Bénédictines et les Cisterciennes ont déjà fait l'objet d'un commentaire en 3.2.3.2 et on ne parle pas d'elles ici; on y parle plutôt de moniales comme les Augustines et d'autres chanoinesses régulières, des Carmélites, des Clarisses, etc. Chaque monastère conserve le type d'autonomie qu'il possédait avant, sauf pour ce qui est remis à la présidente de la fédération, au conseil, ou à l'assemblée fédérale. L'autorité de ces trois derniers organes n'est pas identique dans toutes les fédérations, le degré d'autorité dépendant des statuts approuvés par le Saint-Siège (on ne veut pas dire ici les constitutions, que chaque monastère ou ordre conserve comme auparavant). Cette forme de fédération implique certaines structures centrales et, souvent, un noviciat commun.

- **Union:** **Plusieurs instituts sont tous dissous au même moment pour revivre immédiatement dans un nouvel institut** avec un nouveau nom, une nouvelle structure et de nouveaux organes.

- **Fusion:** **Un ou plusieurs instituts sont dissous au même moment et sont absorbés par un institut existant.** Les religieux ainsi incorporés à un institut en prennent le nom, l'habit et les constitutions.

should certainly not be assimilated to the ones below; independent also of forms of associations with a meaning quite different than the one used in this section, e.g., Canadian Religious Conference, Association des religieuses enseignantes du Québec; many forms of grouping, i.e., amalgamation, are possible for institutes of consecrated life. The reason: to render possible, practical and better the life and apostolate of institutes with a now often dwindling membership, although this is not necessarily the only reason. These forms of amalgamation have to be approved by the Holy See, certain specific ones having even been initiated and encouraged by it:

- **Association** between institutes: this association will have a name, but **each institute keeps its canonical independence**, i.e., its status (diocesan or pontifical, congregation or society, etc.), its superiors and its structures. Institutes with different status can associate themselves. The association is for mutual help and planning in apostolic work;

- **Federation** between institutes having similar spiritualities or apostolates: this form of mutual aid is deeper than the preceding one; the federation will have a name and central structures (president, council, services) and the aid will not only be relative to apostolic work but may also be applied to economic matters and to the training of members (in certain cases of very similar institutes, a common noviciate may even be opened). The federation is often a stepping-stone for a subsequent step: union or merger;

- **Federation of monasteries of nuns:** this rather special kind of federation groups together female monasteries of the same "order" which, up to now, have had common roots and tradition but have been totally independent from one another. Benedictine and Cistercian nuns have been discussed in 3.2.3.2 and are not the subject of this paragraph; here we are mostly dealing with Augustinian nuns and other canonesses regular, Carmelites, Poor Clares, etc. Each monastery keeps the level of autonomy it enjoyed before, except for that which is given to the president of the federation, the council or the federal assembly. The authority of these three organs is not the same in each federation, since it depends on the statutes approved by the Holy See; we are not referring here to constitutions, which each monastery or order keeps, as in the past. There will be certain central structures, of course, and often a common noviciate;

- **Union:** **two or more institutes are dissolved at the same time to be immediately revived in a new institute** with a new name, a new structure and new organs;

- **Merger:** **one or more institutes are dissolved and are absorbed by an existing institute;** the members thus incorporated in an institute take its name, habit and constitutions.

Avant une **union ou une fusion,** les religieux des instituts à dissoudre sont libres de se regrouper dans l'institut *ad quem* ou non. Ceux qui refusent l'union ou la fusion sont libres de passer à un autre institut ou de demander leur sécularisation; dans ces deux cas, les permissions nécessaires leur seront accordées; ceux qui sont prêtres deviennent prêtres séculiers et auront dû se trouver un diocèse avant leur sécularisation. Les religieux ayant voté "non" ne sont cependant pas libres de refuser le regroupement tout en continuant à perpétuer l'institut. Ceux qui refusent **à la fois** le regroupement et la demande de passage à un autre institut ou la sécularisation seront sécularisés d'autorité par le Saint-Siège.

3.2.5.2   Disparition

En plus de l'union et de la fusion, procédures qui font disparaître des instituts, d'autres cas de disparition ou de dissolution sont possibles:

- **suppression:** cette suppression vient du Saint-Siège, elle peut être ordonnée pour des raisons de spiritualité ou de doctrine, ou encore pour des raisons disciplinaires (vie déréglée, non-application des constitutions, etc.) ou des raisons pratiques (pas de vocations, âge moyen avancé, peu de membres); le cas des religieux est réglé comme dans celui d'une fusion;

- **disparition:** un institut pourrait (mais ce cas est bien théorique maintenant, le Saint-Siège intervenant avant qu'un institut en soit rendu là) disparaître par le décès, le passage à un autre institut, la sortie ou le renvoi du ou des derniers membres.

3.2.6   DANS LES ÉGLISES ORIENTALES CATHOLIQUES

La plupart des instituts orientaux, catholiques v.g. les Basiliens du Saint-Sauveur, les Basiliens de Saint-Josaphat, sont structurés comme les instituts latins. Leur degré d'autonomie vis-à-vis de la hiérarchie les divise cependant en plus de catégories que les instituts latins (voir 3.2.2.2):

- Instituts à exemption papale: Comme les instituts latins exempts de droit pontifical.

- Instituts de droit papal mais sans exemption: Comme les instituts latins non exempts de droit pontifical.

- Instituts de droit patriarcal: instituts approuvés par le patriarche (le patriarche, chef d'une Église autonome en communion avec l'Église de Rome, peut approuver des instituts pour son Église).

- Instituts de droit éparchial: Comme les instituts latins de droit diocésain (éparche et éparchie étant les équivalents orientaux d'évêque résidentiel et de diocèse).

Les instituts orientaux catholiques qui suivent la tradition orientale dans leurs structures, et ils sont peu nombreux, seront décrits en même temps que les orthodoxes dans la section 3.4. Les différences entre eux et les orthodoxes sont minimes et viennent surtout du fait que le droit

Before a **union and/or a merger,** the members of the institutes to be dissolved are free to accept or refuse incorporation in the *ad quem* institutes. Those members who refuse the union or the merger are free to join another institute, or to ask for secularization; in these cases, the necessary permissions will be granted to them; those members who are priests will become secular priests and will have to have found a diocese before their secularization. However, religious who voted "nay" are not free to refuse the union or the merger while continuing to perpetuate the institute. Members who refuse **both** the union or the merger **and** the transfer to another institute or secularization are forcibly secularized by the Holy See.

3.2.5.2   Extinction

Apart from procedures of union and merger, which result in the extinction of some institutes, other cases of extinction or dissolution are possible:

- **Suppression:** this is done by the Holy See for reasons of spirituality, doctrine, discipline (dissolute life, non-application of constitutions, etc.) or practicality (no new vocations, advanced median age, small number of members); the case of the members is settled in the same way as in the case of a merger;

- **Death of an institute:** although this case is now theoretical, since in most cases the Holy See would intervene sometime before this happened, an institute can become extinct by the death, transfer to another institute, departure or dismissal of the last member(s).

3.2.6   IN ORIENTAL CATHOLIC CHURCHES

Most Oriental Catholic institutes, e.g., Basilians of the Holy Saviour, Basilians of Saint Josaphat, are structured like Latin institutes. However, they are divided into more categories according to their degree of subordination to the hierarchy than Latin institutes (see 3.2.2.2):

- Institutes of papal right without exemption: like Latin pontifical nonexempt institutes;

- Institutes of patriarchal right: where the patriarch, head of a church in communion with the See of Rome, approves institutes of and for his church;

- Institutes of eparchial right: like the Latin diocesan institutes (eparch and eparchy are the Oriental equivalents of residential bishop and diocese).

The few Oriental Catholic institutes which are structured according to the Oriental tradition will be described with the Orthodox ones in Section 3.4. The differences between these Orthodox and Oriental Catholic institutes are minimal and come mostly

canonique oriental catholique contient des normes plus strictes ou tout au moins plus détaillées à certains endroits.

3.3 Église anglicane

Les instituts de vie consacrée dans l'Église anglicane sont un résultat du Mouvement d'Oxford du milieu du 19e siècle. D'ailleurs, la fondation du premier institut, en 1845, est due à Edward B. Pusey et à John Henry Newman. Il existe maintenant au-dessus de cent instituts dans la communion anglicane dans son ensemble, dont certains se rattachent même à la tradition bénédictine, avec les structures particulières que cela suppose (abbé, chapitre, etc.), ou à la tradition franciscaine. Ce n'est qu'en 1897 que l'archevêque de Canterbury, dans sa Lettre encyclique publiée lors de la Conférence de Lambeth, admit officiellement l'existence de ces instituts et en déclara l'utilité. Petit à petit, des normes canoniques ont été élaborées, dont certaines sont des citations du droit canonique catholique romain pour les religieux. Le seul document global qui ressemble à un code pour les religieux est le *Directory of the religious life,* publié en 1943 par la Society for Promoting Christian Knowledge, à Londres. C'est un document préparé par un groupe de religieux anglicans et dont l'usage est autorisé par les deux archevêques de Canterbury et de York.

Qu'en est-il?

Les instituts sont créés par les fondateurs. Jusqu'en 1935, ceux-ci n'avaient pas besoin d'être approuvés dans leur entreprise par l'évêque du lieu. En 1935, les instituts de l'Église d'Angleterre demandèrent aux deux archevêques la création de l'Advisory Council on the Relations of Bishops and Religious Communities. L'Advisory Council est formé de 13 membres:
- le président, évêque diocésain nommé par les deux archevêques,
- deux évêques nommés par les évêques de l'Église d'Angleterre et
- dix membres élus par les instituts d'Angleterre.

L'Advisory Council a entre autres pour fonctions de conseiller les évêques relativement à la fondation de nouveaux instituts et de conseiller ceux qui désirent fonder des instituts. Cet organe n'existe que pour l'Angleterre et aucun organe semblable n'existe au Canada.

L'évêque diocésain régit les instituts dans son diocèse comme un ordinaire du lieu catholique régit les instituts de droit diocésain dans son territoire. Un institut a besoin de la permission de l'évêque du lieu *ad quem* pour y établir une maison. Chaque institut féminin a un warden qui agit un peu comme le supérieur ecclésiastique des instituts catholiques féminins mais possède beaucoup des pouvoirs qu'a un directeur spirituel catholique. Les instituts masculins et féminins ont aussi un visiteur, l'évêque du lieu ou son délégué, qui surveille la qualité de l'observance dans un institut.

from the fact that, in certain fields, Oriental Catholic canon law contains stricter or at least more detailed norms.

3.3 Anglican Church

Institutes of consecrated life in the Anglican Church are one result of the Oxford Movement of the mid-19th century. Indeed, the founding of the first one, in 1845, owes its origin to Edward B. Pusey and John Henry Newman. There are today more than one hundred institutes within the overall Anglican communion. A few of them are of the Benedictine tradition and are structured according to it (abbot, chapter, etc.) and some others are of the Franciscan tradition. Only in 1897, in his encyclical letter on the occasion of the Lambeth Conference, did the Archbishop of Canterbury officially admit to the existence of these institutes and declare them to be of great use. Little by little canonical norms were elaborated, some of which are quotes from the Roman Catholic canon law on religious. The only comprehensive document resembling a code for religious is the *Directory of Religious Life,* published in 1943 by the Society for Promoting Christian Knowledge, London. It was prepared by a group of Anglican religious and its use is authorized by the archbishops of Canterbury and York.

So, what is the situation?

Until 1935, institutes were created by their founders, who did not need the permission per se of the local bishop. In 1935 however, the institutes of the Church of England asked both archbishops for the creation of the Advisory Council on the Relations of Bishops and Religious Communities. The council is composed of 13 members:

- the chairman and convener, a diocesan bishop named by both archbishops;
- two bishops, named by the bishops of the Church of England;
- ten members elected by the institutes of England.

Two of its functions are to counsel the bishops with regard to the foundation of new institutes and to counsel eventual founders of institutes. The council is for England only and a similar one does not exist in Canada.

The diocesan bishop rules over institutes in his diocese in the same way that a Roman Catholic ordinary rules over the diocesan institutes in his territory. An institute needs the permission of the *ad quem* local bishop to found a new house. Each female institute has a warden who is somewhat similar to the ecclesiastical superior of female Roman Catholic institutes, but who possesses many of the powers delegated to a Roman Catholic spiritual director. Male and female institutes also have a visitor, who is not necessarily the local bishop and who, in that case, acts as his delegate to oversee the quality of observance in the institute.

La régie interne des instituts religieux s'exerce à peu près comme dans l'Église catholique. D'autre part, les instituts ont à peu près tous le même statut, ce qui, chez les Catholiques, voudrait dire: instituts religieux non exempts et de droit diocésain. Certains instituts plus récents ont, bien sûr, une structure moderne plus souple que les instituts catholiques. Quelques-uns ont même des membres des deux sexes, v.g. la Carcross Community.

3.4   Monachisme russe

L'histoire et la structure du monachisme oriental sont assez complexes. Nous allons nous limiter au monachisme russe puisque c'est le seul type de monachisme oriental présent au Canada chez les Orthodoxes. (La vie monastique chez les Catholiques orientaux du Canada est basilienne, mais sous le mode ukrainien ou proche-oriental, avec des influences latines.)

Bien qu'on semble croire que tout le monachisme oriental est basilien dans ses fondements, i.e. influencé par saint Basile de Césarée et surtout par sa "Règle" (qui en fait n'en est pas une mais est plutôt une collection de textes spirituels de divers types), ce n'est pas vrai. Les raisons en sont fort simples: les monastères orientaux ne sont pas liés en congrégations et en ordres comme en Occident; diverses influences de maîtres et de saints locaux se sont faites sentir dans les monastères.

Le monachisme russe, surtout aux 12e et 13e siècles, a été influencé directement par le type de monachisme constantinopolitain représenté surtout par la tradition studite (le monastère Studion de Constantinople) et caractérisé par une vie austère et spirituellement très intense. Les réformes de la vie monastique russe au 18e siècle remirent en vigueur ces caractéristiques en les assortissant d'une vie intellectuelle développée.

Chaque monastère dépend du hiérarche (évêque résidentiel), aucune maison n'ayant de lien canonique avec une autre, sauf en ce qui a trait aux dépendances, comme des fermes ou des résidences urbaines. Certains monastères sont exempts de la juridiction du hiérarche et ne dépendent que du patriarche: ils bénéficient du privilège de stavropégie et sont ainsi appelés monastères stavropégiaques.

Le monachisme oriental porte vraiment son nom: il regroupe des moines. Il n'existe pas, dans la tradition russe en tout cas, de différents types de religieux comme chez les catholiques.

Dans un monastère peuvent cohabiter des postulants, des novices et trois catégories de moines.

- **Les postulants:** Ils vivent avec les moines pour une période d'observation respective de quelques mois, avec assistance aux offices et travail manuel.

- **Les novices:** Ils portent l'habit monastique pour une période de deux ou trois ans d'initiation à la vie monastique, pendant laquelle ils sont libres de retourner dans le monde.

The internal administration of Anglican religious institutes is similar to that of Roman Catholic institutes. The institutes share more or less the same status, which, in Roman Catholic terms, would be transposed as: diocesan nonexempt religious institutes. Certain institutes founded more recently are structured in a more flexible modern way than Roman Catholic institutes. Some even have members of both sexes, e.g., the Carcross Community.

3.4   Russian Monasticism

The history and structure of Oriental monasticism are very complex. We will limit ourselves to the Russian style of monasticism, as it is the only Oriental one present in Canada's Orthodox communities. The Oriental monasticism present in Canada's Catholic Oriental communities is Basilian of the Ukrainian or Near Eastern variety, with Latin influences.

Although Oriental monasticism is believed to be fundamentally Basilian, i.e., influenced by Saint Basil of Caesarea and his "Rule" (which in fact is not a rule, but a collection of spiritual texts of various types), this is not in fact true. The reasons are very simple: Oriental monasteries are not linked together in congregations and orders as in the West; various influences of local masters and saints have been felt in monasteries.

Russian monasticism, especially in the 12th and the 13th centuries, was influenced directly by the Constantinopolitan style of monasticism, represented mostly by the Studite tradition (the Studion monastery of Constantinople): an austere life which is spiritually very intense. The 18th-century reforms of Russian monastic life restored these characteristics while adding to them a well-developed intellectual life.

Each monastery is under the hierarch (the residential bishop), no house having canonical links with any other, except in the case of dependencies, such as farms and urban residences. Some monasteries are exempt from the hierarch's jurisdiction and are directly under the patriarch: they are beneficiary of the privilege of stauropegy and are thus called stauropegial monasteries.

Oriental monasticism is really appropriately named: we are in the presence of monks. The Russian tradition, at least, does not have the different types of religious that the Roman Catholic Church has.

In a monastery, postulants, novices and three categories of monks can cohabit.

- **Postulants:** the candidates live for a period of a few months of mutual observation, while attending offices and sharing manual labor;

- **Novices:** they wear the monastic habit for a period of two or three years of initiation to monastic life during which time they are free to return to the world;

- **Les rassophores:** Ils portent l'habit monastique recouvert du **rasso** (ample manteau) pour une période de cinq à dix ans intermédiaire entre le noviciat et la profession, pendant laquelle ils sont libres de retourner dans le monde.

- **Les stavrophores:** Profès, ils portent l'habit monastique recouvert du **rasso** ainsi que d'une croix en bois pour le reste de leur vie de moine.

- **Les mégaloskhèmes:** Âgés et plus ou moins retraités, ces moines sont dispensés de l'office et d'une partie du travail.

Chaque monastère est gouverné par un supérieur, l'higoumène, élu par les stavrophores et les mégaloskhèmes. Il est assisté d'un conseil et répond au hiérarque ou, dans le cas des monastères stavropégiaques, au patriarche. Il n'y a pas de monastère de ce dernier type au Canada.

- **Rassophores:** they wear the monastic habit covered by the **rasso** (ample cloak) for a period of five to ten years, intervening between the noviciate and profession, during which time they are free to return to the world;

- **Staurophores:** professed, they wear the monastic habit covered by the **rasso** and a wooden cross for the rest of their monastic life;

- **Megaloskhemoi:** old monks, they are more or less retired, dispensed from the office and from part of the manual labor.

Each monastery is governed by a superior, the hegumenos, elected by the staurophores and the megaloskhemoi. He is assisted by a council and answers to the hierarch or, in the case of stauropegial monasteries, to the patriarch. There are no monasteries of the latter type in Canada.

4. NOTES SUR LA PRATIQUE BIBLIOTHÉCONOMIQUE

a) Comme nous l'avons dit plus haut (voir 2.2.1.2 pour des détails), le nom choisi comme vedette est le nom conventionnel utilisé par chaque institut au Canada.

b) Habituellement (cf. RCAA 1, 62D), cette vedette se composera de la forme de nom la plus récente utilisée par un institut au Canada: ceux qui utiliseront RCAA 2 à partir de janvier 1981 trouveront sensiblement la même norme à la règle 24.3D.

c) Les **variantes du nom** sont des références dans le présent ouvrage; elles apparaîtront après chaque note ainsi que dans l'index.

d) Les **noms différents** portés par l'institut autrefois ainsi que **les noms que des instituts s'étant fusionnés portaient avant la fusion** sont considérés comme des références dans le présent ouvrage; ils apparaîtront après chaque note ainsi que dans l'index. La pratique en bibliothéconomie est toutefois différente: chacun de ces noms formerait une vedette sous laquelle se trouverait la note historique suivie d'une phrase normalisée comme par exemple, "Les ouvrages de cette collectivité sont mis en vedette au nom que portait la collectivité au moment de la publication de ces ouvrages." Nous avons plutôt choisi **la dernière** vedette comme **la** vedette, suivie d'**une** note; les bibliothécaires n'auront qu'à lire la note pour savoir si l'institut a changé de nom et, si oui, quand et pour lequel ou, si l'institut est le résultat d'une fusion, quels étaient les noms des instituts originels et de quand date la fusion; ils pourront ainsi composer les séries de fiches et les notes appropriées.

e) Comme nous l'avons dit aussi plus haut (2.2.1.1), les termes qui ne font pas vraiment partie du nom même de l'institut mais qui sont plutôt une indication du statut canonique (i.e. **Société** des Soeurs de..., **Congrégation** des Frères de..., etc.) sont omis, sauf quand leur omission est grammaticalement impossible. La même remarque vaut pour les termes indiquant le genre.

4. NOTES ON LIBRARY PRACTICE

a) As we stated earlier (see 2.2.1.2 for details), the name chosen as the heading is the conventional name used by each institute in Canada;

b) Usually (cf. AACR 1, 62D), this heading will consist of the most recent form of name used by an institute in Canada; those libraries who use AACR 2 from January, 1981, will find the same norm in Rule 24.3D;

c) In this work, **variant forms** are put as references and will appear after each note as well as in the Index;

d) The **different names** used by the institute earlier in its history, together with the **names used by merged institutes before mergers,** will be considered in this work as references and will appear after each note as well as in the Index; in library practice however, each of these names would form a heading under which the historical note would be reproduced, followed by a standard sentence like: "Works by this body are entered under the name used at the time of publication"; we have, instead, chosen the **latest** heading as **the** heading with **one** note; by reading the note, librarians will be able to determine if the institute has changed its name, when and to what, if the institute is the result of a merger and, if so, when it dates from and what the names of the originating institutes were; they will then be able to produce the card sets and appropriate notes;

e) As was also stated earlier (2.2.1.1), the terms which are not really part of the proper name of the institute but which denote canonical status (i.e., **Society** of the Sisters of... or **Congregation** of the Brothers of..., etc.) are omitted except when grammatically impossible. The same applies to terms indicating gender.

5. NOTES HISTORIQUES SUR LES INSTITUTS DE VIE CONSACRÉE AU CANADA

Nous voici rendus à la partie centrale de l'ouvrage, qui consiste en une suite systématique (voir 2.2.3) de notes historiques sur les instituts de vie consacrée actuellement présents au Canada ou qui le furent; les notes portent aussi sur les instituts qui n'ont jamais été présents au Canada mais qui ont des liens avec le Canada, ainsi que sur des projets de fondation élaborés par des Canadiens mais qui n'ont jamais vu le jour. Ces diverses parties forment autant de sections différentes (voir 2.2.3) identifiées par une lettre (A à I), chaque notice étant identifiée par un numéro d'ordre à l'intérieur de chaque section.

Voici un spécimen de notice:

[1]Soeurs des Saints-Coeurs
de Jésus et de Marie

[2]B189

[3]Fondées en 1846 à Paramé, France, par la servante de Dieu Amélie-Virginie Fristel.

[4]Church Point, Nouvelle-Écosse, 1891.

[1]Vedette (voir 2.2.1.2)

[2]Numéro de la notice

[3]Note historique de base (voir 2.2.2); cette note est complétée s'il y a lieu par d'autres détails pertinents servant à expliquer l'histoire, le nom et le développement de l'institut.

[4]Lieu du premier établissement au Canada suivi de la date (voir 2.2.5); dans certains cas, des détails supplémentaires sont fournis.

[5]Liste des autres formes du nom de cet institut, soit dans une langue (cf. le premier nom dans le spécimen présent), soit dans une forme bilingue (cf. le deuxième nom en français accompagné de la forme correspondante en anglais); à la fin, liste des initiales utilisées par les membres, celles utilisées couramment par les membres au Canada apparaissant en caractères gras.

5. HISTORICAL NOTES ON THE INSTITUTES OF CONSECRATED LIFE IN CANADA

We are now getting into the central part of the work: a systematic arrangement (see 2.2.3) of historical notes on the institutes of consecrated life present in Canada now, or in the past; the notes also cover those institutes having Canadian links but never in Canada, together with those institutes planned by Canadians but never established. These different parts form as many different sections (see 2.2.3) identified by a letter (A to I); each entry being identified by a sequential number within each section.

Here is an entry specimen:

[1]Sisters of the Sacred Heart
of Jesus and Mary

[2]B189

[3]Founded in 1846 at Paramé, France, by the Servant of God Amélie-Virginie Fristel.

[4]Church Point, Nova Scotia, 1891.

[5]Congrégation des Saints-Coeurs de Jésus et de Marie, dite de Notre-Dame des Chênes de Paramé

Soeurs des Saints-Coeurs de Jésus et de Marie de Paramé
Sisters of the Sacred Hearts of Jesus and Mary of Paramé

s.s.c.j.m.   **ss.ss.j.m.**

[1]Heading (see 2.2.1.2).

[2]Entry number

[3]Basic historical note (see 2.2.2); other pertinent details are given in order to complete the history, the name and the development of the institute.

[4]Place of the first establishment of the institute in Canada with its date (see 2.2.5); other details are given if required.

[5]List of the other forms of the name of the institute, either in one language (cf. the first name in the present specimen), or in a bilingual form (cf. the second name, in French, followed by the corresponding English form); at the end, list of initials used by the members, the ones in use by members in Canada being in bold face.

5.1   **Église catholique**

5.1.1   INSTITUTS RELIGIEUX ET SOCIÉTÉS D'HOMMES (A)

5.1   **Catholic Church**

5.1.1   MALE RELIGIOUS INSTITUTES AND SOCIETIES (A)

ASSOMPTIONNISTES

A1
Institut fondé à Nîmes, France, en 1845, par le serviteur de Dieu Emmanuel-Joseph-Marie-Maurice d'Alzon.

Québec, 1917.

ASSUMPTIONISTS

A1
Founded at Nîmes, France, in 1845 by the Servant of God Emmanuel-Joseph-Marie-Maurice d'Alzon.

Quebec City, 1917.

Augustiani ab Assumptione

Augustins de l'Assomption
Augustinians of the Assumption

Pia societas presbyterorum ab Assumptione

Prêtres de l'Assomption

a.a.

AUGUSTINS

A2
Appelés Augustins à cause de leurs liens spirituels avec saint Augustin et sa règle. Durant les 11e et 12e siècles, des petites communautés de semi-ermites et de pénitents se formèrent en Italie; au début du 13e siècle, certaines s'étendirent en Espagne, en Allemagne et en France. Entre 1244 et 1256, des unions régionales se firent et, à cette dernière date, ces différents ordres augustins s'unirent en un seul appelé l'Ordre des ermites de Saint-Augustin.

Monastery, Nouvelle-Écosse, 1938.

AUGUSTINIANS

A2
Called Augustinians because of their spiritual links with Saint Augustine and his rule. In the 11th and 12th centuries, small communities of semi-hermits and penitents were started in Italy; at the beginning of the 13th century, some expanded into Spain, Germany and France. Between 1244 and 1256, some regional unions were formed and, at the latter date, these different Augustinian orders were united into one called the Order of Hermits of Saint Augustine.

Monastery, Nova Scotia, 1938.

Augustinian Friars

Austin Friars

Black Friars

Ermites augustins
Augustinian Hermits

Ermites de Saint-Augustin
Hermits of Saint Augustine

Ordo eremitarum sancti Augustini

Ordo fratrum eremitarum sancti Augustini

Ordo fratrum sancti Augustini

Ordre de Saint-Augustin
Order of Saint Augustine

o.e.s.a.   o.s.a.

BARNABITES

A3

Institut fondé à Milan, Italie, en 1530 par saint Antonio Maria Zaccaria et les vénérables Giacomo Morigia et Bartolomeo Ferrari.

Oakville, Ontario, 1961.

Barnabitae *(latin, pluriel - Latin, plural)*

Barnabites *(anglais - English)*

Clercs réguliers de Saint-Paul
Clerics Regular of Saint Paul

Congregatio clericorum regularium sancti
    Pauli, Barnabitarum

Congregatio clericorum regularium sancti
    Pauli decollati

Ordo clericorum regularium sancti Pauli

b.   barn.   c.barn.   **c.r.s.p.**   o.barn.

BARNABITE FATHERS

A3

Founded at Milan, Italy, in 1530 by Saint Antonio Maria Zaccaria and the Venerables Giacomo Morigia and Bartolomeo Ferrari.

Oakville, Ontario, 1961.

BASILIENS DE SAINT-JOSAPHAT

A4

Constitués par saint Ïosafat Kuntsevych en 1595 après l'union de Brest-Litovsk entre l'Église orthodoxe ruthénienne (ukrainienne) de Pologne et l'Église catholique romaine, par la réforme d'environ trente monastères ex-orthodoxes déjà existants. En 1617, à son château de Ruta, près de Nowogródek, Pologne (auj. Novogrudok, République socialiste soviétique de Biélorussie, Union des républiques socialistes soviétiques), Joseph Velamin Rutskyj, métropolite de Kiev, groupa ces monastères en un ordre religieux structuré.

Mundare, Alberta, 1902.

Basilians of Saint Josaphat

Ordo basilianus sancti Josaphat

Ordo sancti Basilii Magni

Order of Saint Basil the Great (Ukrainian Rite)

Ruthenian Basilians of Saint Josaphat Kuncevyč

Ruthenian Order of Saint Josaphat

bas.   o.bas.   o.s.bas.   **o.s.b.m.**

BASILIAN ORDER OF SAINT JOSAPHAT

A4

Formed by Saint Ïosafat Kuntsevych in 1595 after the union of Brest-Litovsk between the Ruthenian (Ukrainian) Orthodox Church in Poland and the Roman Catholic Church, by the reform of about thirty already existing ex-Orthodox monasteries. In 1617, at his castle of Ruta, near Nowogródek, Poland (now Novogrudok, Belorussian Soviet Socialist Republic, Union of Soviet Socialist Republics), Joseph Velamin Rutskyj, metropolite of Kiev, organized these monasteries into a formal religious order.

Mundare, Alberta, 1902.

BASILIENS DU SAINT-SAUVEUR

A5

Ordre basilien de l'Église grecque-melkite-catholique fondé en 1683 à Dayr al-Mukhalliṣ (près de Ṣaydā), Liban,

BASILIANS OF THE HOLY SAVIOUR

A5

Basilian order of the Greek Melkite Catholic Church founded in 1683 at Dayr al-Mukhalliṣ (near Ṣaydā),

par Euthymios Saifi, àrchevêque de Ṣūr et Ṣaydā.

Montréal, 1892.

Lebanon, by Euthymios Saifi, archbishop of Ṣūr and Ṣaydā.

Montreal, 1892.

Arrhouhbaniat Albassiliat Almouyalissiat

Basiliens salvatoriens

Ordo basilianus Sanctissimi Salvatoris
    Melchitarum

Ordre basilien du Saint-Sauveur
Basilian Order of Saint Saviour

Ordre basilien du Saint-Sauveur des Melkites

Salvatoriens (Basiliens melkites)
Salvatorians (Melkite Basilians)

b.s.

BÉNÉDICTINS

A6

Saint Benoît de Nursie devint un ermite au début du 6e siècle près de Subiaco, Italie. Quelques années plus tard, il devint cénobite et fonda en 529 l'abbaye du Mont-Cassin, sur le mont du même nom, près de Cassino, Italie.

Les monastères bénédictins sont, encore aujourd'hui, des maisons autonomes. Au début du 15e siècle, des maisons de la même région ou interprétant de façon similaire la règle commencèrent à former des congrégations. Aujourd'hui, la plupart des abbayes, prieurés et autres maisons font partie de l'une ou l'autre des vingt et une congrégations bénédictines. L'abbé-président de chacune n'a pratiquement pas de juridiction réelle. Les vingt et une congrégations ainsi que les quelques monastères qui ne font pas partie d'une congrégation forment la Confédération bénédictine, sur les membres de laquelle l'abbé-primat n'exerce aucune juridiction réelle. Le siège de la Confédération et l'abbé-primat ont une fonction de service et de représentation.

Certains types de moines de tradition bénédictine ne font pas partie de la Confédération bénédictine: un des deux ordres de Bénédictins camaldules, les Cisterciens (une confédération de onze congrégations), les Trappistes et les deux congrégations de Mekhitaristes.

Congrégations représentées au Canada: Congrégation de France, Congrégation américaine cassinienne, Benedictine Federation of the Americas (voir aussi notices A116 et A117).

BENEDICTINES

A6

Saint Benedict of Nursia became a hermit at the beginning of the 6th century near Subiaco, Italy. A few years later, he became a cenobite, and in 529, he founded the Abbey of Montecassino, on the mountain of the same name, near Cassino, Italy.

Benedictine monasteries are still autonomous houses today. In the early 15th century, some houses of the same region and/or the same type of interpretation of the rule started to form congregations. Today, most abbeys, priories and other houses are part of one or the other of 21 congregations; the abbot-president of each has very little if any jurisdiction. The 21 congregations and the few houses which are not part of any congregation form the Benedictine Confederation, whose abbot-primate has no jurisdiction. He and the Roman headquarters have a service and representation function.

Some types of monks of the Benedictine tradition are not part of the Benedictine Confederation: one of the two Camaldolese Benedictine orders, the Cistercians (a confederation of eleven congregations), the Trappists and the two Mekhitarist congregations.

Congregations represented in Canada: Congrégation de France, American Cassinese Congregation, Benedictine Federation of the Americas (see also entries A116 and A117).

Bénédictins confédérés
Confederated Benedictines

Moines noirs
Black Monks

Ordo sancti Benedicti

Ordre de Saint-Benoît
Order of Saint Benedict

o.s.b.

BÉNÉDICTINS. CONGRÉGATION DE FRANCE

A7

Formée en 1837, à Solesmes, France, sous la direction de l'abbaye Saint-Pierre de Solesmes. L'abbaye avait existé du début du 11e siècle jusqu'en 1790. Dom Prosper Guéranger la réouvrit en 1833. La Congrégation a surtout des maisons en France, mais aussi au Canada, en Espagne, aux Pays-Bas, en Angleterre et au Mexique.

Présence au Canada: Abbaye Saint-Benoît du Lac, Saint-Benoît-du-Lac, Québec, 1912. Deux moines bénédictins français faisaient probablement partie du deuxième voyage de Jacques Cartier en Nouvelle-France en 1535-1536.

Congregatio Gallica (Solesmensis) ordinis sancti Benedicti

Congrégation de France

Ordo sancti Benedicti. Congregatio Gallica (Solesmensis)

o.s.b.

BENEDICTINES. CONGRÉGATION DE FRANCE

A7

Formed in 1837 in Solesmes, France, with the Abbey of Saint-Pierre de Solesmes as head. The abbey had existed from early in the 11th century to 1790. Dom Prosper Guéranger reopened it in 1833. The congregation has houses mainly in France, but also in Canada, Spain, the Netherlands, England and Mexico.

Presence in Canada: Abbey of Saint-Benoît-du-Lac, Saint-Benoît-du-Lac, Quebec, 1912. Two French Benedictine monks were probably members of the second voyage of Jacques Cartier to New France in 1535-1536.

BÉNÉDICTINS. CONGRÉGATION AMÉRICAINE CASSINIENNE

A8

Formée en 1855 sous la direction de l'archiabbaye Saint Vincent, Latrobe, Pennsylvanie, qui avait été fondée par dom Boniface Wimmer, venu de Bavière en 1846. Outre l'abbaye au Canada, la congrégation est établie aux États-Unis.

Présence au Canada: Abbaye *nullius* Saint Peter-Muenster, Muenster, Saskatchewan, 1903.

Congregatio Americana-Casinensis ordinis sancti Benedicti

Congrégation américaine cassinienne
American Cassinese Congregation

Ordo sancti Benedicti. Congregatio Americana-Casinensis

o.s.b.

BENEDICTINES. AMERICAN CASSINESE CONGREGATION

A8

Formed in 1855 at Latrobe, Pennsylvania, under Saint Vincent Archabbey, which was founded by Dom Boniface Wimmer who had come from Bavaria in 1846. The congregation is established in the United States, apart from one abbey in Canada.

Presence in Canada: Saint Peter-Muenster Abbey *nullius,* Muenster, Saskatchewan, 1903.

BENEDICTINE FEDERATION OF THE AMERICAS

A9

Fédération formée en 1881 sous le nom de Congrégation helvéto-américaine, sous la direction de l'archiabbaye

A9

Formed as the Swiss-American Congregation under Saint Meinrad Archabbey at Saint Meinrad, Indiana, in

Saint Meinrad, Saint Meinrad, Indiana, fondée en 1854 par dom Martin Marty, venu de Suisse pour cette raison. Elle modifia son nom en 1969. La fédération est établie aux États-Unis, mais a aussi des maisons au Canada, au Danemark et en Amérique latine.

Présence au Canada: Abbaye Westminster, Ladner, Colombie-Britannique, 1939 (déménagée à Mission City, Colombie-Britannique, en 1940).

1881. The archabbey was founded in 1854 by Dom Martin Marty, who had come from Switzerland. The present name was taken in 1969. The federation is established in the United States, and also has houses in Canada, Denmark and Latin America.

Presence in Canada: Westminster Abbey, Ladner, British Columbia, 1939 (moved to Mission City, British Columbia, in 1940).

Bénédictins. Congrégation helvéto-américaine
Benedictines. Swiss-American Congregation

Benedictines. Benedictine Federation of the Americas

Congregatio Helveto-Americana ordinis sancti Benedicti

Congrégation helvéto-américaine
Swiss-American Congregation

Ordo sancti Benedicti. Congregatio Helveto-Americana

o.s.b.

BROTHERS OF OUR LADY OF THE SEVEN SORROWS

A10

Institut fondé à Amsterdam, Pays-Bas, en 1851, par les pères Peter Johann Hesseveld, p.p., et Arnold Frentrop, s.j.

New Glasgow, Nouvelle-Écosse, 1956.

A10

Founded at Amsterdam, Netherlands, in 1851 by Frs. Peter Johann Hesseveld, p.p., and Arnold Frentrop, s.j.

New Glasgow, Nova Scotia, 1956.

Broeders van Onze Lieve Vrouw van Zeven Smarten

Brothers of Our Lady

Brothers of Our Lady of the Seven Dolours

c.s.d.

CAMILLIENS

A11

Fondés à Rome en 1582 par saint Camille de Lellis.

Sherbrooke, Québec, 1951.

CAMILLIANS

A11

Founded at Rome in 1582 by Saint Camillus de Lellis.

Sherbrooke, Quebec, 1951.

Clercs réguliers ministres des infirmes

Clercs réguliers pour le soin des infirmes
Clerks Regular for the Care of the Sick

Ministres des malades
Ministers of the Sick

Order of Saint Camillus

Ordo clericorum regularium ministrantium infirmis

Pères de la bonne mort
Fathers of a Good Death

cc.rr.mm.ii.   c.r.m.i.   m.i.   min.inf.   o.s.c.   **o.s.cam.**

CARMES

A12

Ordre fondé près de la fontaine d'Élie sur le Mont Carmel, près de Haïfa, Israël, autour de 1187. Le fondateur est considéré comme étant saint Berthold. Le 15e siècle vit s'ouvrir des couvents ou groupes de couvents réformés ou observantins ayant des liens assez lâches avec le prieur général. Ces couvents durèrent jusqu'en 1645, alors qu'ils furent tous fusionnés dans une structure nouvelle que se donna l'ordre; en 1650, de nouvelles constitutions furent approuvées. Entretemps cependant, en 1593, les couvents réformés de l'Espagne étaient devenus un ordre séparé: les Carmes déchaux (voir notice suivante).

Niagara Falls, Ontario, 1875.

CARMELITES

A12

Founded near the fountain of Elia on Mount Carmel, near Haifa, Israel, in about 1187. The founder is considered to be Saint Berthold. In the 15th century, some Reformed or Observantine priories or groups of priories were established with a rather loose link with the prior general. These lasted until 1645, when all the convents were amalgamated into a new structure of the order; in 1650, new constitutions were approved. Meanwhile, in 1593, the Reformed priories of Spain became a separate order: the Discalced Carmelites (see next entry).

Niagara Falls, Ontario, 1875.

Carmelite Fathers

Carmelite Friars

Carmes chaussés
Calced Carmelites

Fratres eremitae sanctae Mariae de Monte Carmelo

Fratres ordinis Beatissimae Virginis Mariae de Monte Carmelo

Grands Carmes

Ordo fratrum Beatissimae Mariae Virginis de Monte Carmelo

Ordo fratrum Carmelitarum

Ordo fratrum Carmelitarum antiquae observantiae

Ordo fratrum Carmelitarum calceatorum

Ordre de Notre-Dame du Mont-Carmel
Order of Our Lady of Mount Carmel

White Friars

carm.c.   c.c.   o.c.   o.c.c.   o.c.a.o.   **o.carm.**

CARMES DÉCHAUX

A13

Institut formé en 1593 comme ordre séparé des Carmes par le regroupement des couvents carmes réformés d'Espagne, dont le premier avait été fondé en 1568 par sainte Thérèse d'Avila et saint Jean de la Croix. Par la suite, des couvents furent aussi fondés dans d'autres pays. En 1600, l'ordre fut séparé en deux ordres indépendants l'un de l'autre, mais portant le même nom, différencié seulement par les termes "Congrégation espagnole" et "Congrégation italienne." Cette séparation dura jusqu'en 1875, date de la fusion des deux ordres de Carmes déchaux en un seul.

DISCALCED CARMELITES

A13

Formed in 1593 as a separate order from the Carmelites by grouping together the Carmelite Reformed priories of Spain, the first of which had been founded in 1568 by Saint Teresa of Avila and Saint John of the Cross. Convents were also later founded in other countries. In 1600, the order was separated into two orders, independent from one another, but with the same name specified only by the respective qualifiers of Spanish Congregation and Italian Congregation. This separation lasted until 1875, when both orders were merged into one order of Discalced Carmelites.

Nicolet, Québec, 1955, en deux logis temporaires successifs jusqu'en 1959, date d'ouverture de leur monastère. Ils ont quitté le Canada en 1974.

Nicolet, Quebec, 1955, in two successive temporary situations until 1959, when they opened their monastery. They left Canada in 1974.

Carmes déchaussés

Carmes déchaux. Congrégation espagnole
Discalced Carmelites. Spanish Congregation

Carmes déchaux. Congrégation italienne
Discalced Carmelites. Italian Congregation

Order of Discalced Brothers of the Blessed Virgin Mary of Mount Carmel

Ordo fratrum discalceatorum Beatae Mariae Virginis de Monte Carmelo

carm.d.   c.d.   o.carm.disc.   **o.c.d.**

CHANOINES RÉGULIERS DE SAINT-AUGUSTIN

A14

Confédération formée en 1959 et groupant, en 1980, six congrégations de Chanoines réguliers de Saint-Augustin. Chaque congrégation est un ordre indépendant, mais n'est pas composée de maisons autonomes comme les congrégations bénédictines et cisterciennes dans leurs confédérations respectives; chaque congrégation est donc administrée comme les autres instituts religieux, c'est-à-dire de façon centralisée. L'abbé-primat et le siège romain de la Confédération augustine n'exercent qu'une fonction de service et de représentation.

Congrégation présente au Canada: Chanoines réguliers de l'Immaculée-Conception (voir notice suivante).

CANONS REGULAR OF SAINT AUGUSTINE

A14

Confederation formed in 1959 that in 1980 groups together six congregations of Canons Regular of Saint Augustine. Each one is an independent order but is not composed of autonomous houses as the Benedictine and Cistercian congregations are in their respective confederations. Like the other religious institutes, each congregation is administered in a centralized fashion. The abbot-primate and the Roman headquarters have only a service and a representation function.

Congregation present in Canada: Canons Regular of the Immaculate Conception (see next entry).

Augustins confédérés
Confederated Augustinians

Confédération augustine
Augustinian Confederation

Ordo canonicorum regularium sancti Augustini

Sacer et apostolicus ordo canonicorum regularium sancti Augustini

can.s.a.   **c.r.s.a.**   c.s.a.

CHANOINES RÉGULIERS DE L'IMMACULÉE-CONCEPTION

A15

Institués à Saint-Claude, France, en 1866 par l'abbé Marie-Étienne-Adrien Gréa. Ils furent admis en 1961 dans la Confédération des Chanoines réguliers de Saint-Augustin.

Notre-Dame-de-Lourdes, Manitoba, 1891, en plus d'un voyage de reconnaissance en 1890.

CANONS REGULAR OF THE IMMACULATE CONCEPTION

A15

Founded at Saint-Claude, France, in 1866 by Fr. Marie-Étienne-Adrien Gréa. They were admitted into the Confederation of the Canons Regular of Saint Augustine in 1961.

Notre-Dame-de-Lourdes, Manitoba, 1891, preceded by an exploratory trip in 1890.

Congregatio canonicorum regularium Immaculatae
Conceptionis

can.r.i.c. c.i.c. **c.r.i.c.** c.r.i.m.

CHRISTIAN BROTHERS

A16

Institut fondé à Waterford, Irlande, en 1802 par Edmund Ignatius Rice.

Saint John's, Terre-Neuve, 1876.

A16

Founded at Waterford, Ireland, in 1802 by Edmund Ignatius Rice.

Saint John's, Newfoundland, 1876.

Brothers of the Christian Schools of Ireland

Congregatio fratrum christianorum

Fratres scholarum christianarum de Hibernia

Frères chrétiens d'Irlande
Christian Brothers of Ireland

Irish Christian Brothers

c.b. **c.f.c.** f.s.c.h.

CISTERCIENS

A17

Cette famille de tradition bénédictine doit son origine au moine bénédictin saint Robert de Molesmes de l'abbaye de Cîteaux, Cîteaux, France, en 1098. Comme la Confédération bénédictine, dont elle ne fait pas partie, la famille cistercienne est une confédération de congrégations de maisons autonomes. Dans l'Ordre cistercien, beaucoup de mouvements et d'observances sont apparus au cours des siècles; l'un d'eux fut les Trappistes (voir la notice à ce dernier nom). À la fin du 15e siècle commencèrent à se former des congrégations; en 1980, il en existe onze. La confédération se nomme officiellement le Saint ordre de Cîteaux. Le siège en est à Rome et a une fonction de service et de représentation seulement.

Congrégation présente au Canada: Cisterciens de l'Immaculée-Conception (voir notice suivante).

CISTERCIANS

A17

This family of the Benedictine tradition originated at the Abbey of Cîteaux, Cîteaux, France, in 1098, under the Benedictine monk, Saint Robert de Molesmes. Like the Benedictine Confederation, of which the Cistercians are not part, it is a confederation of congregations of autonomous houses. Many movements and observances have developed in the Cistercian Order over the centuries: one of these was the Trappists (see the entry under that name). At the end of the 15th century congregations started to be formed; in 1980, there are 11. The confederation is officially called the Sacred Order of Cîteaux. The Roman headquarters have only a service and representation function.

Congregation present in Canada: Cistercians of the Immaculate Conception (see next entry).

Cisterciens confédérés
Confederated Cistercians

Cisterciens de la commune observance
Cistercians of the Common Observance

Moines blancs
White Monks

Ordo Cisterciensis

Ordre cistercien
Cistercian Order

Ordre de Cîteaux
Order of Cîteaux

Sacer ordo Cisterciensis

Saint ordre de Cîteaux
Sacred Order of Cîteaux

Saint ordre des Cisterciens
Sacred Order of Cistercians

cist. **o.cist.** ord.cist. s.o.c.
s.o.cist. s.ord.cist.

CISTERCIENS DE L'IMMACULÉE-CONCEPTION

A18
Congrégation cistercienne fondée à l'abbaye de Sénanque, Gordes, France, en 1854, par l'abbé Lucas-Léon Barnouin (nommé plus tard en religion dom Marie-Bernard). En 1855, la congrégation s'affilia temporairement à la Congrégation cistercienne de Saint-Bernard d'Italie jusqu'à ce qu'elle reçoive l'approbation canonique sous le nom de Congrégation cistercienne de l'Immaculée-Conception en 1867. En 1980, elle est formée de trois maisons.

Première et seule maison au Canada: Abbaye Notre-Dame de Nazareth, Rougemont, Québec, 1932.

CISTERCIANS OF THE IMMACULATE CONCEPTION

A18
Cistercian congregation founded at the Abbey of Sénanque, Gordes, France, in 1854, by Fr. Lucas-Léon Barnouin (later known in religion as Dom Marie-Bernard). In 1855, it was temporarily affiliated with the Cisterican Congregation of Saint Bernard of Italy until it received its canonical approbation as the Cistercian Congregation of the Immaculate Conception in 1867. In 1980, it is made up of three houses.

First and only house in Canada: Notre-Dame de Nazareth Abbey, Rougemont, Quebec, 1932.

Cisterciens. Congrégation de France ou de Sénanque-Lérins

Cisterciens. Congrégation de l'Immaculée-Conception
Cistercians. Congregation of the Immaculate Conception

Cisterciens de l'Immaculée-Conception de Lérins

Cisterciens de Lérins

Congregatio ab Immaculata Conceptione

Congregatio Senanquensis

Congrégation cistercienne de l'Immaculée-Conception

Congrégation de France ou de Sénanque-Lérins

Congrégation de l'Immaculée-Conception ou de la moyenne observance

o.cist. s.o.cist.

CLARÉTAINS

A19
Institut fondé à Vich, Espagne, en 1849, par saint Antoine-Marie Claret.

Victoriaville, Québec, 1953.

CLARETIANS

A19
Founded in 1849 at Vich, Spain, by Saint Anthony Mary Claret.

Victoriaville, Quebec, 1953.

Missionnaires clarétains
Claretian Missionaries

Missionnaires fils du Coeur Immaculé de Marie
Missionary Sons of the Immaculate Heart of Mary

Congregatio missionariorum filiorum Immaculati Cordis
   Beatae Mariae Virginis

c.m.f.

CLERCS DE DORÉA

A20

Institués à Franklin Centre, Québec, en 1959, par le père Gabriel-Marie Lussier, o.p., et Rosaire Lacroix, ex-frère coopérateur dominicain qui avait quitté les Dominicains à la fin de sa période triennale de voeux temporaires en 1956 et avait rejoint le père Lussier au village d'enfants de Doréa, Franklin Centre (son nom en religion chez les Dominicains: fr. Claude Marie, o.p.; dans le nouvel institut: fr. Claude Lacroix). Le père Lussier ne fut jamais membre du nouvel institut; il était et est encore (1980) Dominicain. L'institut fut dissout en 1960, parce que les objectifs et fonctions de Doréa furent modifiés par la nouvelle direction et le gouvernement provincial. Le frère Lacroix et les trois autres membres quittèrent l'institution et retournèrent dans le monde.

A20

Founded in 1959 at Franklin Centre, Quebec, by Fr. Gabriel-Marie Lussier, o.p., and Rosaire Lacroix, an ex-Dominican lay brother who left the Dominicans at the end of his triennial period of temporary vows in 1956 and joined Fr. Lussier at Doréa Children's Village, Franklin Centre (his Dominican name in religion: Bro. Claude Marie, o.p.; in the new institute: Bro. Claude Lacroix). Fr. Lussier has never been a member of the new institute; he was and still (1980) is a Dominican. The institute was dissolved in 1960 because Doréa's objectives and functions were changed by both new management and the provincial government; Bro. Lacroix and the three other members left the institution and returned to the world.

CLERCS DE SAINT-JEAN

A21

Fondés à Ottawa, Ontario, en 1874, par l'abbé Eugène-Henri Porcile, ex-Doctrinaire. La fondation était basée sur un projet de l'abbé Porcile, datant de son arrivée de Paris en 1871. Cet institut fut éphémère et cessa d'exister en 1875. Le fondateur quitta alors Ottawa pour Brooklyn, New York, et devint un Père de la Miséricorde.

A21

Founded in 1874 at Ottawa, Ontario, by Fr. Eugène-Henri Porcile, an ex-Doctrinarian. The foundation was based on a project dating from the time of the founder's arrival from Paris in 1871. This institute was short-lived and ceased to exist in 1875. The founder then left Ottawa for Brooklyn, New York, and became a Father of Mercy.

Clercs de Saint-Jean du diocèse d'Ottawa

Clercs doctrinaires

CLERCS DE SAINT-VIATEUR

A22

Fondés à Vourles, France, en 1831, par l'abbé Jean-Louis-Marie-Joseph Querbes. En 1841, Ignace Bourget, évêque de Montréal, leur demanda de venir dans son diocèse, ce qu'ils firent en 1847.

L'Industrie (auj. Joliette), Québec, 1847.

CLERICS OF SAINT VIATOR

A22

Founded in 1831 at Vourles, France, by Fr. Jean-Louis-Marie-Joseph Querbes. In 1841, Ignace Bourget, bishop of Montreal, asked them to come into his diocese, which they did in 1847.

L'Industrie (now Joliette), Quebec, 1847.

Clercs paroissiaux ou catéchistes de Saint-Viateur

Congregatio clericorum parochialium seu catechistarum
sancti Viatoris

Congregatio clericorum sancti Viatoris

Institut des clercs de Saint-Viateur

Institutum clericorum sancti Viatoris

Societas clericorum catechistarum sancti Viatoris

Viatoriens
Viatorians

C.S.V.

CONGRÉGATION DE BZOMMAR

A23

Fondée en 1749 à Bzummãr, Liban, par Jacques Hevsepian qui devint en 1750 Jacques-Pierre II, catholicos de Cilicie et de Petite-Arménie (le titre de ce poste est maintenant patriarche de Cilicie des Arméniens). Cette congrégation est une société du clergé patriarchal formée pour s'acquitter des activités missionnaires qui lui sont confiées par le patriarche.

L'unique membre de cette congrégation établi au Canada est arrivé à Montréal en 1966 pour s'occuper des fidèles catholiques de rite arménien.

A23

Founded in 1749 at Bzummãr, Lebanon, by Jacques Hevsepian who in 1750 became Jacques-Pierre II, catholicos of Cilicia and Little Armenia (the title of that office is now patriarch of Cilicia of the Armenians). The congregation is a society of the patriarchal clergy for missionary activities entrusted to it by the patriarch.

The member of that congregation in Canada established himself in Montreal in 1966 to take care of the Catholics of the Armenian rite.

CONGRÉGATION DE SAINTE-CROIX

A24

Formée en 1837 par l'union des Frères de Saint-Joseph, fondés à Ruillé-sur-Loir, France, en 1820, par le chanoine Jacques-François Dujarié (chanoine de 1834 à sa mort en 1838) et André-Pierre Mottais (nom en religion: frère André), ainsi que des Prêtres auxiliaires du Mans, fondés au Mans, France, en 1835 par le serviteur de Dieu Basile-Antoine-Marie Moreau.

En s'unissant, les deux instituts demeurèrent toutefois juridiquement séparés, distincts et autonomes au plan local et provincial, mais rassemblés sous un seul supérieur général: Basile-Antoine-Marie Moreau. L'institut des frères en vint à être appelé les Frères de Sainte-Croix, l'institut des prêtres, les Pères de Sainte-Croix; ensemble ils formèrent la Congrégation de Sainte-Croix. Les deux instituts ont été véritablement distincts de 1837 à 1857, date à laquelle Rome approuva leurs nouvelles constitutions, tout en se méfiant de l'autonomie de chaque institut et en la décourageant activement; de 1857 à 1945, la distinction a donc été purement une fiction de droit et les deux instituts furent mêlés dans les résidences et l'administration; en 1945, de nouvelles constitutions ont été approuvées, séparant véritablement de nouveau les deux sociétés comme au début, mais sous un seul supérieur

CONGREGATION OF HOLY CROSS

A24

Formed in 1837 by the union of the Frères de Saint-Joseph, founded in 1820 at Ruillé-sur-Loir, France, by Canon Jacques-François Dujarié (from 1834 to his death in 1838: canon) and André-Pierre Mottais (in religion: Bro. André) and the Prêtres auxiliaires du Mans, founded in 1835 at Le Mans, France, by the Servant of God Basile-Antoine-Marie Moreau.

Although after their union they were both under the jurisdiction of the same superior general, Basile-Antoine-Marie Moreau, the two institutes remained legally separate, distinct and autonomous on the local and the provincial level. The brothers came to be called the Brothers of Holy Cross; the priests came to be known as the Holy Cross Fathers; both groups as a unit were known as the Congregation of Holy Cross. The institutes were truly distinct from 1837 until 1857, when Rome approved their constitutions but at the same time distrusted and actively discouraged the autonomy of each institute; from 1857 until 1945, the distinction was purely a legal fiction and both groups were intermixed in houses and administration; in 1945, new constitutions were approved, truly separating both institutes again as in the beginning years,

général, toujours un membre de la Société des pères. Les deux instituts se nomment respectivement Société des frères et Société des pères, à l'intérieur de la Congrégation.

En 1841, Ignace Bourget, évêque de Montréal, leur demanda de venir dans le diocèse.

Frères: Saint-Laurent (près de Montréal), Québec, 1847, i.e. pendant la période de véritable séparation.
Pères: Saint-Laurent (près de Montréal), Québec, 1862, i.e. pendant la période où la séparation était plutôt une fiction de droit.

but still maintaining one superior general, who was, as before, a member of the fathers. The two institutes are known internally as Society of Brothers and Society of Fathers.

In 1841, Ignace Bourget, bishop of Montreal, asked them to come into the diocese.

Brothers: Saint-Laurent (near Montreal), Quebec, 1847, i.e., when it was truly a separate institute.
Fathers: Saint-Laurent (near Montreal), Quebec, 1862, i.e., when this separation was only a legal fiction.

Brothers of Holy Cross

Clercs de Sainte-Croix

Congregatio a sancta Cruce

Congrégation de Sainte-Croix. Société des frères
Congregation of Holy Cross. Society of Brothers

Congrégation de Sainte-Croix. Société des pères
Congregation of Holy Cross. Society of Fathers

Congrégation des frères de Saint-Joseph

Congregation of Our Lady of Holy Cross

Fathers of Holy Cross

Frères de Saint-Joseph

Frères de Saint-Joseph de Ruillé

Frères de Sainte-Croix
Holy Cross Brothers

Joséphites

Pères de Sainte-Croix
Holy Cross Fathers

Prêtres auxiliaires du Mans

Prêtres de Sainte-Croix
Priests of Holy Cross

Salvatoristes
Salvatorists

Salvatoristes de Sainte-Croix
Salvatorists of Holy Cross

C.S.C.

DOMINICAINS

A25
Ils remontent aux activités de prêcheur itinérant de saint Dominique (son nom d'origine: Domingo de Guzmán, sous-prieur des chanoines réguliers du chapitre de la cathédrale d'Osma, Espagne), datant de 1207. La prédication avait lieu dans la Narbonnaise, plus spécifiquement dans les

DOMINICANS

A25
They trace their origin to the activities of Saint Dominic whose itinerant preaching dates from 1207 (his original name: Domingo de Guzmán, subprior of the canons regular of the cathedral chapter of Osma, Spain). The preaching was in the Narbonnaise region,

départements actuels de l'Aude et de la Haute-Garonne, France. En 1213 et en 1214, saint Dominique commença à accepter des compagnons; en avril 1215, il reçut leur profession. En juin 1215, le groupe fut approuvé par Foulques, évêque de Toulouse, et fixa sa première résidence permanente à Toulouse, France. Le 22 décembre 1216, le pape Honorius III confirma l'ordre et, le 21 janvier 1217, approuva le nom de Frères prêcheurs et la vocation de l'ordre.

Saint-Hyacinthe, Québec, 1873. Avant cet établissement permanent, des Dominicains furent présents au Canada: Edmund Burke, o.p.: Placentia, Terre-Neuve, 1786-1800, puis Halifax, Nouvelle-Écosse, 1800-1801; Charles Dominic Ffrench, o.p.: Maritimes (surtout Saint-Jean, Nouveau-Brunswick, et la région de la rivière Miramichi), 1812-1817, puis Saint-Jean, Nouveau-Brunswick, 1822-1825; Augustin-Antoine Langlois, o.p.: Saint-Hyacinthe, Québec, 1859-1866; un groupe de sept Dominicains américains, en deux équipes: London, Ontario, 1861-1867.

and specifically in what are known today as the "Départements" of Aude and Haute-Garonne, France. In 1213 and 1214, Saint Dominic began to receive companions; in April, 1215, he received their vows. In June, 1215, the group was approved by Foulques, bishop of Toulouse, and settled in its first permanent residence at Toulouse, France. On December 22, 1216, they were approved by Pope Honorius III who, on January 21, 1217, also approved the aim of the order and the name Friars Preachers.

Saint-Hyacinthe, Quebec, 1873. Before this permanent establishment, some Dominicans were present in Canada: Edmund Burke, o.p.: Placentia, Newfoundland, 1786-1800; Halifax, Nova Scotia, 1800-1801; Charles Dominic Ffrench, o.p.: Maritimes (mainly Saint John, New Brunswick, and the area of the Miramichi River), 1812-1817; Saint John, New Brunswick, 1822-1825; Augustin-Antoine Langlois, o.p.: Saint-Hyacinthe, Quebec, 1859-1866; a group of seven American Dominicans, in two teams: London, Ontario, 1861-1867.

Blackfriars

Dominican Fathers

Jacobins

Frères prêcheurs
Friars Preachers

Ordo fratrum praedicatorum

Ordo praedicatorum

Ordre de Saint-Dominique
Order of Saint Dominic

Ordre des frères prêcheurs
Order of Friars Preachers

o.p. o.pr. o.s.d.

EUDISTES

A26
Fondés à Caen, France, en 1643, par saint Jean Eudes.

Church Point, Nouvelle-Écosse, 1890.

EUDISTS

A26
Founded in 1643 at Caen, France, by Saint John Eudes.

Church Point, Nova Scotia, 1890.

Congregatio Iesu et Mariae (Eudistarum)

Congrégation de Jésus et Marie
Congregation of Jesus and Mary

Missionary Priests of Jesus and Mary

c.i.m. **c.j.m.** eud.

FÉDÉRATION DE NOTRE-DAME

A27

Formée en 1967 par le regroupement en fédération des instituts suivants:

- les Fils de Marie-Immaculée (voir la notice suivante);
- les Missionnaires de l'Immaculée-Conception de Lourdes, fondés en 1848 à Monléon-Magnoac, France, par l'abbé Bertrand-Sévère Laurence, pour réunir en institut les chapelains du sanctuaire Notre-Dame de Garaison, qui y résidaient depuis 1836;
- les Religieux du Sacré-Coeur de Jésus Enfant, institués en 1847 à Marseille, France, par l'abbé Joseph Timon-David;
- l'Oeuvre de la jeunesse, fondée en 1799 à Marseille, France, par le serviteur de Dieu Jean-Joseph Allemand, des Prêtres séculiers du Sacré-Coeur de Jésus, et devenue institut en 1824; l'Oeuvre de la jeunesse suivait l'exemple des Prêtres séculiers du Sacré-Coeur de Jésus, fondés aussi à Marseille en 1729, par les abbés Denis de Truilhard et Boniface Dandrade et dispersés à la Révolution;
- les Missionnaires de Notre-Dame de la Délivrande, institués en 1820 à Bayeux, France, par Charles Brault, évêque de Bayeux, dispersés par les lois anti-congréganistes françaises de 1904 et reconstitués en 1921;
- les Oblats réguliers de Saint-Benoît fondés en 1918 à Albi, France, par le chanoine Ernest Colombier (nom en religion: fr. Pierre).

A27

Formed in 1967 by grouping the following institutes into a federation:

- Sons of Mary Immaculate (see next entry);
- Missionnaires de l'Immaculée-Conception de Lourdes, founded in 1848 at Monléon-Magnoac, France, by Fr. Bertrand-Sévère Laurence, in order to form an institute from the chaplains of Notre-Dame de Garaison Shrine, who had ministered the shrine since 1836;
- Religieux du Sacré-Coeur de Jésus Enfant, founded in 1847 at Marseille, France, by Fr. Joseph Timon-David;
- Oeuvre de la jeunesse, founded in 1799 at Marseille, France, by the Servant of God Jean-Joseph Allemand, of the Prêtres séculiers du Sacré-Coeur de Jésus; it became an institute in 1824; the Oeuvre de la jeunesse was founded with the example in mind of the Prêtres séculiers du Sacré-Coeur de Jésus, founded in 1729 at Marseille, France, by Frs. Denis de Truilhard and Boniface Dandrade and dispersed during the Revolution;
- Missionnaires de Notre-Dame de la Délivrande, founded in 1820 at Bayeux, France, by Charles Brault, bishop of Bayeux, dispersed by the French anticongreganist laws of 1904 and reconstituted in 1921;
- Oblats réguliers de Saint-Benoît, founded in 1918 at Albi, France, by Canon Ernest Colombier (in religion: Bro. Pierre).

FILS DE MARIE IMMACULÉE

A28

Fondés en 1802 à Chavagnes-en-Paillers, France, par le vénérable Louis-Marie Baudouin. Dissous en 1818, rétablis en 1828.

Saint Hubert Mission, Territoires du Nord-Ouest (auj. Saskatchewan), 1903.

SONS OF MARY IMMACULATE

A28

Founded in 1802 at Chavagnes-en-Paillers, France, by the Venerable Louis-Marie Baudouin. Dissolved in 1818, reestablished in 1828.

Saint Hubert Mission, Northwest Territories (now Saskatchewan), 1903.

Congregatio filiorum Beatae Mariae Virginis Immaculatae

Enfants de Marie Immaculée

Fils de l'Immaculée-Conception

Fils de Marie Immaculée de Luçon
Sons of Mary Immaculate of Luçon

Missionnaires de Chavagnes de Luçon
Missionaries of Chavagnes of Luçon

Missionnaires de Mouilleron

Oblats de Saint-Hilaire
Oblates of Saint Hilary

Pères de Chavagnes

Pères de Marie Immaculée
Fathers of Mary Immaculate

f.m.i.   f.m.im.

FILS DE L'IMMACULÉE-CONCEPTION

A29
Institués à Rome en 1857 par le serviteur de Dieu Luigi Maria Monti.

Toronto, 1962.

SONS OF THE IMMACULATE CONCEPTION

A29
Founded at Rome in 1857 by the Servant of God Luigi Maria Monti.

Toronto, 1962.

Brothers Hospitallers of the Immaculate Conception

Concettini

Conceptionists

Concezionisti

Figli dell'Immacolata Concezione

Figli dell'Immacolata Concezione (Concezionisti)

Filii Immaculatae Conceptionis

Fratres hospitalarii filii Immaculatae Conceptionis

conc.   f.h.i.c.   **f.i.**

FILS DE LA CHARITÉ

A30
Institut fondé en 1918 à Paris, par le serviteur de Dieu Jean-Émile Anizan, ex-Religieux de Saint-Vincent de Paul sécularisé.

Croydon, Québec, 1950.

SONS OF CHARITY

A30
Founded in 1918 at Paris by the Servant of God Jean-Émile Anizan, a secularized ex-member of the Order of Saint Vincent de Paul.

Croydon, Quebec, 1950.

Filii charitatis

f.a.c.   f.c.   **f.ch.**

FRANCISCAINS DE L'EXPIATION

A31
Fondés en 1898 à Graymoor, New York, par le révérend Lewis Thomas Wattson (nom en religion: père Paul James Francis), comme communauté religieuse au sein de l'Église épiscopale des États-Unis. Ils furent reçus dans l'Église catholique romaine en 1909 et agrégés aux Franciscains comme tiers-ordre régulier en 1932.

Vancouver, Colombie-Britannique, 1932.

FRANCISCAN FRIARS OF THE ATONEMENT

A31
Founded in 1898 at Graymoor, New York, by Rev. Lewis Thomas Wattson (in religion: Fr. Paul James Francis) as a religious community in the Episcopal Church of the United States. They were received into the Roman Catholic Church in 1909 and aggregated to the Franciscans as a third order regular in 1932.

Vancouver, British Columbia, 1932.

Atonement Friars

Congregatio fratrum adunationis tertii regularis **ordinis** sancti Francisci

62

Franciscains de l'union

Friars of the Atonement

Graymoor Friars

Societas adunationis

Society of the Atonement

s.a.

FRATERNITÉ SACERDOTALE

A32
Fondée à Paris en 1901 par un Canadien, l'abbé Eugène Prévost, ex-Père du Saint-Sacrement sécularisé.

Pointe-du-Lac, Québec, 1929.

SACERDOTAL FRATERNITY

A32
Founded at Paris in 1901 by Fr. Eugène Prévost, a Canadian secularized ex-Blessed Sacrament father.

Pointe-du-Lac, Quebec, 1929.

Congregatio a fraternitate sacerdotali

c.f.s.

FRÈRES CHARON

A33
Institut fondé en 1688 à Ville-Marie (Montréal), par François Charon de la Barre, comme groupe de frères hospitaliers.

Dates importantes:
- 1691: Début de la construction de l'Hôpital général de Montréal.
- 1694: Ouverture de l'Hôpital général; la communauté fut autorisée par l'évêque de Québec Jean-Baptiste de la Croix de Chevrières de Saint-Vallier et le roi Louis XIV.
- 1700: Reconnaissance canonique par le même évêque; en termes canoniques contemporains, ils furent reconnus comme congrégation diocésaine.
- 1702: Émission des premiers voeux (simples).
- 1707: Le roi leur interdit d'émettre des voeux, de porter l'habit religieux et de s'appeler "Frères."
- 1731: L'évêque de Québec Pierre-Herman Dosquet leur interdit d'accepter des novices.
- 1747: Le 27 août, les deux seuls membres restants remirent leur démission à l'évêque de Québec Henri-Marie Dubreuil de Pontbriand; les Frères Charon disparurent ainsi et l'Hôpital général fut remis entre les mains des Soeurs grises.

A33
Founded as a group of hospitaller brothers at Ville-Marie (Montreal) in 1688 by François Charon de la Barre.

Important dates:
- 1691: Hôpital général building started, Montreal;
- 1694: opening of the Hôpital général; the group was authorized by the bishop of Quebec, Jean-Baptiste de la Croix de Chevrières de Saint-Vallier, and King Louis XIV;
- 1700: canonically approved by the same bishop; in today's canonical terms, they were approved as a diocesan congregation;
- 1702: taking of the first (simple) vows;
- 1707: the king forbade them to make vows, wear a religious habit and call themselves brothers;
- 1731: the bishop of Quebec, Pierre-Herman Dosquet, forbade them to receive novices;
- 1747: August 27, the two remaining members resigned into the hands of the bishop of Quebec, Henri-Marie Dubreuil de Pontbriand; the institute therefore died and the Hôpital général was taken over by the Grey Nuns.

Associés de monsieur Charon

Frères hospitaliers de l'Hôpital général de Montréal

Frères hospitaliers de la Croix et de Saint-Joseph

Frères hospitaliers de Saint-Joseph de la Croix

Hospitaliers de Montréal

FRÈRES DE L'INSTRUCTION CHRÉTIENNE

A34
Fondés en 1817 à Saint-Brieuc, France, par le vénérable Jean-Marie-Robert de la Mennais et l'abbé Gabriel Deshayes.

Chambly-Bassin, Québec, 1886.

BROTHERS OF CHRISTIAN INSTRUCTION

A34
Founded in 1817 at Saint-Brieuc, France, by the Venerable Jean-Marie-Robert de la Mennais and Fr. Gabriel Deshayes.

Chambly-Bassin, Quebec, 1886.

Frères de l'instruction chrétienne de Ploërmel
Brothers of Christian Instruction of Ploërmel

Institutum fratrum instructionis christianae de Ploërmel

La Mennais Brothers

f.i.c. f.i.c.p. i.c.

FRÈRES DE LA CHARITÉ

A35
Institués en 1810 à Gand, Belgique, par le chanoine Pierre-Joseph Triest, après deux essais infructueux, le premier datant de 1807.

Montréal, 1865.

BROTHERS OF CHARITY

A35
Founded in 1810 at Ghent, Belgium, by Canon Pierre-Joseph Triest, after two unsuccessful trial runs, the first one dating from 1807.

Montreal, 1865.

Broeders van Liefde

Brothers of Mercy

Congregatio charitatis fratrum

Fratres a charitate

Frères de la charité de Gand

Frères de la charité de Saint-Vincent de Paul

c.c.f. c.f.c. f.a.c. f.c. **f.ch.** f.d.m.

FRÈRES DE LA CROIX DE JÉSUS

A36
Institut fondé en 1816 à Lyon, France, par l'abbé Claude-Marie Bochard. Dissous en 1930 par la fusion avec les Clercs de Saint-Viateur.

Makinac, Manitoba, 1902.

A36
Founded in 1816 at Lyon, France, by Fr. Claude-Marie Bochard. Dissolved in 1930 when merged with the Clerics of Saint Viator.

Makinac, Manitoba, 1902.

Pères de la Croix de Jésus

Société de la Croix de Jésus

Société des pères de la Croix de Jésus

FRÈRES DE LA PRÉSENTATION

A37
Institut fondé en 1802 à Waterford, Irlande, par Edmund Ignatius Rice.

Montréal, 1910.

PRESENTATION BROTHERS

A37
Founded in 1802 at Waterford, Ireland, by Edmund Ignatius Rice.

Montreal, 1910.

Brothers of the Presentation

Fratres piae congregationis a Praesentatione

Presentation Brothers of Ireland

f.p.c.p. **f.p.m.**

FRÈRES DE NOTRE-DAME DE LA MISÉRICORDE

A38
Fondés en 1839 à Malines, Belgique, par le serviteur de Dieu Victor-Jean-Baptiste-Corneille Scheppers, chanoine.

Swan Lake, Manitoba, 1919.

BROTHERS OF OUR LADY OF MERCY

A38
Founded in 1839 at Malines, Belgium, by the Servant of God Victor-Jean-Baptiste-Corneille Scheppers, canon.

Swan Lake, Manitoba, 1919.

Broeders van Onze Lieve Vrouw van Barmhartigheid

Frères de la Miséricorde

Institutum fratrum Beatae Mariae Virginis a Misericordia

f. de m. **f.d.m.**

FRÈRES DE NOTRE-DAME DE LOURDES

A39
Institut fondé en 1830 à Ronse, Belgique, par l'abbé Étienne-Modeste Glorieux, sous le nom de Frères des bonnes oeuvres. Le nom a été changé en 1888.

Lethbridge, Alberta, 1955.

BROTHERS OF OUR LADY OF LOURDES

A39
Founded as Frères des bonnes oeuvres in 1830 at Ronse, Belgium, by Fr. Étienne-Modeste Glorieux. The name was changed in 1888.

Lethbridge, Alberta, 1955.

Broeders van Onze Lieve Vrouw van Lourdes

Fratres Nostrae Dominae Lourdensis

Fratres Nostrae Dominae Lurdensis

Frères des bonnes oeuvres

Sodalitium fratrum bonorum operum

f.n.d.l.

FRÈRES DE NOTRE-DAME DES CHAMPS

A40
Fondés en 1902 à Saint-Damien-de-Buckland, Québec, par

A40
Founded in 1902 at Saint-Damien de Buckland, Que-

l'abbé Joseph-Onésime Brousseau. Dissous en 1931 par la fusion avec les Clercs de Saint-Viateur.

bec, by Fr. Joseph-Onésime Brousseau. Dissolved in 1931 when merged with the Clerics of Saint Viator.

Brothers of Our Lady of the Fields

FRÈRES DE SAINT-FRANÇOIS RÉGIS

A41

Fondés en 1850 à Roche-Arnaud, France, par le père Maxime de Bussy, s.j. Dissous en 1959 par la fusion avec les Frères maristes.

Péribonka, Québec, 1903.

A41

Founded in 1850 at Roche-Arnaud, France, by Fr. Maxime de Bussy, s.j. Dissolved in 1959 when merged with the Marist Brothers.

Péribonka, Quebec, 1903.

Brothers of Saint Francis Regis

Frères agriculteurs de Saint-François Régis

Frères ouvriers de Saint-François Régis

FRÈRES DE SAINT-GABRIEL

A42

Institut fondé en 1705 à Saint-Laurent-sur-Sèvre, France, par saint Louis-Marie Grignon de Montfort.

Montréal, 1888.

BROTHERS OF SAINT GABRIEL

A42

Founded in 1705 at Saint-Laurent-sur-Sèvre, France, by Saint Louis-Marie Grignon de Montfort.

Montreal, 1888.

Congrégation de l'Immaculée-Conception de Saint-Gabriel

Frères de l'instruction chrétienne de Saint-Gabriel
Christian Instruction Brothers of Saint Gabriel

Frères de l'instruction chrétienne du Saint-Esprit

Frères de la communauté du Saint-Esprit pour faire les écoles charitables

Frères du Saint-Esprit
Holy Ghost Brothers

Institutum fratrum instructionis christianae a sancto Gabriele

f.s.g.

FRÈRES DE SAINT-LOUIS

A43

Fondés en 1840 à Oudenbosch, Pays-Bas, par dom Wilhelm Hillemons, s.o.cist.

Sarnia, Ontario, 1955.

BROTHERS OF SAINT LOUIS

A43

Founded in 1840 at Oudenbosch, Netherlands, by Dom Wilhelm Hillemons, s.o.cist.

Sarnia, Ontario, 1955.

Broeders van de heilige Aloysius Gonzaga

Broeders van sint Louis

Brothers of Saint Aloysius Gonzaga

Congregatio fratrum a sancto Aloysio Gonzaga

Frères de Saint-Louis de Gonzague
Brothers of Saint Louis of Gonzague

f.s.a.   f.s.l.

FRÈRES DES ÉCOLES CHRÉTIENNES

A44

Institués en 1682 à Reims, France, par saint Jean-Baptiste de la Salle, sur la base du travail commencé en 1680.

Montréal, 1837.   Il y eut une visite de reconnaissance en 1737-1738 qui fut sans lendemain, la fusion des Frères Charon avec les Frères des écoles chrétiennes n'ayant pas dépassé le stade de projet.

BROTHERS OF THE CHRISTIAN SCHOOLS

A44

Founded in 1682 at Reims, France, by Saint Jean-Baptiste de la Salle, on the basis of the work begun in 1680.

Montreal, 1837.   There had been an unsuccessful exploratory visit in 1737-1738, but the merger of the Frères Charon with the Brothers of the Christian Schools remained only a project.

Christian Brothers

De la Salle Brothers

Institutum fratrum scholarum christianarum

é.c.   f.é.c.   f.s.c.

FRÈRES DU SACRÉ-COEUR

A45

Fondés en 1821 à Lyon, France, par le père André Coindre, de la Société de la Croix de Jésus.

Arthabaska, Québec, 1872.

BROTHERS OF THE SACRED HEART

A45

Founded in 1821 at Lyon, France, by Fr. André Coindre, of the Société de la Croix de Jésus.

Arthabaska, Quebec, 1872.

Fratres a Sacratissimo Corde Iesu

Frères de l'instruction chrétienne dits de Sacré-Coeur (Le Puy en Velay)

Frères de paradis

Societas fratrum Sacri Cordis

f.s.c.   f.s.c.j.   s.c.   s.f.s.c.

FRÈRES HOSPITALIERS DE SAINT-JEAN DE DIEU

A46

Fondés à Grenade, Espagne, en 1537, par saint Jean de Dieu.

Louisbourg, Acadie, 1713-1758; Montréal, 1927.

BROTHERS HOSPITALLERS OF SAINT JOHN OF GOD

A46

Founded in 1537 at Granada, Spain, by Saint John of God.

Louisbourg, Acadia, 1713-1758; Montreal, 1927.

Fate bene fratelli

Fatebenefratelli

Frères de Saint-Jean de Dieu
Brothers of Saint John of God

Hospitaller Order of Saint John of God

Hospitallers of Saint John of God

Ordo hospitalarius sancti Joannis de Deo

f.b.f.   **o.h.**   o.s.j.d.d.

FRÈRES MAÎTRES D'ESCOLLE

A47

Fondés à Ville-Marie (auj. Montréal) en 1686, par MM. Gabriel Souart et Louis-François de la Faye, p.s.s. Les fondateurs donnèrent de l'argent (Souart) et un immeuble (de la Faye) à un groupe devant assurer l'enseignement primaire à Ville-Marie. Dirigé par Mathurin Rouillé, le groupe était en outre composé de Nicolas Barbier, Jacob Thoumelet et Benoît Basset. Trois autres personnes se joignirent à eux plus tard: Pierre Gaulin, Philibert Boy et Jean Coron. La communauté ne survécut pas au départ de plusieurs de ses membres et le seul membre restant, Philibert Boy, démissionna en 1693, ce qui fit disparaître l'institut.

A47

Founded at Ville-Marie (now Montreal) in 1686 by Frs. Gabriel Souart and Louis-François de la Faye, p.s.s. Souart provided money and de la Faye donated a building to the group formed in order to teach primary school. It was headed by Mathurin Rouillé and composed, also, of Nicolas Barbier, Jacob Thoumelet and Benoît Basset. Three others later became members: Pierre Gaulin, Philibert Boy and Jean Coron. The group was not able to survive the great number of departures and the only remaining member, Philibert Boy, resigned in 1693, thus dissolving this institute.

Association de citoyens de Ville-Marie pour les écoles de cette ville

Associés de l'écolle de Montréal

Frères instituteurs

Frères Rouillé

FRÈRES MARISTES

A48

Fondés à Lavalla, France, en 1817, par le bienheureux Joseph-Benoît-Marcellin Champagnat.

Iberville, Québec, 1885.

MARIST BROTHERS

A48

Founded in 1817 at Lavalla, France, by Blessed Joseph-Benoît-Marcellin Champagnat.

Iberville, Quebec, 1885.

Institutum fratrum Maristarum a scholis

Institutum parvulorum fratrum Mariae

Marist Brothers of the Schools

Marist School Brothers

Petits frères de Marie
Little Brothers of Mary

f.m.   f.m.s.   p.f.m.

FRÈRES MINEURS

A49

Terme générique pour le groupe ou la famille des trois ordres maintenant indépendants les uns des autres mais se

FRIARS MINOR

A49

Generic term for the group or family of three orders now independent from one another but all descended

68

réclamant tous de saint François d'Assise: Franciscains, Capucins, Conventuels (voir les notices sur chaque nom pour des détails).

Le terme générique est utilisé pour désigner l'ordre canoniquement unifié, qui dura de 1209 à 1517, mais aussi comme terme spécifique pour les Franciscains.

Les références au bas de la présente notice viennent de quelques-uns seulement des noms de mouvements, branches et observances à l'intérieur de l'ordre unifié, avant la division en deux ordres indépendants en 1517 (les Observants, qui devinrent les Franciscains, et les Conventuels). Dans l'ordre unifié, les liens des différentes branches avec le ministre général de l'ordre ou la sujétion à ce dernier étaient plutôt lâches. L'histoire de l'ordre est si complexe que les lecteurs devront consulter les travaux suivants pour s'y retrouver:

from Saint Francis of Assisi: Franciscans, Capuchins, Conventuals (see the entry on each name for details).

The generic name is used to designate the canonically united order, which lasted from 1209 to 1517, but it is also used by the Franciscans as a specific designator.

References at the end of the present entry are from only a few of the names of movements, branches and observances within the united order before its division into two independent orders in 1517 (the Observants, who became the Franciscans, and the Conventuals). In the united order the link with or the subjection to the minister general of the order was sometimes rather loose. The history of the order is so complex that readers will have to consult the following works:

- *Catholicisme, hier, aujourd'hui, demain*, v.4, col. 1603-1618, s.v. "Frères mineurs," par/by Willibrord de Paris, o.f.m.cap.;
- *Dictionnaire de spiritualité ascétique et mystique*, v.5, col. 1267-1422, s.v. "Frères mineurs," sp. col. 1304-1314 par/by Melchior de Pobladura, [o.f.m.cap.];
- *Dictionnaire de théologie catholique*, v.6, col. 809-863 (sp. 811-828), s.v. "Frères mineurs," par/by Edouard d'Alençon, [o.f.m.cap.];
- *New Catholic Encyclopedia*, v.6, p. 38-46, s.v. "Franciscans," par/by C.J. Lynch;
- Masseron, Alexandre and Marion A. Habig, *The Franciscans: St. Francis of Assisi and His Three Orders*, Chicago, Franciscan Herald Press [c1959], ch. 3, p. 62-91 (sp. p. 89).

Pour connaître les détails relatifs au Canada, voir la notice ci-après sur les Récollets.

For Canadian involvement, see the entry for the Recollects below.

Fondés en 1209 à Assise, Italie, par saint François d'Assise.

Founded in 1209 at Assisi, Italy, by Saint Francis of Assisi.

Capérolans

Caperolani

Fraticelles

Fraticelli

Frères de la communauté

Frères du capuce

Frères du Saint-Évangile

Observants-Conventuels

Ordo fratrum minorum

Ordre des frères mineurs
Order of Friars Minor

Spirituels
Spirituals

Zélateurs

FRANCISCAINS

A50

Vers la fin du 15e et le début du 16e siècle, les différences entre les différents mouvements, branches et observances à l'intérieur de l'ordre des Frères mineurs devinrent irréconciliables. En 1517, l'ordre jusque là unifié fut divisé en Observants (Franciscains) et Conventuels. Une autre scission des Observants eut lieu en 1525: la formation des Capucins, séparés canoniquement des Observants en 1528. Les Observants ne demeurèrent pas plus unis et de nouvelles branches se formèrent de nouveau, mais furent unies en 1897 par le pape Léon XIII pour former un ordre uni en droit et en fait: les Franciscains qui, descendant de façon plus directe de l'ordre original de saint François, ont une primauté d'honneur sur les deux autres ordres (Capucins et Conventuels) mais aucune juridiction sur eux. Ils sont souvent appelés Frères mineurs, sans qualificatif, terme qui est le même que leur nom générique. Depuis 1897, la formation de branches, mouvements et observances est interdite. L'histoire des Franciscains est, elle aussi, très complexe (voir à ce sujet la courte bibliographie à la fin de la notice sur les Frères mineurs).

Franciscains déchaussés espagnols, venus du Mexique: Nootka, Colombie-Britannique, 1789-1795.

Présence moderne au Canada des Récollets: 1881, voyage de prédication de six mois par un religieux; première maison: Trois-Rivières, Québec, 1888.

Réformés italiens: Saint John's, Terre-Neuve, 1859-1870; Harbour Grace, Terre-Neuve, 1870-1882.

Réformés irlandais: Saint John's, Terre-Neuve, 1784-1869.

Ces quatre branches furent unies en 1897 aux autres branches des Observants pour former les Franciscains d'aujourd'hui (voir aussi la notice sur les Récollets).

FRANCISCANS

A50

In the late 15th and early 16th centuries, differences between some branches, movements and observances in the Order of Friars Minor became impossible to reconcile. In 1517, the up-to-then united order was divided into the Observants (Franciscans) and the Conventuals. A further split from the Observants took place in 1525: the formation of the Capuchins, canonically separated from the Observants in 1528. Even so, the Observants did not remain a very cohesive order. Different branches again appeared, but they were united in 1897 by Pope Leo XIII into one centralized order, in law and in fact; the Franciscans, as more direct descendants of Saint Francis, have a preeminence of honour over the other two orders (Capuchins and Conventuals), but no jurisdiction over them. They are often called Friars Minor, without a qualifier, like their generic name. Since 1897, no branches, movements or observances have been allowed. The history of the Franciscans is also very complex (see the short bibliography given at the end of the entry on the Friars Minor).

Spanish Discalced Franciscans from Mexico: Nootka, British Columbia, 1789-1795.

Modern Recollect presence in Canada: a six-month preaching trip by one friar in 1881; first establishment: Trois-Rivières, Quebec, 1888.

Italian Reformed: Saint John's, Newfoundland, 1859-1870; Harbour Grace, Newfoundland, 1870-1882.

Irish Reformed: Saint John's, Newfoundland, 1784-1869.

These four branches were united with others of the Observants in 1897 to form the Franciscans of today (see also the entry on the Recollects).

Franciscains de l'observance

Franciscains déchaussés
Discalced Franciscans

Franciscains observants
Observant Franciscans

Franciscains réformés
Reformed Franciscans

Frères mineurs
Friars Minor

Frères mineurs de l'observance

Frères mineurs de l'Union léonine
Friars Minor of the Leonine Union

Friars Minor of the Union of Leo

Observants
Observants

Observants déchaussés
Discalced Observants

Ordre des mineurs de l'Union léonine
Order of Minors of the Union of Leo

f.m.　**o.f.m.**　o.m.　o.s.f.

RÉCOLLETS

A51

Branche des Frères mineurs, très active en Nouvelle-France. En 1763, les autorités d'occupation britannique défendirent aux Récollets et aux Jésuites de recevoir des novices; cette défense fut renouvelée en 1791. Le 14 septembre 1796, en conformité d'un décret de la Sacrée Congrégation pour la Propagation de la Foi du 17 septembre 1792, Jean-François Hubert, évêque de Québec, sécularisa les Récollets profès depuis 1784. Les profès d'avant cette date demeurèrent Récollets, mais l'ordre mourut lentement ici, faute de novices.

Le dernier clerc récollet canadien, le frère Louis Demers, mourut à Montréal le 2 septembre 1813; le dernier frère convers récollet canadien, le frère Paul Fournier, mourut à Montréal le 15 novembre 1848. Le dernier ex-Récollet sécularisé, qui avait été un frère convers avant sa sécularisation, le frère Marc Coutant, mourut à Montmagny, Québec, le 4 mars 1849.

Présence en Nouvelle-France: Québec, 1615 (jusqu'en 1629 et puis de 1670 à 1849).

Présence à Terre-Neuve: Ferryland, 1627-1628 (ceci est douteux, les prêtres étant peut-être des Jésuites); Plaisance (maintenant Placentia), 1689-1713.

Présence en Acadie: Port-Royal, 1619 (jusqu'en 1624 et puis de 1630 à 1634).

Pour leur présence au 19e siècle, voir notice sur les Franciscains plus haut.

o.f.m.rec.

RECOLLECTS

A51

Branch of the Friars Minor, very active in New France. In 1763, the Recollects and Jesuits were forbidden by the British occupation authorities to receive novices; this prohibition was renewed in 1791. On September 14, 1796, in application of a decree of the Sacred Congregation for the Propagation of the Faith of September 17, 1792, Jean-François Hubert, bishop of Quebec, secularized Recollects professed after 1784. Those members professed before remained Recollects, but the order here slowly died out from lack of recruits. The last Canadian Recollect cleric, Fr. Louis Demers, died at Montreal on September 2, 1813; the last Canadian Recollect lay brother, Bro. Paul Fournier, died at Montreal on November 15, 1848. The last Canadian secularized ex-Recollect, who had been a lay brother before being secularized, Bro. Marc Coutant, died at Montmagny, Quebec, on March 4, 1849.

Presence in New France: Quebec, 1615 (their presence lasted until 1629, and then from 1670 to 1849).

Presence in Newfoundland: Ferryland, 1627-1628 (this is doubtful, the priests might have been Jesuits); Plaisance (now Placentia), 1689-1713.

Presence in Acadia: Port-Royal, 1619 (their presence in Acadia lasted until 1624, and then from 1630 to 1634).

For their presence in the 19th century see entry on Franciscans above.

CONVENTUELS

A52

Deuxième ordre formé lors de la division des Frères mineurs en 1517. Quelques branches s'y développèrent aux 16e et 17e siècles. L'histoire des Conventuels est liée à celle du reste des Frères mineurs. Voir la courte bibliographie à la fin de la notice sur ces derniers.

Montréal, 1930.

Frères mineurs conventuels
Conventual Friars Minor

Ordo fratrum minorum conventualium

CONVENTUALS

A52

Second order formed by the division of the Friars Minor in 1517. A few branches evolved within the order during the 16th and 17th centuries. The history of the Conventuals is linked to that of the rest of the Friars Minor (see the short bibliography at the end of the latter's entry).

Montreal, 1930.

f.m.conv.　m.c.　o.conv.　o.f.m.c.　**o.f.m.conv.**
o.m.c.　o.m.conv.　o.min.conv.

CAPUCINS

A53

Une scission des Franciscains (Observants) en 1525, formée canoniquement en ordre séparé en 1528. Voir la courte note bibliographique à la fin de la notice sur les Frères mineurs.

Présence au Canada:
- La Hève, Acadie (auj. La Have, Nouvelle-Écosse), 1632-1658;
- Nouvelle-Écosse (surtout Halifax), 1785-1827;
- Halifax, Nouvelle-Écosse, 1842-1852 et 1859-1876;
- Saint-Jean, Nouveau-Brunswick, 1842-1859;
- Saint Clement, Ontario, 1852-1867;
- Toronto, 1856-1857;
- Sillery, Québec, 1873-1876;

Présence moderne permanente: Hintonburgh (auj. Ottawa), Ontario, 1890.

CAPUCHINS

A53

Seceded from the Franciscans (Observants) in 1525; canonically formed as a separate order in 1528 (see the short bibliography at the end of the entry on the Friars Minor).

Presence in Canada:
- La Hève, Acadia (now La Have, Nova Scotia), 1632-1658;
- Nova Scotia (mainly Halifax), 1785-1827;
- Halifax, Nova Scotia, 1842-1852 and 1859-1876;
- Saint John, New Brunswick, 1852-1859;
- Saint Clement, Ontario, 1852-1867;
- Toronto, 1856-1857;
- Sillery, Quebec, 1873-1876.

Contemporary permanent presence: Hintonburgh (today Ottawa), Ontario, 1890.

Frères mineurs capucins
Capuchin Friars Minor

Ordo fratrum minorum capuccinorum

cap.　f.m.cap.　o.c.　o.cap.　o.f.m.c.　**o.f.m.cap.**
o.m.c.　o.m.cap.　o.min.cap.　o.s.f.c.

JÉSUITES

A54

Fondés en 1534 à Paris par saint Ignace de Loyola. Supprimés par le pape Clément XIV en 1773 et restaurés par le pape Pie VII en 1814.

Le bref papal de suppression de 1773 devait être promulgué par chaque ordinaire du lieu pour qu'il puisse être validement exécuté dans ce diocèse. Jean-Olivier Briand, évêque de Québec à cette date, communiqua privément aux Jésuites la teneur du bref. Le gouverneur de la province de Québec Guy Carleton ne lui permit pas de le promulguer officiellement; l'évêque donna suite à ce désir et sa conduite fut approuvée par le pape Pie VI. Les Jésuites ne furent donc jamais supprimés canoniquement au Canada. Cependant, les autorités d'occupation britanniques avaient interdit aux Jésuites, en 1763, de recevoir des novices, les condamnant ainsi à mourir éventuellement par manque de membres; de plus, ils les supprimèrent civilement en 1791. Le dernier Jésuite au Canada de cette période, le père Jean-Joseph Casot, mourut à Québec le 18 mars 1800.

Présence au Canada:
- Port-Royal, Acadie (auj. Nouvelle-Écosse), 1611-1613;
- Québec, 1625-1629;
- premier établissement permanent: Québec, 1633.

JESUITS

A54

Founded in 1534 at Paris by Saint Ignatius of Loyola. Suppressed by Pope Clement XIV in 1773 and restored by Pope Pius VII in 1814.

The Papal Brief of Suppression of 1773 had to be promulgated by each local ordinary in order to be validly applied in his diocese. Jean-Olivier Briand, bishop of Quebec at that date, privately told the Jesuits about the brief. He was not permitted by Guy Carleton, governor of the Province of Quebec, to officially promulgate it; the bishop acceded to this request and his conduct was approved by Pope Pius VI. The Jesuits, therefore, were never canonically suppressed in Canada. The British occupation authorities, however, had forbidden the Jesuits to receive novices in 1763, condemning them to eventual death from lack of members; they also suppressed them civilly in 1791. The last Jesuit in Canada of that period, Fr. Jean-Joseph Casot, died at Quebec City on March 18, 1800.

Presence in Canada:
- Port-Royal, Acadia (now Nova Scotia), 1611-1613;
- Quebec City, 1625-1629;
- first permanent establishment: Quebec City, 1633.

Après la disparition de 1800, les Jésuites restaurés revinrent au Canada en 1842, à Montréal. En 1841, Ignace Bourget, évêque de Montréal, leur avait demandé de venir dans son diocèse.

Restored again after their disappearance in 1800, the Jesuits returned to Canada, this time to Montreal, in 1842. In 1841, Ignace Bourget, bishop of Montreal, had asked them to come and work in his diocese.

Compagnie de Jésus
Company of Jesus

Societas Iesu

Societas Jesu

Société de Jésus
Society of Jesus

s.i.   **s.j.**

LAZARISTES

LAZARISTS

A55
Fondés en 1625 à Paris par saint Vincent de Paul.

Toronto, 1933. En 1841, ils avaient été approchés sans succès par Ignace Bourget, évêque de Montréal, qui voulait les établir dans son diocèse. De 1859 à 1888, John Joseph Lynch, c.m., fut présent à Toronto, d'abord comme évêque titulaire d'Echinus et coadjuteur de Toronto (1859-1860), puis comme évêque de Toronto (1860-1870) et enfin comme archevêque du même siège (1870-1888).

A55
Founded in 1625 at Paris by Saint Vincent de Paul.

Toronto, 1933. In 1841, they were unsuccessfully approached by Ignace Bourget, bishop of Montreal, who wanted them to establish themselves in his diocese. John Joseph Lynch, c.m., was present in Toronto from 1859 to 1888 as: titular bishop of Echinus and coadjutor of Toronto (1859-1860), bishop of Toronto (1860-1870) and archbishop of the same see (1870-1888).

Compagnie des prêtres de la mission

Congregatio missionis

Congrégation de la mission
Congregation of the Mission

Congregation of the Mission of Saint Vincent de Paul

Pères de Saint-Vincent
Fathers of Saint Vincent

Pères vincentiens
Vincentian Fathers

Prêtres de la mission

Priests of the Mission of Saint Vincent de Paul

c.m.   c.miss.   c.m.v.

MARIANISTES

MARIANISTS

A56
Institués en 1817 à Bordeaux, France, par le vénérable Guillaume-Joseph Chaminade.
Winnipeg, Manitoba, 1881.

A56
Founded in 1817 at Bordeaux, France, by the Venerable Guillaume-Joseph Chaminade.
Winnipeg, Manitoba, 1881.

Congrégation de Marie

Frères de la congrégation de Marie

Frères de Marie
Brothers of Mary

Societas Mariae

Société de Marie de Paris
Society of Mary of Paris

f.s.m.   s.m.   s.ma.

MARISTES

A57
Fondés en 1816 à Lyon, France, par le vénérable Jean-Claude Colin et l'abbé Jean-Claude Courveille.

Sillery, Québec, 1929.

Marists

Pères maristes

Societas Mariae

Société de Marie
Society of Mary

mar.   s.m.

MARIST FATHERS

A57
Founded in 1816 at Lyon, France, by the Venerable Jean-Claude Colin and Fr. Jean-Claude Courveille.

Sillery, Quebec, 1929.

MICHAELITE FATHERS

A58
Institut fondé en 1898 à Miejsce Piastowe, Pologne, par le serviteur de Dieu Bronisław Bonawentura Markiewicz, ex-Salésien sécularisé, sous le nom de Towarzystwo 'Powściągliwość i Praca' (Association pour la tempérance et le travail). Ce nom fut changé pour le nom actuel lors de l'approbation comme congrégation religieuse en 1921.

Windsor, Ontario, 1962.

A58
Founded in 1898 at Miejsce Piastowe, Poland, by the Servant of God Bronisław Bonawentura Markiewicz, a secularized ex-Salesian; it was known as Towarzystwo 'Powściągliwość i Praca' (Association for Temperance and Labour). The name was changed when the institute was approved as a religious congregation in 1921.

Windsor, Ontario, 1962.

Congregatio sancti Michaelis archangeli

Congregation of Saint Michael the Archangel

Michaelitae *(latin, pluriel - Latin, plural)*

Michaelites *(anglais, pluriel - English, plural)*

Michelici *(polonais, pluriel - Polish, plural)*

Towarzystwo 'Powściągliwość i Praca'

Zgromadzenie świętego Michała archanioła 'Michelici'

c.s.m.a.

MILL HILL FATHERS

A59
Institut fondé en 1866 à Mill Hill (plus tard Hendon, auj.

A59
Founded in 1866 at Mill Hill (later Hendon, now

Barnet, Londres), Angleterre, par le père Herbert Alfred Vaughan, o.s.c., plus tard archevêque de Westminster et cardinal.

Deseronto, Ontario, 1968.

Barnet, London), England, by Fr. Herbert Alfred Vaughan, o.s.c., later archbishop of Westminster and cardinal.

Deseronto, Ontario, 1968.

Foreign Missions of Mill Hill

Missionaries of Saint Joseph of Mill Hill

Missionnaires de Mill Hill
Mill Hill Missionaries

Saint Joseph Society for Foreign Missions of Mill Hill

Saint Joseph's Missionary Society of Mill Hill

Societas missionariorum sancti Joseph de Mill Hill

m.h.f.   **m.h.m.**   m.j.   s.m.h.   s.m.s.j.   s.s.j.

MISSIONNAIRES COLONISATEURS

A60

Fondés en 1890 à Montréal par le père Charles-Alfred-Marie Paradis, o.m.i., comme institut de prêtres missionnaires ruraux pour le nord de l'Ontario. Le père Paradis avait été renvoyé des Oblats de Marie-Immaculée en 1888 et cette décision fut confirmée par la Sacrée Congrégation des évêques et réguliers le 18 mars 1891, après audition de l'appel du père Paradis. L'effet de la décision de 1891 fut de séculariser ce dernier. Jusqu'à la fin de sa vie, le père Paradis vécut dans une situation canonique plutôt originale: bien que prêtre séculier qui avait la permission d'exercer les fonctions sacerdotales dans les diocèses canadiens où il travaillait, i.e. diocèse de Peterborough, vicariat apostolique de Pontiac (qui devint en 1898 le diocèse de Pembroke) et diocèse de Sault Saint-Marie, il ne fut jamais officiellement incardiné dans aucun d'entre eux: il était, en quelque sorte, un prêtre sans diocèse.

Même si quatre autres prêtres et le père Paradis s'étaient engagés envers l'institut en 1890, il semble qu'il ne restait plus que deux autres membres à la fin de 1892 et plus aucun en juin 1895. L'institut disparut avec la mort de son fondateur en 1926. Le travail du père Paradis et de ses compagnons se faisait la plupart du temps dans la région de Sandy Inlet, lac Temagami, Ontario.

L'institut a été combattu par Rome et la plupart des évêques s'occupant de colonisation. En 1891, avant d'apprendre le résultat de l'appel du père Paradis et l'opinion de Rome sur l'institut, l'évêque de Peterborough Richard Alphonsus O'Connor, qui n'approuvait cependant pas officiellement l'institut en tant que tel, permit à celui-ci et au père Paradis de travailler dans son diocèse (ce secteur devint partie du nouveau diocèse de Sault Sainte Marie lors de sa création en 1904).

Pour plus de renseignements, consulter:

A60

Founded in 1890 at Montreal by Fr. Charles-Alfred-Marie Paradis, o.m.i., as an institute of rural missionary priests for northern Ontario. Fr. Paradis had been dismissed from the Oblates of Mary Immaculate in 1888 and the oblates' decision was confirmed by the Sacred Congregation of Bishops and Regulars on March 18, 1891, after they had heard Fr. Paradis's appeal. The effect of the dismissal was to secularize him. Until the end of his life, he was in a peculiar canonical position; although a secular priest and allowed to perform priestly functions in the Canadian dioceses in which he worked, i.e., the Diocese of Peterborough, the Vicariate Apostolic of Pontiac (which in 1898 became the Diocese of Pembroke) and the Diocese of Sault Sainte-Marie, he was never officially incardinated in any of them. He was, so to speak, a diocese-less priest.

Although four other priests and Fr. Paradis committed themselves to the new institute in 1890, there seems to have been only two other members left by the end of 1892 and none by mid-1895. The institute disappeared with the death of its founder in 1926. The work of Fr. Paradis and his companions was usually centered around Sandy Inlet, Lake Temagami, Ontario.

The institute had been actively discouraged by Rome and by most Canadian bishops dealing with colonization. In 1891, before he learned the result of Fr. Paradis's appeal and Rome's opinion on the institute, Richard Alphonsus O'Connor, bishop of Peterborough, while not officially approving the institute per se, gave it and Fr. Paradis permission to work in his diocese (that section of the diocese became part of the new Diocese of Sault Sainte-Marie upon its establishment in 1904).

For further information consult:

Cf. Paradis, C. A. M., *Société des missionnaires oblats de S. Jean Baptiste ou des missionnaires colonisateurs pour les besoins de la colonisation au Canada*, Montréal, 1890;

Hodgins, B.W., *Paradis of Temagami: The Story of Charles Paradis, 1848-1926, Northern Priest, Colonizer and Rebel*, Cobalt, Ont., Highway Book Shop, 1976.

Missionnaires oblats de Saint-Jean Baptiste

m.c.

MISSIONNAIRES COMBONIENS

A61

Fondés en 1867 à Vérone, Italie, sous le nom d'Istituto per le missioni della nigrizia par le serviteur de Dieu Daniele Comboni, plus tard (1872-1877) pro-vicaire apostolique d'Afrique centrale, puis (1877-1881) évêque titulaire de Claudiopolis in Isauria et vicaire apostolique d'Afrique centrale (ce siège devint en 1913 le vicariat apostolique de Khartoum, Soudan, et, en 1974, l'archidiocèse du même nom). Le nom officiel de l'institut fut changé en 1894 pour celui de Figli del Sacro Cuore di Gesù.

Un décret de la Sacrée Congrégation pour la propagation de la foi du 27 juillet 1923 vint séparer l'institut en deux instituts distincts. Le premier, formé des membres italiens de l'institut unifié, conserva ce nom de Figli del Sacro Cuore di Gesù. Le second, formé des membres germano-phones, reçut le nom de Missionare Söhne des Heiligsten Herzens Jesu (il eut pour premier supérieur général le père G. Lehr). En 1975, les chapitres généraux des deux instituts se réunirent à Ellwangen, République fédérale d'Allemagne, et votèrent la réunification des deux branches. Cette réunification devait cependant être précédée d'un référendum à l'occasion duquel tous les membres des deux instituts auraient à prendre position pour ou contre le projet. Les "oui" l'emportèrent; le décret de la Sacrée Congrégation pour l'évangélisation des peuples réunifiant les deux branches de l'institut fut promulgué le 23 juin 1979 et le chapitre général de l'institut nouvellement unifié commença le lendemain. Le nom de l'institut unifié est le même que celui de l'ex-branche italienne et donc le même que celui que portait l'institut avant 1923.

Brossard, Québec, 1962, par des membres de la branche italienne.

VERONA FATHERS

A61

Founded in 1867 at Verona, Italy, under the name Istituto per le missioni della nigrizia by the Servant of God Daniele Comboni, later (1872-1877) pro-vicar apostolic of Central Africa and (1877-1881) titular bishop of Claudiopolis in Isauria and vicar apostolic of Central Africa. In 1913, it became the Vicariate Apostolic of Khartoum, Sudan, and, in 1974, the archdiocese of the same name. The name of the institute was changed in 1894 to Figli del Sacro Cuore di Gesù.

A decree of the Sacred Congregation for the Propagation of the Faith, dated July 27, 1923, separated the institute into two separate institutes. The first one, composed of Italian-speaking members, kept the name of the unified pre-1923 institute. The second one, composed of German-speaking members, was given the name Missionare Söhne des Heiligsten Herzens Jesu (the first superior general of this branch was Fr. G. Lehr). In 1975, the general chapters of both institutes met at Ellwangen, German Federal Republic, and voted for the reunification of both institutes. A referendum during which all members of both institutes could express their opinion on the project had to precede the actual reunification. The "yeas" won and the decree of the Sacred Congregation for the Evangelization of Peoples reunifying the institutes was promulgated on June 23, 1979. The general chapter of the unified institute assembled the day after. The name given to the newly unified institute is the same as the name of the ex-Italian branch, which is the same as the pre-1923 name of the institute.

Brossard, Quebec, 1962, by members of the Italian branch.

Comboniani

Comboniens
Combonians

Congregatio filiorum Sacri Cordis Iesu

Congregatio missionariorum filiorum Sanctissimi Cordis Jesu

Figli del Sacro Cuore di Gesù

Fils du Sacré-Coeur de Jésus
Sons of the Sacred Heart of Jesus

Fils du Sacré-Coeur de Jésus de Vérone
Sons of the Sacred Heart of Jesus of Verona

Fils du Sacré-Coeur de Vérone
Sons of the Sacred Heart of Verona

Istituto delle missioni per la nigrizia

Missionari Söhne des Heiligesten Herzens Jesu

Missionari figli del Sacro Cuore di Gesù

Missioni africane di Verona

Missionnaires du Sacré-Coeur de Vérone
Missionaries of the Sacred Heart of Verona

Missionarii filii
Sanctissimi Cordis Jesu

Missions africaines de Vérone
African Missions of Verona

f.s.c.i.   f.s.c.j.   m.f.s.c.

MISSIONNAIRES DE LA CONSOLATA

A62
Fondés en 1901 à Turin, Italie, par le serviteur de Dieu Enrico Giuseppe Allamano, chanoine.

Sioux Lookout, Ontario, 1948.

MISSIONARIES OF THE CONSOLATA

A62
Founded in 1901 at Turin, Italy, by the Servant of God Enrico Giuseppe Allamano, canon.

Sioux Lookout, Ontario, 1948.

Institut missionnaire de la Consolata
Consolata Society for Foreign Missions

Institutum missionum a Consolata

Istituto missioni Consolata

Missionnaires de la Consolata de Turin
Missionaries of the Consolata of Turin

i.m.c.   m.c.t.   m.d.c.

MISSIONNAIRES DE LA SAINTE-FAMILLE

A63
Institut fondé en 1895 à Grave, Pays-Bas, par le serviteur de Dieu Jean-Baptiste Berthier, m.s., dont le projet avait été approuvé en 1894 par le pape Léon XIII.

Montfort, Saskatchewan, 1972.

MISSIONARIES OF THE HOLY FAMILY

A63
Founded in 1895 at Grave, Netherlands, by the Servant of God Jean-Baptiste Berthier, m.s., whose project had been approved by Pope Leo XIII in 1894.

Montfort, Saskatchewan, 1972.

Congregatio missionariorum a Sacra Familia

Holy Family Fathers

Holy Family Missionaries

Institute of the Holy Family

m.s.f.

MISSIONNAIRES DE LA SALETTE

A64

Fondés en 1852 à Grenoble, France, par Philibert de Bruillard, évêque de Grenoble.

Saint-Boniface, Manitoba, 1899.

MISSIONARIES OF OUR LADY OF LA SALETTE

A64

Founded in 1852 at Grenoble, France, by Philibert de Bruillard, bishop of Grenoble.

Saint-Boniface, Manitoba, 1899.

Congrégation des missionnaires de la Salette
Congregation of the Missionaries of La Salette

Missionaries of La Salette

Missionarii Beatae Mariae Virginis a La Salette

Missionarii Dominae Nostrae a La Salette

Missionnaires de Notre-Dame de la Salette

m.s.

MISSIONNAIRES DE MARIANNHILL

A65

Formés par un décret du pape Pie X du 2 février 1909, séparant l'abbaye de Mariannhill, Mariannhill, Natal (auj. Afrique du Sud), des Trappistes, la dissolvant en tant qu'abbaye et la transformant en congrégation.

Wendelin Pfanner (nom en religion: père Franz, o.c.s.o.) avait fondé en 1879 le prieuré trappiste de Dunbrody, sur la rivière Sundays, près de Port Elizabeth, Cap de Bonne Espérance (auj. Afrique du sud). En 1882, le prieuré, sous le nom de Blessed Virgin Mary & Saint Anne, était déménagé dans le district de Pinetown, Natal (en combinant les deux vocables, on en fit Mariannhill, nom qui fut aussi donné civilement à la localité où est située l'actuelle maison). En 1885, il devint abbaye et le père Franz fut élu abbé.

Sherbrooke, Québec, 1946.

MARIANNHILL MISSIONARIES

A65

Formed by a decree of Pope Pius X's dated February 2, 1909, separating Mariannhill Abbey, Mariannhill, Natal (now South Africa), from the Trappists, dissolving it as an abbey and transforming it into a congregation.

Wendelin Pfanner (in religion: Fr. Franz, o.c.s.o.) founded the Trappist Priory of Dunbrody, on the Sundays River, near Port Elizabeth, Cape of Good Hope (now South Africa), in 1879. In 1882, it moved to Pinetown District, Natal, under the name Monastery of the Blessed Virgin Mary & Saint Ann. Mariannhill, a combined form of the above names, is also the name given to the civil locality where the present house is situated. In 1885, the monastery became an abbey and Fr. Franz became abbot.

Sherbrooke, Quebec, 1946.

Congregatio missionariorum de Mariannhill

Mariannhill Fathers

Mariannhiller Missionare

Religious Missionaries of Mariannhill

c.m.m. r.m.m.

MISSIONNAIRES DU PRÉCIEUX-SANG

A66

Fondés en 1815 à Giano dell'Umbria, Italie, par saint Gaspare del Bufalo.

Toronto, 1964.

MISSIONARIES OF THE PRECIOUS BLOOD

A66

Founded in 1815 at Giano dell'Umbria, Italy, by Saint Gaspare del Bufalo.

Toronto, 1964.

78

Bufalini

Congregatio missionariorum Pretiosissimi Sanguinis Domini
 Nostri Jesu Christi

Congregatio missionis a Pretioso Sanguine

Missionari del Preziosissimo Sangue

Pères du Précieux-Sang
Precious Blood Fathers

Prêtres du Précieux-Sang
Precious Blood Priests

Société du Précieux-Sang
Society of the Precious Blood

c.m.pp.s.   c.m.p.s.   **c.pp.s.**   m.pp.s.

MISSIONNAIRES DU SACRÉ-COEUR

A67
Fondés en 1854 à Issoudun, France, par l'abbé Jean-Jules
Chevalier.

Toronto et Montréal, 1873-1875, de façon temporaire;
premier établissement permanent: Québec, 1900.

MISSIONARIES OF THE SACRED HEART

A67
Founded in 1854 at Issoudun, France, by Fr. Jean-
Jules Chevalier.

Toronto and Montreal, 1873-1875, on a temporary
basis; first permanent establishment: Quebec City,
1900.

Issoudun Fathers

Missionarii Sacratissimi Cordis Iesu

Missionnaires du Sacré-Coeur de Jésus
Missionaries of the Sacred Heart of Jesus

Missionnaires du Sacré-Coeur de Jésus d'Issoudun
Missionaries of the Sacred Heart of Jesus of Issoudun

Sacred Heart Missionaries

m.s.c.

MONTFORTAINS

A68
Fondés en 1705 par saint Louis-Marie Grignon de Montfort
et établis comme groupe en 1716 à Saint-Laurent-sur-
Sèvre, France, lieu de sépulture du fondateur.

Montfort, Québec, 1883.

COMPANY OF MARY

A68
Founded in 1705 by Saint Louis-Marie Grignon de
Montfort and established as a community in 1716 at
Saint-Laurent-sur-Sèvre, France, the burial place of
the founder.

Montfort, Quebec, 1883.

Compagnie de Marie

Montfort Fathers

Montfortians

Presbyteri missionarii Societatis Mariae

Prêtres missionnaires de la Congrégation de Marie
Missionary Priests of the Society of Mary

Societas Mariae Montfortana

Society of Mary of Montfort

c.m.   **s.m.m.**

OBLATS DE MARIE-IMMACULÉE

A69

Institut fondé en 1816 à Aix-en-Provence, France, par le bienheureux Charles-Joseph-Eugène de Mazenod, plus tard (1832-1837) évêque titulaire d'Icosium et *de jure* visiteur apostolique de Tunis et de Tripoli, tout en étant *de facto* coadjuteur de l'évêque de Marseille et, plus tard encore (1837-1861), évêque de Marseille.

Dépendant de l'endroit où ils oeuvraient, ils furent connus à l'origine comme Oblats de l'Immaculée-Conception, Missionnaires de Provence ou Missionnaires de Saint-Charles. Ils reçurent leur présent nom au moment de l'approbation papale de 1826.

Saint-Hilaire de Rouville, Québec, 1841, en réponse à une demande de venir dans le diocèse formulée la même année par Ignace Bourget, évêque de Montréal.

OBLATES OF MARY IMMACULATE

A69

Founded in 1816 at Aix-en-Provence, France, by Blessed Charles-Joseph-Eugène de Mazenod, later (1832-1837) titular bishop of Icosium and *de jure* apostolic visitor of Tunis and Tripoli while being *de facto* coadjutor of the bishop of Marseille, and later still (1837-1861), bishop of Marseille.

Depending on where they were working, they were known at first as either Oblats de l'Immaculée-Conception, Missionnaires de Provence or Missionnaires de Saint-Charles. They were given their present name with the papal approval of 1826.

Saint-Hilaire de Rouville, Quebec, 1841, as a positive answer to a request made the same year by Ignace Bourget, bishop of Montreal, asking them to come into his diocese.

Congregatio missionariorum oblatorum Beatae Mariae Virginis Immaculatae

Congregatio missionariorum oblatorum Sanctissimae et Immaculatae Virginis Mariae

Missionarii oblati Sanctissimae et Immaculatae Virginis Mariae

Missionnaires de Provence

Missionnaires de Saint-Charles

Missionnaires oblats de Marie-Immaculée
Missionary Oblates of Mary Immaculate

Oblats
Oblates

Oblats de l'Immaculée-Conception de Marie

Pères oblats
Oblate Fathers

Pères oblats de Marie-Immaculée
Oblate Fathers of Mary Immaculate

o.m.i.

OBLATS DE SAINT-FRANÇOIS DE SALES

A70

Institués en 1871 à Troyes, France, par le serviteur de Dieu Louis-Alexandre Brisson.

Toronto, 1971.

OBLATES OF SAINT FRANCIS DE SALES

A70

Founded in 1871 at Troyes, France, by the Servant of God Louis-Alexandre Brisson.

Toronto, 1971.

80

Institutum oblatorum sancti Francisci Salesii

Oblats salésiens
Salesian Oblates

obl.s.   o.f.s.   o.f.sal.   o.s.   **o.s.f.s.**

ORDRE ANTONIN MARONITE

A71
Fondé en 1700 au monastère de Mar Sha'yā (Saint-Isaïe), Mar Sha'yā, Liban, par Gabriel Blouzawi, archevêque d'Alep, plus tard (1704-1705) patriarche d'Antioche des Maronites.

Windsor, Ontario, 1977.

A71
Founded in 1700 at the Monastery of Mar Sha'yā (Saint Isaiah), Mar Sha'yā, Lebanon, by Gabriel Blouzawi, archbishop of Alep and later (1704-1705) Maronite patriarch of Antioch.

Windsor, Ontario, 1977.

Ordo antonianorum Maronitarum

Ordo antonianus sancti Isaiae Syro-maronitarum

Ordre antonin maronite de Saint-Isaïe

ORDRE LIBANAIS MARONITE

A72
Fondé en 1695 à Alep, Syrie, sous le nom d'Antonins, par Stéphane Al-Douaihi, patriarche d'Antioche des Maronites (cependant, les membres de cet institut usèrent du nom de Congrégation aleppine dès le début). L'institut suit la règle de saint Antoine, ermite d'Egypte, bien que ses constitutions soient calquées sur celles d'un ordre occidental: l'Ordre de Saint-Paul le premier ermite. En 1706, il prit le nom de Congrégation libanaise. À certaines périodes, il fut aussi connu sous le nom de Congrégation baladite ou de Baladites. Les membres de l'Ordre ont repris depuis un certain temps l'usage du terme "libanais" dans leur nom.
Ottawa, Ontario, 1980.

A72
Founded in 1695 at Alep, Syria, under the name Antonines by Stéphane Al-Douaihi, Maronite patriarch of Antioch. However, the name Aleppine Congregation was in fact used from the start. They follow the rule of Saint Anthony the Hermit of Egypt, although their constitutions are modelled after those of a Western order: the Order of Saint Paul the First Hermit. In 1706, they took the name Lebanese Congregation. In certain periods, they were also known as the Baladite Congregation or as Baladites. They now use the term Lebanese in their name.

Ottawa, Ontario, 1980.

Antonins
Antonines

Baladites *(français - French)*

Congrégation aleppine

Congrégation baladite

Congrégation libanaise

Moines aleppins

Moines libanais

Ordo antonianus Baladitarum Syro-maronitarum

Ordo Libanensis Maronitarum

Ordre libanais maronite (baladite)

Ordre libanais maronite de Saint-Antoine

o.l.m.

ORDRE MARONITE DE LA BIENHEUREUSE VIERGE MARIE

A73

Formé *de facto* en 1753 au monastère de Notre-Dame de Louaizé, Joûnié, Liban, par la séparation en deux ordres des Antonins originels (voir notice précédente), puisque les tensions datant de 1744 entre les factions aleppine et libanaise ou baladite ne trouvaient pas de solution. La séparation devint *de jure* en 1758 et fut approuvée par le pape Clément XIV en 1770.

Montréal, 1969.

A73

Formed *de facto* in 1753 at the Monastery of Notre-Dame de Louaizé, Joûnié, Lebanon, by the separation into two orders of the original Antonines (see preceding entry), because the tensions existing since 1744 between the Aleppian and Lebanese or Baladite factions could not be resolved. The separation was made *de jure* in 1758 and was approved by Pope Clement XIV in 1770.

Montreal, 1969.

Ordo maronita Beatae Mariae Virginis

PALLOTTINS

PALLOTTINES

A74

Formés en 1835 à Rome, par saint Vincenzo Pallotti.

Swan River, Manitoba, 1944.

A74

Founded in 1835 at Rome by Saint Vincenzo Pallotti.

Swan River, Manitoba, 1944.

Pallottine Fathers

Pallottini

Pia societas missionum

Pieuse société des missions
Pious Society of Missions

Pious Society of the Catholic Apostolate

Società dell'apostolato cattolico

Societas apostolatus catholici

Society of the Catholic Apostolate

p.s.m.   **s.a.c.**

PASSIONNISTES

PASSIONISTS

A75

Fondés à Monte Argentario, Italie, en 1720, par saint Paul de la Croix.

Toronto, 1935.

A75

Founded in 1720 at Monte Argentario, Italy, by Saint Paul of the Cross.

Toronto, 1935.

Congregatio clericorum excalceatorum Sanctissimae Crucis
  et Passionis Domini Nostri Iesu Christi

Congregatio Passionis Iesu Christi

Congrégation de la Passion
Congregation of the Passion

Congrégation des clercs déchaussés de la Très-Sainte-Croix
  et Passion de Notre-Seigneur Jésus-Christ

Congregation of Discalced Clerks of the Most Holy Cross
and Passion of Our Lord Jesus Christ

c.p.

PAULISTES

A76

Fondés en 1858 à New York, par l'abbé Isaac Thomas Hecker en collaboration avec les abbés Augustine Hewit, George Deshon et Francis Baker.

Toronto, 1913.

PAULIST FATHERS

A76

Founded in 1858 at New York by Fr. Isaac Thomas Hecker in association with Frs. Augustine Hewit, George Deshon and Francis Baker.

Toronto, 1913.

Congregation of Saint Paul

Congregation of the Missionary Priests of Saint Paul the Apostle

Missionary Society of Saint Paul the Apostle

Paulists

Societas sacerdotum missionariorum a sancto Paulo apostolo

c.p.   c.s.p.

PÉNITENS GRIS

A77

Le Tiers-Ordre régulier de Saint-François tire son origine du Tiers-Ordre séculier datant de 1221 et fondé par saint François d'Assise.

Ce n'est qu'en 1447 que les tertiaires vivant la vie érémitique ou cénobitique en plusieurs groupes dispersés à travers l'Europe se virent reconnus comme ordre religieux par le pape Nicolas V. L'établissement en France fut fait d'abord à Toulouse en 1287, par Barthélémy Béchin, et le Tiers-Ordre régulier de Saint-François se répandit ainsi dans le pays. Cependant, quelques siècles plus tard, dans le peu de couvents restants, la discipline avait périclité de façon telle que le père Vincent Mussart, t.o.r., fonda en 1594 à Franconville, Val d'Oise, un couvent réformé. En 1601, un second couvent réformé fut fondé à Picpus (auj. partie de Paris). En 1603, le pape Clément VIII ordonna que toutes les maisons du Tiers-Ordre régulier de Saint-François en France se réforment et s'unissent aux deux nouvelles pour former une province tertiaire franciscaine soumise au ministre général des Frères mineurs. Au premier chapitre provincial en 1604, le père Mussart fut élu provincial. En 1613, la province fut séparée en deux; chacune élut son provincial; le père Mussart fut nommé vicaire général (du ministre général) pour l'ensemble des deux provinces. Le tiers-ordre continua d'augmenter en nombre de membres et de couvents; il en vint à comprendre quatre provinces et soixante couvents en 1789. À la Révolution, le Tiers-Ordre régulier de Saint-François disparut de la France.

A77

The Third Order Regular of Saint Francis traces its origin to the Third Order Secular, founded in 1221 by Saint Francis of Assisi.

Those tertiaries living a cenobitical or eremitical life in many groups dispersed throughout Europe were recognized as a religious order, but only in 1447 by Pope Nicholas V. In France, regular tertiaries were established in Toulouse by Barthélémy Béchin in 1287 and from there spread thoughout the country. However, a few centuries later, observance in the small number of remaining convents had decreased to the extent that, in 1594, Fr. Vincent Mussart, t.o.r., founded a reformed convent at Franconville, Val d'Oise. In 1601, a second reformed convent was founded in Picpus (now part of Paris). In 1603, Pope Clement VIII ordered that all convents of the Third Order Regular of Saint Francis in France reform themselves and unite with the two new ones to form a Franciscan tertiary province under the minister general of the Friars Minor. At the first provincial chapter in 1604, Fr. Mussart was elected provincial. In 1613, the province was separated into two provinces, each one with its own provincial; Fr. Mussart was named vicar general (of the minister general) for the two provinces. The third order regular continued to grow in number of members and convents; in 1789, it had sixty convents in four provinces, but the

C'est sous le nom de Pénitens gris ou de Pères pénitens, à cause de la couleur grise de leur costume, que les tertiaires furent présents de 1684 à 1690 à Chedabouctou, Acadie (auj. Chedabucto Bay, Nouvelle-Écosse).

Ce tiers-ordre régulier a été en quelque sorte continué, spirituellement mais non canoniquement parlant, par quelques tertiaires survivants de la Révolution, qui s'établirent en 1806, sous la direction du père François-Marie Claussade, t.o.r., aux couvents de Notre-Dame de l'Oder, Ambialet et de Notre-Dame de la Drèche, Cagnac-les-Mines, localités dans la banlieue d'Albi. Ils furent approuvés en 1873 sous le nom de Tiers-Ordre de la pénitence de Saint-François d'Albi, mais portèrent plutôt le simple nom de Tiers-Ordre régulier de Saint-François. Ils cessèrent d'exister comme ordre religieux indépendant en 1954, en se fusionnant, pour en devenir une province, avec le Tiers-Ordre régulier de Saint-François dont le siège est à Rome et qui est le successeur de la Congrégation de Lombardie du Tiers-Ordre régulier (groupement italien analogue au groupe français d'avant la Révolution).

Revolution disbanded all the convents and it ceased to exist.

The tertiaries, named Pénitens gris or Pères pénitens because of the grey colour of their costume, were present from 1684 to 1690 at Chedabouctou, Acadia (now Chedabucto Bay, Nova Scotia).

This third order regular was reconstituted, spiritually if not canonically speaking, by a few tertiaries, survivors of the Revolution, who established themselves in 1806 under the direction of Fr. François-Marie Claussade, t.o.r., in the convents of Notre-Dame de l'Oder and Notre-Dame de la Drèche in Ambialet and Cagnac-les-Mines respectively, two suburbs of Albi. They were approved in 1873 under the name Tiers-Ordre de la pénitence de Saint-François d'Albi, but used the simpler form Tiers-Ordre régulier de Saint-François. They ceased to exist as an independent religious order in 1954, when they merged with the Third Order Regular of Saint Francis which has headquarters in Rome and is the successor of the Congregation of Lombardy of the Third Order Regular, the latter being an Italian group similar to the French pre-1789 group. The French order became a province of the larger order it merged into.

Béchins

Franciscains. Tiers-Ordre régulier
Franciscans. Third Order Regular

Frères de la pénitence

Frères de la pénitence du tiers-ordre d'Albi

Pénitents du tiers-ordre de Saint-François de l'étroite observance

Pères pénitens

Picpus

Tiers-Ordre de Saint-François de la stricte observance

Tiers-Ordre de Saint-François de la stricte observance. Congrégation de France, dite Picpus

Tiers-Ordre de Saint-François de la stricte observance. Congrégation de Picpus

Tiers-Ordre régulier de la pénitence de Saint-François d'Albi

Tiers-Ordre régulier de la stricte observance

Tiers-Ordre régulier de Saint-François

Tiers-Ordre régulier de Saint-François. Congrégation de France

Tiers-Ordre régulier de Saint-François. Congrégation de Picpus

t.o.r.

PÈRES BLANCS

A78

Fondés en 1868 à Alger, Algérie, par Charles-Martial-Allemand Lavigerie, archevêque d'Alger et délégué apostolique au Sahara occidental et au Soudan. Plus tard, mais toujours en conservant le siège d'Alger jusqu'à sa mort en 1892, le fondateur fut successivement: administrateur apostolique du diocèse de Constantine (1871-1872), délégué apostolique en Afrique équatoriale (1878-1892), puis administrateur apostolique du vicariat apostolique de Tunisie (1881-1884), qui devint en 1884 l'archevêché de Carthage, son titulaire devenant alors primat d'Afrique. Lavigerie assuma ces deux dernières responsabilités jusqu'en 1892; par ailleurs, il avait été nommé cardinal en 1882.

Québec, 1901.

WHITE FATHERS

A78

Founded in 1868 at Algiers, Algeria, by Charles-Martial-Allemand Lavigerie, archbishop of Algiers and apostolic delegate to the Western Sahara and the Sudan. Later, while keeping the See of Algiers until his death in 1892, he was: 1871-1872, apostolic administrator of the Diocese of Constantine; 1878-1892, apostolic delegate to Equatorial Africa; 1881-1884, apostolic administrator of the Vicariate Apostolic of Tunisia which became in 1884, the Archdiocese of Carthage, the incumbent becoming primate of Africa, both titles which Lavigerie took and kept until 1892; in 1882, he was made a cardinal.

Quebec City, 1901.

Missionarii Africae

Missionnaires d'Afrique
Missionaries of Africa

Missionnaires de Notre-Dame d'Afrique d'Algérie
Missionaries of Our Lady of Africa of Algeria

Patres albi

Societas missionum ad Afros

Société des missionnaires d'Afrique
Society of Missionaries of Africa

m.a.   p.a.   **p.b.**   s.m.a.   w.f.

PÈRES CONSOLATEURS DE GETHSÉMANI

A79

Formés en 1922 à Vienne, Autriche, par l'abbé Josef Jan Litomisky.

Batawa, Ontario, 1948.

FATHERS CONSOLERS OF GETHSEMANE

A79

Founded in 1922 at Vienna, Austria, by Fr. Josef Jan Litomisky.

Batawa, Ontario, 1948.

Consolateurs du Sacré-Coeur

Otcove Těšitelé z Gethseman

Patres consolatores de Gethsemani

Pères consolateurs du Sacré-Coeur

Tröster von Gethsemane

PÈRES DE NOTRE-DAME DE SION

A80

Fondés en 1852 à Paris par les abbés Marie-Alphonse Ratisbonne, ex-Jésuite sécularisé, et Marie-Théodore Ratisbonne, frère du premier. Ils furent organisés en institut religieux en 1893.

Montréal, 1952. Ils ont quitté le Canada en 1972.

FATHERS OF SION

A80

Founded in 1852 at Paris by Frs. Marie-Alphonse Ratisbonne, a secularized ex-Jesuit, and Marie-Théodore Ratisbonne, his brother. Formally organized as a religious institute in 1893.

Montreal, 1952. They left Canada in 1972.

Congregatio presbyterorum missionariorum a Domina
Nostra de Sion

Fathers of Our Lady of Sion

Pères de Sion

Prêtres de Notre-Dame de Sion
Priests of Our Lady of Sion

Prêtres missionnaires de Notre-Dame de Sion
Missionary Priests of Our Lady of Sion

n.d.s.

PÈRES DES SACRÉS-COEURS

A81
Institut fondé en 1792 à Poitiers, France, par le serviteur de Dieu Pierre-Marie-Joseph Coudrin et la comtesse Henriette Aymer de la Chevalerie.

Longueuil, Québec, 1948.

FATHERS OF THE SACRED HEARTS

A81
Founded in 1792 at Poitiers, France, by the Servant of God Pierre-Marie-Joseph Coudrin and Countess Henriette Aymer de la Chevalerie.

Longueuil, Quebec, 1948.

Congregatio Sacrorum Cordium Iesu et Mariae necnon
adorationis perpetuae Sanctissimi Sacramenti altaris

Congrégation de Picpus
Congregation of Picpus

Pères de Picpus

Pères des Sacrés-Coeurs de Jésus et de Marie
Fathers of the Sacred Hearts of Jesus and Mary

Pères des Sacrés-Coeurs de Jésus et de Marie et de
l'adoration perpétuelle
Fathers of the Sacred Hearts of Jesus and Mary and of
Perpetual Adoration

Pères des Sacrés-Coeurs de Picpus

Picpuciens

c.ss.cc.   s.s.c.c.   **ss.cc.**

PÈRES DU SAINT-ESPRIT

A82
Institut formé à Paris en 1848 par la fusion de la Société du Coeur Immaculé de Marie, fondée à Neuville (près d'Amiens), France, en 1841 par le vénérable François-Marie-Paul Libermann, avec la Congrégation du Saint-Esprit, fondée à Paris en 1703 par l'abbé Claude-François Poullart des Places. Cette dernière changea alors de nom pour s'appeler Congrégation du Saint-Esprit et du Coeur Immaculé de Marie, mais devait être plus connue sous le nom de Pères du Saint-Esprit ou Spiritains.

La présence spiritaine au Canada peut se résumer comme suit:

HOLY GHOST FATHERS

A82
Formed in 1848 at Paris by the merger of the Society of the Immaculate Heart of Mary, founded at Neuville (near Amiens), France, in 1841 by the Venerable François-Marie-Paul Libermann, with the Congregation of the Holy Ghost, founded in 1703 at Paris by Fr. Claude-François Poullart des Places. The latter then changed its name to the Congregation of the Holy Ghost and of the Immaculate Heart of Mary, but it became more commonly known as the Holy Ghost Fathers or Spiritans.

Spiritan presence in Canada can be listed as follows:

- Nouvelle-France: Québec, 1732 (cette présence en Nouvelle-France dura de 1732 à 1737 et de 1747 à 1835);
- Acadie: Louisbourg, 1735 (la présence en Acadie dura de 1735 à 1762);
- îles Saint-Pierre et Miquelon: Saint-Pierre, 1767 (la présence aux îles dura de 1767 à 1778, de 1783 à 1794, de 1816 à 1892, puis de 1916 à aujourd'hui);
- Maritimes: Tracadièche (auj. Carleton, Québec), 1772 (la présence spiritaine aux Maritimes dura de 1772 à 1819);
- Canada moderne: Saint-Alexandre de Gatineau (plus tard Limbour, Touraine et maintenant Gatineau), Québec, 1905.

- New France: Quebec, 1732 (this presence in New France lasted from 1732 to 1737 and from 1747 to 1835);
- Acadia: Louisbourg, 1735 (the presence in Acadia lasted from 1735 to 1762);
- Saint-Pierre and Miquelon Islands: Saint-Pierre, 1767 (the presence in the islands lasted from 1767 to 1778, from 1783 to 1794, from 1816 to 1892, from 1916 onwards);
- Maritimes: Tracadièche (today Carleton, Quebec), 1772 (the presence in the Maritimes lasted from 1772 to 1819);
- Contemporary Canada: Saint-Alexandre de Gatineau (later Limbour, Touraine and now Gatineau), Quebec, 1905.

Congregatio Sancti Spiritus sub tutela Immaculati Cordis Beatissimae Virginis Mariae

Congrégation du Coeur Immaculé de Marie

Congrégation du Saint-Coeur de Marie

Congrégation du Saint-Esprit
Congregation of the Holy Ghost

Congrégation du Saint-Esprit et du Coeur Immaculé de Marie
Congregation of the Holy Ghost and of the Immaculate Heart of Mary

Congrégation du Saint-Esprit et du Saint-Coeur de Marie
Congregation of the Holy Ghost and of the Holy Heart of Mary

Congrégation du Saint-Esprit sous la garde de l'Immaculé Coeur de la Bienheureuse Vierge Marie

Congrégation du Saint-Esprit sous la protection de la Vierge Immaculée
Congregation of the Holy Ghost under the Protection of the Immaculate Virgin

Congrégation du Saint-Esprit sous la protection du Coeur Immaculé de Marie
Congregation of the Holy Ghost under the Protection of the Immaculate Heart of Mary

Messieurs du Saint-Esprit

Missionnaires du Saint-Coeur de Marie

Missionnaires du Saint-Esprit
Missionaries of the Holy Ghost

Placistes
Placists

Séminaire du Saint-Esprit

Séminaire et Congrégation du Saint-Esprit

Société du Coeur Immaculé de Marie
Society of the Immaculate Heart of Mary

Société du Saint-Coeur de Marie

Spiritains
Spiritans

c.s.sp.

PÈRES DU SAINT-SACREMENT

A83
Fondés à Paris en 1856 par saint Pierre-Julien Eymard.

Montréal, 1890.

BLESSED SACRAMENT FATHERS

A83
Founded in 1856 at Paris by Saint Pierre-Julien Eymard.

Montreal, 1890.

Association des pères adorateurs

Congregatio presbyterorum a Sanctissimo Sacramento

Congrégation du Très-Saint-Sacrement
Congregation of the Blessed Sacrament

Eucharistini

Fathers of the Blessed Sacrament

Prêtres du Très-Saint-Sacrement
Priests of the Most Blessed Sacrament

Societas Sanctissimi Sacramenti

Society of the Blessed Sacrament

p.t.s.s. s.s.s.

PETITS FRÈRES DE JÉSUS

A84
Fondés en 1933 à El Abiodh sidi Cheikh, Algérie, par l'abbé René Voillaume. L'institut fut inspiré directement par le serviteur de Dieu Charles de Foucauld; en effet, celui-ci rédigea en 1896 un projet de règle des Petits frères du Sacré-Coeur de Jésus, sur la base d'une idée qui datait de 1893; il modifia le projet en 1899 et changea le nom en Ermites du Sacré-Coeur, pour revenir en 1901 au nom originel. C'est sous le nom de Frères de la solitude que la fondation de 1933 fut faite. L'institut fut réorganisé en 1947, sous la direction du fondateur, et prit le nom actuel.

Sudbury, Ontario, 1975.

LITTLE BROTHERS OF JESUS

A84
Founded in 1933 at El Abiodh sidi Cheikh, Algeria, by Fr. René Voillaume. The institute was directly inspired by a draft rule for the Petits frères du Sacré-Coeur de Jésus which was written by the Servant of God Charles de Foucauld in 1896 and which was based on an idea of his dating from 1893; he modified his project in 1899 and changed the name to Ermites du Sacré-Coeur, returning to the original name in 1901. The institute founded in 1933 was named Frères de la solitude; in 1947, still under the direction of the founder, it was reorganized and took the present name.

Sudbury, Ontario, 1975.

Frères de la solitude

Institutum parvulorum fratrum Jesu

PETITS FRÈRES DU BON-PASTEUR

A85
Institut fondé en 1951 à Albuquerque, Nouveau-Mexique, par le frère William Barrett, o.h.

Hamilton, Ontario, 1960.

LITTLE BROTHERS OF THE GOOD SHEPHERD

A85
Founded in 1951 at Albuquerque, New Mexico, by Bro. William Barrett, o.h.

Hamilton, Ontario, 1960.

Frères du Bon-Pasteur
Brothers of the Good Shepherd

b.g.s.

PIARISTES

A86

En 1597, saint Joseph Calasanz fonda une école à Rome et, en 1600, groupa en communauté autour de lui quelques instituteurs. En 1614, ce groupe fut incorporé aux Clercs réguliers de la Mère de Dieu, fondés à Lucca, Italie, en 1574, par saint Jean Leonardi. Le groupe se sépara de cet ordre en 1617 et retrouva son indépendance. En 1621, il fut approuvé comme ordre; il perdit ce statut en 1646 pour le recouvrer en 1656.

Whitecourt, Alberta, 1973.

PIARISTS

A86

In 1597, Saint Joseph Calasanctius founded a school in Rome and in 1600, grouped a few teachers into a community around him. In 1614, the group was incorporated into the Clerks Regular of the Mother of God, founded in Lucca, Italy, in 1574 by Saint John Leonardi. In 1617, the group separated from that order and regained its independence. In 1621, it was approved as an order but lost that status in 1646, gaining it back in 1656.

Whitecourt, Alberta, 1973.

Calasantins

Clercs réguliers des écoles pies
Clerks Regular of the Religious Schools

Clerks Regular of the Schools

Congregatio Paulina clericorum regularium pauperum
Matris Dei scholarum piarum

Ordo clericorum regularium pauperum Matris Dei
scholarum piarum

Patres scholarum piarum

Pauline Congregation

Pauvres de la Mère de Dieu
Poor Clerks of the Mother of God

Scolopes

Scolopi

c.r.s.p.   c.s.p.   o.sch.p.   o.s.p.   p.s.p.   **sch.p.**   **s.p.**

PRÉMONTRÉS

A87

Institut fondé à Prémontré, France, en 1120, par saint Norbert.

Régina, Territoires du Nord-Ouest (auj. Saskatchewan), 1900. En 1703, il fut question d'établir les Prémontrés en Acadie; voir à ce sujet:

PREMONSTRATENSIANS

A87

Founded in 1120 at Prémontré, France, by Saint Norbert.

Regina, Northwest Territories (now Saskatchewan), 1900. In 1703, there was a question of a possible establishment of the Premonstratensians in Acadia; see:

Archives de la Marine, série B^2, Ordres et dépêches, 1669-1759, v.170-172.

Archives du Séminaire de Québec, Lettres N, 121, p. 7 [15 juin 1703].

Candidus et canonicus ordo Praemonstratensis

Chanoines réguliers de Prémontré
Canons Regular of Prémontré

Norbertins
Norbertines

Ordo Praemonstratensis

Premonstrants

White Canons

can.r.p.   c.r.p.   **o.praem.**   pr.

PRÊTRES DE SAINT-BASILE

A88
Institués en 1822 à Annonay, France, par l'abbé Joseph-Bouvier Lapierre.

Toronto, 1850. L'institut est maintenant surtout répandu au Canada.

BASILIAN FATHERS

A88
Founded in 1822 at Annonay, France, by Fr. Joseph-Bouvier Lapierre.

Toronto, 1850. The institute is now chiefly established in Canada.

Basiliens
Basilians

Congregatio a sancto Basilio

Congregatio presbyterorum a sancto Basilio

Congrégation de Saint-Basile
Congregation of Saint Basil

Congrégation des prêtres de Saint-Basile
Congregation of Priests of Saint Basil

Priests of Saint Basil

c.p.s.b.   **c.s.b.**

PRÊTRES DE SAINTE-MARIE

A89
Institués en 1851 à Tinchebray, France, par les abbés Charles-Augustin Duguey et Auguste Foucauld.

Saint-Brieux, Territoires du Nord-Ouest (auj. Alberta), 1904.

PRIESTS OF SAINT MARY

A89
Founded in 1851 at Tinchebray, France, by Frs. Charles-Augustin Duguey and Auguste Foucauld.

Saint-Brieux, Northwest Territories (now Alberta), 1904.

Congregatio presbyterorum a sancta Maria de Tinchebray

Prêtres de Sainte-Marie de Tinchebray
Priests of Saint Mary of Tinchebray

p.s.m.

PRÊTRES DU SACRÉ-COEUR DE JÉSUS

A90
Fondés en 1878 à Saint-Quentin, France, sous le nom d'Oblats du Sacré-Coeur, par le serviteur de Dieu Léon-Gustave Dehon, chanoine (nom en religion: père Jean du Sacré-Coeur). Ils prirent leur nom actuel lors de la réorganisation de 1884.

Wainwright, Alberta, 1910.

PRIESTS OF THE SACRED HEART OF JESUS

A90
Founded in 1878 at Saint-Quentin, France, by the Servant of God Léon–Gustave Dehon, canon (in religion: Fr. Jean du Sacré-Coeur) under the name Oblats du Sacré-Coeur. They took their present name when they were reorganized in 1884.

Wainwright, Alberta, 1910.

Congregatio sacerdotum a Sacro Corde Iesu

Oblats du Sacré-Coeur

Prêtres du Sacré-Coeur de Jésus de Saint-Quentin
Priests of the Sacred Heart of Jesus of Saint Quentin

Sacred Heart Priests of Saint Quentin

c.c.j.   s.c.i.   **s.c.j.**

PRÊTRES DU SÉMINAIRE DE QUÉBEC

A91

Ils originent, comme le Séminaire des missions étrangères de Paris, d'une association pieuse et secrète de France nommée Assemblée des amis (ou Assemblée des bons amis ou, par abréviation, Aa), à laquelle appartenait le vénérable François-Xavier de Montmorency-Laval. Celui-ci, évêque titulaire de Perrhe et vicaire apostolique de la Nouvelle-France depuis 1658, étant de passage à Paris, y signa le 26 mars 1663 le mandement fondant le Séminaire de Québec comme lieu de vie commune pour les prêtres du diocèse et de formation pour les futurs prêtres. Louis XIV sanctionna cette érection par des lettres patentes en avril 1663. Mgr de Laval unit son Séminaire au Séminaire des missions étrangères de Paris en 1665, union sanctionnée par des lettres patentes royales de 1676; cette union dura jusqu'au régime anglais. Dès son retour à Québec, le 15 septembre 1663, Mgr de Laval s'installa avec les premiers membres de son Séminaire: Hugues Pommier et Henri de Bernières, ce dernier devenant le supérieur et curé *ex officio* de la paroisse de Québec, unie canoniquement au Séminaire de Québec. Les prêtres du Séminaire de Québec forment canoniquement une société de prêtres diocésains vivant en commun sans voeux publics, comme les Sulpiciens.

A91

Like the Séminaire des missions étrangères de Paris, it originates from a French pious and secret association named Assemblée des amis (or Assemblée des bons amis, abbreviated also as Aa), of which the Venerable François-Xavier de Montmorency-Laval was a member. De Laval had been titular bishop of Perrhe and vicar apostolic of New France since 1658. On March 26, 1663, during a trip to Paris, he signed the document founding the Séminaire de Québec as a residence for diocesan priests and as a seminary for training future priests. Louis XIV approved this erection with letters patent of April 1, 1663. De Laval united his seminary with the Séminaire des missions étrangères de Paris in 1665, a union approved by royal letters patent in 1676; this union lasted until the British occupation. When he returned to Quebec City on September 15, 1663, de Laval moved into the Séminaire with its first members: Hugues Pommier and Henri de Bernières, the latter becoming superior and *ex officio* parish priest of Quebec City, the parish being canonically united with the Séminaire. The priests of the Séminaire, like the Sulpicians, are canonically a society of diocesan priests living in common without public vows.

Prêtres du Séminaire des missions étrangères établi à Québec

Séminaire de Québec

Séminaire des missions étrangères établi à Québec

RÉDEMPTORISTES

A92

Fondés en 1732 à Scala, Italie, par saint Alphonse-Marie de Liguori.

Québec, 1872.

REDEMPTORISTS

A92

Founded in 1732 at Scala, Italy, by Saint Alphonsus Maria de Liguori.

Quebec City, 1872.

Congregatio Sanctissimi Redemptoris

Congrégation du Saint-Rédempteur
Congregation of the Holy Redeemer

Congrégation du Très-Saint-Rédempteur
Congregation of the Most Holy Redeemer

Congregation of the Most Holy Saviour

Liguorini

Missionary Society of the Most Holy Redeemer

Pères rédemptoristes
Redemptorist Fathers

c.ss.r.

REDEMPTORISTS. EASTERN RITE BRANCH

A93

Nom donné au groupe de Rédemptoristes de rite byzantin ukrainien. Leur origine au Canada remonte au travail du père Achille Delaere, c.ss.r., missionnaire de rite latin qui, arrivé au pays en 1899, s'établit à Yorkton, Saskatchewan, en 1904, pour oeuvrer avec les minorités ukrainiennes de l'Ouest canadien. Il changea de rite en 1906, adoptant le rite byzantin ukrainien. D'autres Rédemptoristes le rejoignirent et adoptèrent le même rite. Les pères de ce rite étaient membres de la vice-province canadienne-française de la province de Belgique des Rédemptoristes, dont faisaient partie tous les Rédemptoristes du Canada. En 1911, la province canadienne-française de Sainte-Anne de Beaupré fut établie; les pères canadiens-anglais ne furent pas inclus dans cette province mais formèrent la vice-province canadienne-anglaise de Toronto de la province de Baltimore; les pères de rite ukrainien ne furent pas inclus non plus dans cette province, mais plutôt dans celle de Belgique, dont ils firent partie directement. En 1919, les pères de rite ukrainien du Canada furent groupés en une vice-province ukrainienne de la province de Belgique, qui fut unie en 1928 à la vice-province de Toronto sous la juridiction de celle-ci. En 1931, les maisons ukrainiennes du Canada furent détachées de Toronto et rassemblées dans la vice-province ukrainienne de Galicie. En 1950, cette vice-province devint la vice-province ukrainienne de Yorkton et, en 1961, la province de Yorkton des Rédemptoristes. Elle est mieux connue sous le nom de Eastern rite branch.

A93

Name given to the group of Redemptorists of the Byzantine Ukrainian rite. In Canada, they originated from the work of Fr. Achille Delaere, c.ss.r., a Latin rite missionary who arrived in Canada in 1899, and established himself in Yorkton, Saskatchewan, in 1904, to work with the Ukrainian minorities in Western Canada. He changed to the Byzantine Ukrainian rite in 1906. He was joined by other Redemptorists who adopted the same rite. The Ukrainian rite fathers were members of the French-Canadian Redemptorist Vice-Province of the Belgian Province that all Redemptorists in Canada belonged to. In 1911, the French-Canadian Province of Sainte-Anne de Beaupré was established; the English-speaking fathers were not made part of that province and formed the English-Canadian Vice-Province of Toronto of the Baltimore Province; the Ukrainian rite fathers were not made part of that province either, but were made part of and directly dependent on the Belgian Province. In 1919, the Ukrainian rite fathers in Canada were formed into a Ukrainian vice-province of the Belgian Province. In 1928, it was united with the Vice-Province of Toronto under the jurisdiction of the latter. In 1931, the Ukrainian houses in Canada were detached from Toronto and made part of the Ukrainian Vice-Province of Galicia. In 1950, this vice-province became the Ukrainian Vice-Province of Yorkton and, in 1961, the Province of Yorkton of the Redemptorists. It is better known as the Eastern Rite Branch.

RELIGIEUX DE SAINT-VINCENT DE PAUL

A94

Institués en 1845 à Paris sous le nom de Frères de Saint-Vincent de Paul, par le serviteur de Dieu Jean-Léon LePrévost, Clément Myonnet et Maurice Maignen. Le nom fut modifié en 1958 pour celui de Religieux de Saint-Vincent de Paul.

Québec, 1884.

A94

Founded in 1845 at Paris under the name Frères de Saint-Vincent de Paul by the Servant of God Jean-Léon LePrévost, Clément Myonnet and Maurice Maignen. The present name was taken in 1958.

Quebec City, 1884.

Congregatio religiosorum sancti Vincentii a Paolo, patrum et fratrum

Frères de Saint-Vincent de Paul

Order of Saint Vincent de Paul

Pères de Saint-Vincent de Paul

Religieux de Saint-Vincent de Paul (pères et frères)
Order of Saint Vincent de Paul (Priests and Brothers)

c.f.v.   **r.s.v.**   **s.v.**

RESURRECTIONISTS

A95

Fondés à Paris en 1836, par Bogdan Janski, Hieronim Kajsiewicz, le serviteur de Dieu Piotr Semenenko et Adam Celinski. Organisés en institut à Rome en 1842.

Saint Agatha, Ontario, 1857.

A95

Founded in 1836 at Paris by Bogdan Janski, with Hieronim Kajsiewicz, the Servant of God Piotr Semenenko and Adam Celinski. Organized as an institute at Rome in 1842.

Saint Agatha, Ontario, 1857.

Congregatio a Resurrectione Domini Nostri Iesu Christi

Congregation of the Resurrection

Priests of the Resurrection of Our Lord Jesus Christ

Zmartwychwstancy

c.r.

SALÉSIENS

A96

Fondés en 1859 à Turin, Italie, par saint Jean Bosco.

Jacquet River, Nouveau-Brunswick, 1947.

SALESIANS

A96

Founded in 1859 at Turin, Italy, by Saint John Bosco.

Jacquet River, New Brunswick, 1947.

Salesian Society of Saint John Bosco

Salésiens de Don Bosco

Salésiens de Saint-Jean Bosco
Salesians of Saint John Bosco

Società salesiana di san Giovanni Bosco

Societas sancti Francisci Salesii

Société de Saint-François de Sales
Society of Saint Francis de Sales

s.d.b.   s.s.

SALVATORIAN FATHERS

A97

Institut fondé à Rome en 1881 par Johann Baptist Jordan (nom en religion: père Franziskus Maria vom Kreuze).

Winnipeg, Manitoba, 1970.

A97

Founded in 1881 at Rome by Johann Baptist Jordan (in religion: Fr. Franziskus Maria vom Kreuze).

Winnipeg, Manitoba, 1970.

Frères salvatoriens
Salvatorian Brothers

Gesellschaft des Göttlichen Heilandes

Księża Salwatorianie

Pères salvatoriens

Salvatoriens
Salvatorians

Societas Divini Salvatoris

Société du Divin Sauveur
Society of the Divine Saviour

Towarzystwo Boskiego Zbawiciela

s.d.s.

SCALABRINIANS

A98

Institut fondé en 1887 à Piacenza, Italie, par le serviteur de Dieu Giovanni Battista Scalabrini, évêque de Piacenza.

Présence au Canada:
- Hamilton, Ontario, de 1908 à 1913 (le religieux en question, Giovanni Bonomi, fut sécularisé et demeura à Hamilton après 1913 comme prêtre séculier);
- Hamilton, Ontario, 1953 (venue d'un groupe de religieux).

A98

Founded in 1887 at Piacenza, Italy, by the Servant of God Giovanni Battista Scalabrini, bishop of Piacenza.

Presence in Canada:
- Hamilton, Ontario, from 1908 to 1913 (the religious in question, Giovanni Bonomi, was secularized and remained in Hamilton after 1913 as a secular priest);
- Hamilton, Ontario, 1953 (arrival of the religious).

Congregatio missionariorum a sancto Carolo

Missionnaires de Saint-Charles Borromée
Missionaries of Saint Charles Borromeo

Pia società dei missionari di san Carlo per l'assistenza agli emigrati italiani

Pia societas missionariorum a sancto Carolo pro Italis emigratis

Pieuse société de Saint-Charles

Pieuse société des missionnaires de Saint-Charles
Pious Society of the Missionaries of Saint Charles

Pious Society for the Assistance of Italian Emigrants

Scalabriniani

Scalabriniens

c.s.   m.s.c.   p.s.s.c.

SCARBORO FOREIGN MISSIONS SOCIETY

A99

Institut fondé en 1918 à Scarboro Bluffs (auj. Scarborough), Ontario, par Mgr John Marie Fraser, p.a.

A99

Founded in 1918 at Scarboro Bluffs (today Scarborough), Ontario, by Msgr. John Marie Fraser, p.a.

Foreign Missions Society of Scarboro

Foreign Missions Society of Scarboro Bluffs

Societas Scarborensis pro missionibus ad exteras gentes

Société des missions étrangères de Scarboro
Society of Foreign Missions of Scarboro

Society of the Scarboro Foreign Missions

s.f.m.

SERVITES DE MARIE

A100

Fondés en 1233 à Florence, Italie, par un groupe de sept hommes traditionnellement appelés les Sept saints fondateurs: saints Bartolomeo Amidei, Benedetto dell'Antella, Giovanni Bonagiunta, Alessio Falconieri, Bonifiglio Monaldi, Gerardo Sostegni et Ricovero Uguccione.

Montréal, 1912; de plus, Pellegrino Francesco Stagni, o.s.m., archevêque de L'Aquila, Italie (1907-1916), puis archevêque titulaire d'Ancyra (1916-1918) et délégué apostolique au Canada (1910-1918), fut présent à Ottawa, Ontario, de 1911 à 1918.

A100

Founded in 1233 at Florence, Italy, by a group of seven men traditionally called the Seven Holy Founders: Saints Bartolomeo Amidei, Benedetto dell'Antella, Giovanni Bonagiunta, Alessio Falconieri, Bonifiglio Monaldi, Gerardo Sostegni and Ricovero Uguccione.

Montreal, 1912; also, Pellegrino Francesco Stagni, o.s.m., archbishop of L'Aquila, Italy, 1907-1916, then titular archbishop of Ancyra, 1916-1918, apostolic delegate to Canada, 1910-1918, was present in Ottawa, Ontario, from 1911 to 1918.

Ave Maria Fathers

Friars Servants of the Blessed Virgin Mary

Hermits of Monte Senario

Ordo servorum Beatae Mariae Virginis

Ordo servorum Mariae

Ordre des servites de Marie
Order of Servants of Mary

Servite Fathers

Servites *(anglais - English)*

Serviteurs de Marie
Servants of Mary

o.s.b.v.m.   o.serv.   **o.s.m.**   s.m.

SOCIÉTÉ DE SAINT-EDMOND

A101

Fondée en 1843 à Pontigny, France, par le serviteur de Dieu Marie-Jean-Baptiste Muard, plus tard moine bénédictin sous le nom de dom Marie-Jean-Baptiste du Coeur de Jésus, o.s.b. Le nom originel de l'institut était celui de Prêtres auxiliaires, missionnaires de Saint-Edmond, changé en 1852 pour celui de Société des pères et frères de Saint-Edmond, oblats du Sacré-Coeur de Jésus et du

SOCIETY OF SAINT EDMUND

A101

Founded in 1843 at Pontigny, France, by the Servant of God Marie-Jean-Baptiste Muard, later a Benedictine monk under the name Dom Marie-Jean-Baptiste du Coeur de Jésus, o.s.b. The original name of the institute, Prêtres auxiliaires, missionnaires de Saint-Edmond, was changed in 1852 to Société des pères et frères de Saint-Edmond, oblats du Sacré-Coeur de

Coeur Immaculé de Marie, nom changé de nouveau à la fin du 19e siècle pour l'appellation actuelle.

Il y eut un voyage d'exploration à Montréal en 1891. Les membres de cet institut ne s'établirent au Canada qu'en 1938, à Greenfield Park, Québec.

Jésus et du Coeur Immaculé de Marie; it was changed again at the end of the 19th century to the present name.

There was an exploratory trip to Montreal in 1891. They only established themselves in Canada in 1938, at Greenfield Park, Quebec.

Edmundites

Missionnaires de Saint-Edmond
Missionaries of Saint Edmund

Oblats du Sacré-Coeur de Jésus et du Coeur Immaculé de Marie

Pères de Pontigny

Pères de Saint-Edme

Pères de Saint-Edmond
Fathers of Saint Edmund

Prêtres auxiliaires, missionnaires de Saint-Edmond

Societas patrum sancti Edmundi oblatorum Sacri Cordis Iesu et Immaculati Cordis Mariae

Societas sancti Edmundi

Société des pères et frères de Saint-Edmond, oblats du Sacré-Coeur de Jésus et du Coeur Immaculé de Marie

s.s.e.

SOCIÉTÉ DE SAINT-PAUL

A102
Fondée en 1914 à Alba, Italie, par l'abbé Giacomo Giuseppe Alberione.

Sherbrooke, Québec, 1947.

PIOUS SOCIETY OF SAINT PAUL

A102
Founded in 1914 at Alba, Italy, by Fr. Giacomo Giuseppe Alberione.

Sherbrooke, Quebec, 1947.

Pauline Fathers

Pia società san Paolo

Pia societas a sancto Paolo apostolo

Society of Saint Paul

Society of Saint Paul for the Apostolate of Communications

s.s.p.

SOCIÉTÉ DES MISSIONS AFRICAINES

A103
Fondée à Lyon, France, en 1856, par Melchior-Marie-Joseph de Marion-Brésillac, ex-membre sécularisé de la Société des missions étrangères de Paris, évêque titulaire de Prusa (1845 à son décès en 1859), ex-provicaire

A103
Founded in 1856 at Lyon, France, by Melchior-Marie-Joseph de Marion-Brésillac, a secularized ex-member of the Society of Foreign Missions of Paris, titular bishop of Prusa (from 1845 to 1859, the year of his

apostolique (1845-1850) et ex-vicaire apostolique (1850-1855) de Coimbatore, Inde (plus tard [1886] diocèse du même nom). Le fondateur fut nommé en 1858 vicaire apostolique de Sierra Leone (siège qui devint en 1950 le diocèse de Freetown et Bo et, en 1970, l'archidiocèse du même nom). L'abbé Joseph-Augustin Planque est considéré comme le cofondateur de l'institut.

death), ex-provicar apostolic (1845-1850) and ex-vicar apostolic (1850-1855) of Coimbatore, India (later [1886] diocese of the same name); in 1858 he became vicar apostolic of Sierra Leone (the see which in 1950 became the Diocese of Freetown and Bo and in 1970, the archdiocese of the same name). Fr. Joseph-Augustin Planque is considered to be the cofounder.

Almaville (auj. Shawinigan-Sud), Québec, 1949.

Almaville (now Shawinigan-Sud), Quebec, 1949.

Societas missionum ad Afros

Societas pro missionibus ad Afros

Société des missions africaines de Lyon
Society of the African Missions of Lyon

Society of the African Missions

m.a.   m.a.l.   **s.m.a.**

SOCIÉTÉ DES MISSIONS ÉTRANGÈRES DE LA PROVINCE DE QUÉBEC

A104

Formée en 1921 à Québec par les évêques de la province civile de Québec. Les évêques confièrent l'organisation de la nouvelle société au chanoine Avila Roch qui en devint le premier supérieur général.

A104

Founded in 1921 at Quebec City by the bishops of the civil Province of Quebec. They entrusted Canon Avila Roch with the organization of the new society as its first superior general.

Foreign Missions Society of Quebec

Prêtres des missions étrangères de Québec

Societas pro missionibus exteris provinciae Quebecensis

Société des missions étrangères de Québec
Society of Foreign Missions of Quebec

p.m.é.

SOCIÉTÉ DES MISSIONS ÉTRANGÈRES DE PARIS

A105

Formée à Paris en 1660 par:
- François Pallu, évêque titulaire d'Heliopolis in Augustamnica et vicaire apostolique du Tonkin, administrateur apostolique du Laos et des parties suivantes de la Chine avec leurs noms courants (1980): les provinces du Guizhou et du Sichuan, la majeure partie de la province du Yunnan, une partie de la province du Shanxi et la région autonome de Guangxi Zhuangzu;
- Pierre Lambert de LaMothe, évêque titulaire de Béryte (Beyrouth) et vicaire apostolique de la Cochinchine, ainsi qu'administrateur apostolique des parties suivantes de la Chine avec leurs noms courants (1980): les provinces du Zhejiang, du Fujian, du Jiangxi et du Guangdong avec le district autonome de Hainan Lizu Miaozu de la province du Bansu;

SOCIETY OF FOREIGN MISSIONS OF PARIS

A105

Founded at Paris in 1660 by:
- François Pallu, titular bishop of Heliopolis in Augustamnica and vicar apostolic of Tonkin, apostolic administrator of Laos and of the following parts of China with their current names (1980): Guizhou and Sichuan provinces, most of Yunnan Province, part of Shanxi Province, and the Guangxi Zhuang Autonomous Region;
- Pierre Lambert de LaMothe, titular bishop of Beryta (Beyrouth) and vicar apostolic of Cochin China, as well as apostolic administrator of the following parts of China with their current names (1980): Zhejiang, Fujian, Jiangxi and Guangdong provinces, including the Hainan Lizu Miaozu Autonomous District of Bansu Province;

- Ignace Cotolendi, évêque titulaire de Metellopolis et vicaire apostolique de Nankin, administrateur apostolique de la Tartarie (Sibérie et Asie centrale), de la Corée et des parties suivantes de la Chine avec leurs noms courants (1980): les provinces du Hunan, du Shandong et du Shaanxi, une partie de la province du Shanxi et la région administrative de Jinghong de la province du Yunnan;
- le vénérable François-Xavier de Montmorency-Laval, évêque titulaire de Perrhe et vicaire apostolique de la Nouvelle-France.

Première présence en Nouvelle-France: par l'union du Séminaire de Québec et du Séminaire des missions étrangères de Paris, qui dura de 1665 à la conquête de la Nouvelle-France en 1762 par les Britanniques; aussi 1729-1732, 1734-1735, par la présence à Québec de Pierre-Herman Dosquet, m.é.p., évêque titulaire de Samos et coadjuteur de Québec (1728-1733), puis évêque de Québec (1733-1739); présence moderne: Toronto, 1957.

- Ignace Cotolendi, titular bishop of Metellopolis and vicar apostolic of Nanjing (Nanking), apostolic administrator of Tartary (Siberia and Central Asia), Korea and of the following parts of China with their current names (1980): Hunan, Shandong and Shaanxi provinces, part of Shanxi Province, and the Jinghong Administrative Area of Yunnan Province;
- and the Venerable François-Xavier de Montmorency-Laval, titular bishop of Perrhe and vicar apostolic of New France.

First presence in New France: through the union of the Séminaire de Québec with the Séminaire des missions étrangères de Paris, lasting from 1665 to the British conquest of New France in 1762; also in 1729-1732, 1734-1735, by the presence in Quebec City of Pierre-Herman Dosquet, m.é.p., titular bishop of Samos and coadjutor of Quebec City (1728-1733), then bishop of Quebec City (1733-1739); modern presence: Toronto, 1957.

Foreign Missions Society of Paris

Missions étrangères de Paris

Paris Foreign Missions Society

Prêtres des missions étrangères

Prêtres des missions étrangères de Paris

Societas Parisiensis missionum ad exteras gentes

m.é.   m.é.p.

SOCIÉTÉ DES SAINTS-APÔTRES

A106
Fondée à Montréal en 1950 par Henri Ménard (nom en religion: fr. Eusèbe-Marie Ménard, o.f.m.).

SOCIETY OF THE HOLY APOSTLES

A106
Founded in 1950 at Montreal by Henri Ménard (in religion: Fr. Eusèbe-Marie Ménard, o.f.m.).

s.ss.a.

SOCIÉTÉ DU VERBE DIVIN

A107
Fondée en 1875 à Steyl, Pays-Bas, par le bienheureux Arnold Janssen.

Granby, Québec, 1948.

A107
Founded in 1875 at Steyl, Netherlands, by Blessed Arnold Janssen.

Granby, Quebec, 1948.

Gezelschap van het Goddelyk Woord

Missionnaires du Verbe Divin
Divine Word Missionaries

Societas Verbi Divini

Society of the Divine Word

98

Verbites *(anglais - English)*

s.v.d.

SOCIETY OF CHRIST FOR POLISH EMIGRANTS

A108

Institut fondé en 1932 à Potulice, province de Bydgoszcz, Pologne, par le cardinal Augustyn Hlond, s.d.b., archevêque de Gniezno et Poznań et primat de Pologne.

Calgary, Alberta, 1956.

A108

Founded in 1932 at Potulice, Province of Bydgoszcz, Poland, by Cardinal Augustyn Hlond, s.d.b., archbishop of Gniezno and Poznań and primate of Poland.

Calgary, Alberta, 1956.

Societas Christi pro emigrantibus Polonis

Society of Christ

Towarzystwo Chrystusowe dla Polonii zagranicznej

s.chr.

STIGMATINE FATHERS

A109

Institut fondé en 1816 à Vérone, Italie, par le bienheureux Gaspare Bertoni.

Timmins, Ontario, 1936.

A109

Founded at Verona, Italy, in 1816 by Blessed Gaspare Bertoni.

Timmins, Ontario, 1936.

Congregatio a Sanctis Stigmatibus Domini Nostri Iesu Christi

Congregatio presbyterorum a Sanctis Stigmatibus Domini Nostri Iesu Christi

Preti delle Sante Stimate di Nostro Signore Gesù Cristo

Prêtres des Sacrés Stigmates de Notre-Seigneur Jésus-Christ
Priests of the Sacred Stigmata of Our Lord Jesus Christ

Priests of the Holy Stigmata of Our Lord Jesus Christ

Stigmatins

Stimatini

c.p.s.   c.s.   c.s.s.

STUDITES
(anglais/English)

A110

Fondé en 1896 à Olesko, Galicie, Autriche-Hongrie (plus tard, Pologne, maintenant République socialiste soviétique d'Ukraine, Union des républiques socialistes soviétiques), par le serviteur de Dieu Roman Alekandr Sheptycky (nom en religion: père Andrïï Sheptycky, o.s.b.m.), plus tard évêque de Staniławów (1898-1901) et métropolite de Lwów

A110

Founded in 1896 at Olesko, Galicia, Austro-Hungary (later Poland, now Ukrainian Soviet Socialist Republic, Union of Soviet Socialist Republics), by the Servant of God Roman Alekandr Sheptycky (in religion: Fr. Andrïï Sheptycky, o.s.b.m.), later bishop of Stanisławów (1898-1901) and metropolite of Lwów of

des Ukrainiens (1901-1944). Organisés comme institut religieux par le fondateur à Sknilov, Galicie, en 1906.

Castagnier, Québec, 1926.

the Ukrainians (1901-1944). Organized as an institute by the founder at Sknilov, Galicia, in 1906.

Castagnier, Quebec, 1926.

Moines de Saint-Théodore studite
Monks of Saint Theodore Studite

Pères studites
Studite Fathers

SULPICIENS

A111

Fondés en 1641 à Paris par le serviteur de dieu Jean-Jacques Olier de Verneuil.

Montréal, 1657.

A111

Founded in 1641 at Paris by the Servant of God Jean-Jacques Olier de Verneuil.

Montreal, 1657.

Compagnie de Saint-Sulpice
Company of Saint Sulpice

Compagnie des prêtres de Saint-Sulpice
Company of Priests of Saint Sulpice

Messieurs de Saint-Sulpice
Gentlemen of Saint Sulpice

Prêtres de Saint-Sulpice
Priests of Saint Sulpice

Prêtres du clergé

Societas presbyterorum a sancto Sulpitio

Sulpicians

p.s.s. s.s.

TRAPPISTES

A112

Un des mouvements de réforme au sein des Cisterciens. Il remonte à 1598 mais doit son importance à dom Armand-Jean le Bouthillier de Rancé, abbé de la Maison-Dieu Notre-Dame de la Trappe, Soligny-la-Trappe, France, de 1637 à 1695 (comme abbé commendataire, 1637-1664, puis comme abbé régulier de regimine, 1664-1695). En 1666, deux observances furent reconnues officiellement dans l'Ordre de Cîteaux unifié: la commune et la stricte, celle-ci étant composée des prieurés et abbayes de la réforme cistercienne. Éventuellement, après la Révolution française, il y eut trois congrégations cisterciennes de la stricte observance. En 1891, ces trois congrégations furent unies, non pas en une congrégation dans l'Ordre de Cîteaux, mais en un ordre entièrement séparé sous son propre abbé général: les Cisterciens réformés de Notre-Dame de la Trappe ou Cisterciens de la stricte observance.

TRAPPISTS

A112

One of the reform movements of the Cistercians. It had its early origins in 1598, but owes its importance to Dom Armand-Jean le Bouthillier de Rancé, abbot of the Maison-Dieu Notre-Dame de la Trappe, Soligny-la-Trappe, France, from 1637 to 1695. He served from 1637 to 1664 as commendatory abbot and from 1664 to 1695 as regular abbot de regimine. In 1666, two observances were officially recognized in the united Order of Cîteaux: the common and the strict, the latter made up of the reformed Cistercian abbeys and priories. Eventually, after the French Revolution, there were three Cistercian congregations of strict observance. In 1891, these were united not into one congregation within the Order of Cîteaux but into one entirely separate order under its own abbot general: the Reformed Cistercians of Our Lady of la Trappe or Cistercians of the Strict Observance.

100

Maisons au Canada, par ordre chronologique:
- un Trappiste vint en Nouvelle-Écosse comme mission-naire en 1815 et fonda Notre-Dame du Petit Clairvaux, Tracadie, Nouvelle-Écosse, qui exista d'abord comme prieuré, 1825-1876, puis comme abbaye, 1876-1900; en 1900, l'abbé et les moines déménagèrent à Londsdale, Rhode Island; de 1903 à 1919, il y eut une résurrection éphémère: le Petit Clairvaux fut réouvert comme prieuré par les Trappistes de Notre-Dame, Thimadeuc (Morbihan), France;
- Notre-Dame de la Trappe du Saint-Esprit, Sainte-Justine, Québec, 1863-1872 (prieuré);
- la maison Bethléem, La Patrie, Québec, 1880-1882;
- Notre-Dame du Lac des Deux-Montagnes, Oka, Québec, comme prieuré, 1881-1891, puis comme abbaye, 1891 à aujourd'hui (1980);
- Notre-Dame de Mistassini, Village des Pères, Québec, comme prieuré, 1892-1935, puis comme abbaye, 1935 à aujourd'hui (1980);
- Notre-Dame des Prairies, Saint-Norbert, Manitoba, comme prieuré, 1892-1931, puis comme abbaye, 1931 à aujourd'hui (1980);
- Notre-Dame du Calvaire, North Rogersville, Nouveau-Brunswick, comme prieuré, 1902-1960, puis comme abbaye, 1960 à aujourd'hui (1980);
- Notre-Dame, Georgetown, Ontario, fondée par l'abbaye Notre-Dame du Lac des Deux-Montagnes en 1977, comme filiale (ce n'est ni une abbaye ni même encore un prieuré, mais un simple monastère).

Establishments in Canada by chronological order:
- a Trappist came to Nova Scotia as a missionary in 1815; he founded Notre-Dame du Petit Clairvaux, Tracadie, Nova Scotia. It was a priory from 1825 to 1876 and an abbey from 1876 to 1900; in 1900, the whole abbey moved to Londsdale, Rhode Island; from 1903 to 1919, there was a short-lived revival: the Petit Clairvaux was reopened as a priory by Trappists from the Monastery of Notre-Dame, Thimadeuc (Morbihan), France;
- Notre-Dame de la Trappe du Saint-Esprit, Sainte-Justine, Quebec, 1863-1872 (priory);
- Bethleem House, La Patrie, Quebec, 1880-1882;
- Notre-Dame du Lac des Deux-Montagnes, Oka, Quebec, 1881-1891 as a priory, 1891 to date (1980) as an abbey;
- Notre-Dame de Mistassini, Village des Pères, Quebec, 1892-1935 as a priory, 1935 to date (1980) as an abbey;
- Notre-Dame des Prairies, Saint-Norbert, Manitoba, 1892-1931 as a priory, 1931 to date (1980) as an abbey;
- Notre-Dame du Calvaire, North Rogersville, New Brunswick, 1902-1960 as a priory, 1960 to date (1980) as an abbey;
- Notre-Dame, Georgetown, Ontario, founded as a daughter-house by the Abbey of Notre-Dame du Lac des Deux-Montagnes in 1977; it is not yet an abbey or a priory, but just a simple monastery.

Cisterciens de la stricte observance
Cistercians of the Strict Observance

Cisterciens réformés de Notre-Dame de la Trappe
Reformed Cistercians of Our Lady of la Trappe

Ordo Cisterciensium reformatorum Beatae Virginis Mariae
de Trappa

Ordo Cisterciensium strictioris observantiae

c.r.o.   o.c.r.   **o.c.s.o.**

TRINITAIRES

A113
Fondés au couvent de Cerfroid, Brumetz, France, en 1194, par saints Jean de Matha et Félix de Valois.

Montréal, 1924.

A113
Founded at the Convent of Cerfroid, Brumetz, France, in 1194 by Saints John of Matha and Felix of Valois.

Montreal, 1924.

Ordo Sanctissimae Trinitatis

Ordo Sanctissimae Trinitatis redemptionis captivorum

Ordre de la Très-Sainte-Trinité
Order of the Most Holy Trinity

Pères trinitaires
Trinitarian Fathers

Rédemptionnistes
Redemptionists

Trinitarians

o.ss.t.   o.s.t.

ORATORIENS*

A114
Fondés à Rome en 1575 par saint Philippe Neri. Ils furent groupés par le Saint-Siège en confédération en 1942. Les Oratoriens sont une confédération de maisons autonomes nommées congrégations ou oratoires (v.g. Oratoire de Montréal). Chaque oratoire peut être composé de prêtres, frères coopérateurs et de laïcs, libres vis-à-vis l'oratoire au point où rien ne les retient si ce n'est leur propre volonté. Chaque oratoire est une société de vie commune, diocésaine ou pontificale suivant les cas, et le recteur de chacun est un supérieur majeur. La confédération est présidée par un préposé élu par les oratoires et qui agit comme délégué du Saint-Siège pour les questions regardant l'ensemble des oratoires. Les services centraux servent de lien entre les oratoires et viennent à leur aide, si besoin est.

L'Oratoire de Montréal a été établi en 1975 par l'abbé Jonathan Robinson, sous l'inspiration de membres de l'Oratoire de Londres et de l'Oratoire de Birmingham, Angleterre.

ORATORIANS*

A114
Founded in 1575 at Rome by Saint Philip Neri. They were grouped into a confederation by the Holy See in 1942. The Oratorians are a confederation of autonomous houses named congregations or oratories (e.g., Oratory of Montreal). Each oratory can be composed of priests, lay brothers and laymen; all members are free toward the oratory, to the point that their own will determines the only canonical link they maintain toward it. Each oratory is a society of common life, diocesan or pontifical as the case may be, and the rector is a major superior. The confederation is presided over by an officer elected by the oratories, who acts as the delegate of the Holy See in matters relating to the oratories as a group. The central services serve as a link between the oratories and come to the aid of individual ones, if the need is felt.

The Montreal Oratory was established in 1975 by Fr. Jonathan Robinson, under the inspiration of members of the oratories in London and Birmingham, England.

Confoederatio Oratorii sancti Philippi Nerii

Oratoire de Montréal
Montreal Oratory

c.o.

CHRISTIAN LIFE SOCIETY*

A115
Institut fondé à Pontiac, Michigan, en 1968 par le père Mark Barron, o.c.s.o.

Calgary, Alberta, 1977.

A115
Founded at Pontiac, Michigan, in 1968 by Fr. Mark Barron, o.c.s.o.

Calgary, Alberta, 1977.

Christian Life Community

BENEDICTINE COMMUNITY OF MONTREAL*

A116
Prieuré bénédictin fondé à Montréal en 1977 sous la direction de dom John Main, o.s.b., prieur. C'est une dépendance du monastère Mount Saviour, Elmira, New

A116
Benedictine priory founded at Montreal in 1977, with Dom John Main, o.s.b., as prior. It is a dependency of Mount Saviour Monastery, Elmira, New York, a

---

* La notice a été insérée ici après que le manuscrit eut été complété.

*The entry was inserted after the manuscript was completed.

102

York, prieuré fondé en 1950 sous dom Damasus Winzen, o.s.b., prieur. Aucune des deux maisons ne fait partie d'une congrégation bénédictine; les deux, par contre, font partie de la Confédération bénédictine.

Benedictine priory founded in 1950 with Dom Damasus Winzen, o.s.b., as prior. Neither house belongs to a Benedictine congregation, although both are members of the Benedictine Confederation.

Benedictine Priory of Montreal

Bénédictins de Montréal

o.s.b.

BENEDICTINES. ENGLISH CONGREGATION*

A117

La congrégation tire son origine de saint Augustin de Canterbury, qui fonda l'abbaye de Canterbury en 597. À partir de 1215, les monastères bénédictins anglais commencèrent à se grouper. En 1218, certains l'étaient déjà suffisamment pour qu'ait lieu le premier chapitre général à Oxford. En 1336 seulement, tous les monastères anglais se retrouvèrent ensemble dans la congrégation.

Émile-Joseph Légal, évêque de Saint-Albert (qui deviendra en 1912 archidiocèse d'Edmonton), demanda en 1911 à l'abbaye Saint Lawrence, Ampleforth, Angleterre, de lui envoyer des moines qui pourraient s'occuper d'une paroisse et d'un collège à Edmonton. En mars et en avril 1912, l'abbaye envoya des représentants pour un voyage exploratoire; le voyage fut centré à Calgary, puisque Mgr Légal avait entretemps changé d'avis relativement à Edmonton. En septembre 1912, l'abbaye accepta l'offre. En octobre, le premier groupe de moines arriva à Calgary. Ils furent installés à l'église Saint Mary, sous dom T. Basil Clarkson, o.s.b., supérieur et curé. Au début de 1913, ils publièrent un prospectus sur le futur collège et commencèrent la construction d'un édifice. Des différents firent surface entre les moines et l'évêque du nouveau siège de Calgary, John T. McNally (le siège fut érigé canoniquement le 30 novembre 1912 et avait pour territoire une partie de celui du diocèse de Saint-Albert, lequel, à la même date, changea de nom pour devenir archidiocèse d'Edmonton) et la construction fut suspendue en septembre 1913. Les moines remirent leur paroisse à l'évêque en février 1914 et retournèrent en Angleterre.

A117

The congregation originates from Saint Augustine of Canterbury, who founded the Abbey of Canterbury in 597. From 1215 on, the English Benedictine monasteries gradually associated themselves. In 1218, some monasteries were ready enough to hold their first general chapter at Oxford. Only in 1336 were all the monasteries grouped together in the congregation.

Émile-Joseph Légal, bishop of Saint-Albert (which in 1912 became the Archdiocese of Edmonton), asked Saint Lawrence Abbey, Ampleforth, England, for monks to staff a parish and a college in Edmonton. This was done in 1911. In March-April, 1912, the abbey sent some representatives on a exploratory trip; the trip centered on Calgary, Alberta, because Bishop Légal had in the meantime changed his mind about Edmonton. In September, 1912, the abbey accepted the offer. In October, the first group arrived in Calgary. They were established in Saint Mary's Church, with Dom T. Basil Clarkson, o.s.b., as superior and parish priest. Early in 1913, a prospectus regarding the future college was published and building was started. Owing to differences between the monks and the bishop of the new See of Calgary, John T. McNally (the see was erected on November 30, 1912, with part of the territory of the Diocese of Saint-Albert which at the same date changed its name to the Archdiocese of Edmonton), building was stopped in September, 1913. The monks relinquished their parish in February, 1914, and returned to England.

Congregatio Angliae ordinis sancti Benedicti

English Congregation of the Order of Saint Benedict

o.s.b.

---

* La notice a été insérée ici après que le manuscrit eut été complété.

* The entry was inserted after the manuscript was completed.

SOCIÉTÉ DE SAINT-JOSEPH DE WASHINGTON*

A118

Formée en 1893 à Baltimore, Maryland, quand les membres des Mill Hill Fathers aux États-Unis furent détachés de ce dernier institut pour former un nouvel institut indépendant (voir notice A59). Les premiers membres de l'institut d'origine à venir aux États-Unis l'avaient fait en 1871. La séparation fut effectuée à l'amiable, par le consentement mutuel de Herbert Alfred Vaughan, cardinal archevêque de Westminster, et de James Gibbons, cardinal archevêque de Baltimore. Le premier supérieur général du nouvel institut fut le père John R. Slattery.

Le seul membre à venir au Canada ne le fit pas pour implanter la Société mais pour d'autres raisons. Voici son itinéraire:
Montréal, 1928-1929;
Rimouski, Québec, 1929-1931;
Capucins, Québec, 1931-1933;
Montréal, 1933-1935;
Pointe-du-Lac, Québec, 1946-1954;
Trois-Rivières, Québec, 1954.
Il s'agit du père Joseph-Isaïe-Pacifique Roy dit Aùdy, né à Sainte-Julienne, Québec, le 27 septembre 1885. Il entra chez les Joséphites en 1907. Il mourut à Trois-Rivières, Québec, le 9 octobre 1954.

A118

Formed in 1893 at Baltimore, Maryland, by the granting of independence to the members in the United States of the Mill Hill Fathers (see entry A59). The first members of the parent institute came to the United States in 1871. The split was made by the mutual consent of Herbert Alfred Vaughan, cardinal archbishop of Westminster, and James Gibbons, cardinal archbishop of Baltimore. The first superior general of the new institute was Fr. John R. Slattery.

The only member in Canada came here for reasons other than the establishment of the society in Canada. His itinerary was
Montreal, 1928-1929;
Rimouski, Quebec, 1929-1931;
Capucins, Quebec, 1931-1933;
Montreal, 1933-1935;
Pointe-du-Lac, Quebec, 1946-1954;
Trois-Rivières, Quebec, 1954.
The priest in question is Fr. Joseph-Isaïe-Pacifique Roy dit Audy, born at Sainte-Julienne, Quebec, on September 27, 1885. He entered the Josephites in 1907. He died in Trois-Rivières, Quebec, on October 9, 1954.

Josephite Fathers

Josephite Missionaries

Joséphites
Josephites

Saint Joseph's Society of the Sacred Heart

Societas sancti Joseph Sanctissimi Cordis

Societas sodalium sancti Joseph a Sacro Corde

Society of Saint Joseph of the Sacred Heart

s.s.j.

---

* La notice a été insérée ici après que le manuscrit eut été complété.

* The entry was inserted after the manuscript was completed.

5.1.2 INSTITUTS RELIGIEUX ET SOCIÉTÉS DE FEMMES (B)

5.1.2 FEMALE RELIGIOUS INSTITUTES AND SOCIETIES (B)

ADRIAN DOMINICAN SISTERS

B1

En 1233, Siegfried, évêque de Ratisbonne (Regensburg), Allemagne (auj. République fédérale d'Allemagne), fonda le monastère de la Sainte-Croix des Moniales dominicaines (i.e. le second ordre). Ce monastère eut une existence ininterrompue de 1233 à nos jours (1980).

En 1853, un groupe de moniales partit de Ratisbonne pour s'établir à Williamsburg (auj. Brooklyn), New York, sous la direction de soeur Maria Josepha Witzholfer, o.p. En 1857, ce groupe américain acquit son indépendance de la maison-mère allemande et prit le nom de Congregation of the Holy Cross, tout en gardant la même supérieure. De moniales, les membres devinrent soeurs en 1896 et leur congrégation se transforma ainsi en congrégation diocésaine, soit un tiers-ordre régulier dominicain.

En 1859, les moniales de Brooklyn fondèrent le couvent de Saint Nicholas à Newburgh, New York, sous mère Mary Augustine Neuhierl, o.p. Cette branche acquit son indépendance de Brooklyn en 1869 et devint tiers-ordre régulier dominicain sous le nom de Congregation of the Holy Rosary, en gardant la même supérieure.

En 1923, la province occidentale de ce dernier institut devint indépendante sous le nom de Congregation of the Most Holy Rosary ou Adrian Dominican Sisters et choisit Mary Madden comme première supérieure générale (nom en religion: mère Mary Camille, o.p.).

C'est ce dernier institut qui s'établit à Mississauga, Ontario, en 1971.

B1

In 1233, Siegfried, bishop of Ratisbon (Regensburg), Germany (now German Federal Republic), founded the Monastery of the Holy Cross of the Dominican Nuns (i.e., the second order). The monastery has had an uninterrupted history from 1233 to the present (1980).

In 1853, a group of nuns from Holy Cross came to Williamsburg (now Brooklyn), New York, under the direction of Sister Maria Josepha Witzholfer, o.p. In 1857, the American group became independent from the German motherhouse under the name Congregation of the Holy Cross with Sister Maria Josepha Witzholfer as superior. From cloistered nuns, the sisters became a diocesan congregation, a Dominican third order regular, in 1896.

In 1859, Saint Nicholas Convent in Newburgh, New York, was founded by the Brooklyn nuns and put under Mother Mary Augustine Neuhierl, o.p. This offshoot became independent from Brooklyn in 1869 as a third order regular congregation under the name Congregation of the Holy Rosary and under the same superior.

In 1923, the Western Province of the latter institute became independent as the Congregation of the Most Holy Rosary, or Adrian Dominican Sisters, under Mary Madden as first superior general (in religion: Mother Mary Camilla, o.p.).

It is this last-named institute which was established at Mississauga, Ontario, in 1971.

Congregatio sororum tertii ordinis sancti Dominici a Sanctissimo Rosario de Adrian

Dominican Sisters. Congregation of the Holy Cross

Dominican Sisters. Congregation of the Holy Rosary

Dominican Sisters. Congregation of the Holy Rosary. Western Province

Dominican Sisters. Congregation of the Most Holy Rosary

Dominican Sisters. Congregation of the Most Holy Rosary of Adrian, Mich.

Dominican Sisters of the Congregation of the Most Holy Rosary

o.p.

AMANTES DE LA CROIX DE GO THI

LOVERS OF THE CROSS OF GO THI

B2

Les Amantes de la Croix furent fondées sous le nom d'Amantes de la Croix du Fils de Dieu à Dinh Hien, Tonkin

B2

The Lovers of the Cross were founded under the name Amantes de la Croix du Fils de Dieu at Diên Hien,

(auj. Vietnam), en 1670, par Pierre Lambert de LaMothe, évêque titulaire de Béryte (Beyrouth) et vicaire apostolique de la Cochinchine ainsi qu'administrateur apostolique de la Chine méridionale. Elles sont divisées en quinze instituts indépendants, dont la plupart sont présents dans au moins un diocèse du Vietnam. De plus, il existe des instituts des Amantes de la Croix dans d'autres pays asiatiques ainsi que des instituts portant d'autres noms mais issus de l'un ou l'autre des instituts d'Amantes de la Croix. En 1970, les quinze instituts du Vietnam formèrent une fédération dont la première supérieure fut élue en 1973, en même temps que furent promulguées *ad experimentum* des constitutions communes.

L'institut de Go Thi, formé en 1929, fut érigé canoniquement en 1932 par Augustin Tardieu, m.é.p., vicaire apostolique de Qui Nho'n (siège qui devint le diocèse du même nom en 1960). Le généralat de l'institut est à Qui Nho'n.

Calgary, Alberta, 1977, par une soeur de l'institut de Go Thi.

Tonkin (now Vietnam), in 1670 by Pierre Lambert de LaMothe, titular bishop of Beryta (Beyrouth) and vicar apostolic of Cochin China as well as apostolic administrator of southern China. They are now divided into fifteen independent institutes, most of which are present in at least one Vietnamese diocese. Furthermore, institutes of Lovers of the Cross, as well as institutes bearing another name but originating from one or the other institutes of Lovers of the Cross, exist in other Asiatic countries. In 1970, the Vietnamese institutes were grouped into a federation. The first superior of the federation was elected in 1973; at the same time, the first common constitutions were promulgated *ad experimentum*.

The Go Thi institute, formed in 1929, was canonically erected in 1932 by Augustin Tardieu, m.é.p., vicar apostolic of Qui Nho'n (the see which in 1960 became the diocese of the same name). The generalate of the institute is located at Qui Nho'n.

Calgary, Alberta, 1977, by a sister of the institute of Go Thi.

Amantes de la Croix
Lovers of the Cross

Amantes de la Croix du Fils du Dieu
Religieuses annamites des amantes de la Croix

Sisters of the Holy Cross of Go Thi, Vietnam

AUGUSTINES DE LA MISÉRICORDE DE JÉSUS

B3

On dit qu'à Dieppe, France, il y avait des soeurs hospitalières en l'an 800. De toute façon, il est généralement reconnu que pendant plusieurs siècles, la Normandie a abrité des groupes de frères et soeurs, Ermites de Saint-Augustin pour le service des malades. Nous sommes sûrs qu'il y en avait à Dieppe en 1155. Les Augustines de Dieppe furent réformées en 1625 et le pape les approuva en 1664.

Elles ont fondé ou réformé des monastères, y compris en Nouvelle-France, maisons toujours indépendantes relevant de l'ordinaire du lieu seulement. Les monastères de France commencèrent à parler de former une fédération en 1924 et celle-ci fut approuvée en 1946. La fédération des monastères canadiens, pour laquelle existe la présente vedette, fut approuvée en 1957 et groupa douze monastères. Les soeurs ajoutèrent officiellement l'appellation d'Augustines à leur nom au chapitre général canadien de 1967, bien que celle-ci ait été en usage depuis longtemps.

Québec, 1639, par trois moniales de Dieppe sous la direction de mère Marie Guenet de Saint-Ignace. Ces moniales venaient ouvrir un hôpital que sa fondatrice laïque, Marie-Madeleine de Vignerot du Plessis de Richelieu, dame de Combalet et duchesse d'Aiguillon, avait doté en 1637 par un contrat passé à Paris avec la Compagnie des Cent-Associés.

B3

It is said that in the year 800 there were hospitaller sisters in Dieppe, France. In any case, the existence of groups of brothers and sisters, Hermits of Saint Augustine for the Care of the Sick has generally been known in Normandy for many centuries. It is certain that there were some in Dieppe in 1155. The Dieppe sisters were reformed in 1625, with definitive papal approval coming in 1664.

They founded or reformed monasteries including those in New France, but these monasteries were always independent and subject only to the local ordinary. The French monasteries started efforts to federate in 1924 and their federation was approved in 1946. The Canadian federation, which the present heading is for, was approved in 1957; it grouped together 12 monasteries. They officially added the term of Augustines to their name at the 1967 general chapter of the canadian federation, although it had been in use for a long time.

Quebec City, 1639, by three nuns from Dieppe under the direction of Mother Marie Guenet de Saint-Ignace, who came to open a hospital that had been endowed by its secular foundress Marie-Madeleine de Vignerot du Plessis de Richelieu, Dame of Combalet and Duchess of Aiguillon, through a contract with the Company of One Hundred Associates in 1637 at Paris.

Augustines hospitalières de la Miséricorde de Jésus

Chanoinesses augustines de la Miséricorde de Jésus

Chanoinesses régulières hospitalières de la Miséricorde de Jésus de l'Ordre de Saint-Augustin au Canada

Chanoinesses régulières hospitalières de la Miséricorde de Jésus, Ordre de Saint-Augustin

Fédération des chanoinesses hospitalières de Saint-Augustin

Fédération des hospitalières de la Miséricorde de Jésus de l'Ordre de Saint-Augustin

Fédération des monastères des chanoinesses régulières hospitalières de la Miséricorde de Jésus de l'Ordre de Saint-Augustin .

Hospitalières de la Miséricorde de Jésus

Hospitalières de Saint-Augustin

Religieuses hospitalières de la Miséricorde de Jésus, chanoinesses régulières de Saint-Augustin

Soeurs ermites de Saint-Augustin pour le service des malades

a.m.j.   o.s.a.

BENEDICTINE SISTERS OF MANITOBA

B4

En 1905, à Winnipeg, Manitoba, le prieuré Saint Scholastica, Duluth, Minnesota, fonda un couvent qui, en 1912, devint indépendant de cette maison-mère. En 1937, la Congrégation bénédictine de Sainte-Gertrude la grande fut formée par un certain nombre de maisons indépendantes de soeurs bénédictines. Les soeurs bénédictines objets de la présente notice font partie de cette congrégation (elles furent connues au Canada sous le nom de Bénédictines de Duluth de 1905 à 1912). Le nom officiel des Bénédictines du Manitoba est Soeurs de l'Ordre de Saint-Benoît. La première prieure du couvent indépendant fut mère Veronica Zygmanska (1912).

B4

In Winnipeg, Manitoba, in 1905, the Saint Scholastica Priory of Duluth, Minnesota, founded a convent, which in 1912 became independent from the Duluth motherhouse. In 1937, the Benedictine Congregation of Saint Gertrude the Great was formed by a certain number of independent houses of Benedictine sisters; the Benedictine Sisters of Manitoba (known in Canada from 1905 to 1912 as the Benedictine Sisters of Duluth) are part of this congregation. The official name of the Benedictines of Manitoba is: the Sisters of the Order of Saint Benedict. In 1912, Mother Veronica Zygmanska became the first prioress of the independent convent.

Benedictine Sisters. Congregation of Saint Gertrude the Great

Benedictine Sisters of Duluth

Benedictines (Sisters). Congregation of Saint Gertrude the Great

Sisters of Saint Benedict

Sisters of the Order of Saint Benedict

Sorores benedictinae congregationis sanctae Gertrudis magnae

o.s.b.

BENEDICTINES OF SAINT LIOBA

B5

Institut fondé en 1920 à Freiburg im Breisgau, Allemagne (auj. République fédérale d'Allemagne), par Karl Fritz, archevêque de la même ville, et mère Marie Benedikta Förenbach.

Vancouver, Colombie-Britannique, 1951. Les soeurs ont quitté le Canada pour retourner en Allemagne en 1968.

B5

Founded in 1920 at Freiburg im Breisgau, Germany (now Federal Republic of Germany), by Karl Fritz, archbishop of the same city, and Mother Maria Benedikta Förenbach.

Vancouver, British Columbia, 1951. They left Canada and returned to Germany in 1968.

Liobaschwestern

Schwestern der heiligen Lioba

Sisters of Saint Lioba

Sorores sanctae Liobae

o.s.b.

CARMELITE SISTERS OF SAINT TERESA

B6

Institut fondé en 1887 à Ernakulam, Inde, par Grace D'Lima (nom en religion: mère Teresa of Saint Rose of Lima).

Sarnia, Ontario, 1969.

B6

Founded in 1887 at Ernakulam, India, by Grace D'Lima (in religion: Mother Teresa of Saint Rose of Lima).

Sarnia, Ontario, 1969.

Carmelite Missionary Sisters of Saint Teresa

Carmelite Sisters of Saint Therese

Teresian Carmelites

c.s.s.t.

CARMELITE SISTERS OF THE DIVINE HEART OF JESUS

B7

Fondées en 1891 à Berlin, Allemagne (auj. République démocratique allemande), par la servante de Dieu Anna Maria Tauscher van den Bosch (nom en religion: mère Maria Theresia vom heilige Joseph). Affiliées aux Carmes déchaux comme tiers-ordre régulier féminin en 1911.

Toronto, 1913.

B7

Founded in 1891 at Berlin, Germany (now German Democratic Republic), by the Servant of God Anna Maria Tauscher van den Bosch (in religion: Mother Maria Theresia vom heilige Joseph). Affiliated to the Discalced Carmelites as a female regular third order in 1911.

Toronto, 1913.

Carmelitae Divini Cordis Jesu

Karmelitessen van't Goddelijk Hart van Jesus

Karmelitinnen vom Göttlichen Herzen Jesu

c.d.c.j.   d.c.j.

108

CARMÉLITES DE SAINT-JOSEPH

B8

Fondées en 1870 à Saint-Martin-Belle-Roche, France, par Léontine Jarre (nom en religion: mère Marguerite-Marie du Sacré-Coeur). Affiliées aux Carmes déchaux comme tiers-ordre régulier féminin en 1908.

La Pocatière, Québec, 1962. Elles ont quitté le Canada pour retourner en France en 1972.

B8

Founded in 1870 at Saint-Martin-Belle-Roche, France, by Léontine Jarre (in religion: Mother Marguerite-Marie du Sacré-Coeur). Affiliated to the Discalced Carmelites as a female regular third order in 1908.

La Pocatière, Quebec, 1962. They left Canada and returned to France in 1972.

Carmel apostolique

Carmel apostolique de Saint-Joseph

Soeurs du Carmel Saint-Joseph

CARMÉLITES DÉCHAUSSÉES

B9

Les Carmélites commencèrent leur existence de façon assez lâche comme partie du mouvement des Béguines et comme ermites. Au début du 15e siècle, les trois béguinages de Gelder (en français: Gueldres), Pays-Bas, se réunirent en un seul, lequel, en 1452, demanda et obtint d'être admis dans l'Ordre du Carmel, sous le bienheureux Jean Soreth, prieur général, considéré comme le fondateur du second ordre du Carmel, i.e. les moniales. En 1562, sainte Thérèse d'Avila ouvrit à Avila, Espagne, un couvent réformé qui, avec les prieurés réformés masculins et éventuellement d'autres maisons carmélites féminines nouvellement réformées, forma une province réformée au sein de l'ordre. Cette province fut séparée de l'Ordre du Carmel en 1593 et forma un ordre composé du premier ordre de prieurés masculins réformés, les Carmes déchaux, et d'un second ordre de prieurés féminins réformés, les Carmélites déchaussées.

Le Carmel de Baltimore, Maryland, fonda une maison à Rimouski, Québec, en janvier 1875, qui dura jusqu'à l'été 1877, date du retour à Baltimore; le premier Carmel permanent fut fondé par les Carmélites de Reims, France, à Hochelaga (auj. Montréal), Québec, à l'été 1875. En 1856, Ignace Bourget, évêque de Montréal, leur avait demandé de venir dans son diocèse. Elles avaient répondu qu'elles le feraient plus tard; elles vinrent finalement en 1875.

DISCALCED CARMELITE NUNS

B9

Carmelite nuns started in a loose form as part of the Beguine movement and as hermits. In the early 15th century, the three Beguine convents of Gelder (French: Gueldres), Netherlands, merged into one. In turn, in 1452, this convent was admitted into the Order of the Carmel under Blessed Jean Soreth, prior general, who is considered to be the founder of the second order of the Carmel, i.e., the nuns. In 1562, Saint Teresa of Avila started a reformed convent in Avila, Spain, which, together with the male reformed priories and, eventually, the other newly reformed female Carmelite houses, formed a Reformed province within the order. The province was separated from the Order of the Carmel in 1593 and formed an order composed of a first order of male reformed priories: the Discalced Carmelites, and of a second order of female reformed priories: the Discalced Carmelite Nuns.

The Carmelite Monastery of Baltimore, Maryland, founded a house in Rimouski, Quebec, in January, 1875, that lasted until the summer of 1877, when the nuns went back to Baltimore; the first permanent Carmelite monastery in Canada was established by the Carmel of Reims, France, at Hochelaga (now Montreal), Quebec, in the summer of 1875. In 1856, Ignace Bourget, bishop of Montreal, had asked them to come into his diocese. They had answered that they would come later, which they finally did in 1875.

Moniales discalceatae ordinis Beatae Mariae de Monte Carmelo

o.c.d.

CARMÉLITES MISSIONNAIRES

B10

Fondées à Barcelone, Espagne, en 1860, sous le nom de Carmelitas descalzas par le serviteur de Dieu Francisco

B10

Founded under the name Carmelitas descalzas in 1860 at Barcelona, Spain, by the Servant of God Francisco

Palau y Quer (nom en religion: fr. Francisco de Jésus María y José, o.c.d.) et mère Juana Gracias y Fabré. En 1872, l'institut fut séparé en deux instituts indépendants, qui conservaient toutefois chacun le même nom. Ce furent les branches de Barcelone et de Tarragone. Ils furent tous les deux affiliés aux Carmes déchaux comme tiers-ordres réguliers féminins en 1884. En 1941, le terme misioneras fut ajouté à leur nom.

Joliette, Québec, 1959, par la branche de Barcelone.

Palau y Quer (in religion: Fr. Francisco de Jésus María y José, o.c.d.) and Mother Juana Gracias y Fabré. In 1872, the institute was separated into two independent institutes, with each retaining the original name. They were the branches of Barcelona and Tarragona. Both were affiliated in 1884 to the Discalced Carmelites as female regular third orders. In 1941, the term Misioneras was added to their name.

Joliette, Quebec, 1959, by the Barcelona branch.

Carmelitas descalzas

Carmelitas descalzas de la tercera orden

Carmelitas misioneras

Carmélites déchaussées missionnaires

Terciarias descalzas carmelitas misioneras

c.m.

CONGRÉGATION DE L'ENFANT-JÉSUS

B11

Fondée à Sandwich (auj. Windsor), Ontario, en 1828, par Marie-Clothilde Raizenne (nom en religion dans ce nouvel institut: soeur Marie de l'Incarnation). Celle-ci avait été membre des Soeurs grises de Montréal sous le nom de soeur Marie-Clothilde Raizenne, s.g.m., et entretenait depuis 1822 ce projet de fondation dont la réalisation fut de courte durée, puisqu'elle mourut en 1829. Les trois novices parties avec elle, ses nièces Tharsile et Marcile Raizenne ainsi qu'une autre femme nommée McCord, retournèrent dans leurs familles après le décès de la fondatrice.

B11

Founded in 1828 at Sandwich (now Windsor), Ontario, by Marie-Clothilde Raizenne (known in this new institute as Sister Marie de l'Incarnation). She had been a member of the Grey Nuns of Montreal as Sister Marie-Clothilde Raizenne, s.g.m., and had been nursing this project since 1822. The realization of it was short-lived however, because she died in 1829. The three novices who had started out with her, namely her nieces Tharsile and Marcile Raizenne and another woman named McCord, were sent back to their families after the death of the founder.

Soeurs hospitalières de l'Enfant-Jésus

CONGRÉGATION DE LA MÈRE DE DIEU

B12

Fondée à Paris en 1648 par le serviteur de Dieu Jean-Jacques Olier de Verneuil, p.s.s., avec la collaboration de Madeleine Leschassier. Restaurée après la Révolution par Marguerite de Lezeau en 1811.

Sherbrooke, Québec, 1960.

B12

Founded at Paris in 1648 by the Servant of God Jean-Jacques Olier de Verneuil, p.s.s., with the collaboration of Madeleine Leschassier. After the Revolution, it was restored by Marguerite de Lezeau in 1811.

Sherbrooke, Quebec, 1960.

Dames de la Mère de Dieu

Religieuses de la Mère de Dieu

Sisters of the Mother of God

110

CONGRÉGATION DE NOTRE-DAME

CONGREGATION OF NOTRE DAME

B13

Fondée en 1658 à Ville-Marie (auj. Montréal), par la bienheureuse Marguerite Bourgeoys qui, depuis 1640, était membre de la congrégation externe formée par les Religieuses [cloîtrées] de Notre-Dame à Troyes, France. La fondatrice et ses compagnes furent approuvées comme groupe d'institutrices par le vénérable François-Xavier de Montmorency-Laval, évêque titulaire de Perrhe et vicaire apostolique de la Nouvelle-France, en 1669 et par le roi Louix XIV en 1671. En 1676, Mgr de Laval, maintenant évêque de Québec, les approuva comme institutrices "séculières" vivant en communauté, s'opposant ainsi au concept de "religieuses", ce qui voulait dire dans ce temps-là: moniales, i.e. soeurs cloîtrées à voeux solennels. En 1698, Jean-Baptiste de la Croix de Chevrières de Saint-Vallier, évêque de Québec, approuva leurs constitutions et reçut leurs voeux (simples et privés). À cette occasion, la fondatrice prit le nom de soeur du Saint-Sacrement.

B13

Founded in 1658 at Ville-Marie (now Montreal), by Blessed Marguerite Bourgeoys who had been a member of the external congregation formed by the [cloistered] Religieuses de Notre-Dame at Troyes, France, since 1640. They were approved as a group of teachers, first in 1669 by the Venerable François-Xavier de Montmorency-Laval, titular bishop of Perrhe and vicar apostolic of New France, and then, in 1671, by Louis XIV. In 1676, Bishop de Laval, then bishop of Quebec, approved them again as "secular" teachers living in common, distinguishing them from "religious," which then meant nuns, i.e., cloistered sisters with solemn vows. In 1698, Jean-Baptiste de la Croix de Chevrières de Saint-Vallier, bishop of Quebec, approved their constitutions and received their (private and simple) vows. On this occasion, the founder took the name soeur de Saint-Sacrement.

Congrégation de Notre-Dame de Montréal
Congregation of Notre Dame of Montreal

Dames de la congrégation

Filles de la congrégation

Filles séculières de la congrégation de Notre-Dame

Societas sororum a Domina Nostra Marianopolitana

Soeurs de la congrégation de Montréal

Soeurs séculières de la congrégation de Notre-Dame

c.n.d.

CONGRÉGATION DE NOTRE-DAME DU SAINT-ROSAIRE

B14

Institut fondé en 1874 à Rimouski, Québec, sous le nom de Soeurs des petites écoles, par Jean Langevin, évêque de Saint-Germain de Rimouski, Mgr Edmond Langevin, vicaire général du même diocèse, Élisabeth Turgeon (nom en religion: mère Marie de Sainte-Élisabeth), Elzire Laverdière (nom en religion: soeur Marie-Anne) et Elmyre Roy (nom en religion: soeur Marie de la Victoire). L'institut acquit son présent nom en 1891.

B14

Founded in 1874 at Rimouski, Quebec, by Jean Langevin, bishop of Saint-Germain de Rimouski, Msgr. Edmond Langevin, vicar general of the same diocese, Élisabeth Turgeon (in religion: Mother Marie de Sainte-Élisabeth), Elzire Laverdière (in religion: Sister Marie-Anne) and Elmyre Roy (in religion: Sister Marie de la Victoire) under the name Soeurs des petites écoles. The name of the institute was changed to the present one in 1891.

Congregation of Our Lady of the Holy Rosary

Soeurs de Notre-Dame du Saint-Rosaire
Sisters of Our Lady of the Holy Rosary

Soeurs des petites écoles

Soeurs des petites écoles de Rimouski

Sorores a Nostra Domina Sancti Rosarii

r.s.r.

CONGRÉGATION MISSIONNAIRE DE SAINT-DOMINIQUE

B15
Fondée en 1911 à Champagne-sur-Loue, France, par Bernadette Beauté (nom en religion: mère Marie de Saint-Jean).

Chute-aux-Outardes, Québec, 1958.

B15
Founded in 1911 at Champagne-sur-Loue, France, by Bernadette Beauté (in religion: Mother Marie de Saint-Jean).

Chute-aux-Outardes, Quebec, 1958.

Congregatio missionaria sancti Dominici pro actione catholica in paroeciis ruralibus

Dominicaines missionnaires des campagnes
Dominican Rural Missionaries

Sorores dominicanae missionariae rusticanae

o.p.

CONGREGATION OF OUR LADY OF THE RETREAT IN THE CENACLE

B16
Sainte Marie-Victoire-Thérèse Couderc, dont le prénom originel était Marie-Victoire, entra en 1826 chez les Soeurs de Saint-François Régis et y prit le nom de Thérèse. Elle devint supérieure d'un groupe de soeurs à Lalouvesc, France, qui en vint à être appelé la Congrégation du Cénacle, avec l'aide et l'inspiration de l'abbé Jean-Pierre-Étienne Terme. Le groupe se sépara de l'institut d'origine en 1836 pour former un institut indépendant.

Vancouver, Colombie-Britannique, et Toronto, 1947.

B16
Saint Marie-Victoire-Thérèse Couderc, whose forename was originally Marie-Victoire, became a member of the Sisters of Saint Francis Regis in 1826 and assumed the name Thérèse. She became the superior of a group of sisters at Lalouvesc, France, which started to be known as the Congrégation du Cénacle, with the help and inspiration of Fr. Jean-Pierre-Étienne Terme. They separated from the institute in 1836 and formed one of their own.

Vancouver, British Columbia, and Toronto, 1947.

Cenacle Religious

Congregatio Beatae Mariae Virginis a Recessu in Caenaculo

Congrégation de Notre-Dame de la Retraite au Cénâcle

Congrégation du Cénacle

Religieuses de Notre-Dame de la Retraite au Cénacle
Religious of Our Lady of the Retreat in the Cenacle

Sisters of the Cenacle

Societas Dominae Nostrae a Recessu Cenaculi

r.c.

DOMINICAINES DE FALL RIVER, MASS.

B17
En 1822, à Springfield, Kentucky, le père Samuel Thomas Wilson, o.p. fonda la Congregation of Saint Catharine of Siena, connue aussi sous le nom de Dominican Sisters of Saint Catharine, Kentucky. En 1823, mère Angela Sansbury fut élue première prieure.

DOMINICAN SISTERS OF FALL RIVER, MASS.

B17
In 1822, at Springfield, Kentucky, Fr. Samuel Thomas Wilson, o.p., founded the Congregation of Saint Catharine of Siena, also known as the Dominican Sisters of Saint Catharine, Kentucky. In 1823, Mother Angela Sansbury was elected first prioress.

112

En 1873, un groupe de ces soeurs s'établit à Jacksonville, Illinois, et devint indépendant en 1875 sous le nom de Congregation of Our Lady of the Sacred Heart, connue aussi plus tard sous le nom de Dominican Sisters of Springfield, Ill., ayant comme première supérieure mère Mary Josephine Meagher, o.p.

En 1891, un groupe de ces dernières soeurs s'établit à Fall River, Massachusetts, et acquit son indépendance en 1922 sous le nom de Congrégation de Sainte-Catherine de Sienne de Fall River ou Soeurs dominicaines de Fall River, Mass.; la supérieure était Mary Sheridan (nom en religion: mère Marie Bertrand, o.p.).

Saint-Philippe-de-Laprairie, Québec, 1966.

In 1873, a group of these sisters was established at Jacksonville, Illinois. In 1875, with Mother Mary Josephine Meagher o.p., as its first superior, the group became independent under the name Congregation of Our Lady of the Sacred Heart or, as it became known later, the Dominican Sisters of Springfield, Ill.

In 1891, a group of these last-named sisters was established at Fall River, Massachusetts. It became independent in 1922 under the name Congregation of Saint Catherine of Siena of Fall River, and was also known as the Dominican Sisters of Fall River, Mass. Mary Sheridan (in religion: Mother Marie Bertrand, o.p.) was its first superior.

Saint-Philippe-de-Laprairie, Quebec 1966.

Congregatio sanctae Catharinae Senensis Riverormensis in Statibus Foederatis pro educanda juventute

Congrégation de Sainte-Catherine de Sienne
Congregation of Saint Catharine of Siena

Congrégation de Sainte-Catherine de Sienne, Fall River, Mass.
Congregation of Saint Catherine of Siena, Fall River, Mass.

Congregation of Our Lady of the Sacred Heart

Dominicaines. Congrégation de Sainte-Catherine de Sienne de Fall River
Dominican Sisters. Congregation of Saint Catherine of Siena of Fall River

Dominican Sisters. Congregation of Our Lady of the Sacred Heart, Springfield, Ill.

Dominican Sisters. Congregation of Saint Catharine of Siena, Saint Catharine, Kentucky

Dominican Sisters of Saint Catharine, Kentucky

Dominican Sisters of Springfield, Ill.

o.p.

DOMINICAINES DE LA CONGRÉGATION ROMAINE DE SAINT-DOMINIQUE

B18
Institut formé en 1959 après les étapes suivantes: fédération de quatre congrégations dominicaines françaises (Congrégation du Très-Saint-Rosaire, Congrégation de Saint-Dominique, Congrégation de la Sainte-Trinité et Congrégation du Sacré-Coeur) sous le nom d'Union Saint-Dominique (1956); adhésion de la Congrégation de Notre-Dame du Saint-Rosaire et de Saint-Thomas d'Aquin à la fédération (1957); union des cinq congrégations en une nouvelle, sous le présent nom (1959). La congrégation qui

B18
Formed in 1959 after the following steps: 1956: federation of four French Dominican sisterhoods (Congrégation du Très-Saint-Rosaire, Congrégation de Saint-Dominique, Congrégation de la Sainte-Trinité and Congrégation du Sacré-Coeur) under the name Union Saint-Dominique; 1957: the Congrégation de Notre-Dame du Saint-Rosaire et de Saint-Thomas d'Aquin joined the union; 1959: union of the five congregations into a new one, with the present name.

fut représentée au Canada avant 1956 était la Congréga-tion de Saint-Dominique, mieux connue au pays sous une forme plus ancienne de son nom: Dominicaines du Tiers-Ordre enseignant (voir notice suivante).

Of these five congregations the one that had been represented in Canada prior to 1956 was the Congré-gation de Saint-Dominique, better known in Canada under an older form of its name: Dominicaines du tiers-ordre enseignant (see next entry).

Congregatio Romana sancti Dominici pro educanda juven-tute et operibus caritatis

Congrégation de la Sainte-Trinité

Congrégation de Notre-Dame du Saint-Rosaire et de Saint-Thomas d'Aquin

Congrégation du Sacré-Coeur

Congrégation du Très-Saint-Rosaire

Union Saint-Dominique

o.p.

DOMINICAINES DU TIERS-ORDRE ENSEIGNANT

B19

Fondées en 1853 à Nancy, France, par Adèle Lejeune, moniale dominicaine (nom en religion: mère Sainte-Rose, o.p.). Comme elle fonda un couvent de soeurs et non un couvent de moniales, elle dut quitter le second ordre pour entrer dans son nouvel institut; elle changea de nom religieux, adoptant celui de soeur Adèle Lejeune, o.p.

Une soeur fut présente à Ottawa, Ontario, de 1914 à 1917 (voir notice sur les Soeurs de l'Institut Jeanne d'Arc d'Ottawa); première maison permanente: Hudson, Québec, 1925.

B19

Founded in 1853 at Nancy, France, by Adèle Lejeune, Dominican nun (in religion: Mother Sainte-Rose, o.p.). Because the convent she founded was for sisters and not nuns, she had to leave the second order and become a member of her new institute; she changed her religious name to Sister Adèle Lejeune, o.p.

A sister was present in Ottawa, Ontario, from 1914 to 1917 (see entry on the Sisters of the Joan of Arc Institute of Ottawa); first permanent establishment: Hudson, Quebec, 1925.

Congrégation de Saint-Dominique

Congrégation de Saint-Dominique de Nancy-Mortefontaine

Congrégation de Saint-Dominique du tiers-ordre en-seignant

Dominicaines de Nancy

Dominicaines de Saint-Maur

Soeurs dominicaines de Nancy

o.p.

DOMINICAINES DE LA TRINITÉ

B20

Formées sous ce nom à Montréal en 1964, par l'union des Dominicaines de l'Enfant-Jésus et des Dominicaines du Rosaire.

B20

Formed under that name at Montreal in 1964 by the union of the Dominicaines de l'Enfant-Jésus and the Dominicaines du Rosaire.

114

Congregatio sororum dominicanarum Trinitatis

Dominican Sisters of the Trinity

Dominicans of the Trinity

o.p.

DOMINICAINES DE L'ENFANT-JÉSUS

B21

Institut fondé à Québec en 1887, par Mgr Thomas Hamel, p.a., Philomène Labrecque (nom en religion: mère Marie de la Charité), le fr. Bernard-Marie Lacome, o.p., ainsi que les abbés Cléophas Gagnon et Siméon Jolicoeur.

Les membres originels avaient fait partie des tertiaires séculières dominicaines fondées en 1874 sous le nom de Soeurs tertiaires dominicaines de l'Asile du Bon-Pasteur de Québec, par Mathilde Bérubé (nom en religion: mère Sainte-Marie, s.c.i.m.), supérieure de l'institut. Ces tertiaires étaient un groupe affilié aux Soeurs du Bon-Pasteur de Québec et Philomène Labrecque en était devenue membre en 1878. Les tertiaires qui ne voulurent pas faire partie du nouvel institut devinrent le noyau fondateur de la classe de soeurs converses à l'intérieur des Soeurs du Bon-Pasteur, remplaçant le Tiers-Ordre séculier de Saint-Dominique.

Le présent institut, fondé à l'origine en vue du service domestique au Séminaire de Québec, demeura sous la direction de ce dernier jusqu'en 1915.

B21

Founded at Quebec City in 1887 by Msgr. Thomas Hamel, p.a., Philomène Labrecque (in religion: Mother Marie de la Charité), Fr. Bernard-Marie Lacome, o.p., Frs. Cléophas Gagnon and Siméon Jolicoeur.

The original members had been part of Dominican secular tertiaries founded in 1874 as the Soeurs tertiaires dominicaines de l'Asile du Bon-Pasteur de Québec, by Mathilde Bérubé (in religion: Mother Sainte-Marie, s.c.i.m.), superior of the institute. These tertiaries had been affiliated as a group to the Sisters of the Good Shepherd of Quebec. In 1878 Philomène Labrecque became a member. The tertiaries who did not join the new institute became the founding core of the class of lay sisters within the Sisters of the Good Shepherd, replacing the Dominican Secular Third Order.

The present institute, originally founded for domestic service at the Séminaire de Québec, remained under its direction until 1915.

Soeurs tertiaires dominicaines de l'Asile du Bon-Pasteur de Québec

Tertiaires dominicaines de l'Asile du Bon-Pasteur de Québec

o.p.

DOMINICAINES DU ROSAIRE

B22

Fondées en 1902 à Trois-Rivières, Québec, par cinq Dominicaines de l'Enfant-Jésus, Léda Labrecque (nom en religion: mère Marie de la Croix), Rosalie Labrecque (mère Marie de l'Eucharistie), Marie Trottier (mère Colombe de Rieti), Rosanna Gariépy (mère Hyacinthe du Sacré-Coeur) et Odélie Hardy (mère Rose de Lima), avec l'aide de l'abbé Georges-Élisée Panneton.

B22

Founded in 1902 at Trois-Rivières, Quebec, by five Dominicaines de l'Enfant-Jésus: Léda Labrecque (in religion: Mother Marie de la Croix), Rosalie Labrecque (Mother Marie de l'Eucharistie), Marie Trottier (Mother Colombe de Rieti), Rosanna Gariépy (Mother Hyacinthe du Sacré-Coeur) and Odélie Hardy (Mother Rose de Lima) with the help of Fr. Georges-Élisée Panneton.

o.p.

DOMINICAINES DE SAINTE-CATHERINE DE SIENNE

B23

Fondées en 1854 à Bonnay, Saône-et-Loire, France, par Marie-Thérèse-Joséphine Gand (nom en religion: mère Saint-Dominique de la Croix).

Jacques-Cartier, comté de Chambly, Québec, 1949.

B23

Founded in 1854 at Bonnay, Saône-et-Loire, France, by Marie-Thérèse-Joséphine Gand (in religion: Mother Saint-Dominique de la Croix).

Jacques-Cartier, Chambly County, Quebec, 1949.

Congregatio sanctae Catharinae Senensis Sterpiniacensis in Gallia pro educanda juventute operibus caritatis et missionibus

Congrégation française et missionnaire de Sainte-Catherine de Sienne d'Étrépagny

Congrégation française et missionnaire de Sainte-Catherine de Sienne, du tiers-ordre régulier de la pénitence de Saint-Dominique

Dominicaines d'Étrépagny

Dominicaines de Sainte-Catherine de Sienne d'Étrépagny

o.p.

DOMINICAINES DES SAINTS-ANGES GARDIENS

B24

Fondées en 1905 à Korčula, Croatie-Slovénie, Autriche-Hongrie (auj. Yougoslavie), par le fr. Anđelko Marija Miškov, o.p., et mère Imelda Jurić.

Sherbrooke, Québec, 1953.

B24

Founded in 1905 at Korčula, Croatia-Slavonia, Austria-Hungary (now Yugoslavia), by Fr. Anđelko Marija Miškov, o.p., and Mother Imelda Jurić.

Sherbrooke, Quebec, 1953.

Congregatio a sanctis Angelis custodibus pro educanda juventute et operibus caritatis

Dominicaines des Saints-Anges gardiens de Yougoslavie
Dominican Sisters of the Holy Guardian Angels of Yugoslavia

Dominican Sisters of the Holy Guardian Angels

Sestre dominikanke kongregacije Sv. Anđela Čuvara

o.p.

DOMINICAINES MISSIONNAIRES ADORATRICES

B25

Fondées en 1945 à Beauport, Québec, par Julienne Dallaire (nom en religion: mère Julienne du Rosaire), avec l'aide de Colette Brousseau (nom en religion: mère Marie du Coeur-Eucharistique) et du chanoine Cyrille Labrecque, sur la base d'un projet de Julienne Dallaire datant de 1943. Elles furent affiliées aux Dominicains comme tiers-ordre régulier féminin en 1952.

B25

Founded in 1945 at Beauport, Quebec, by Julienne Dallaire (in religion: Mother Julienne du Rosaire) with the help of Colette Brousseau (in religion: Mother Marie du Coeur-Eucharistique) and of Canon Cyrille Labrecque, and based on a project of Julienne Dallaire's dating from 1943. They were affiliated to the Dominicans as a female regular third order in 1952.

Adoratrices du Saint-Sacrement, soeurs dominicaines missionnaires

Adorers of the Blessed Sacrament, Dominican Missionary Sisters

Congregatio missionaria a Sanctissimo Corde Eucharistico Jesu Quebecensis in Canada pro operibus missionariis et cultu erga Sanctissimo Corde Eucharistico Jesu propaganda

Dominican Missionary Adorers

Missionnaires du Coeur Eucharistique

o.p.

DOMINICAINES MISSIONNAIRES DE NAMUR

B26

Fondées en 1937 à Niangara, Congo belge (auj. Zaïre), par mère Marie-Henri, o.p. L'institut est issu du prieuré des moniales dominicaines de Niangara.

Laprairie, Québec, par des soeurs venues de Belgique en 1957. Elles ont quitté le Canada pour retourner en Belgique en 1977.

B26

Founded in 1937 at Niangara, Belgian Congo (now Zaïre), by Mother Marie-Henri, o.p. The institute is an offshoot of the Priory of the Dominican Nuns of Niangara.

Laprairie, Quebec, by sisters who came from Belgium in 1957 and who returned there in 1977.

Congregatio missionaria Namurcensis in Belgio

o.p.

DOMINICAN SISTERS

B27

Institut fondé en 1861 à Wielowies, province de Kielce, Pologne russe (auj. Pologne), par Róża Białecka (nom en religion: mère Maria Kolumba, o.p.). Celle-ci était depuis 1859 professe dans la Congrégation de Saint-Dominique du tiers-ordre enscignant, installée à Nancy, France. Elle fonda une maison de cet institut à Wielowies en 1859; après être allée prononcer ses voeux perpétuels à Nancy en 1861, elle retourna la même année à Wielowies et commença à adapter les constitutions de l'institut français aux conditions polonaises. En 1868, la maison de Wielowies fut séparée de l'institut français, devint indépendante et fut le noyau d'un institut purement polonais. Les Dominican Sisters furent affiliées aux Dominicains en 1971 comme tiers-ordre régulier féminin.

Calgary, Alberta, 1968.

B27

Founded in 1861 at Wielowies, Kielce Province, Russian Poland (now Poland), by Róża Białecka (in religion: Mother Maria Kolumba, o.p.), who since 1859 had been a professed sister in the Congrégation de Saint-Dominique du tiers-ordre enseignant, which was based in Nancy, France. She founded a house of that institute in Wielowies in 1859 and, after having made her perpetual vows at Nancy in 1861, returned the same year to Wielowies and started to adapt the constitutions of the French institute to Polish conditions. In 1868, the Wielowies house was separated from the French institute; it became independent and formed the nucleus of a purely Polish institute. They were affiliated to the Dominicans in 1971 as a female regular third order.

Calgary, Alberta, 1968.

Congregatio sancti Dominici in Biała Niżna, Polonia

Siostry dominikanki

Zgromadzenie sióstr dominikanek

o.p.

FÉDÉRATION DES SOEURS AU SERVICE DU CLERGÉ

B28
Formée par le Saint-Siège en 1969 et groupant trois instituts ayant le même objectif: le service du clergé. Il s'agit des Petites soeurs de la Sainte-Famille, des Soeurs de Sainte-Marthe de Saint-Hyacinthe et des Petites missionnaires de Saint-Joseph. Les supérieures générales des instituts membres assument à tour de rôle les fonctions de présidente de la fédération; le siège social de la fédération n'est autre que celui de l'institut auquel appartient la présidente *pro tempore* de la fédération.

B28
Formed by the Holy See in 1969 by grouping together three institutes of common objective: the service of the clergy. These are the Little Sisters of the Holy Family, the Sisters of Saint Martha of Saint Hyacinthe and the Little Missionaries of Saint Joseph. Each member-institute of the federation has its superior general chosen in turn as president and the federation headquarters are those of the institute headed by the sister-president *pro tempore*.

PETITES SOEURS DE LA SAINTE-FAMILLE

B29
Fondées en 1880 à Memramcook, Nouveau-Brunswick, par le père Camille Lefebvre, c.s.c., et la servante de Dieu Alodie-Virginie Paradis (nom en religion: mère Marie-Léonie), à partir d'un noyau de personnes formé au même endroit en 1874 et restructuré en 1876.

LITTLE SISTERS OF THE HOLY FAMILY

B29
Founded in 1880 at Memramcook, New Brunswick, by Fr. Camille Lefebvre, c.s.c., and the Servant of God Alodie-Virginie Paradis (in religion: Mother Marie-Léonie) from a nucleus formed in the same place by the same persons in 1874 and restructured in 1876.

Petites soeurs de la Sainte-Famille de Sherbrooke

Sorores minores a Sacra Familia

p.s.s.f. s.m.s.f.

SOEURS DE SAINTE-MARTHE DE SAINT-HYACINTHE

B30
Instituées en 1883 à Saint-Hyacinthe, Québec, par le chanoine Jean-Rémi Ouellette et Éléonore Charron (nom en religion: mère Sainte-Marthe). Le noyau d'origine était formé d'ex-tertiaires franciscaines associées aux Soeurs grises de Saint-Hyacinthe. Le nouvel institut, fondé en vue du service domestique au Séminaire de Saint-Hyacinthe, demeura sous la direction de celui-ci jusqu'en 1920.

B30
Founded in 1883 at Saint-Hyacinthe, Quebec, by Canon Jean-Rémi Ouellette and Éléonore Charron (in religion: Mother Sainte-Marthe). The original members had been Franciscan secular tertiaries associated with the Grey Nuns of Saint Hyacinthe. The new institute, established for domestic service at the Séminaire de Saint-Hyacinthe, remained under its direction until 1920.

Sisters of Saint Martha of Saint Hyacinthe

Soeurs de Sainte-Marthe

s.m.s.h. s.s.m.s.h.

PETITES MISSIONNAIRES DE SAINT-JOSEPH

B31
Fondées en 1925 à Otterburne, Manitoba, par le frère Louis Gareau, c.s.v., et Hélène Gareau (nom en religion: mère Thérèse de l'Enfant-Jésus).

B31
Founded in 1925 at Otterburne, Manitoba, by Bro. Louis Gareau, c.s.v., and Hélène Gareau (in religion: Mother Thérèse de l'Enfant-Jésus).

Little Missionaries of Saint Joseph

Petites missionnaires de Saint-Joseph d'Otterburne
Little Missionaries of Saint Joseph of Otterburne

FELICIAN SISTERS

B32

Fondées en 1855 à Varsovie, Pologne russe (auj. Pologne), par Zofia Kamila Truszkowska (nom en religion: mère Maria Aniela) et Wacław Florentin Koźmiński (nom en religion: fr. Honorat z Białej, o.f.m.cap.). Affiliées aux Capucins comme tiers-ordre régulier féminin dès la fondation.

Toronto, 1937.

B32

Founded in 1855 at Warsaw, Russian Poland (now Poland), by Zofia Kamila Truszkowska (in religion: Mother Maria Aniela) and Wacław Florentin Koźmiński (in religion: Fr. Honorat z Białej, o.f.m.cap.). They were affiliated to the Capuchins as a female regular third order from the start.

Toronto, 1937.

Capuchin Felician Sisters

Felicjanki

Ordre de Saint-François (Soeurs féliciennes)
Order of Saint Francis (Felician Sisters)

Siostry ze zgromadzenia Siv. Felicyanek

Sisters of Saint Felix of Cantalicio, of the Third Order of
 Saint Francis

Soeurs féliciennes

Soeurs féliciennes de l'Ordre de Saint-François
Felician Sisters of the Order of Saint Francis

Sorores a sancto Felice a Cantalicio

c.s.s.f.   **o.s.f.**

FIDÈLES COMPAGNES DE JÉSUS

FAITHFUL COMPANIONS OF JESUS

B33

Institut fondé en 1820 à Amiens, France, par la vénérable Marie-Madeleine-Victoire de Bengy (veuve d'Antoine-Joseph, vicomte de Bonnault d'Houet) et le père Joseph-Désiré Varin d'Ainville, s.j.

Prince Albert et Saint-Laurent-Grandin, Territoires du Nord-Ouest (auj. Saskatchewan), 1883.

B33

Founded in 1820 at Amiens, France, by the Venerable Marie-Madeleine-Victoire de Bengy, (the widow of Antoine-Joseph, Viscount de Bonnault d'Houet) and Fr. Joseph-Désiré Varin d'Ainville, s.j.

Prince Albert and Saint-Laurent-Grandin, Northwest Territories (now Saskatchewan), 1883.

Societas fidelium sociarum Jesu

Soeurs fidèles compagnes de Jésus
Sisters, Faithful Companions of Jesus

f.c.j.

FILLES DE JÉSUS

B34

Institut fondé en 1834 à Bignan, France, par les abbés Pierre Noury et Yves-Marie Coëffic ainsi que par Perrine Samson (nom en religion: mère Sainte-Angèle).

Saint-Albert, Territoires du Nord-Ouest (auj. Alberta), 1902.

Filles de Jésus de Saint-Joseph de Kermaria

Jesus filiae

f.d.j.   f.j.

DAUGHTERS OF JESUS

B34

Founded in 1834 at Bignan, France, by Frs. Pierre Noury, and Yves-Marie Coëffic as well as Perrine Samson (in religion: Mother Sainte-Angèle).

Saint-Albert, Northwest Territories (now Alberta), 1902.

FILLES DE LA CHARITÉ DE SAINT-VINCENT DE PAUL

B35

Instituées en 1633 à Paris par saint Vincent de Paul et sainte Louise de Marillac. En 1841, Ignace Bourget, évêque de Montréal, les approcha sans succès pour qu'elles viennent s'établir dans son diocèse.

Sherbrooke, Québec, 1947.

B35

Founded in 1633 at Paris by Saints Vincent de Paul and Louise de Marillac. In 1841, Ignace Bourget, bishop of Montreal, unsuccessfully asked them to come and work in his diocese.

Sherbrooke, Quebec, 1947.

Compagnie des filles de la charité de Saint-Vincent de Paul

Daughters of Charity of Saint Vincent de Paul

Filles de la charité
Daughters of Charity

Filles de la charité, servantes des pauvres malades
Daughters of Charity, Servants of the Sick Poor

Puellae caritatis sancti Vincentii a Paolo

Soeurs de la charité de Saint-Vincent de Paul
Sisters of Charity of Saint Vincent de Paul

f.c.s.v. de p.   f.d.l.c.s.v.p.

FILLES DE LA CHARITÉ DU SACRÉ-COEUR DE JÉSUS

B36

Fondées en 1823 à La Salle-De Vihiers, France, par l'abbé Jean-Maurice Catroux et Rose Giet (nom en religion: soeur Marie).

Les instituts suivants ont été fusionnés au présent institut:
- Soeurs de la Providence, fondées en 1803 à La Jumellière, France, par l'abbé Charruau, fusionnées en 1856;
- Soeurs franciscaines des Récollets, fondées en 1838 à Doué-la-Fontaine, France, par l'abbé Guépin, fusionnées en 1964;
- Soeurs du Sacré-Coeur de Valence, fondées en 1830 à Valence d'Albigeois, France, par le chanoine Justin Déjean, fusionnées en 1971.

B36

Founded in 1823 at La Salle-De Vihiers, France, by Fr. Jean-Maurice Catroux and Rose Giet (in religion: Sister Marie).

The following institutes ceased to exist when merged with the present institute:
- Soeurs de la Providence, founded in 1803 at La Jumellière, France, by Fr. Charruau, merged in 1856;
- Soeurs franciscaines des Récollets, founded in 1838 at Doué-la-Fontaine, France, by Fr. Guépin, merged in 1964;
- Soeurs du Sacré-Coeur de Valence, founded in 1830

Ces trois instituts n'étaient pas représentés au Canada.

Magog, Québec, 1907.

at Valence d'Albigeois, France, by Canon Justin Déjean, merged in 1971.
These three institutes were not represented in Canada.

Magog, Quebec, 1907.

Daughters of the Charity of the Sacred Heart of Jesus

Filiae a charitate Sacri Cordis Jesu

Soeurs de la Providence

Soeurs du Sacré-Coeur de Valence

Soeurs franciscaines des Récollets

f.c.s.c.j.   f.s.c.j.

FILLES DE LA CROIX

B37

À partir d'une idée de 1622 de l'abbé Christophe Bellot et sous son initiative, les Filles de la Croix furent groupées en 1625, et ainsi fondées, à Roye, Somme, France, par les abbés Pierre Guérin et Claude Bucquet, ainsi que par Françoise Vallet, Marie Samier, Anne et Charlotte de Lancy, sous le nom originel de Filles dévotes, devenu celui de Guérinettes, puis, vers 1630, celui de Filles de la Croix ou Filles de Roye.

Une scission *de facto* en 1641 qui semble être devenue *de jure* en 1648 sépara le groupe en deux instituts distincts; le sujet principal de la discussion entre les responsables de la division, l'abbé Guérin et Mme de Villeneuve, était la question des voeux.

a) La Congrégation de la Croix eut pour noyau d'origine l'abbé Pierre Guérin, Françoise Vallet et Marie Samier. Cet institut, formé de maisons autonomes et dont les membres ne faisaient pas de voeux publics, disparut presque totalement en 1793. Il fut reconstitué en 1801 avec quelques soeurs survivantes de la Révolution sous mère Hunégonde Duplaquet. Il devint en 1837 un institut avec voeux publics et supérieure générale. Il prit le nom de Filles de la Croix de Saint-Quentin en 1946, mais utilisa aussi celui de Soeurs de la Croix de Saint-Quentin ou de Religieuses de la Croix et surtout celui de Religieuses de la Croix de Saint-Quentin.

b) Les Filles de la Croix furent formées autour de Françoise Simard, Anne et Charlotte de Lancy et Marie l'Huillier (veuve de Claude Marcel, seigneur de Villeneuve). Cet institut, conservant le nom de Filles de la Croix sous lequel l'institut unifié était connu depuis environ 1630, était composé de maisons autonomes dont les sujets faisaient des voeux. (La bienheureuse Marguerite Bourgeoys, lors de son voyage en Europe en 1679-1680, vint rendre visite aux Filles de la Croix de Paris; d'ailleurs, les anciens costumes de

B37

Based on a 1622 idea of Fr. Christophe Bellot's and begun under his initiative, the Filles de la Croix were grouped together and founded in 1625 at Roye, Somme, France, by Frs. Pierre Guérin and Claude Bucquet as well as by Françoise Vallet, Marie Samier, and Anne and Charlotte de Lancy; the institute originated under the name Filles dévotes, which became Guérinettes and then, around 1630, Filles de la Croix or Filles de Roye.

A *de facto* separation in 1641, which seems to have become a *de jure* one in 1648, resulted in two distinct institutes developing themselves in parallel directions; the main subject of dissent between Fr. Guérin and Mme de Villeneuve was the question of vows:

a) The Congrégation de la Croix, the nucleus of which was formed by Fr. Pierre Guérin, Françoise Vallet and Marie Samier. This institute, composed of autonomous houses whose members made no public vows, almost completely disappeared in 1793. It was reconstituted in 1801 with a few sisters, survivors of the Revolution, under Mother Hunégonde Duplaquet. In 1837 it became an institute with public vows and a superior general. The institute took the name Filles de la Croix de Saint-Quentin in 1946, but also used the names Soeurs de la Croix de Saint-Quentin, Religieuses de la Croix and, above all, Religieuses de la Croix de Saint-Quentin;

b) The Filles de la Croix, the nucleus of which was formed by Françoise Simard, Anne and Charlotte de Lancy, and Marie l'Huillier, (the widow of Claude Marcel, Seigneur of Villeneuve). It kept the name Filles de la Croix by which the unified institute had been known since around 1630, and was composed of autonomous houses whose members made vows. (Blessed Marguerite Bourgeoys

la Congrégation de Notre-Dame et des Filles de la Croix de Paris se ressemblaient.) L'institut disparut presque complètement en 1793. Il fut reconstitué en 1805 avec quelques soeurs survivantes de la Révolution. C'est de cet institut-ci, qui peu à peu utilisa le nom de Filles de la Croix de Paris, que sont originaires directement ou non certains des instituts dont nous parlerons plus bas. D'autre part, l'institut de Paris étant composé de maisons autonomes, qui dépendaient uniquement de l'ordinaire du lieu, des mouvements internes d'union prirent racine et aboutirent en 1932 à l'élection de la première supérieure générale puis, en 1935, à la formation d'une administration centralisée pour l'institut de Paris. Les maisons cessèrent alors d'être autonomes et dépendirent à la fois des supérieures majeures de l'institut et de l'ordinaire du lieu, suivant en cela le droit canonique habituel.

Quelques instituts, certains issus des Filles de la Croix de Paris et donc aussi du mouvement originel de 1622-1625, se rencontrèrent à partir de 1965 sur la base de leurs origines communes ou, tout au moins, de leur spiritualité analogue. Ces rencontres eurent lieu sous l'initiative des instituts de Paris et de Saint-Quentin et ne groupèrent pas toujours le même nombre d'instituts. En voici les principaux jalons:

a) En septembre 1967, création d'un secrétariat commun.

b) En juillet 1968, une demande fut adressée par un certain nombre d'instituts à la Sacrée Congrégation des Religieux et des Instituts séculiers pour la formation de l'Association Mysterium Christi.

c) En janvier 1969, la Sacrée Congrégation érigea canoniquement la Fédération Mysterium Christi, plutôt que de créer l'Association. Cette fédération groupait au départ cinq instituts (voir notes historiques plus bas au sein de la présente note):
- les Religieuses de la Croix de Saint-Quentin,
- les Filles de la Croix de Paris,
- les Soeurs de la Croix du Puy,
- les Filles de la Croix de Marchienne,
- les Religieuses de la Nativité de Notre-Seigneur.
La première présidente de la fédération fut Marie-Anne Pinsault (nom en religion: soeur Anne de Jésus, d.c.), déjà supérieure générale, et le demeurant, des Filles de la Croix de Paris. En septembre 1969, la fédération admit dans ses rangs les Soeurs de la Providence de Corenc, puis, en août 1970, les Servantes du Christ-Roi d'Ablon.

d) En mai 1973, les membres de la Fédération, désirant resserrer les liens qui les unissaient et ayant demandé à Rome de passer à un stade transitoire vers une union éventuelle, reçurent les statuts d'un stade d'acheminement vers l'union; en août 1973, les membres élirent une supérieure fédérale au lieu d'une présidente fédérale: soeur Thérèse de Larminat, supérieure générale des Religieuses de la Croix de Saint-Quentin.

e) En août 1976, le décret d'union des sept instituts fédérés fut signé à Rome; il fut promulgué lors du

visited this institute in Paris during a trip to Europe in 1679-1680. The religious habits of the Congregation of Notre Dame and the Filles de la Croix were similar.) The institute of Filles de la Croix disappeared almost completely in 1793. It was reconstituted in 1805 from a few sisters, survivors of the Revolution. Certain institutes that we will read about below originate from this institute, which increasingly used the name Filles de la Croix de Paris. On the other hand, the Paris institute was composed of autonomous houses subject only to the local ordinary. Internal movements for union took root here and there and resulted, in 1932, in the election of the first superior general and, in 1935, in the formation of a centralized administration for the Paris institute. The houses were no longer autonomous; they were subject not only to the local ordinary, but also to the major superiors of the institute, in accordance with the usual norms of canon law on this matter.

A certain number of institutes, some of which originated from the Paris institute and thus from the original movement of 1622-1625, started meeting from 1965 onwards because of their common origin, or at least, because of their common spirituality. These meetings were initiated by the Paris and Saint-Quentin institutes and were not always attended by the same number of institutes. Here are the main points:

a) September, 1967: a common secretariat was opened;

b) July, 1968: a certain number of institutes sent a request to the Sacred Congregation of Religious and Secular Institutes asking for the creation of the Association Mysterium Christi;

c) January, 1969: the Sacred Congregation canonically erected the Fédération Mysterium Christi instead of the association requested; this federation at first grouped together five institutes (historical notes on these below, within the present entry):
- Religieuses de la Croix de Saint-Quentin
- Filles de la Croix de Paris
- Soeurs de la Croix du Puy
- Filles de la Croix de Marchienne
- Religieuses de la Nativité de Notre-Seigneur.
The first president was Marie-Anne Pinsault (in religion: Sister Anne de Jésus, d.c.), who was, and remained, superior general of the Paris institute; in September, 1969, the Soeurs de la Providence de Corenc were admitted into the federation and, in August, 1970, it was the turn of the Servantes du Christ-Roi d'Ablon;

d) May, 1973: desirous of tightening the bonds already uniting them, the members of the different institutes asked Rome for a new status with a view towards eventual canonical union. In May, 1973, they received the rules and regulations of an intermediary status, as a stepping-stone to that

122

premier chapitre général en décembre 1976, au cours duquel soeur Thérèse de Larminat fut élue première supérieure générale du nouvel institut nommé Soeurs du Christ, qui remplaçait les sept instituts d'origine.

Voici les notes historiques sur cinq des sept instituts ayant formé les Soeurs du Christ (les deux instituts d'origine de Paris et de Saint-Quentin ayant été traités plus haut).

a) Soeurs de la Croix du Puy: formées en 1711 par un groupe de maisons issues des Filles de la Croix de Paris et dont la première avait été fondée à Saint-Flour, France, en 1683. Jusqu'en 1889, les maisons étaient autonomes; à cette date, l'institut devint centralisé et la première supérieure générale fut élue.

b) Filles de la Croix de Marchienne: formées en 1931 par un groupe de maisons belges issues des Filles de la Croix de Limoges et dont la première avait été fondée à Marchienne, Belgique, en 1906, sous soeur Saint-Edmond, supérieure locale; première supérieure générale en 1931: Hélène Vaneck (nom en religion: soeur Marie de Saint-Joseph).

c) Religieuses de la Nativité de Notre-Seigneur: fondées en 1813 à Crest, France, par l'abbé Barthélemy-Louis Enfantin, ex-membre des Pères de la Foi, et Jeanne de Croquoison (veuve du marquis Adrien-Jacques-François de Saint-Alyre de Franssu).

d) Soeurs de la Providence de Corenc: formées en 1824 à Grenoble, France, par la scission d'avec les Religieuses de la Nativité de Notre-Seigneur de la maison de la Nativité, Grenoble, fondée en 1821; la supérieure locale au moment de la scission, devenue supérieure générale du nouvel institut, était Anne Brunet (nom en religion: mère Sainte-Chantal).

e) Servantes du Christ-Roi d'Ablon: fondées à Ablon-sur-Seine, France, en 1919 par Marie-Rose Leclair (nom en religion: mère Marie-Rose-Gertrude de la Trinité).

Soeur Chanson (ou Janson ou Chausson), des Filles de la Croix [de Paris ou de Saint-Quentin, on ne sait pas], vint à Port-Royal, Acadie, en 1701, pour y enseigner, ce qu'elle fit jusqu'à la conquête anglaise de 1710. Elle fut probablement rapatriée après la signature du traité d'Utrecht en 1713.

union; in August, 1973, the members elected a federal superior instead of a federal president: Sister Thérèse de Larminat, superior general of the Religieuses de la Croix de Saint-Quentin;

e) August, 1976: the decree uniting the seven federated institutes was signed in Rome; it was promulgated in December, 1976, at the first session of the general chapter of the Soeurs du Christ, the new institute that replaced the seven original ones; the first superior general of the new institute, Sister Thérèse de Larminat, was elected at the general chapter.

Here are the historical notes on five of the seven institutes that formed the Soeurs du Christ (the notes on the Paris and Saint-Quentin institutes were taken care of above):

a) Soeurs de la Croix du Puy: formed in 1711 by a group of houses from the Paris institute; the first house was founded at Saint-Flour, France, in 1683; up to 1889, the houses were autonomous; at that date the institute became centralized and the first superior general was elected;

b) Filles de la Croix de Marchienne: formed in 1931 by a group of Belgian houses from the Filles de la Croix de Limoges; the first house was founded at Marchienne, Belgium, in 1906, with Sister Saint-Edmond as local superior; the first superior general was Hélène Vaneck (in religion: Sister Marie de Saint-Joseph) in 1931;

c) Religieuses de la Nativité de Notre-Seigneur: founded in 1813 at Crest, France, by Fr. Barthélemy-Louis Enfantin, ex-member of the Fathers of the Faith, and Jeanne de Croquoison, (the widow of Marquis Adrien-Jacques-François de Saint-Alyre de Franssu);

d) Soeurs de la Providence de Corenc: formed in 1824 at Grenoble, France, by the separation of the House of the Nativité, Grenoble, from the Religieuses de la Nativité de Notre-Seigneur; the local superior at the time of separation, Anne Brunet (in religion: Mother Sainte-Chantal) became the first superior general;

e) Servantes du Christ-Roi d'Ablon: founded in 1919 at Ablon-sur-Seine, France, by Marie-Rose Leclair (in religion: Mother Marie-Rose-Gertrude de la Trinité).

Sister Chanson (or Janson or Chausson), a member of the Filles de la Croix either of Paris or of Saint-Quentin, we do not know, came to Port-Royal, Acadia, in 1701 to teach school; she remained until the city fell to the British in 1710. She was probably repatriated after the signing of the Treaty of Utrecht in 1713.

Congrégation de la Croix

Fédération Mysterium Christi

Filles de la Croix de Limoges

Filles de la Croix de Marchienne

Filles de la Croix de Paris

Filles de la Croix de Saint-Quentin

Filles de Roye

Filles dévotes

Guérinettes

Religieuses de la Croix de Saint-Quentin

Religieuses de la Nativité de Notre-Seigneur

Servantes du Christ-Roi d'Ablon

Soeurs de la Croix de Saint-Quentin

Soeurs de la Croix du Puy

Soeurs de la Providence de Corenc

Soeurs du Christ

d.c.

<table>
<tr><td>

FILLES DE LA CROIX,
DITES SOEURS DE SAINT-ANDRÉ

B38

Fondées en 1805 à Saint-Pierre-de-Maillé, France, par saint André-Hubert Fournet et sainte Jeanne-Élisabeth-Marie-Lucie Bichier des Âges.

Winnipeg, Manitoba, 1904.

</td><td>

DAUGHTERS OF THE CROSS,
CALLED SISTERS OF SAINT ANDREW

B38

Founded in 1805 at Saint-Pierre-de-Maillé, France, by Saints André-Hubert Fournet and Jeanne-Élisabeth-Marie-Lucie Bichier des Âges.

Winnipeg, Manitoba, 1904.

</td></tr>
</table>

Filles de la Croix

Filles de la Croix de Saint-André
Daughters of the Cross of Saint Andrew

Filles de la Croix (La Puye)
Daughters of the Cross (La Puye)

Filles de la Croix, Soeurs de Saint-André
Daughters of the Cross, Sisters of Saint Andrew

Filles de la Sainte-Croix de Saint-André
Daughters of the Holy Cross of Saint Andrew

Filles de la Sainte-Croix, dites Soeurs de Saint-André
Daughters of the Holy Cross, called Sisters of Saint Andrew

Sisters of the Cross

Soeurs de Saint-André (La Puye)
Sisters of Saint Andrew (La Puye)

f.d.l.c.

FILLES DE LA PROVIDENCE DE SAINT-BRIEUC

B39

Institut fondé en 1818 à Saint-Brieuc, France, par le vénérable Jean-Marie-Robert de la Mennais et Marie-Anne Cartel.

Saint-Louis, Territoires du Nord-Ouest (auj. Saskatchewan), 1897.

Filles de la Providence

f.d.l.p.

DAUGHTERS OF PROVIDENCE OF SAINT BRIEUC

B39

Founded in 1818 at Saint-Brieuc, France, by the Venerable Jean-Marie-Robert de la Mennais and Marie-Anne Cartel.

Saint-Louis, Northwest Territories (now Saskatchewan), 1897.

FILLES DE LA SAGESSE

B40

Fondées en 1703 à Poitiers, France, par saint Louis-Marie Grignon de Montfort et la servante de Dieu Marie-Louise Trichet (nom en religion: soeur Marie-Louise de Jésus).

Montfort, Québec, 1884.

Filiae a Sapientia

Institutum filiarum a Sapientia

Soeurs de la Sagesse

f.d.l.s.

DAUGHTERS OF WISDOM

B40

Founded in 1703 at Poitiers, France, by Saint Louis-Marie Grignon de Montfort and the Servant of God Marie-Louise Trichet (in religion: Sister Marie-Louise de Jésus).

Montfort, Quebec, 1884.

FILLES DE MARIE-AUXILIATRICE

B41

Fondées en 1872 à Mornese, Italie, par saint Jean Bosco et sainte Maria Domenica Mazzarello.

Pointe-Verte, Nouveau-Brunswick, 1953.

Daughters of Mary Auxiliatrix

Daughters of Our Lady, Help of Christians

Figlie di Maria Ausiliatrice

Filiae Mariae Auxiliatricis

Filles de Marie-Auxiliatrice, Salésiennes de don Bosco

Salésiennes de Saint-Jean Bosco
Salesians of Saint John Bosco (Sisters)

Soeurs salésiennes de Saint-Jean Bosco
Salesian Sisters of Saint John Bosco

f.m.a.

DAUGHTERS OF MARY, HELP OF CHRISTIANS

B41

Founded in 1872 at Mornese, Italy, by Saints John Bosco and Maria Domenica Mazzarello.

Pointe-Verte, New Brunswick, 1953.

FILLES DE MARIE DE L'ASSOMPTION

B42

Fondées sous le nom d'Association des institutrices de l'Académie de l'Assomption en 1922, à Campbellton, Nouveau-Brunswick, par l'abbé Louis-Joseph Melanson, plus tard évêque de Gravelbourg (1932-1936) et archevêque de Moncton (1936-1941). L'institut reçut son présent nom en 1924 au moment de son érection canonique.

DAUGHTERS OF MARY OF THE ASSUMPTION

B42

Founded under the name Association des institutrices de l'Académie de l'Assomption in 1922 at Campbellton, New Brunswick, by Fr. Louis-Joseph Melanson, later bishop of Gravelbourg (1932-1936) and archbishop of Moncton (1936-1941). The institute received its present name when canonically erected in 1924.

Association des institutrices de l'Académie de l'Assomption

Filles de l'Assomption

f.m.a.

FILLES DE SAINT-PAUL

B43

Institut fondé en 1915 à Alba, Italie, par l'abbé Giacomo Giuseppe Alberione et la servante de Dieu Teresa Merlo (nom en religion: mère Tecla).

Montréal, 1952.

DAUGHTERS OF SAINT PAUL

B43

Founded in 1915 at Alba, Italy, by Fr. Giacomo Giuseppe Alberione and the Servant of God Teresa Merlo (in religion: Mother Tecla).

Montreal, 1952.

Figlie di san Paolo

Pia società figlie di san Paolo

Pia societas filiarum sancti Paoli

Pious Society Daughters of Saint Paul

f.s.p.

FILLES DE SAINTE-MARIE DE LA PRÉSENTATION

B44

Fondées en 1826 à Broons, France, par l'abbé Joachim Fleury, Louise Lemarchand (nom en religion: mère Saint-Louis) et Laurence Lemarchand (mère Saint-André).

Chicoutimi-Ouest (auj. Chicoutimi), Québec, 1920.

B44

Founded in 1826 at Broons, France, by Fr. Joachim Fleury, Louise Lemarchand (in religion: Mother Saint-Louis) and Laurence Lemarchand (Mother Saint-André).

Chicoutimi-Ouest (now Chicoutimi), Quebec, 1920.

Daughters of Saint Mary of the Presentation

Filles de Sainte-Marie de la Présentation de Broons

f.s.m.

FILLES DE SAINTE-MARIE DE LEUCA

B45

Fondées en 1938 à Miggiano, Italie, par Elisa Martínez.

DAUGHTERS OF SAINT MARY OF LEUCA

B45

Founded in 1938 at Miggiano, Italy, by Sister Elisa Martínez.

Saint-Joseph-de-Chambly (plus tard Fort-Chambly, Chambly et auj. Carignan), Québec, 1949.

Saint-Joseph-de-Chambly (later Fort-Chambly, Chambly and now Carignan), Quebec, 1949.

Figlie della Madonna di Leuca

Suore di santa Maria - Leuca

FILLES DU COEUR DE MARIE

B46
Fondées en 1790 à Paris, par le serviteur de Dieu Pierre-Joseph Picot de Clorivière, s.j., et Adélaïde de Cicé.

Deux instituts, jamais représentés au Canada, furent fusionnés avec les Filles du Coeur de Marie:
- en 1967, les Humbles filles du Calvaire de Notre-Seigneur: elles avaient été fondées en 1857 à Paris par la servante de Dieu Adélaïde-Henriette-Caroline (connue sous le nom d'Aline et, à partir de sa vingtaine, sous celui d'Adeline) Desir, avec l'aide du père Louis Lantiez, s.v., et de Marthe Laval;
- en 1968, les Petites soeurs de la Vierge Marie: elles avaient été fondées en 1868 à Lyon, France, sous le nom de Soeurs de Marie-Auxiliatrice, par Alexandrine Geoffray (nom en religion: soeur Marie-Thérèse de Sainte-Chantal) et le père Sylvain-Marie Giraud, m.s., sur la base d'un organisme qu'ils avaient fondé à Lyon en 1860 et nommé tantôt Oeuvre des pauvres ouvrières, Oeuvre de Notre-Dame Auxiliatrice ou Maison de Marie-Auxiliatrice; en 1871, elles changèrent de nom, adoptant celui de Tiers-Ordre régulier de Notre-Dame de la Salette ou Religieuses de Notre-Dame de la Salette du Tiers-Ordre régulier; en 1951, ce dernier nom fut changé en celui de Petites soeurs de la Vierge Marie.

Wikwemikong, Ontario, 1862.

DAUGHTERS OF THE HEART OF MARY

B46
Founded in 1790 at Paris by the Servant of God Pierre-Joseph Picot de Clorivière, s.j., and Adélaïde de Cicé.

Two institutes, never represented in Canada, were merged with the Daughters of the Heart of Mary:
- in 1967, the Humbles filles du Calvaire de Notre-Seigneur: they were founded in 1857 at Paris by the Servant of God Adélaïde-Henriette-Caroline (known as Aline and, from her twenties on, as Adeline) Desir, with the help of Fr. Louis Lantiez, s.v., and Marthe Laval;
- in 1968, the Petites soeurs de la Vierge Marie: they were founded in 1868 at Lyon, France, under the name Soeurs de Marie-Auxiliatrice by Alexandrine Geoffray (in religion: Mother Marie-Thérèse de Sainte-Chantal) and Fr. Sylvain-Marie Giraud, m.s. The Petites soeurs were based on an organization founded by the same individuals in Lyon in 1860 named Oeuvre des pauvres ouvrières, Oeuvre de Notre-Dame Auxiliatrice or Maison de Marie-Auxiliatrice; in 1871, they changed their name to Tiers-Ordre régulier de Notre-Dame de la Salette or Religieuses de Notre-Dame de la Salette du Tiers-Ordre régulier; in 1951, they changed the latter name for Petites soeurs de la Vierge Marie.

Wikwemikong, Ontario, 1862.

Dames institutrices catholiques
Catholic Teaching Ladies

Filles du Coeur Immaculé de Marie
Daughters of the Immaculate Heart of Mary

Humbles filles du Calvaire de Notre-Seigneur

Maison de Notre-Dame Auxiliatrice

Oeuvre de Notre-Dame Auxiliatrice

Oeuvre des pauvres ouvrières

Petites soeurs de la Vierge Marie

Religieuses de Notre-Dame de la Salette du Tiers-Ordre régulier

Societas filiarum Sanctissimi Cordis Mariae

Soeurs de Marie-Auxiliatrice

Soeurs filles du Coeur de Marie

Tiers-Ordre régulier de Notre-Dame de la Salette

f.c.m.

FILLES DU SAINT-ESPRIT

B47
Formées en 1706 à Plérin, France, par Renée Burel et Marie Balavenne, sous la direction du chanoine Jean Leuduger. Presque complètement disparues à la Révolution, elles furent reconstituées en 1800.

Greenfield Park, Québec, 1953.

B47
Founded in 1706 at Plérin, France, by Renée Burel and Marie Balavenne under the guidance of Canon Jean Leuduger. Almost completely destroyed at the time of the Revolution, they were reconstituted in 1800.

Greenfield Park, Quebec, 1953.

Daughters of the Holy Ghost

Soeurs blanches de Bretagne

Soeurs blanches (Filles du Saint-Esprit)

f.s.e.

FILLES RÉPARATRICES DU DIVIN COEUR

B48
Fondées en 1928 à Montréal, sous le nom de Filles consolatrices du Divin Coeur, par le chanoine Jules-Alcibiade Bourassa et Marie-Jeanne Lafortune (nom en religion: mère Marie-Jeanne). Le nom fut changé lors de l'approbation canonique en 1944.

B48
Founded in 1928 at Montreal by Canon Jules-Alcibiade Bourassa and Marie-Jeanne Lafortune (in religion: Mother Marie-Jeanne) under the name Filles consolatrices du Divin Coeur. The name was changed when the institute was canonically approved in 1944.

Daughters of Reparation of the Divine Heart

Filles consolatrices du Divin Coeur
Daughters of Consolation of the Divine Heart

Soeurs réparatrices du Divin Coeur

f.r.d.c.

FRANCISCAINES MISSIONNAIRES DE L'IMMACULÉE-CONCEPTION

B49
Fondées à Belle Prairie, Minnesota, en 1873 par Elizabeth Hayes (nom en religion: mère Mary Ignatius of Jesus). Agrégées aux Franciscains comme tiers-ordre régulier féminin en 1905.

Montréal, 1912.

B49
Founded in 1873 at Belle Prairie, Minnesota, by Elizabeth Hayes (in religion: Mother Mary Ignatius of Jesus). Aggregated to the Franciscans as a female regular third order in 1905.

Montreal, 1912.

Franciscaines de l'Immaculée-Conception

Franciscaines missionnaires de Marie

Franciscan Missionaries of the Immaculate Conception

Franciscan Sisters of Belle Prairie

Soeurs missionnaires de l'Immaculée-Conception
Missionary Sisters of the Immaculate Conception

Sorores franciscanae Immaculatae Conceptionis

f.m.i.c.   o.s.f.

128

FRANCISCAINES MISSIONNAIRES DE MARIE

B50

Fondées à Ootacamund, Inde, en 1877, par la vénérable Hélène de Chappotin de Neuville (nom en religion: mère Marie de la Passion). Agrégées aux Franciscains comme tiers-ordre régulier féminin en 1882.

Québec, 1892.

B50

Founded in 1877 at Ootacamund, India, by the Venerable Hélène de Chappotin de Neuville (in religion: Mother Marie de la Passion). Aggregated to the Franciscans as a female regular third order in 1882.

Quebec, 1892.

Franciscan Missionaries of Mary

Institutum franciscalium missionariarum Mariae

f.m.m.

FRANCISCAN ALCANTARINE SISTERS

B51

Institut fondé en 1874 à Castellammare di Stabia, Italie, par le chanoine Vincenzo Gargiulo et Luigia Russo (nom en religion: soeur Agnese dell'Immacolata).

Scarborough, Ontario, 1963. Elles ont quitté le Canada en 1972 pour retourner en Italie.

B51

Founded in 1874 at Castellammare di Stabia, Italy, by Canon Vincenzo Gargiulo and Luigia Russo (in religion: Sister Agnese dell'Immacolata).

Scarborough, Ontario, 1963. They left Canada and returned to Italy in 1972.

Alcantarine Sisters of the Third Order of Saint Francis

Little Sisters of the Poor of Saint Peter of Alcantara

Suore alcantarine del terz'ordine di san Francesco

Suore francescane alcantarine

o.s.f.

FRANCISCAN SISTERS OF PERPETUAL ADORATION

B52

Formées en 1849 à Milwaukee, Wisconsin, par les abbés Francis Keppeler et Mathias Steiger ainsi que Mary Aemiliana Duerr et cinq compagnes. Elles furent affiliées aux Conventuels comme tiers-ordre régulier féminin en 1890.

Vancouver, Colombie-Britannique, 1971. Cette présence se termina en 1973 quand les soeurs de Vancouver se joignirent en bloc aux Franciscan Sisters of the Eucharist, nouvel institut dont elles furent des membres dès son origine (voir notice suivante).

B52

Founded in 1849 at Milwaukee, Wisconsin, by Frs. Francis Keppeler and Mathias Steiger and Mother Mary Aemiliana Duerr with five of her companions. They were affiliated to the Conventuals as a female regular third order in 1890.

Vancouver, British Columbia, 1971. This presence ended in 1973 when the Vancouver sisters, as a bloc, became part of the original members of the new Franciscan Sisters of the Eucharist (see next entry).

Franciscan Sisters of Perpetual Adoration (La Crosse, Wisc.)

Sisters of the Third Order of Saint Francis of Perpetual Adoration

Sorores tertii ordinis sancti Francisci a perpetua adoratione

f.s.p.a.

FRANCISCAN SISTERS OF THE EUCHARIST

B53
Institut fondé en 1973 à Meriden, Connecticut, par les
mères Rosemae Pender et Shawn Vergauwen, en groupant
ensemble des soeurs auparavant membres des Franciscan
Sisters of Perpetual Adoration. Le groupe de Vancouver
de ces dernières soeurs se joignit au nouvel institut à sa
fondation. Les Franciscan Sisters of the Eucharist
quittèrent le Canada en 1976. Le nouvel institut n'est pas
encore (1980) affilié à une branche des Frères mineurs
comme tiers-ordre régulier féminin.

B53
Founded in 1973 at Meriden, Connecticut, by Mothers
Rosemae Pender and Shawn Vergauwen, who grouped
together some members of the Franciscan Sisters of
Perpetual Adoration. The Vancouver-based Sisters of
Perpetual Adoration joined the new institute at its
foundation. They left Canada in 1976. In 1980, the
new institute was not yet affiliated to a branch of
the Friars Minor as a female regular third order.

f.s.e.

FRANCISCAN SISTERS OF THE ATONEMENT

B54
Fondées en 1898 à Garrison, New York, par Laurena Mary
White (nom en religion: mère Lurena Mary Francis) et le
révérend Lewis Thomas Wattson (nom en religion: père
Paul James Francis, s.a.), comme institut religieux de
l'Église épiscopale aux États-Unis. Elles furent reçues en
bloc dans l'Église catholique romaine en 1909.

Smoky Lake, Alberta, 1926.

B54
Founded in 1898 at Garrison, New York, by Laurena
Mary White (in religion: Mother Lurena Mary
Francis) and Rev. Lewis Thomas Wattson (in religion:
Fr. Paul James Francis, s.a.) as an institute of the
Episcopal Church in the United States. They were
received as a bloc into the Roman Catholic Church in
1909.

Smoky Lake, Alberta, 1926.

Atonement Sisters

Franciscaines de l'expiation

Graymoor Sisters

Society of the Atonement (Sisters)

Sorores franciscanae de adunatione tertii ordinis sancti Francisci

s.a.

JOSEPHITE SISTERS

B55
Fondées en 1894 à Zhuzhel, Galicie, Autriche-Hongrie
(ensuite Ukraine, puis Pologne, maintenant République
socialiste soviétique d'Ukraine, Union des républiques
socialistes soviétiques), par l'abbé Kyrylo Selests'kyï,
comme institut de rite byzantin-ukrainien.

Saskatoon, Saskatchewan, 1961.

B55
Founded in 1894 at Zhuzhel, Galicia, Austria-Hungary
(later Ukraine, then Poland, now Ukrainian Soviet
Socialist Republic, Union of Soviet Socialist Repub-
lics), by Fr. Kyrylo Selests'kyï as an institute of the
Byzantine Ukrainian rite.

Saskatoon, Saskatchewan, 1961.

Sisters of Saint Joseph

s.s.j.

MESSAGÈRES DE JÉSUS

B 56

Fondées en 1856 à Lyon, France, sous le nom de Chanoinesses régulières des Cinq Plaies du Sauveur, par l'abbé Adrien Colomb du Gast et mère Octavie Delaunay. En 1913, cinq des six maisons canadiennes furent groupées en un institut purement canadien (voir note suivante). La sixième maison demeura dans l'institut d'origine qui prit, en 1918, le nom de Religieuses des Cinq Plaies. En 1952, la partie canadienne de l'institut français en fut séparée pour former un institut canadien: les Religieuses des Cinq Plaies de Jésus, nom qui fut changé en 1959 pour celui de Messagères de Jésus. L'institut canadien cessa d'exister en 1967 par la fusion avec les Soeurs de Notre-Dame du Bon Conseil.

Notre-Dame-de-Lourdes, Manitoba, 1894; maison au moment de la séparation de 1913: Nominingue, Québec; au moment de celle de 1952: Montréal.

B 56

Founded in 1856 at Lyon, France, under the name Canonesses Regular of the Five Wounds of the Saviour by Fr. Adrien Colomb du Gast and Mother Octavie Delaunay. In 1913, five of the six houses in Canada were grouped together into a purely Canadian institute (see next entry). The sixth house remained in the original institute which, in 1918, changed its name to Religieuses des Cinq Plaies. In 1952, the Canadian section of the French institute was separated from it in order to form a Canadian institute: the Religieuses des Cinq Plaies de Jésus, which changed its name in 1959 to Messagères de Jésus. This Canadian institute ceased to exist in 1967 when it merged with the Soeurs de Notre-Dame du Bon Conseil.

Notre-Dame-de-Lourdes, Manitoba, 1894; house at the moment of the 1913 split: Nominingue, Quebec; at the moment of the 1952 split: Montreal.

Chanoinesses régulières des Cinq Plaies du Sauveur
Canonesses Regular of the Five Wounds of the Saviour

Messengers of Jesus

Religieuses des Cinq Plaies

Religieuses des Cinq Plaies de Jésus

Religieuses des Cinq Plaies de Jésus de Montréal

c.r.c.p.

SOEURS DU SAUVEUR

SISTERS OF THE SAVIOUR

B 57

Formées en 1913 à Notre-Dame-de-Lourdes, Manitoba, par cinq des six maisons canadiennes des Chanoinesses régulières des Cinq Plaies du Sauveur, sous le nom de l'Institut canadien des chanoinesses régulières des Cinq Plaies du Sauveur. Ce nom fut changé en 1968 pour celui de Soeurs du Sauveur.

B 57

Formed in 1913 at Notre-Dame-de-Lourdes, Manitoba, by five of the six Canadian houses of the Canonesses Regular of the Five Wounds of the Saviour, under the name Canadian Institute of the Canonesses Regular of the Five Wounds of the Saviour. The name was changed in 1968 to Sisters of the Saviour.

Institut canadien des chanoinesses régulières des Cinq
 Plaies du Sauveur
Canadian Institute of the Canonesses Regular of the Five
 Wounds of the Saviour

c.r.c.p.   s.d.s.

MISSIONARY SISTERS OF CHRISTIAN CHARITY

B 58

Fondées en 1946 à Grimsby, Ontario, comme institut de rite byzantin-ukrainien, par le père Mark Romanovycz, o.s.b.m.

B 58

Founded in 1946 at Grimsby, Ontario, by Fr. Mark Romanovycz, o.s.b.m., as an institute in the Byzantine Ukrainian rite.

m.s.c.c.

MISSIONARY SISTERS OF JESUS OF NAZARETH

B59
Institut fondé en 1931 à Żejtun, Malte, par Guzeppina Curmi.

Powell River, Colombie-Britannique, 1961.

B59
Founded in 1931 at Żejtun, Malta, by Guzeppina Curmi.

Powell River, British Columbia, 1961.

Sorijet missjunarji ta Gesu Nazarenu *(maltais/Maltese)*

MISSIONARY SISTERS OF SAINT PETER CLAVER

B60
Fondées en 1894 à Salzbourg, Autriche, par la bienheureuse comtesse Maria Teresa Ledóchowska.

Toronto, 1939.

B60
Founded in 1894 at Salzburg, Austria, by Blessed Countess Maria Teresa Ledóchowska.

Toronto, 1939.

Sankt Petrus Claver Sodalität für afrikanische Missionen

Sodalitas a sancto Petro Claver

Sodality of Saint Peter Claver

Sodality of Saint Peter Claver for African Missions

s.m.s.p.c.   s.s.p.c.

MISSIONARY SISTERS OF THE PRECIOUS BLOOD

B61
Institut fondé à Mariannhill, Natal (auj. Afrique du Sud), en 1885, par Wendelin Pfanner (nom en religion: père Franz, o.c.s.o.).

Willowdale, Ontario, 1954.

B61
Founded in 1885 at Mariannhill, Natal (today South Africa), by Wendelin Pfanner (in religion: Fr. Franz, o.c.s.o.).

Willowdale, Ontario, 1954.

Missiezuster van het Kostbaar Bloed

Missionales a Pretiosissimo Sangue

Missionsschwestern vom Kostbaren Blut

c.p.s.

MISSIONNAIRES OBLATES DU SACRÉ-COEUR ET DE MARIE-IMMACULÉE

B62
Fondées en 1904 à Saint-Boniface, Manitoba, par Louis-Philippe-Adélard Langevin, o.m.i., archevêque de Saint-Boniface, et Ida Lafricain.

MISSIONARY OBLATES OF THE SACRED HEART AND MARY IMMACULATE

B62
Founded in 1904 at Saint-Boniface, Manitoba, by Louis-Philippe-Adélard Langevin, o.m.i., archbishop of Saint-Boniface, and Ida Lafricain.

Missionnaires oblates de Saint-Boniface

Oblates du Sacré-Coeur et de Marie-Immaculée
Oblates of the Sacred Heart and Mary Immaculate

Soeurs missionnaires oblates de Saint-Boniface
Missionary Oblate Sisters of Saint Boniface

m.o.

MONIALES BÉNÉDICTINES

B63

Formées en 1937 à Sainte-Marthe-sur-le-Lac, Québec, par quatre moniales de l'abbaye Notre-Dame, Wisques, France, prêtées pour fonder le prieuré de Sainte-Marie des Deux Montagnes. Les moniales françaises arrivèrent en 1936 et vécurent à Montréal avec les futures moniales canadiennes jusqu'à ce que le prieuré soit prêt. Le noyau canadien avait été fondé en 1931 à Montréal par Clotilde Mathys sous le nom d'Apostolat liturgique. Le groupe avait demandé d'être formé par des moniales bénédictines pour ensuite en devenir elles-mêmes. Le prieuré est devenu abbaye en 1946 et fait partie de la Congrégation de France des Bénédictins. La première prieure et abbesse fut mère, ensuite madame, Gertrude Adam.

Dès le septième siècle, des moniales suivant la règle de Saint-Benoît étaient présentes en Europe et des monastères se répandirent partout. En 1866, après la Révolution et la restauration de la vie monastique, l'abbaye Sainte-Cécile fut fondée à Solesmes pour les Moniales bénédictines. Ce fut la première maison féminine de la Congrégation de France (voir aussi le paragraphe sur les Moniales bénédictines à 2.2.1.4 et les notices A6-A7).

B63

Formed in 1937 at Sainte-Marthe-sur-le-Lac, Quebec, by four nuns of the Abbey of Notre-Dame, Wisques, France, on loan to found the Priory of Sainte-Marie des Deux Montagnes. The nuns arrived in Montreal in 1936 and lived there with the future Canadian nuns until the priory was ready. This Canadian nucleus had been founded in 1931 at Montreal by Clotilde Mathys as the Apostolat liturgique. The group had asked to be trained by Benedictine nuns in order to become nuns. The priory became an abbey in 1946 and is part of the Benedictine Congrégation de France. The first prioress was Mother, then Lady Abbess, Gertrude Adam.

Nuns following the Benedictine rule appear to have been present in Europe during the 7th century. Monasteries were then founded everywhere. After the Revolution and the restoration of monastic life, the Abbey of Sainte-Cécile (Solesmes) was founded for Benedictine nuns in 1866 and was the first female house of the Congrégation de France (see the paragraph on Benedictine nuns in 2.2.1.4 and entries A6-A7).

Bénédictines
Benedictines *(Women)*

Moniales ordinis sancti Benedicti

o.s.b.

MONIALES BÉNÉDICTINES DE MONT-LAURIER

B64

Fondées en 1934 à Mont-Laurier, Québec, sous le nom de monastère Mont-de-la-Rédemption des Soeurs adoratrices du Précieux-Sang, par Alexina Dubuc (nom en religion: mère Marie-Sainte-Cécile), venue du monastère Saint-Joseph, Nicolet, Québec, du même institut (Soeurs adoratrices du Précieux-Sang) ainsi que par l'abbé Antonio Bettez et Joseph-Eugène Limoges, évêque de Mont-Laurier (qui porta le titre d'archevêque-évêque de 1957 à son décès en 1965). En 1949, le monastère se désaffilia de son institut d'origine et devint un prieuré conventuel bénédictin; la communauté prit ainsi le nom de Moniales bénédictines du Précieux-Sang et la supérieure-fondatrice de 1934 devint la première prieure sous le nom de mère Cécile-Bénédicte Dubuc, o.s.b. En 1961, le prieuré conventuel devint abbaye sous le nom d'abbaye du Précieux-Sang et la prieure devint abbesse sous le nom de madame Cécile-Bénédicte Dubuc. En 1976, les noms

B64

Founded in 1934 at Mont-Laurier, Quebec, as the Mont-de-la-Rédemption Monastery of the Sisters Adorers of the Precious Blood, by Alexina Dubuc (in religion: Mother Marie-Sainte-Cécile), from the Saint Joseph Monastery, Nicolet, Quebec, of the same institute, as well as by Fr. Antonio Bettez and Joseph-Eugène Limoges, bishop of Mont-Laurier (styled archbishop-bishop from 1957 until his death in 1965). In 1949, the monastery left the original institute and became a Benedictine priory; the community became known as the Moniales bénédictines du Précieux-Sang; the original superior of 1934 became the first prioress under the name Mother Cécile-Bénédicte Dubuc, o.s.b. In 1961, the priory became an abbey under the name abbaye du Précieux-Sang; the prioress became abbess under the name Lady Abbess Cécile-Bénédicte Dubuc. In 1976, the

respectifs de l'abbaye et de la communauté ont été modifiés pour devenir l'abbaye du Mont-de-la-Rédemption des Moniales bénédictines de Mont-Laurier. L'abbaye fait partie de la Confédération bénédictine sans être rattachée d'abord à une congrégation bénédictine. Elle entretient toutefois des liens d'ordre intellectuel et spirituel avec la Congrégation de l'Annonciation de la Bienheureuse Vierge Marie de l'Ordre de Saint-Benoît (la congrégation belge): en 1950, les Moniales bénédictines du Précieux-Sang avaient adopté, de façon générale, les constitutions de l'abbaye Saints Jean et Scholastique, Maredret, Belgique (voir aussi le paragraphe sur les Moniales bénédictines à 2.2.1.4 et les notices A6-A7).

respective names of the abbey and the community were changed to the Abbey of Mont-de-la-Rédemption and the Moniales bénédictines de Mont-Laurier. The abbey is part of the Benedictine Confederation without being part of a Benedictine congregation, although it has intellectual and spiritual relations with the Congregation of the Annunciation of the Blessed Virgin Mary of the Benedictines, the Belgian congregation: in 1950, the Moniales bénédictines du Précieux-Sang had adopted, in a general way, the constitutions of Saints Jean and Scholastique Abbey, Maredret, Belgium (see also the paragraph on Benedictine nuns in 2.2.1.4 and entries A6-A7).

Moniales bénédictines du Précieux-Sang

o.s.b.

MONIALES BÉNÉDICTINES DU PRÉCIEUX-SANG

B65

Institut fondé en 1907 à Joliette, Québec, sous le nom de monastère Notre-Dame de la Paix des Soeurs adoratrices du Précieux-Sang, par Marie-Salomé Poirier (veuve de Thomas-Edmond d'Odet d'Orsonnens, nom en religion: mère Saint-Jean de la Croix), du monastère du Précieux-Sang, Saint-Hyacinthe, Québec (maison-mère du même institut) avec l'aide de Joseph-Alfred Archambault, évêque de Joliette. En 1974, le monastère quitta son institut d'origine et devint abbaye bénédictine sous le nom d'abbaye Notre-Dame de la Paix des Moniales bénédictines du Précieux-Sang; il a pour abbesse madame Marie-Benoît Trépanier. L'abbaye fait partie de la Confédération bénédictine sans être cependant rattachée à une congrégation bénédictine. Elle entretient des liens spirituels et intellectuels avec l'abbaye Mont-de-la-Rédemption des Moniales bénédictines de Mont-Laurier, Québec, avec qui elle partage une origine commune, ainsi qu'avec la Congrégation de l'Annonciation de la Bienheureuse Vierge Marie de l'Ordre de Saint-Benoît (la congrégation belge): l'abbaye de Joliette a adopté, de façon générale, les constitutions de l'abbaye Saints Jean et Scholastique, Maredret, Belgique (voir aussi à ce sujet le paragraphe sur les Moniales bénédictines à 2.2.1.4 et les notices A6-A7).

B65

Founded in 1907 at Joliette, Quebec, as the Notre-Dame de la Paix Monastery of the Sisters Adorers of the Precious Blood, by Marie-Salomé Poirier, (the widow of Thomas-Edmond d'Odet d'Orsonnens, in religion: Mother Saint-Jean de la Croix), from Précieux-Sang Monastery, Saint-Hyacinthe, Quebec, the motherhouse of the same institute, with the help of Joseph-Alfred Archambault, bishop of Joliette. In 1974, the monastery left its original institute and became a Benedictine abbey with the name Notre-Dame de la Paix Abbey of the Moniales Bénédictines du Précieux-Sang, under Lady Abbess Marie-Benoît Trépanier. The abbey is part of the Benedictine Confederation without being part of a Benedictine congregation. However, it has intellectual and spiritual links with Mont-de-la-Rédemption Abbey, Mont-Laurier, Quebec, with which it shares a common origin, and with the Congregation of the Annunciation of the Blessed Virgin Mary of the Benedictines, the Belgian congregation; the Joliette abbey has adopted, in a general way, the constitutions of Saints Jean and Scholastique Abbey, Maredret, Belgium (see also the paragraph on Benedictine nuns in 2.2.1.4 and entries A6-A7).

o.s.b.

MONIALES DOMINICAINES

B66

Fondées en 1206 à Prouille, France, par saint Dominique.
Berthierville, Québec, 1925.

B66

Founded in 1206 at Prouille, France, by Saint Dominic.
Berthierville, Quebec, 1925.

Dominicaines

Dominicains. Second ordre
Dominicans. Second Order

o.p.

134

OBLATES DE BÉTHANIE

B67

Institut fondé en 1902 à Paris par un Canadien, le père Eugène Prévost, c.f.s., ex-membre sécularisé des Pères du Saint-Sacrement.

Pointe-du-Lac, Québec, 1933.

Founded in 1902 at Paris by Fr. Eugène Prévost, c.f.s., a Canadian secularized ex-member of the Blessed Sacrament Fathers.

Pointe-du-Lac, Quebec, 1933.

Oblates du Saint-Sacrement

Oblates du Très-Saint-Sacrement

Oblates of Bethany

c.o.b.

OBLATES DU SAINT-ESPRIT

B68

Fondées en 1882 à Lucca, Italie, par la bienheureuse Elena Guerra.

Montréal, 1951.

Founded in 1882 at Lucca, Italy, by Blessed Elena Guerra.

Montreal, 1951.

Institutum oblatarum Sancti Spiritus

Oblate dello Spirito Santo

Soeurs de Sainte-Zita
Sisters of Saint Zita

Suore di santa Zita

Suore oblate dello Spirito Santo

OBLATES FRANCISCAINES DE SAINT-JOSEPH

B69

Formées en 1929 à Montréal par Marie-Anne Lavallée (nom en religion: mère Marie-Joseph de la Providence) et Henri-Marie-Maxime Des Noyers, (nom en religion: fr. Germain-Marie Des Noyers, o.f.m.), sur la base d'un groupe de femmes nommé Oeuvre des convalescentes, formé à Montréal en 1913 par Marie-Anne Lavallée pour diriger l'hôpital Saint-Joseph des convalescents. Elles reçurent leur nom actuel en 1945 avec leur approbation canonique. Elles furent agrégées aux Franciscains comme tiers-ordre régulier féminin en 1937.

Founded in 1929 at Montreal by Marie-Anne Lavallée (in religion: Mother Marie-Joseph de la Providence) and Henri-Marie-Maxime Des Noyers (in religion: Fr. Germain-Marie Des Noyers, o.f.m.), based on a group of charitable women named Oeuvre des convalescentes that was founded at Montreal in 1913 by Marie-Anne Lavallée to run the Saint-Joseph des convalescents Hospital. They received their present name in 1945 at the time of their canonical approbation. They were affiliated to the Franciscans as a female regular third order in 1937.

Franciscan Oblates of Saint Joseph

Oeuvre des convalescentes

Soeurs franciscaines oblates de Saint-Joseph
Franciscan Oblate Sisters of Saint Joseph

Soeurs oblates franciscaines de Saint-Joseph
Oblate Franciscan Sisters of Saint Joseph

o.f.s.j.

OUR LADY'S MISSIONARIES

B70
Institut fondé en 1949 à Alexandria, Ontario, par Mgr Donald R. Fraser, p.d.

B70
Founded in 1949 at Alexandria, Ontario, by Msgr. Donald R. Fraser, p.d.

o.l.m.

PAUVRES CLARISSES

B71
Fondées en 1212 à Assise, Italie, par sainte Claire d'Assise et saint François d'Assise.

Sainte Colette de Corbie, en 1402, fut à l'origine d'un mouvement de réforme des monastères clarisses qui, par la suite, porta son nom: Pauvres clarisses colettines. C'est de ce mouvement que font partie maintenant la plupart des monastères clarisses au monde, dont tous ceux du Canada.

Valleyfield, Québec, 1902, par des Pauvres clarisses venues de Lourdes, France.

POOR CLARES

B71
Founded in 1212 at Assisi, Italy, by Saints Claire of Assisi and Francis of Assisi.

In 1408, Saint Colette of Corbie initiated a reform movement in the Clares' monasteries that eventually took her name: Poor Clares of Saint Colette. This is the movement that most of the world's Clares' monasteries, including all those in Canada, follow.

Valleyfield, Quebec, 1902, by Poor Clares from Lourdes, France.

Clarisses

Franciscains. Second ordre
Franciscans. Second Order

Ordo sanctae Clarae

Ordre de Sainte-Claire
Order of Saint Clare

Pauvres clarisses colettines

Pauvres clarisses de Sainte-Colette
Poor Clares of Saint Colette

Secundus ordo sancti Francisci Assisiensis

Soeurs de Sainte-Claire
Sisters of Saint Clare

o.s.c.   o.s.cl.   o.s.cl.col.

PETITES FILLES DE SAINT-FRANÇOIS

B72
Fondées à Montréal en 1948 par Marie-Louise Bourgeois (nom en religion: mère Cécile), Anita Valiquette (mère Marie de Bonsecours), Joseph Charbonneau, archevêque de Montréal (1940-1950; plus tard, de 1950 à son décès en 1959, archevêque titulaire de Bosporus), et Conrad Chaumont, évêque titulaire d'Arena et évêque auxiliaire de Montréal. Elles furent affiliées aux Franciscains comme tiers-ordre régulier féminin en 1949.

L'institut tire ses origines d'une société de tertiaires séculières de Saint-François, fondée à Montréal en 1891 pour opérer la Maison Sainte-Élisabeth et qui, en 1893,

B72
Founded in 1948 at Montreal by Marie-Louise Bourgeois (in religion: Mother Cécile), Anita Valiquette (Mother Marie de Bonsecours), Joseph Charbonneau (archbishop of Montreal from 1940 to 1950; and then from 1950 until his death in 1959, titular archbishop of Bosporus), and Conrad Chaumont, titular bishop of Arena and auxiliary bishop of Montreal. They were affiliated to the Franciscans as a female regular third order in 1949.

The institute is an offshoot of a group of Franciscan secular tertiaries founded in 1891 at Montreal to run

136

prit le nom de Société de Sainte-Élisabeth. Cette société avait été fondée par Emma van den Akker (nom comme tertiaire: soeur Madeleine), Claire Leduc (soeur Claire d'Assise) et Marie Germain (soeur Antoine). La plupart des membres de la société devinrent membres du nouvel institut en 1948; seuls quelques membres demeurèrent dans la société, qui cessa d'exister peu après.

the Maison Sainte-Élisabeth and which, in 1893, took the name Société de Sainte-Élisabeth. It had been founded by Emma van den Akker (name as a tertiary: Sister Madeleine), Claire Leduc (Sister Claire d'Assise) and Marie Germain (Sister Antoine). In 1948, most members attached themselves to the new institute; only a few members remained in the society, which ceased to exist a short time later.

Little Daughters of Saint Francis

Société de Sainte-Élisabeth

p.f.s.f.

PETITES FILLES DE SAINT-JOSEPH

B73
Institut fondé en 1857 à Montréal par monsieur Antoine Mercier, p.s.s., et Rose de Lima Dauth (nom en religion: mère Julie).

B73
Founded in 1857 at Montreal by Fr. Antoine Mercier, p.s.s., and Rose de Lima Dauth (in religion: Mother Julie).

Congregatio sororum parvarum filiarum a sancto Joseph

Little Daughters of Saint Joseph

p.f.s.j.

PETITES FRANCISCAINES DE MARIE

LITTLE FRANCISCANS OF MARY

B74
Fondées en 1889 à Worcester, Massachusetts, autour d'un noyau formé en 1887 par Julie Charpentier (nom en religion: soeur Saint-François d'Assise) et Adéline Fortier (soeur Sainte-Claire d'Assise), sous la direction de l'abbé Joseph Brouillet. Sont considérées aussi comme fondatrices du groupe de 1889: Marie Bibeau (soeur Marie-Anne de Jésus) et Marie-Louise Rondeau (soeur Marie-Joseph). Sont également comptés parmi les fondateurs, bien que leur contribution n'ait pas nécessairement été faite en 1889 mais plus tard: les abbés Zotique Durocher et Ambroise-Martial Fafard (la plus importante personne de ce groupe-ci), le père Darveni-Hugues Langlois, s.j., Camille-Arbogast Mangin (fr. Berchmans-Marie Mangin, o.f.m.), Étudienne Blais (soeur Marie-Zotique), Lumina Bolduc (soeur Marie-Dominique), Emma Decelles (soeur Marie des Sept-Douleurs), Rosanna Marcil (soeur Marie-Égide d'Assise), Agnès Perron (soeur Marie de Bon Secours), Zélia Perron (soeur Marie-Frédéric), Albertine Riopel (soeur Alphonse-Marie de Liguori), Cordélie Robillard (soeur Marie-Alexis) et Elzire Roy (soeur Marie-Thérèse de Jésus). Cet institut fut affilié aux Franciscains comme tiers-ordre régulier féminin en 1904.

Baie-Saint-Paul, Québec, 1891.

B74
Founded in 1889 at Worcester, Massachusetts, from a nucleus formed in 1887 by Julie Charpentier (in religion: Sister Saint-François d'Assise) and Adéline Fortier (Sister Sainte-Claire d'Assise) under the direction of Fr. Joseph Brouillet. Also considered to be among the 1889 founders are Marie Bibeau (Sister Marie-Anne de Jésus) and Marie-Louise Rondeau (Sister Marie-Joseph). The following are also considered to be founders, although their contribution was not necessarily made in 1889 but later: Frs. Zotique Durocher, Ambroise-Martial Fafard (the pre-eminent one in this group of 13), Darveni-Hugues Langlois, s.j.; Camile-Arbogast Mangin (Fr. Berchmans-Marie Mangin, o.f.m.); Étudienne Blais (Sister Marie-Zotique), Lumina Bolduc (Sister Marie-Dominique), Emma Decelles (Sister Marie des Sept-Douleurs), Rosanna Marcil (Sister Marie-Égide d'Assise), Agnès Perron (Sister Marie de Bon Secours), Zélia Perron (Sister Marie-Frédéric), Albertine Riopel (Sister Alphonse-Marie de Liguori), Cordélie Robillard (Sister Marie-Alexis) and Elzire Roy (Sister Marie-Thérèse de Jésus). They were affiliated to the Franciscans as a female regular third order in 1904.

Baie-Saint-Paul, Quebec, 1891.

Petites soeurs franciscaines de Marie
Little Franciscan Sisters of Mary

Soeurs oblates de Saint-François d'Assise

p.f.m.

PETITES SOEURS DE JÉSUS

B75
Institut fondé en 1939 à Touggourt, Algérie, par Madeleine Hutin (nom en religion: soeur Madeleine de Jésus).

Montréal, 1952.

B75
Founded in 1939 at Touggourt, Algeria, by Madeleine Hutin (in religion: Sister Madeleine de Jésus).

Montreal, 1952.

> Fraternité des petites soeurs de Jésus
>
> Little Sisters of Jesus
>
> Petites soeurs de frère Charles de Jésus
> Little Sisters of Brother Charles de Jésus
>
> Petites soeurs du Sacré-Coeur de Jésus
> Little Sisters of the Sacred Heart of Jesus

PETITES SOEURS DE L'ASSOMPTION

B76
Fondées en 1865 à Paris par les serviteurs de Dieu Étienne-Claude Pernet, a.a., et Antoinette Fage (nom en religion: mère Marie de Jésus). Elles furent agrégées aux Augustins comme tiers-ordre régulier féminin en 1913.

Montréal, 1933.

B76
Founded in 1865 at Paris by the Servants of God Étienne-Claude Pernet, a.a., and Antoinette Fage (in religion: Mother Marie de Jésus). They were affiliated to the Augustinians as a female regular third order in 1913.

Montreal, 1933.

> Little Sisters of the Assumption
>
> Nursing Sisters of the Poor
>
> Parvulae sorores de Assumptione
>
> **p.s.a.**

PETITES SOEURS DE NOTRE-DAME DU SOURIRE

B77
Fondées en 1951 à Montréal par Adolphe Leblanc (nom en religion: fr. Ambroise Leblanc, o.f.m.), ex-préfet apostolique d'Urawa, et Rose-Aimée Lajoie.

B77
Founded in 1951 at Montreal by Adolphe Leblanc (in religion: Fr. Ambroise Leblanc, o.f.m.), ex-prefect apostolic of Urawa, and by Rose-Aimée Lajoie.

> Soeurs de Notre-Dame du Sourire

PETITES SOEURS DES PAUVRES

B78
Fondées en 1839 à Saint-Servan, France, par la vénérable Jeanne Jugan (nom en religion: soeur Marie de la Croix).

Montréal, 1887.

B78
Founded in 1839 at Saint-Servan, France, by the Venerable Jeanne Jugan (in religion: Sister Marie de la Croix).

Montreal, 1887.

> Congregatio parvularum sororum pauperum

Little Sisters of the Poor

p.s.d.p.

RECLUSES MISSIONNAIRES DE JÉSUS-MARIE

B79

Institut fondé en 1943 à Tangent, Alberta, par Rita-Marie Renaud (nom en religion: mère Rita-Marie) et Jeannette Roy (mère Jeanne le Ber), à partir d'un projet mis à l'essai à Montréal depuis 1941.

B79

Founded in 1943 at Tangent, Alberta, by Rita-Marie Renaud (in religion: Mother Rita-Marie) and Jeannette Roy (Mother Jeanne le Ber), and based on an experimental project started in Montreal in 1941.

Missionary Recluses of Jesus and Mary

Recluse Missionaries of Jesus and Mary

r.m.j.m.

RÉDEMPTORISTINES

B80

Fondées en 1731 à Scala, Italie, par la vénérable Maria Celeste Crostarosa, v.s.m., saint Alphonse-Marie de Liguori et Tommaso Falcoia, évêque de Castellammare di Stabia, Italie.

Sainte-Anne-de-Beaupré, Québec, 1905.

REDEMPTORIST SISTERS

B80

Founded in 1731 at Scala, Italy, by the Venerable Maria Celeste Crostarosa, v.s.m., Saint Alphonsus Maria de Liguori and Tommaso Falcoia, bishop of Castellammare di Stabia, Italy.

Sainte-Anne-de-Beaupré, Quebec, 1905.

Moniales rédemptoristines
Redemptoristine Nuns

Ordo Sanctissimi Redemptoris

Ordre du Très-Saint-Rédempteur

Redemptoristine Sisters

Redemptoristines

Soeurs du Saint-Rédempteur
Sisters of the Holy Redeemer

Sorores a Sanctissimo Redemptore

o.ss.r.   s.s.r.

RELIGIEUSES DE JÉSUS-MARIE

B81

Fondées en 1816 à Lyon, France, par le père André Coindre, de la Société de la Croix de Jésus, et la vénérable Claudine Thévenet (nom en religion: mère Marie Saint-Ignace). L'institut fut établi sur la base des deux oeuvres suivantes, fondées en 1816 par le père Coindre et présidées par Claudine Thévenet: l'Oeuvre de la "petite" Providence, dont la présidente se déchargea en

RELIGIOUS OF JESUS AND MARY

B81

Founded in 1816 at Lyon, France, by Fr. André Coindre, of the Société de la Croix de Jésus, and the Venerable Claudine Thévenet (in religion: Mother Marie Saint-Ignace). The institute originated from two groups, the Oeuvre de la "petite" Providence and the Pieuse union du Sacré-Coeur de Jésus, founded in 1816 by Fr. Coindre and presided over by Claudine

1821 (cette oeuvre existe encore), et la Pieuse union du Sacré-Coeur de Jésus, dont la présidente se déchargea en 1825 (l'oeuvre cessa alors d'exister); cette dernière oeuvre fut aussi connue sous les noms de Société du Sacré-Coeur, Société des Saints-Coeurs et Association des Saints-Coeurs de Jésus et de Marie.

Saint-Joseph-de-la-Pointe-de-Lévy, Québec, 1855. En 1855, Ignace Bourget, évêque de Montréal, leur avait demandé, au nom de Pierre-Flavien Turgeon, archevêque de Québec, de venir s'établir dans ce dernier diocèse.

Congrégation de Jésus-Marie (soeurs)

Soeurs de Jésus-Marie

Sorores Jesu et Mariae

r.j.m.

Thévenet; the former group, which she left in 1821, is still in existence but the latter ceased to exist after her departure in 1825. The Pieuse union du Sacré-Coeur was also known as the Société du Sacré-Coeur, the Société des Saints-Coeurs and the Association des Saints-Coeurs de Jésus et de Marie.

Saint-Joseph de la Pointe de Lévy, Quebec, 1885. In 1855, they were asked by Ignace Bourget, bishop of Montreal, acting for Pierre-Flavien Turgeon, archbishop of Quebec, to establish themselves in the latter's diocese.

RELIGIEUSES DE L'AMOUR DE DIEU

B82
Institut fondé en 1864 à Toro, province de Zamora, Espagne, par le chanoine Jerónimo Mariano Usera y Alarcón.

Grand-Sault, Nouveau-Brunswick, 1957. Elles quittèrent le Canada en 1971 pour retourner en Espagne.

Hermanas del Amor de Dios

Institutum sororum ab Amore Dei

Sisters of the Love of God

B82
Founded in 1864 at Toro, Zamora Province, Spain, by Canon Jerónimo Mariano Usera y Alarcón.

Grand-Sault, New Brunswick, 1957. They left Canada in 1971 and returned to Spain.

RELIGIEUSES DE L'ASSOMPTION

B83
Formées en 1839 à Paris par la bienheureuse Anne-Eugénie Milleret de Brou (nom en religion: mère Marie-Eugénie de Jésus).

Baie-Comeau, Québec, 1959.

Congrégation de l'Assomption

Institutum sororum ab Assumptione

Soeurs augustiniennes de l'Assomption

r.a.

B83
Founded in 1839 at Paris by Blessed Anne-Eugénie Milleret de Brou (in religion: Mother Marie-Eugénie de Jésus).

Baie-Comeau, Quebec, 1959.

RELIGIEUSES DE L'ENFANT-JÉSUS

B84
Institut fondé en 1668 au Puy, Haute-Loire, France, par Anne-Marie Martel.

RELIGIOUS OF THE CHILD JESUS

B84
Founded in 1668 at Le Puy, Haute-Loire, France, by Anne-Marie Martel.

140

New Westminster, Colombie-Britannique, 1896.   New Westminster, British Columbia, 1896.

Dames de l'instruction de l'Enfant-Jésus
Ladies of Instruction of the Infant Jesus

Religieuses de l'Enfant-Jésus du Puy
Religious of the Child Jesus of Le Puy

Religieuses de l'instruction de l'Enfant-Jésus
Religious of Instruction of the Child Jesus

Religious of Instruction of the Infant Jesus

Sisters of the Infant Jesus of Le Puy

Soeurs de l'Enfant-Jésus de Vancouver
Sisters of the Child Jesus of Vancouver

Soeurs de l'Enfant-Jésus du Puy
Sisters of the Child Jesus of Le Puy

s.e.j.

RELIGIEUSES DE LA SAINTE-FAMILLE DU SACRÉ-COEUR

B85
Fondées en 1889 au Puy, Haute-Loire, France, par le serviteur de Dieu Louis-Étienne Rabussier, s.j., et la servante de Dieu Marie-Adélaïde-Émilie Melin (nom en religion: mère Marie-Ignace Melin).

Fort-Chambly, Québec, 1957. Elles quittèrent le Canada pour retourner en France en 1968.

B85
Founded in 1889 at Le Puy, Haute-Loire, France, by the Servants of God Louis-Étienne Rabussier, s.j., and Marie-Adélaïde-Émilie Melin (in religion: Mother Marie-Ignace Melin).

Fort-Chambly, Quebec, 1957. They left Canada and returned to France in 1968.

Congregatio sororum Sanctae Familiae Sancti Cordis Jesu

Soeurs de la Sainte-Famille du Sacré-Coeur

RELIGIEUSES DU SACRÉ-COEUR

B86
Fondées en 1800 à Paris par sainte Madeleine-Sophie Barat.

Saint-Jacques-l'Achigan (auj. Saint-Jacques, comté de Montcalm), Québec, 1842. En 1841, Ignace Bourget, évêque de Montréal, leur avait demandé de venir dans son diocèse.

RELIGIOUS OF THE SACRED HEART

B86
Founded in 1800 at Paris by Saint Madeleine-Sophie Barat.

Saint-Jacques-l'Achigan (now Saint-Jacques, Montcalm County), Quebec, 1842. In 1841, Ignace Bourget, bishop of Montreal, had asked them to come into his diocese.

Dames du Sacré-Coeur

Religieuses du Sacré-Coeur de Jésus
Religious of the Sacred Heart of Jesus

Societas religiosarum Sanctissimi Cordis Jesu

Société du Sacré-Coeur de Jésus
Society of the Sacred Heart of Jesus

Soeurs du Sacré-Coeur
Sisters of the Sacred Heart

Virgines religiosae Societatis Sanctissimi Cordis Jesu

r.s.c.j.

RELIGIEUSES HOSPITALIÈRES DE SAINT-JOSEPH

B87

Fondées en 1636 à La Flèche, France, par le serviteur de Dieu Jérôme le Royer de la Dauversière et Marie de la Ferre.

Suivant la tradition monastique féminine en ce temps-là, chaque monastère, tout en se réclamant d'une certaine spiritualité ou d'un certain type d'observance, était indépendant des autres et ne répondait qu'à l'ordinaire du lieu. Petit à petit, des liens canoniques vinrent s'ajouter aux liens spirituels. En 1921, les monastères canadiens commencèrent à travailler sur des constitutions communes. Éventuellement, les monastères canadiens proposèrent l'idée d'un généralat commun, mais les monastères de France s'y opposèrent et les maisons de la région de Montréal se désistèrent; les moniales acadiennes du Nouveau-Brunswick restèrent seules à pousser l'idée. En 1946, les moniales du Nouveau-Brunswick furent groupées par le Saint-Siège en un institut avec supérieure générale. En 1949, les moniales francophones non-acadiennes furent groupées elles aussi sous une supérieure générale à Montréal; il en fut de même pour les moniales anglophones, rassemblées sous une supérieure générale à Kingston, Ontario. En 1953, les quatre instituts, i.e. les trois instituts canadiens et l'institut français (formé entretemps et ayant son siège à Paris) furent regroupés en un seul institut centralisé sous une supérieure générale à Montréal, les quatre instituts d'origine devenant les quatre provinces de l'institut.

Montréal, 1659.

RELIGIOUS HOSPITALLERS OF SAINT JOSEPH

B87

Founded in 1636 at La Flèche, France, by the Servant of God Jérôme le Royer de la Dauversière and Mother Marie de la Ferre.

Following the tradition of this sort of institute, each monastery was independent from the others and was under the exclusive jurisdiction of the local ordinary. Gradually, however, canonical bonds were created. In 1921, work started on common constitutions for Canadian monasteries. Eventually, the idea of a common generalate was proposed by the Canadian monasteries, but after the nuns from France expressed their opposition, the Montreal nuns withdrew their support. Only the Acadian nuns from New Brunswick continued to foster the idea. In 1946, the New Brunswick nuns were grouped by the Holy See into an institute with a superior general. In 1949, the non-Acadian French-speaking nuns were grouped together in the same way, with a superior general in Montreal; the English-speaking nuns had their superior general in Kingston, Ontario. In 1953, the four institutes, i.e., the three Canadian ones and the one from France that had in the meantime been formed with headquarters in Paris, were united into one centralized institute with the superior general in Montreal; the four former institutes becoming the four provinces of the institute.

Montreal, 1659.

Congregatio religiosarum hospitaliarum a sancto Joseph

Hospital Nuns of Saint Joseph

Hospitalières de Saint-Joseph
Hospitallers of Saint Joseph

Religieuses hospitalières de Saint-Joseph de La Flèche
Hospitaller Nuns of Saint Joseph of La Flèche

r.h.s.j.

RELIGIOUS TEACHERS FILIPPINI

B88

Institut fondé en 1692 à Montefiascone, Italie, par sainte Lucia Filippini et le serviteur de Dieu Marc'Antonio Barbarigo, évêque de Montefiascone et cardinal.

B88

Founded in 1692 at Montefiascone, Italy, by Saint Lucia Filippini and the Servant of God Marc'Antonio Barbarigo, bishop of Montefiascone and cardinal.

Hamilton, Ontario, par des soeurs venues des États-Unis en 1961. Les religieuses ont quitté le Canada en 1965 pour retourner aux États-Unis.

Hamilton, Ontario, by sisters who came from the United States in 1961 and who returned there in 1965.

Filippini Sisters

Maestre pie Filippini

Pontifical Institute of the Religious Teachers Filippini

Pontificio istituto delle Maestre pie Filippini

m.p.f.

SCHOOL SISTERS OF OUR LADY

B89
Institut fondé en 1860 à Kalocsa, Hongrie, par Maria Terezia Franz.

Toronto, 1956.

B89
Founded in 1860 at Kalocsa, Hungary, by Maria Terezia Franz.

Toronto, 1956.

Kalocsai iskolanővérek

Misszionyunkról nevezet Kalocsai szegény iskolanővérek

Sisters of Notre Dame, Kalocsa, Hungary

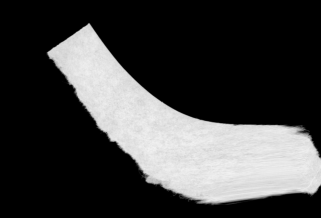

SCHOOL SISTERS OF SAINT FRANCIS

B90
Institut fondé en 1857 à Schwarzbach, grand-duché de Bade (auj. État de Bade-Wurtemberg, République fédérale d'Allemagne), par l'abbé Franz Xaver Lender.

À cause des Lois de mai prussiennes de 1873, les soeurs qui n'acceptèrent pas la sécularisation par l'État durent quitter le pays cette même année et se réfugièrent aux États-Unis. En 1874, elles trouvèrent un diocèse consentant à les recevoir et s'établirent ainsi à New Cassel, Wisconsin, sous Emma Francizka Höll (nom en religion: mère Maria Alexia), leur supérieure en Allemagne au moment de l'exil. Elles furent agrégées aux Franciscains comme tiers-ordre régulier féminin en 1911.

Biggar, Saskatchewan, 1968. Les soeurs quittèrent le Canada pour retourner aux États-Unis en 1977.

B90
Founded in 1857 at Schwarzbach, Grand Duchy of Baden (now State of Baden-Württemberg, German Federal Republic) by Fr. Franz Xaver Lender.

The Prussian May Laws of 1873 forced all sisters, regardless of institute, who did not accept secularization from the State to leave the country that same year. The sisters from this institute sought refuge in the United States, found a diocese willing to accept them in 1874, and were thus established at New Cassel, Wisconsin, under Emma Francizka Höll (in religion: Mother Maria Alexia), their superior in Germany at the time of their exile. They were affiliated to the Franciscans as a female regular third order in 1911.

Biggar, Saskatchewan, 1968. They left Canada and returned to the United States in 1977.

School Sisters of Saint Francis, Milwaukee, Wis.

Sorores scholarum Tertii ordinis sancti Francisci

o.s.f.

SERVANTES DE JÉSUS-MARIE

B91
Fondées en 1894 à Masson, Québec, par l'abbé Alexis-Louis Mangin et Éléonore Potvin (nom en religion: mère Marie-Zita de Jésus).

B91
Founded in 1894 at Masson, Quebec, by Fr. Alexis-Louis Mangin and Eléonore Potvin (in religion: Mother Marie-Zita de Jésus).

s.j.m.

SERVANTES DE NOTRE-DAME, REINE DU CLERGÉ

B92
Institut fondé en 1929 à Lac-au-Saumon, Québec, par l'abbé Alexandre Bouillon et Marie-Anne Ouellet (nom en religion: mère Marie de Saint-Joseph de l'Eucharistie).

B92
Founded in 1929 at Lac-au-Saumon, Quebec, by Fr. Alexandre Bouillon and Marie-Anne Ouellet (in religion: Mother Marie de Saint-Joseph de l'Eucharistie).

Soeurs de Notre-Dame du Clergé

s.r.c.

SERVANTES DU SAINT-COEUR DE MARIE

B93
Fondées en 1860 à Paris, par le père François-Jean-Baptiste Delaplace, c.ss.p., et Jeanne-Marie Moisan (nom en religion: mère Marie du Saint-Sacrement).

Saint-Ephrem-de-Tring, Québec, 1892.

B93
Founded in 1860 at Paris by Fr. François-Jean-Baptiste Delaplace, c.ss.p., and Jeanne-Marie Moisan (in religion: Mother Marie du Saint-Sacrement).

Saint-Ephrem-de-Tring, Quebec, 1892.

Institutum sororum servarum Sancti Cordis Mariae

Servants of the Holy Heart of Mary

s.s.c.m.

SERVANTES DU TRÈS-SAINT-SACREMENT

SERVANTS OF THE BLESSED SACRAMENT

B94
Fondées en 1858 à Paris par saint Pierre-Julien Eymard.

Chicoutimi, Québec, 1903.

B94
Founded in 1858 at Paris by Saint Pierre-Julien Eymard.

Chicoutimi, Quebec, 1903.

Societas ancillarum Sanctissimi Sacramenti

s.s.   s.s.s.

SISTERS AUXILIARIES OF THE APOSTOLATE

B95
Institut fondé en 1903 à Krakow, Alberta, par l'abbé Francis Olszewski.

B95
Founded in 1903 at Krakow, Alberta, by Fr. Francis Olszewski.

144

Congregatio auxiliarum apostolatus

a.a.

SISTERS OF CHARITY OF HALIFAX

B96
Institut fondé en 1849 à Halifax, Nouvelle-Écosse, par soeur Basilia McCann, des Sisters of Charity of New York. La maison de Halifax ainsi que celles qui en sont issues devinrent indépendantes de l'institut de New York en 1856.

B96
Founded in 1849 at Halifax, Nova Scotia, by Sister Basilia McCann, of the Sisters of Charity of New York. The Halifax house and its daughter-houses became independent from New York in 1856.

Sisters of Charity of Mother Seton of Halifax

Sisters of Charity of Saint Vincent de Paul of Halifax

s.c. s.c.h.

SISTERS OF SAINT MARTHA OF ANTIGONISH

B97
Fondées en 1894 à Antigonish, Nouvelle-Écosse, par John Cameron, évêque d'Antigonish, sous la direction des Sisters of Charity of Halifax. Elles devinrent indépendantes de l'institut de Halifax en 1900.

B97
Founded in 1894 at Antigonish, Nova Scotia, by John Cameron, bishop of Antigonish, under the direction of the Sisters of Charity of Halifax. They became independent from Halifax in 1900.

Sisters of Saint Martha

c.s.m.

SISTERS OF SAINT MARTHA OF CHARLOTTETOWN

B98
Fondées à Charlottetown, Île du Prince-Édouard, en 1916, par trois soeurs des Sisters of Saint Martha of Antigonish et quatre novices de l'Île du Prince-Édouard. Ces dernières étaient entrées en 1915 au noviciat d'Antigonish à la demande de Henry Joseph O'Leary, évêque de Charlottetown (de 1930 à sa mort en 1938, archevêque d'Edmonton), lequel voulait fonder dans son diocèse un institut de Sainte-Marthe indépendant de celui d'Antigonish. La première supérieure en fut Mary Anne MacDonald (nom en religion: soeur Mary Stanislaus), prêtée par l'institut d'Antigonish. La période de prêt terminée, celle-ci retourna à Antigonish en 1921.

B98
Founded in 1916 at Charlottetown, Prince Edward Island, by three sisters from the Sisters of Saint Martha of Antigonish and four novices from Prince Edward Island who, in 1915, had entered the Antigonish noviciate at the request of Henry Joseph O'Leary, bishop of Charlottetown (and from 1930 until his death in 1938, archbishop of Edmonton); he wanted to found an institute of Saint Martha in his diocese that would be independent from the Antigonish one. The first superior was Mary Anne MacDonald of the Antigonish institute (in religion: Sister Mary Stanislaus). After her period of loan, she returned to Antigonish in 1921.

c.s.m.

SISTERS OF CHARITY OF THE HOLY ROSARY

B99
Fondées en 1949 à Vancouver, Colombie-Britannique, par William Mark Duke, archevêque de Vancouver, et Hilde-

B99
Founded in 1949 at Vancouver, British Columbia, by William Mark Duke, archbishop of Vancouver, and

gard Gertrude Schilbertz (veuve de Charles Chiorando, nom en religion: mère Mary Elizabeth). Les premières postulantes demandèrent à être admises en 1949 et furent envoyées au noviciat de la Congregation of the Holy Cross of the Sisters of Saint Dominic, Everett, Washington, pour être entraînées à la vie religieuse. En 1951, le nouvel institut fut érigé canoniquement par l'archevêque de Vancouver. En 1952, les membres revinrent à Vancouver pour y établir leur résidence permanente. Deux ans plus tard, l'institut se dispersa: une soeur reçut la permission d'entrer chez les Religieuses de l'Enfant-Jésus, les autres reçurent dispense de leurs voeux et furent sécularisées. En 1956, l'institut fut remis sur pied par la fondatrice originelle, avec de nouvelles postulantes qui furent entraînées par deux membres des Ursulines of Chatham, prêtées à cet effet. En 1962, les Ursulines partirent et le nouvel institut fut laissé sous la direction de sa propre supérieure, la fondatrice. En 1975, l'institut cessa d'exister à cause du décès de la fondatrice, seule membre professe restante.

Hildegard Gertrude Schilbertz (the widow of Charles Chiorando, in religion: Mother Mary Elizabeth). The first postulants applied for admission into the institute in 1949. They were sent for training in religious life to the noviciate of the Congregation of the Holy Cross of the Sisters of Saint Dominic, Everett, Washington. In 1951, the new institute was canonically erected by the archbishop of Vancouver. In 1952, the members came back to Vancouver to establish their permanent residence. In 1954, the institute disbanded: one member was granted permission to transfer to the Religious of the Child Jesus, and the others were dispensed from their vows and secularized. In 1956, the institute was revived with new postulants as well as the original foundress; they were trained by two members of the Ursulines of Chatham, who were loaned for that purpose. In 1962, the Ursulines left and the institute was put under the care of its own superior, the foundress. In 1975, the institute ceased to exist, the foundress, and by then the only professed member, having died.

SISTERS OF CHARITY OF THE IMMACULATE CONCEPTION

B100
Institut fondé en 1854 à Saint-Jean, par Thomas Louis Connolly, o.f.m.cap., évêque de Saint-Jean (de 1859 à sa mort en 1876, archevêque de Halifax), et Honora Conway (nom en religion: soeur Mary Vincent). En 1924, les soeurs francophones s'en détachèrent et formèrent les Religieuses de Notre-Dame du Sacré-Coeur.

B100
Founded in 1854 at Saint John, New Brunswick, by Thomas Louis Connolly, o.f.m.cap., bishop of Saint John (from 1859 until his death in 1876, archbishop of Halifax), and Honora Conway (in religion: Sister Mary Vincent). In 1924, the French-speaking sisters were detached from the institute and formed the Religieuses de Notre-Dame du Sacré-Coeur.

Sisters of Charity of Saint John

Sisters of Charity of the Immaculate Conception of the
    Blessed Virgin Mary

s.c.i.c.

RELIGIEUSES DE NOTRE-DAME DU SACRÉ-COEUR

B101
Fondées à Memramcook, Nouveau-Brunswick, en 1924, par Édouard-Alfred LeBlanc, évêque de Saint-Jean. Le noyau initial était composé des religieuses francophones membres des Sisters of Charity of the Immaculate Conception, séparées de ce dernier institut pour former un institut francophone.

B101
Founded in 1924 at Memramcook, New Brunswick, by Édouard-Alfred LeBlanc, bishop of Saint John. Formed initially by the French-speaking members of the Sisters of Charity of the Immaculate Conception, who left in order to form a purely French-speaking institute.

Religieuses de Notre-Dame du Sacré-Coeur (Canada)

Soeurs de Notre-Dame du Sacré-Coeur

n.d.s.c.

SISTERS OF GOOD COUNSEL

B102
Institut fondé en 1963 à Agua Azul, État de Sinaloa, Mexique, par Porfirio Navarrete (nom en religion: fr. Nicolás Navarrete, o.s.a.).

King City, Ontario, 1975.

B102
Founded in 1963 at Agua Azul, State of Sinaloa, Mexico, by Porfirio Navarrete (in religion: Fr. Nicolás Navarrete, o.s.a.).

King City, Ontario, 1975.

Hermanas operarias de Nuestra Señora del Buon Consejo

SISTERS OF LORETO

B103
Institut fondé en 1609 à Saint-Omer, Flandres, Pays-Bas espagnols (auj. France), par la vénérable Mary Ward.

Petit à petit, les maisons de cette famille religieuse ont été divisées en différents instituts indépendants les uns des autres, tout en ayant le même nom à peu de choses près. Certains de ces instituts se sont groupés à nouveau. À ce jour (1980), il ne reste que trois instituts séparés: deux d'entre eux ont leur siège à Rome et le troisième, à Toronto. L'institut dont la maison généralice est à Toronto résulte de l'union des maisons des États-Unis et du Canada séparées des maisons irlandaises en 1867.

Toronto, 1847.

B103
Founded in 1609 at Saint-Omer, Flanders, Spanish Netherlands (now France), by the Venerable Mary Ward.

Gradually, the houses of this religious family were divided into many different independent institutes with more or less the same name. Some of them have grouped together. Today (1980), only three institutes remain: two are based in Rome and the third one is in Toronto. The Toronto generalate was formed in 1867 when the American and Canadian houses severed canonical ties with the Irish houses.

Toronto, 1847.

English Ladies

Institute of Mary

Institute of the Blessed Virgin Mary

Institutum Beatae Mariae Virginis

Ladies of Loreto

Loreto Sisters

i.b.m.v.   **i.b.v.m.**

SISTERS OF MARY OF THE MIRACULOUS MEDAL

B104
En 1878, à Ljubljana, Autriche-Hongrie (auj. Yougoslavie), un groupe de soeurs infirmières nommées Bolniške sestre, fut fondé par la comtesse Maria Jožefa Brandis (nom en religion: Mère Jožefa Leopoldina, f.d.l.c.s.v.p.). Ce groupe, plus ou moins structuré, était soumis aux Filles de la charité de Saint-Vincent de Paul et n'avait ni noviciat ni voeux mais faisait vie commune. Le père Anton Zdešar, c.m., travailla pour donner l'autonomie à ce groupe et en faire un véritable institut indépendant, ce qui fut réalisé en 1936, avec l'aide du père Léopold Smid, c.m. L'institut acquit au même moment son présent nom. La

B104
In 1878, a group of nursing sisters named Bolniške sestre was founded by Countess Maria Jožefa Brandis (in religion: Mother Jožefa Leopoldina, f.d.l.c.s.v.p.), at Ljubljana Austria-Hungary (now Yugoslavia). This informally structured group was controlled by the Daughters of Charity of Saint Vincent de Paul and, while the members lived in common, they did not have a noviciate or take vows. Fr. Anton Zdešar, c.m., worked to obtain autonomy for the group as a separate institute. This was accomplished in 1936 with the help of Fr. Leopold Smid, c.m., and the

première supérieure générale fut Marija Zakelj (nom en religion: soeur Maria Dolorosa).

Toronto, 1954.

institute was given its present name at that moment. The first superior general was Marija Zakelj (in religion: Sister Maria Dolorosa).

Toronto, 1954.

Bolniške sestre

Marijine sestre

Marijine sestre Čudodelne Svetinje

Sisters of Mary

Sisters of Our Lady of the Miraculous Medal

Sorores infirmariae Mariae a Sacro Numismate

SISTERS OF MERCY OF NEWFOUNDLAND

B105

Les Sisters of Mercy ont été fondées à Dublin, Irlande, en 1831 par mère Catherine Elizabeth McAuley. Trois soeurs vinrent à Saint John's, Terre-Neuve, en 1842: Mary Ann Creedon (nom en religion: soeur Mary Frances Creedon), Catherine Lynch (soeur Mary Rose Lynch) et Clara Frayne (soeur Mary Ursula Frayne). Les maisons de Terre-Neuve acquirent leur indépendance de celles de l'Irlande en 1916. Leur première supérieure générale fut Mary O'Connor (soeur Mary Bridget O'Connor).

B105

The Sisters of Mercy were founded in 1831 at Dublin, Ireland, by Mother Catherine Elizabeth McAuley. Three sisters came to Saint John's, Newfoundland, in 1842: Mary Ann Creedon (in religion: Sister Mary Frances Creedon), Catherine Lynch (Sister Mary Rose Lynch) and Clara Frayne (Sister Mary Ursula Frayne). The Newfoundland houses became independent from Ireland in 1916. Their first superior general was Mary O'Connor (Sister Mary Bridget O'Connor).

Sisters of Mercy

Sisters of Mercy of Saint John's

Sorores a misericordia (Saint John's)

r.s.m.

SISTERS OF MISSION SERVICE

B106

Institut fondé en 1951 à Battleford, Saskatchewan, par le père Godfrey W. Kuckartz, o.m.i.

s.m.s.

B106

Founded in 1951 at Battleford, Saskatchewan, by Fr. Godfrey W. Kuckartz, o.m.i.

SISTERS OF OUR LADY OF CHARITY OF REFUGE

B107

Formées en 1641 à Caen, France, par saint Jean Eudes.

Edmonton, Alberta, 1912.

B107

Founded in 1641 at Caen, France, by Saint John Eudes.

Edmonton, Alberta, 1912.

Institute of Our Lady of Charity of Refuge

Ordo Beatae Mariae Virginis a Caritate Refugii

Sisters of Our Lady of Charity

Soeurs de Notre-Dame de Charité du Refuge

Soeurs de Notre-Dame du Refuge
Sisters of Our Lady of Refuge

o.l.c. o.l.c.r.

SISTERS OF SAINT ELIZABETH

B108

Fondées en 1622 à Aachen (Aix-la-Chapelle), Prusse, Allemagne (auj. République fédérale d'Allemagne), par mère Apollonia Radermacher.

Humboldt, Saskatchewan, 1911.

En 1913, les maisons canadiennes devinrent indépendantes de la maison-mère de Klagenfurt, Autriche (déménagée de Aachen en 1711), et élirent leur propre supérieure générale. L'institut canadien fut affilié aux Franciscains comme tiers-ordre régulier féminin en 1951. La maison généralice est à Saskatoon, Saskatchewan, depuis 1973.

B108

Founded in 1622 at Aachen (Aix-la-Chapelle), Prussia, Germany (now German Federal Republic), by Mother Apollonia Radermacher.

Humboldt, Saskatchewan, 1911.

In 1913, the Canadian houses became independent from the Klagenfurt, Austria, motherhouse (which had been moved from Aachen in 1711), and elected their own superior general. They were affiliated to the Franciscans in 1951 as a female regular third order. Their generalate was moved to Saskatoon, Saskatchewan, in 1973.

Franciscan Sisters of Saint Elizabeth

Hospital Sisters of Saint Elizabeth

Sisters of Saint Elizabeth (Franciscans)

Sisters of Saint Elizabeth of the Third Order of Saint Francis

o.s.e.

SISTERS OF SAINT JOHN THE BAPTIST

B109

Institut fondé en 1878 à Angri, Italie, sous le nom de Battistine del Nazareno, par le serviteur de Dieu Alfonso Maria Fusco, chanoine, et Maddalena Caputo (nom en religion: mère Crocifissa).

Hamilton, Ontario, 1962.

B109

Founded in 1878 at Angri, Italy, by the Servant of God Canon Alfonso Maria Fusco with the cofoundress Maddalena Caputo (in religion: Mother Crocifissa) under the original name Battistine del Nazareno.

Hamilton, Ontario, 1962.

Baptistine Sisters

Battistine

Battistine del Nazareno

Battistine Sisters

Sorores a sancto Joanne Baptista

Suore di san Giovanni Battista

c.s.j.b.

SISTERS OF SAINT JOSEPH OF CLUNY

B110

Institut fondé en 1807 à Chalon-sur-Saône, France, par la bienheureuse Anne-Marie Javouhey.

Hamilton, Ontario, 1958.

B110

Founded in 1807 at Chalon-sur-Saône, France, by Blessed Anne-Marie Javouhey.

Hamilton, Ontario, 1958.

Institutum sororum a sancto Joseph vulgo "de Cluny"

Soeurs de Saint-Joseph de Cluny

s.j.c.

SISTERS OF SAINT JOSEPH OF LE PUY

B111

Fondées en 1648 au Puy, Haute-Loire, France, par Henri Cauchon de Maupas du Tour, évêque du Puy-en-Velay (puis évêque d'Éreux de 1661 à sa mort en 1680), et le père Jean-Pierre Médaille, s.j. Elles existent encore et sont établies surtout en France, mais ont des maisons aux États-Unis. Elles sont à l'origine de plusieurs instituts de Soeurs de Saint-Joseph établis au Canada, bien qu'elles-mêmes, à strictement parler, ne soient jamais venues au pays. Généralement, une maison fondait une autre maison, et ainsi de suite. À un moment donné, tôt ou tard, une maison ou un groupe de maisons *ad quem* obtenait son indépendance de la maison *a quo* ou maison fondatrice et formait un institut canoniquement séparé. Un terme spécifique était ajouté au nom générique pour différencier ce nouvel institut des autres.

Au Canada, trois filiations descendant des Soeurs de Saint-Joseph du Puy sont présentes. Celles-ci ont été fondées en 1648, restaurées après la Révolution d'abord à Saint-Étienne, France, en 1807, puis à Lyon, France, à partir de 1816 et ont ouvert une maison à Saint Louis, Missouri, en 1836. Cette maison devint indépendante de celle de Lyon en 1844 pour former ce qui plus tard devait s'appeler les Sisters of Saint Joseph of Carondelet. Les soeurs de Saint Louis fondèrent une maison à Toronto en 1851. La deuxième filiation arriva au pays en 1903 et la troisième y fut présente de 1941 à 1965. L'arbre généalogique suivant rendra cette situation plus claire. Les dates entre parenthèses sont celle de fondation ou de formation et celle de l'indépendance, dans le cas de la première filiation, ou celle de l'arrivée au Canada, dans le cas de la deuxième et de la troisième. Le numéro de la notice est aussi ajouté. Quatre instituts de Soeurs de Saint Joseph n'ont rien à voir avec la filiation du Puy: Sisters of Saint Joseph of Cluny (B110), Sisters of Saint Joseph of Peace (B121), les Soeurs de Saint-Joseph de Saint-Hyacinthe (B172) et les Ukrainian Sisters of Saint Joseph (B213).

B111

Founded in 1648 at Le Puy, Haute-Loire, France, by Henri Cauchon de Maupas du Tour, bishop of Le-Puy-en-Velay (and bishop of Évreux from 1661 until his death in 1680), and Fr. Jean-Pierre Médaille, s.j. They still exist and are established mainly in France with houses in the United States. Many institutes of the Sisters of Saint Joseph in Canada owe their origin indirectly to the original institute although, strictly speaking, it was never in Canada. Basically, one house founded another house, and so on. Early on or later on, as the case may be, an individual *ad quem* house or a group of them became independent from the *a quo* or founding house and formed its own canonically separate institute. A qualifier was added to the generic name in order to differentiate the institute from others.

Three filiations originating from the Sisters of Saint Joseph of Le Puy are present in Canada. The Le Puy sisters were founded in 1648 and restored after the Revolution, first in Saint-Étienne, France, in 1807, then in Lyon, France, after 1816. They were established at Saint Louis, Missouri, in 1836. This house became independent from Lyon in 1844 in order to form what later became known as the Sisters of Saint Joseph of Carondelet. The Saint Louis sisters founded a house in Toronto in 1851. The sisters from the second filiation arrived in Canada in 1903 and the ones from the third filiation arrived in 1941 and left in 1965. The genealogical tree which follows will clarify the facts. The dates in parentheses are first, the date of founding or formation, secondly, the date of independence for the first filiation, or that of arrival in Canada for the second and third. Four institutes of Sisters of Saint Joseph have nothing to do with the one from Le Puy: the Sisters of Saint Joseph of Cluny (B110), the Sisters of Saint Joseph of Peace (B121), the Soeurs de Saint-Joseph de Saint-Hyacinthe (B172) and the Ukrainian Sisters of Saint Joseph (B213).

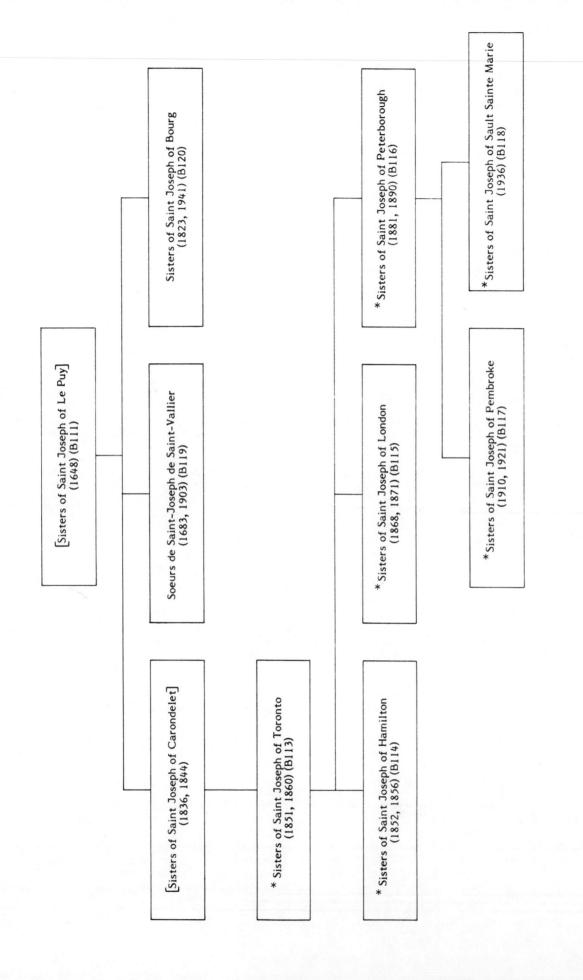

[Sisters of Saint Joseph of Le Puy] (1648) (B111)

Sisters of Saint Joseph of Bourg (1823, 1941) (B120)

Soeurs de Saint-Joseph de Saint-Vallier (1683, 1903) (B119)

[Sisters of Saint Joseph of Carondelet] (1836, 1844)

* Sisters of Saint Joseph of Toronto (1851, 1860) (B113)

* Sisters of Saint Joseph of Hamilton (1852, 1856) (B114)

* Sisters of Saint Joseph of London (1868, 1871) (B115)

* Sisters of Saint Joseph of Peterborough (1881, 1890) (B116)

*Sisters of Saint Joseph of Pembroke (1910, 1921) (B117)

* Sisters of Saint Joseph of Sault Sainte Marie (1936) (B118)

* These institutes form the Federation of the Sisters of Saint Joseph of Canada (1966) (B112).

* Ces instituts forment la Federation of the Sisters of Saint Joseph of Canada (1966) (B112).

FEDERATION OF THE SISTERS OF SAINT JOSEPH OF CANADA

B112

Formée par le Saint-Siège en 1966 à Toronto et groupant les six instituts anglophones des Soeurs de Saint-Joseph dont la maison-mère est en Ontario: les Sisters of Saint Joseph de Toronto, Hamilton, London, Peterborough, Sault Sainte Marie et Pembroke.

B112

Formed by the Holy See at Toronto in 1966 by grouping together the six English-language institutes of the Sisters of Saint Joseph based in Ontario: Sisters of Saint Joseph of Toronto, Hamilton, London, Peterborough, Sault Sainte Marie and Pembroke.

Canadian Federation of the Sisters of Saint Joseph

SISTERS OF SAINT JOSEPH OF TORONTO

B113

Fondées à Toronto en 1851 par mère Delphine Fontbonne, des Sisters of Saint Joseph of Carondelet, Saint Louis, Missouri, elles-mêmes fondées par les Soeurs de Saint Joseph du Puy. Elles devinrent indépendantes de l'institut de Saint Louis en 1860.

B113

Founded in 1851 at Toronto by Mother Delphine Fontbonne, from the Sisters of Saint Joseph of Carondelet, Saint Louis, Missouri; the latter were founded by the Soeurs de Saint-Joseph du Puy. They became independent from Saint Louis in 1860.

Congregation of Saint Joseph of Toronto

c.s.j.

SISTERS OF SAINT JOSEPH OF HAMILTON

B114

Établies en 1852 à Hamilton, Ontario, par les Sisters of Saint Joseph of Toronto. Elles devinrent indépendantes de l'institut de Toronto en 1856.

B114

Founded in 1852 at Hamilton, Ontario, by the Sisters of Saint Joseph of Toronto. They became independent from Toronto in 1856.

c.s.j.

SISTERS OF SAINT JOSEPH OF LONDON

B115

Fondées à London, Ontario, par les Sisters of Saint Joseph of Toronto en 1868. Elles devinrent indépendantes de l'institut de Toronto en 1871.

B115

Founded in 1868 at London, Ontario, by the Sisters of Saint Joseph of Toronto. They became independent from Toronto in 1871.

c.s.j.

SISTERS OF SAINT JOSEPH OF PETERBOROUGH

B116

Établies en 1881 à Port Arthur (auj. Thunder Bay), Ontario, par les Sisters of Saint Joseph of Toronto. Elles devinrent indépendantes de l'institut de Toronto en 1890. Leur siège est à Peterborough, Ontario.

B116

Founded in 1881 at Port Arthur (now Thunder Bay), Ontario, by the Sisters of Saint Joseph of Toronto. They became independent from Toronto in 1890 and established their headquarters in Peterborough, Ontario.

c.s.j.

SISTERS OF SAINT JOSEPH OF PEMBROKE

B117

Fondées en 1910 à Douglas, Ontario, par les Sisters of Saint Joseph of Peterborough. Elles devinrent indépendantes de l'institut de Peterborough en 1921. Leur siège est à Pembroke, Ontario.

c.s.j.

B117

Founded in 1910 at Douglas, Ontario, by the Sisters of Saint Joseph of Peterborough. They became independent from Peterborough in 1921 and established their headquarters in Pembroke, Ontario.

SISTERS OF SAINT JOSEPH OF SAULT SAINTE MARIE

B118

Formées en 1936 à Sault Sainte Marie, Ontario, par un groupe de maisons appartenant à l'origine aux Sisters of Saint Joseph of Peterborough.

c.s.j.

B118

Formed at Sault Sainte Marie, Ontario, in 1936 by a group of houses that originally belonged to the Sisters of Saint Joseph of Peterborough.

SOEURS DE SAINT-JOSEPH DE SAINT-VALLIER

B119

En 1683, Jean-Baptiste de la Croix de Chevrières de Saint-Vallier, aumônier ordinaire de Louis XIV et, plus tard (1688-1727), évêque de Québec, demanda aux Soeurs de Saint-Joseph du Puy de fonder une maison à Saint-Vallier, Drôme, France, ce qu'elles firent. En 1749, les soeurs de Saint-Vallier commencèrent à acquérir leur autonomie des soeurs du Puy; celle-ci fut complète quand, en 1817, elles élirent leur première supérieure générale. Le généralat déménagea de Saint-Vallier à Québec en 1953.

Saint-Jean-Port-Joli, Québec, 1903.

s.s.j.

B119

In 1683, Jean-Baptiste de la Croix de Chevrières de Saint-Vallier, ordinary almoner of Louis XIV and, later (1688-1727), bishop of Quebec, asked the Sisters of Saint Joseph of Le Puy to found a house at Saint-Vallier, Drôme, France, which they did. In 1749, the Saint-Vallier sisters started becoming autonomous from the Le Puy sisters; in 1817, they elected their first superior general, thus completing the separation from Le Puy. The generalate moved from Saint-Vallier to Quebec City in 1953.

Saint-Jean-Port-Joli, Quebec, 1903.

SISTERS OF SAINT JOSEPH OF BOURG

B120

Formées en 1823, à Bourg, France, par le regroupement en institut séparé des maisons des Soeurs de Saint-Joseph du Puy situées dans le diocèse de Belley, par l'évêque de ce diocèse, Alexandre-Raymond Davie. La première de ces maisons avait été fondée en 1819. La première maison de l'institut aux États-Unis date de 1855: Bay Saint Louis, Mississippi. Cependant, quelques soeurs vinrent directement de Bourg en 1903, demeurèrent quelque temps à Flushing, New York, et, en 1904, s'établirent à Crookston, Minnesota, pour travailler avec les immigrants canadiens-français. Des soeurs de la province de Crookston de cet institut vinrent s'établir à Rainy River, Ontario, en 1941. Elles quittèrent le Canada pour retourner aux États-Unis en 1965.

B120

Formed in 1823 at Bourg, France, by Alexandre-Raymond Davie, bishop of Belley, who grouped the houses of the Sisters of Saint-Joseph of Le Puy in his diocese into a separate institute. The first of these houses was founded in 1819. The institute's first establishment in the United States was in 1855: Bay Saint Louis, Mississippi. However, a few sisters came directly from Bourg in 1903, stayed some time in Flushing, New York, and, in 1904, established themselves at Crookston, Minnesota, to work with French-Canadian immigrants. Some sisters from the institute's Crookston Province came to Rainy River, Ontario, in 1941. They left Canada and returned to the United States in 1965.

Bourg Sisters of Saint Joseph

Soeurs de Saint-Joseph de Bourg

c.s.j.

SISTERS OF SAINT JOSEPH OF PEACE

B121

Fondées en 1888 à Nottingham, Royaume-Uni, par Edward Gilpin Bagshawe, c.o., évêque de Nottingham, plus tard (1901-1904) évêque titulaire d'Hypaepa et (1904 à son décès en 1915) archevêque titulaire de Seleucia in Isauria. Le généralat déménagea aux États-Unis en 1909. L'institut porta le nom de Sisters of Saint Joseph of Newark de 1936 à 1969, date à laquelle il revint à son nom d'origine.

Rossland, Colombie-Britannique, 1896.

B121

Founded in 1888 at Nottingham, United Kingdom, by Edward Gilpin Bagshawe, c.o., bishop of the See of Nottingham, later (1901-1904) titular bishop of Hypaepa and (1904 to his death in 1915) titular archbishop of Seleucia in Isauria. The generalate moved to the United States in 1909. The institute was known as the Sisters of Saint Joseph of Newark from 1936 to 1969, at which date it reverted back to its original name.

Rossland, British Columbia, 1896.

Institutum sororum a sancto Joseph a Pace

Institutum sororum a sancto Joseph de Newark

Sisters of Saint Joseph of Newark

c.s.j.

SISTERS OF SAINT RITA

B122

Fondées en 1911 à Würzburg, Allemagne (auj. République fédérale d'Allemagne), par le père Hugelin Dach, o.e.s.a.

King City, Ontario, 1962. Elles ont quitté le Canada pour retourner aux États-Unis en 1975.

B122

Founded in 1911 at Würzburg, Germany (now Federal Republic of Germany), by Fr. Hugelin Dach, o.e.s.a.

King City, Ontario, 1962. They left Canada and returned to the United States in 1975.

Daughters of Saint Rita

Ritaschwestern

Societas sororum sanctae Ritae

o.s.a.

SISTERS OF SERVICE

B123

Institut fondé en 1922 à Toronto par les pères Arthur T. Coughlan et George Thomas Daly, c.ss.r., ainsi que par Catherine Donnelly.

B123

Founded in 1922 at Toronto by Frs. Arthur T. Coughlan and George Thomas Daly, c.ss.r., as well as by Catherine Donnelly.

Sorores servitii

s.o.s.

SISTERS OF SOCIAL SERVICE OF HAMILTON

B124

Fondées en 1908 à Budapest, Autriche-Hongrie (auj. Hongrie), par Ottokar Próhaszka, évêque de Székesfehérvár, Edit Farbas, Margit Slachta, Etel Tóth, Erzébet Bokor, Anna Pálffi, Márta et Mária Csehál. Les maisons nord-américaines furent séparées du généralat hongrois en 1955 et un institut séparé fut organisé pour ces maisons avec siège à Los Angeles, Californie. En 1977, les maisons canadiennes devinrent indépendantes du généralat américain sous le nom de Sisters of Social Service of Hamilton. La première directrice générale, élue en 1978, est soeur Rita Kulcsar.

Stockholm, Saskatchewan, 1923.

B124

Founded in 1908 at Budapest, Austria-Hungary (now Hungary), by Ottokar Próhaszka, bishop of Székesfehérvár, Edit Farbas, Margit Slachta, Etel Tóth, Erzébet Bokor, Anna Pálffi, Márta and Mária Csehál. The North American houses were separated from the Hungarian generalate in 1955 and a separate institute, based in Los Angeles, California, was thus formed. In 1977, the Canadian houses became independent from the American generalate under the name Sisters of Social Service of Hamilton. The first general director, elected in 1978, is Sister Rita Kulcsar.

Stockholm, Saskatchewan, 1923.

Sisters of Social Service

Sisters of Social Service of Canada

Social Service Sisters

Social Service Sisters of Budapest

Societas sororum socialium

Szociálalis missziotarsulat

s.s.s.

SISTERS OF THE ADDOLORATA, SERVANTS OF MARY

B125

Institut fondé en 1872 à Casola, Italie, par la servante de Dieu Emilia Pasqualina Addatis (nom en religion: mère Maria Consiglia dello Spirito Santo).

Ottawa, Ontario, 1961.

B125

Founded in 1872 at Casola, Italy, by the Servant of God Emilia Pasqualina Addatis (in religion: Mother Maria Consiglia dello Spirito Santo).

Ottawa, Ontario, 1961.

Suore serve di Maria Addolorata

o.s.m.

SISTERS OF THE IMMACULATE CONCEPTION OF THE BLESSED VIRGIN MARY

B126

Institut formé en 1918 à Marijampolě (auj. Kapsukas), Pologne russe (plus tard, Lithuanie, auj. République socialiste soviétique de Lithuanie, Union des républiques socialistes soviétiques), par le serviteur de Dieu Jurgis Matulaitis-Matulevičius, m.i.c., plus tard évêque de Vilnius (1918-1925), puis archevêque titulaire d'Adulis et visiteur apostolique en Lithuanie (1925 à son décès, survenu en 1927).

Toronto, 1948.

B126

Founded in 1918 at Marijampolě (now Kapsukas), Russian Poland (later, Lithuania; now, Lithuanian Soviet Socialist Republic, Union of Soviet Socialist Republics), by the Servant of God Jurgis Matulaitis-Matulevičius, m.i.c., later bishop of Vilnius (1918-1925); titular archbishop of Adulis and apostolic visitor to Lithuania (1925 to his death, in 1927).

Toronto, 1948.

Nekaltai Pradětosios Mergelěs Marijos seserys

Nekaltai Pradětosios Švenciausiosios Mergelěs Marijos seserys

Sorores ab Immaculata Conceptione Beątae Mariae Virginis

m.i.c.

SISTERS OF THE IMMACULATE HEART OF MARY

B127

Fondées en 1848 à Olot, Espagne, par le chanoine Joaquin Masmitja y de Puig.

Victoria et Saanichton, Colombie-Britannique, 1943. Elles ont quitté le Canada en 1971 pour retourner aux États-Unis.

B127

Founded in 1848 at Olot, Spain, by Canon Joaquin Masmitja y de Puig.

Victoria and Saanichton, British Columbia, 1943. They left Canada in 1971 to return to the United States.

California Institute of the Sisters of the Most Holy and Immaculate Heart of the Blessed Virgin Mary

Hijas del Santísimo e Immaculado Corazón de María

Institutum Californiense sororum Sanctissimi et Immaculati Cordis Beatae Mariae Virginis

Missionary Daughters of the Immaculate Heart of Mary

Sisters of the Immaculate Heart of Mary (California)

Sisters of the Immaculate Heart of Mary (Hollywood)

i.h.m.

SISTERS OF THE LOVE OF JESUS

B128

Fondées en 1922 à Vancouver, Colombie-Britannique, sous le nom de Society of the Love of Jesus, par Cecilia Mary Dodd, comme institut religieux dans l'Église anglicane du Canada. L'institut et ses membres ont été reçus dans l'Église catholique romaine en 1937.

B128

Founded as a religious institute within the Anglican Church of Canada, under the name Society of the Love of Jesus in 1922 at Vancouver, British Columbia, by Cecilia Mary Dodd. The institute and its members were received into the Roman Catholic Church in 1937.

Society of the Love of Jesus

SISTERS OF THE PASSION OF OUR LORD JESUS CHRIST

B129

Institut fondé en 1928 à Cosenza, Italie, sous le nom de Suore terziarie minime della Passione di Nostro Signore Gesù Cristo, par Elena Aiello et Luigina Mazza.

Toronto, 1969.

B129

Founded in 1928 at Cosenza, Italy, by Elena Aiello with the cofoundress Luigina Mazza, under the name Suore terziarie minime della Passione di Nostro Signore Gesù Cristo.

Toronto, 1969.

156

Little Sisters of the Passion

Minime della Passione

Sorores minimae Passionis Domini Nostri Jesu Christi

Suore minime della Passione di Nostro Signore Gesù
  Cristo

Suore terziarie minime della Passione di Nostro
Signore Gesù Cristo

SISTERS OF THE PRESENTATION OF THE BLESSED VIRGIN MARY

B130
Fondées en 1775 à Cork, Irlande, par Nano Honora Nagle
(nom en religion: mère Mary of Saint John of God). Les
maisons canadiennes ont été séparées de celles de l'Irlande
en 1915 et forment un institut séparé ayant son siège à
Saint John's, Terre-Neuve.

Saint John's, Terre-Neuve, 1833.

B130
Founded in 1775 at Cork, Ireland, by Nano Honora
Nagle (in religion: Mother Mary of Saint John of
God). The Canadian houses were separated from
Ireland in 1915 and are now a separate institute based
at Saint John's, Newfoundland.

Saint John's, Newfoundland, 1833.

Order of the Presentation of Our Lady

Presentation Nuns

Sisters of the Presentation of the Blessed Virgin Mary of
  Saint John's, Newfoundland

Sorores a Praesentatione Beatae Mariae Virginis

p.b.v.m.

SISTERS OF THE RESURRECTION

B131
Formées en 1891 à Rome par Celina Chludzinska (veuve
de Józef Borzęcki) et sa fille Jadwiga Borzęcka.

Montréal, 1951.

B131
Founded in 1891 at Rome by Celina Chludzinska
(widow of Józef Borzęcki) and her daughter, Jadwiga
Borzęcka.

Montreal, 1951.

Siostry Zmartwychwstania Pana Naszego Jezusa Chrystusa

Soeurs de la Résurrection

Sorores a Resurrectione Domini Nostri Jesu Christi

Zmartwychstanki

c.r.   s.r.

SISTERS OF THE SACRED HEART

B132
Instituées en 1889 à Ragusa, Italie, par la servante de
Dieu Maria Schininà.

Welland, Ontario, 1958.

B132
Founded in 1889 at Ragusa, Italy, by the Servant of
God Maria Schininà.

Welland, Ontario, 1958.

Suore del Sacro Cuore

SISTERS SERVANTS OF MARY IMMACULATE

B133
Fondées en 1892 à Zhuzhel, Galicie, Autriche-Hongrie (ensuite Ukraine; Pologne; maintenant République socialiste soviétique d'Ukraine, Union des Républiques socialistes soviétiques), par le père Ieremiĭa I. Lomnyts'kyĭ, o.s.b.m., l'abbé Kyrylo Selests'kyĭ et Iosafata Myklaĭlyna Hordashevs'ka, comme institut du rite byzantin-ukrainien.

B133
Founded in 1892 at Zhuzhel, Galicia, Austria-Hungary (later Ukraine; Poland; now Ukrainian Soviet Socialist Republic, Union of Soviet Socialist Republics), by Fr. Ieremiĭa I. Lomnyts'kyĭ, o.s.b.m., Fr. Kyrylo Selests'kyĭ and Iosafata Myklaĭlyna Hordashevs'ka, as an institute in the Byzantine Ukrainian rite.

Servants of the Immaculate Conception

Sestry služebnyci

Sisters Servants of the Immaculate Conception

Žromdžennja sester služebnyts Presvjatoi Neparočnai Divy Marĭ

s.m.i.   s.s.m.i.

SISTERS SERVANTS OF MARY IMMACULATE (POLISH)

B134
Institut fondé en 1850 à Poznań, Pologne, par le serviteur de Dieu Edmund Bojanowski.

Edmonton, Alberta, 1972.

B134
Founded in 1850 at Poznań, Poland, by the Servant of God Edmund Bojanowski.

Edmonton, Alberta, 1972.

Little Servant Sisters of the Immaculate Conception

Servants of Mary (Polish)

Siostry służebnicki Najswiętszej Maryi Niepokalanie Poczętej-Starowiejskie

SISTERS SERVANTS OF THE INFANT JESUS

B135
Établies en 1890 à Sarajevo, Bosnie-Herzégovine, Autriche-Hongrie (auj. Yougoslavie), par Josip Stadler, archevêque de Vrhbosna (Sarajevo).

Toronto, 1970.

B135
Founded in 1890 at Sarajevo, Bosnia-Herzegovina, Austria-Hungary (now Yugoslavia), by Josip Stadler, archbishop of Vrhbosna (Sarajevo).

Toronto, 1970.

Servants of the Little Jesus

Služavke Malog Isusa

SOCIÉTÉ DE MARIE-RÉPARATRICE

B136
Fondée en 1857 à Strasbourg, France (plus tard Allemagne; France; Allemagne; maintenant, France), par la servante de Dieu comtesse Émilie d'Oultremont (veuve du

B136
Founded in 1857 at Strasbourg, France (later Germany; France; Germany; now, France), by the Servant of God Countess Émilie d'Oultremont (the widow of

baron Victor van der Linden d'Hooghvorst, nom en religion: mère Marie de Jésus).

baron Victor van der Linden d'Hooghvorst, in religion: Mother Marie de Jésus).

Outremont, Québec, 1910.

Outremont, Quebec, 1910.

Dames réparatrices

Religieuses de Marie-Réparatrice

Societas a Maria Reparatrice

Soeurs de Marie-Réparatrice

s.m.r.

SOCIETY OF THE SACRED HEART OF JESUS

B137

Institut fondé en 1921 à Budapest, Hongrie, par le père Ferenc Xavér Biró, s.j.

Hamilton, Ontario, 1951.

B137

Founded in 1921 at Budapest, Hungary, by Fr. Ferenc Xavér Biró, s.j.

Hamilton, Ontario, 1951.

Jézus Szive népleányai társasága

Sisters of the Sacred Heart

Sisters of the Sacred Heart of Jesus

Societas Cordis Jesu pro populo

SOEURS ADORATRICES DU PRÉCIEUX-SANG

B138

Fondées en 1861 à Saint-Hyacinthe, Québec, par Aurélie Caouette (nom en religion: mère Catherine-Aurélie du Précieux-Sang) et l'abbé Joseph-Sabin Raymond (devenu en 1876 prélat domestique, puis, en 1877, chanoine titulaire). Chaque maison était indépendante, sujette seulement à l'ordinaire du lieu, jusqu'au moment où les maisons francophones s'unirent pour former la Congrégation de Saint-Hyacinthe de cet institut, maintenant centralisé avec supérieure générale, et où les maisons anglophones firent de même et formèrent la Congregation of London. Ces deux congrégations sont en fait deux instituts séparés à l'origine commune. Il existe de plus un monastère anglophone situé à Edmonton, Alberta, qui est demeuré à l'extérieur des deux congrégations et conserve son ancien statut.

SISTERS ADORERS OF THE PRECIOUS BLOOD

B138

Founded in 1861 at Saint-Hyacinthe, Quebec, by Aurélie Caouette (in religion: Mother Catherine-Aurélie du Précieux-Sang) and Fr. Joseph-Sabin Raymond (who became a domestic prelate, in 1876 and a titular canon in 1877). Each house was independent, subject only to the local ordinary, up to the time that the French-speaking monasteries united to form the Congrégation de Saint-Hyacinthe, a newly centralized institute with a superior general; the English-speaking monasteries did the same and formed the Congregation of London. The two congregations are in fact two separate institutes sharing a common origin. There is also an independent monastery in Edmonton, Alberta, which is not part of either congregation and which has kept its old status.

Adoratrices du Précieux-Sang
Adorers of the Precious Blood

Religieuses réparatrices du Précieux-Sang de
Notre-Seigneur Jésus-Christ

Religiosae adoratrices Pretiosissimi Sanguinis

Sisters Adorers of the Most Precious Blood

Soeurs du Précieux-Sang
Sisters of the Precious Blood

a.p.s.

SOEURS ADORATRICES DU PRÉCIEUX-SANG.
CONGRÉGATION DE SAINT-HYACINTHE

B139

En 1945, les maisons de langue française des Soeurs adoratrices du Précieux-Sang furent groupées en fédération avec maison-mère et noviciat communs à Saint-Hyacinthe, Québec, chaque monastère conservant cependant son indépendance. En 1946, une forme mitigée de regroupement fut créée: il y avait une supérieure générale mais, entre autre choses, elle n'avait pas le pouvoir de nommer les supérieures locales, qui continuaient d'être élues. En 1960, des changements furent introduits et l'autorité de la supérieure générale renforcée, mais pas au point de lui faire nommer les supérieures locales. C'est en 1969 seulement que la congrégation devint complètement centralisée, comme tout autre institut.

B139

In 1945, the French-speaking monasteries of the Sisters Adorers of the Precious Blood were grouped into a federation with a common headquarters and noviciate at Saint-Hyacinthe, Quebec; however, each monastery kept its independence. In 1946, a mitigated form of regrouping was created. There was a superior general but she did not, among other things, have the authority to name local superiors. They continued to be elected. In 1960, improvements were made and the authority of the superior general was strengthened, although she was still unable to name the local superiors. However, in 1969, the congregation became fully centralized like any other institute.

Religieuses adoratrices du Très-Précieux-Sang de Notre-Seigneur Jésus-Christ de l'Union de Saint-Hyacinthe

Soeurs adoratrices du Très-Précieux-Sang de Notre-Seigneur Jésus-Christ de l'Union de Saint-Hyacinthe

a.p.s.

SISTERS ADORERS OF THE MOST PRECIOUS BLOOD.
CONGREGATION OF LONDON

B140

En 1947, les maisons de langue anglaise des Soeurs adoratrices du Précieux-Sang, à l'exception de la maison d'Edmonton, Alberta, furent groupées en fédération avec maison-mère et noviciat communs à London, Ontario, chaque monastère conservant son indépendance. Cette situation ne fut pas satisfaisante. En 1949, ces maisons furent groupées en un institut sous une supérieure générale. À cette occasion, le nom fut quelque peu modifié par l'ajout de "Most".

B140

In 1947, all English-speaking houses of the Sisters Adorers of the Precious Blood, except for the one from Edmonton, Alberta, were grouped into a federation with a common headquarters and noviciate at London, Ontario; each monastery kept its independence. This situation proved unsatisfactory. In 1949, the houses were grouped together under a superior general. The pre-1949 name was slightly modified by the addition of the term "Most."

Congregation of the Sisters Adorers of the Precious Blood of London

Sisters Adorers of the Precious Blood. Congregation of London

Sisters Adorers of the Precious Blood of London

r.p.b.

SOEURS AUXILIATRICES

B141
Fondées en 1856 à Paris par la bienheureuse Eugénie-Marie-Josèphe Smet (nom en religion: mère Marie de la Providence) et par le serviteur de Dieu Pierre Olivaint, s.j.

Granby, Québec, 1949.

B141
Founded in 1856 at Paris by Blessed Eugénie-Marie-Josèphe Smet (in religion: Mother Marie de la Providence) and by the Servant of God Pierre Olivaint, s.j.

Granby, Quebec, 1949.

Auxiliatrices des âmes du purgatoire
Helpers of the Holy Souls in Purgatory

Helpers of the Holy Souls

Society of Helpers

Sororum societas auxiliatricium animarum purgatorii

s.a.

SOEURS COMPASSIONNISTES SERVITES DE MARIE

COMPASSIONATE SERVITES OF MARY

B142
Fondées en 1871 à Scanzano, province de Naples, Italie, par la servante de Dieu Costanza Starace (nom en religion: soeur Maria Maddalena della Passione).

Montréal, 1926.

B142
Founded in 1871 at Scanzano, Province of Naples, Italy, by the Servant of God Costanza Starace (in religion: Sister Maria Maddelena della Passione).

Montreal, 1926.

Sisters of the Compassion, Servants of Mary

Suore compassioniste serve di Maria

c.s.m.   o.s.m.

SOEURS DE CHARITÉ SAINTE-MARIE

B143
Formées en 1871 à Turin, Italie, à partir de la maison et des oeuvres des Soeurs de la charité de Saint-Vincent de Paul de cette ville, par la servante de Dieu Marie-Louise-Angélica Clarac. Celle-ci était supérieure locale à ce moment et membre de l'institut depuis 1841. À cause de difficultés dans ses relations avec ses supérieurs majeurs, la fondatrice fut invitée à se séparer de son institut d'origine par les autorités diocésaines de Turin, ce qu'elle fit en 1871.

Saint-Vincent-de-Paul (auj. Laval), Québec, 1949.

B143
Formed in 1871 at Turin, Italy, from the house and works of the Sisters of Charity of Saint Vincent de Paul, by the Servant of God Marie-Louise-Angélica Clarac, local superior at the time and a member of that institute since 1841. As a result of difficulties with her major superiors, she was invited by the local diocesan authorities of Turin to separate from her original institute, which she did in 1871.

Saint-Vincent-de-Paul (now Laval), Quebec, 1949.

Sisters of Charity of Saint Mary

Suore di carità di santa Maria

s.c.s.m.

SOEURS DE L'ADORATION DU SACRÉ-COEUR DE JÉSUS

B144
Fondées en 1820 à Lyon, France, par l'abbé Léonard Furnion et Caroline Boudet (veuve de Philippe Choussy de Grandpré, nom en religion: mère Jeanne-Françoise de Jésus).

Longueuil, Québec, 1961. Elles ont quitté le Canada pour retourner en France en 1976.

B144
Founded in 1820 at Lyon, France, by Fr. Léonard Furnion and Caroline Boudet (the widow of Philippe Choussy de Grandpré, in religion: Mother Jeanne-Françoise de Jésus).

Longueuil, Quebec, 1961. They left Canada to return to France in 1976.

Congrégation de l'adoration perpétuelle du Sacré-Coeur

SOEURS DE L'ASSOMPTION DE LA SAINTE-VIERGE

SISTERS OF THE ASSUMPTION OF THE BLESSED VIRGIN MARY

B145
Fondées en 1853 à Saint-Grégoire, comté de Nicolet, Québec, par l'abbé Jean Harper, Léocadie Bourgeois (nom en religion: mère Marie de l'Assomption), Julie Héon (mère de Jésus), Hedwige Buisson (mère Saint-Joseph) et Mathilde Leduc (mère Sainte-Marie).

B145
Founded in 1853 at Saint-Grégoire, Nicolet County, Quebec, by Fr. Jean Harper, Léocadie Bourgeois (in religion: Mother Marie de l'Assomption), Julie Héon (Mother de Jésus), Hedwige Buisson (Mother Saint-Joseph) and Mathilde Leduc (Mother Sainte-Marie).

Soeurs de l'Assomption de la Sainte-Vierge de Nicolet
Sisters of the Assumption of the Blessed Virgin Mary of Nicolet

Sorores ab Assumptione Beatae Virginis Mariae

a.s.v. s.a.s.v.

SOEURS DE L'ENFANT-JÉSUS DE CHAUFFAILLES

SISTERS OF THE CHILD JESUS OF CHAUFFAILLES

B146
Fondées en 1856 à Chauffailles, France, par Reine Antier (nom en religion: soeur Augustine). Celle-ci avait été membre de la Société des dames de l'instruction du Puy et, en tant que telle, envoyée à Chauffailles en 1846 pour y établir un noviciat. En 1858, le groupe de Chauffailles fut séparé de l'institut d'origine et soeur Augustine fut élue première supérieure générale du nouvel institut.

Sept-Îles, Québec, 1912.

B146
Founded in 1856 at Chauffailles, France, by Reine Antier (in religion: Sister Augustine). She had been a member of the Société des dames de l'instruction du Puy and, as such, had been sent to Chauffailles in 1846 to found a noviciate. In 1858, the Chauffailles group was separated from its original institute and Sister Augustine was elected first superior general of the new one.

Sept-Îles, Quebec, 1912.

Congrégation de l'Enfant-Jésus

Religieuses de l'Enfant-Jésus de Chauffailles
Religious of the Child Jesus of Chauffailles

Religious of the Child Jesus

Religious of the Infant Jesus of Chauffailles

r.e.j.

162

SOEURS DE L'IMMACULÉE-CONCEPTION

B147

Fondées en 1877 à Saint-Augustin, comté de Portneuf, Québec, par Adéline Giroux, avec l'aide de l'abbé François Pilote. L'ouvroir dont les soeurs proposaient de s'occuper commença à opérer à l'automne 1878 sous le nom d'Académie Saint-Augustin. Huit jeunes filles étaient les compagnes de la première heure de la fondatrice: Marie Thivierge, Philomène Beaulieu, Sophie Bélanger ainsi que les demoiselles Bédard, Tremblay, Bouchard, Langlois et Roqueville (prénoms inconnus). La plupart étaient membres de la Congrégation des Enfants de Marie de la paroisse Saint-Sauveur de Québec. L'archevêque de Québec, Elzéar-Alexandre Taschereau (cardinal de 1886 à sa mort en 1898), ne voulait pas les approuver comme institut mais les laissait vivre en groupe, sans voeux publics ni habit religieux. Devant ce refus qui ne leur donnait pas de statut canonique et, par conséquent, pas la stabilité désirée dans l'Église, le jeune groupe cessa ses activités en 1882. Les membres furent renvoyés dans leurs familles par l'archevêque de Québec, au moment de sa visite pastorale à Saint-Augustin les 11 et 12 juillet 1882. Une seule, Marie-Sophie Lefebvre, agrégée au groupe après sa fondation, entra en religion après la débâcle de 1882. Ce fut dans la Congrégation de Notre-Dame, dans laquelle elle porta le nom de soeur Saint-Ignace. Cet institut avait d'ailleurs pris charge de l'Académie en septembre 1882.

B147

Founded in 1877 at Saint-Augustin, Portneuf County, Quebec, by Adéline Giroux with the help of Fr. François Pilote. Their desire to open a kind of domestic science school was realized in the fall of 1878 with the establishment of the Académie Saint-Augustin. Eight other women were original members: Marie Thivierge, Philomène Beaulieu, Sophie Bélanger, as well as Misses Bédard, Tremblay, Bouchard, Langlois and Roqueville (forenames not known). Most of these women were members of the Sodality of the Saint-Sauveur Parish in Quebec City. Elzéar-Alexandre Taschereau, archbishop of Quebec (and a cardinal from 1886 until his death in 1898), did not want to approve them as an institute, although he let them live in common, without public vows or religious habit. As a result of this refusal, which denied them canonical status and therefore, desired stability within the Church, the young group ceased its activities in 1882. The members were sent back to their families by the archbishop of Quebec during his pastoral visit to Saint-Augustin on July 11 and 12, 1882. Only Marie-Sophie Lefebvre, who had become a member of the group after its foundation, became a sister after the 1882 demise. She entered the Congregation of Notre Dame and was given the name Sister Saint-Ignace. This institute had in fact taken over the Académie in September, 1882.

SOEURS DE L'IMMACULÉE DE GÊNES

B148

Fondées en 1876 à Gênes, Italie, par le serviteur de Dieu Agostino Roscelli.

Amos, Québec, 1951.

B148

Founded in 1876 at Genoa, Italy, by the Servant of God Agostino Roscelli.

Amos, Quebec, 1951.

Soeurs de l'Immaculée

Soeurs de l'Institut de l'Immaculée de Gênes

Soeurs de Marie-Immaculée

Soeurs de Marie-Immaculée de Gênes

Suore dell'Immacolata

s.m.i.

SOEURS DE L'INSTITUT JEANNE D'ARC D'OTTAWA

B149

Le 19 novembre 1910 à Ottawa, Ontario, Albina-R. Aubry et Laura Chartrand, avec la collaboration de l'abbé François-Xavier Brunet, plus tard (1913 à son décès en 1922) évêque de Mont-Laurier, ouvrirent un foyer de jeunes filles; celui-ci était une succursale du Foyer Notre-

SISTERS OF THE JOAN OF ARC INSTITUTE OF OTTAWA

B149

Albina-R. Aubry and Laura Chartrand opened a girls' home at Ottawa, Ontario, on November 19, 1910, with the collaboration of Fr. François-Xavier Brunet (bishop of Mont-Laurier from 1913 until his death in 1922). It was a branch of the Foyer Notre-Dame,

Dame ouvert à Montréal en 1903 par M. Henri Gauthier, p.s.s., et huit collaboratrices, dont Laura Chartrand qui déménagea à Ottawa en 1909. Au printemps 1911, Laura Chartrand se retira et ouvrit un autre foyer qui demeura succursale de celui de Montréal, le foyer d'Albina-R. Aubry se séparant de ce dernier. Le 1er mai 1913, le foyer prit le nom d'Institut Jeanne d'Arc en déménageant. En 1914, le chanoine Jean-Antoine Plantin remplaça l'abbé Brunet comme directeur spirituel, celui-ci étant devenu évêque de Mont-Laurier.

Cette même année, Mgr Brunet rencontra Jeanne-Lydia Branda (nom en religion: soeur Marie de Saint-Thomas d'Aquin, o.p., des Dominicaines du tiers-ordre enseignant, connue aussi sous le nom de soeur Marie-Thomas d'Aquin ou, surtout, de soeur Marie d'Aquin), venue au Canada des États-Unis, où elle vivait depuis son expulsion de France et un court séjour en Italie, suite aux lois anticongréganistes de 1904. Au milieu de difficultés et de quiproquos, soeur Marie d'Aquin remplaça Albina-R. Aubry comme directrice de l'Institut Jeanne d'Arc le 30 septembre 1914.

Dès ce moment, elle pensa fonder un institut religieux du tiers-ordre régulier féminin dominicain pour continuer l'oeuvre de l'Institut Jeanne d'Arc. Pour ce faire, elle accepta le 2 octobre 1914 sa première postulante, Mlle Descoteaux, qui devait cependant quitter l'institut en avril 1915. Ce projet ne fut accepté ni par la Sacrée Congrégation des religieux ni par l'Ordre des frères prêcheurs, qui devait obligatoirement s'agréger un institut se réclamant de lui. La directrice devait donc fonder un institut sans lien dominicain ou ne rien fonder du tout. Quel que soit son choix, elle ne pouvait demeurer indéfiniment dans son institut d'origine sans vivre en communauté. Le 4 septembre 1916, elle demanda donc à être sécularisée, ce qui arriva le 12 février 1917. Entretemps, elle s'appliqua à la direction du foyer et à la formation de l'éventuel institut non dominicain; le 29 octobre 1916, elle reçut sa première postulante du deuxième essai. C'était Juliette Forgues, qui prit en 1919 le nom en religion de soeur Marie-Thérèse. Le nouvel institut fut érigé canoniquement le 7 octobre 1919. La fondatrice, officiellement laïque depuis le 12 février 1917 mais qu'on appelait toujours mère Saint-Thomas (nom sous lequel elle sera connue tout le reste de sa vie), prononça donc ses voeux dans le nouvel institut ce même jour de 1919; officiellement, elle prit le nom en religion de mère Marie-Thomas d'Aquin.

i.j.a.

SOEURS DE LA PROVIDENCE

B150
Fondées en 1844 à Montréal sous le nom de Filles de la

founded at Montreal in 1903 by Fr. Henri Gauthier, p.s.s., and eight female collaborators, one of whom, Laura Chartrand, moved to Ottawa in 1909. During the spring of 1911, Laura Chartrand left the residence to found another which remained a branch of the Montreal institute; Albina-R. Aubry remained with the original one, then independent from Montreal. On May 1, 1913, the residence moved and took the name Joan of Arc Institute. In 1914, Canon Jean-Antoine Plantin replaced Fr. Brunet as spiritual advisor, the latter having left Ottawa for Mont-Laurier.

That same year, Bishop Brunet met Jeanne-Lydia Branda (in religion: Sister Marie de Saint-Thomas d'Aquin, o.p., of the Dominicaines du tiers-ordre enseignant, also known as Sister Marie-Thomas d'Aquin or more commonly as Sister Marie d'Aquin), who had come to Canada from the United States, where, except for a short stay in Italy, she had been living continously since her expulsion from France after the 1904 French anticongreganist laws. On September 30, 1914, in the midst of difficulties and *quid pro quos*, Sister Marie d'Aquin replaced Albina-R. Aubry as director of the Joan of Arc Institute.

From that day on, Sister Marie d'Aquin thought of founding a religious institute affiliated to the Dominicans as a female regular third order to take over the work of the Joan of Arc Institute. On October 2, 1914, she accepted her first postulant, Miss Descoteaux, who left in April, 1915. This project was not accepted by either the Sacred Congregation of Religious or the Dominicans, who would have had to affiliate to themselves any institute which claimed Dominican kinship. The director was thus faced with either founding an institute with no Dominican ties or not founding any. Whatever the course of action chosen, she could not have remained a member of her original institute indefinitely without living in common with other members. On September 4, 1916, she asked to be secularized, which she was on February 12, 1917. In the meantime, she went on with the work of the girls' home and with the founding of the eventual non-Dominican institute. On October 29, 1916, she received Juliette Forgues as her first postulant of the second attempt. Juliette Forgues took the name in religion Sister Marie-Thérèse in 1919. The new institute was canonically erected on October 7, 1919. The foundress, who had officially been lay since February 12, 1917, took her vows for the second time on the day the new institute was canonically erected; officially she took the name in religion Mother Marie-Thomas d'Aquin, although she continued to be called Mother Saint-Thomas for the rest of her life.

SISTERS OF PROVIDENCE

B150
Founded in 1844 under the name Filles de la charité,

charité, servantes des pauvres, par Ignace Bourget, évêque de Montréal, et Marie-Émilie-Eugénie Tavernier (veuve de Jean-Baptiste Gamelin). Celle-ci avait fondé en 1825 un asile pour les vieillards et les infirmes et, en 1828, une société appelée Association des dames de la charité, qui formèrent la base de l'institut. Le nom actuel est en usage officiellement depuis 1970.

En 1890, la province chilienne de cet institut devint un institut séparé sous le nom de Hermanas de la Providencia de Chile (voir notice D8). Cet institut revint au sein de l'institut d'origine en 1970 comme province Bernarde Morin.

servantes des pauvres at Montreal by Ignace Bourget, bishop of Montreal, and Marie-Émilie-Eugénie Tavernier (the widow of Jean-Baptiste Gamelin). In 1825, she had founded a refuge for the old and the infirm and, in 1828, a society called Association des dames de la charité. The present name has officially been in use since 1970.

In 1890, the Chilean province of the institute became a separate institute under the name Hermanas de la Providencia de Chile (see the entry under D8). The latter institute reunited with the original institute in 1970 as the Bernarde Morin Province.

Association des dames de la charité

Dames de la charité

Filiae caritatis, servae pauperum

Filles de la charité, servantes des pauvres
Daughters of Charity, Servants of the Poor

Filles de la charité, servantes des pauvres, dites Soeurs de
  la Providence
Daughters of Charity, Servants of the Poor, called Sisters
  of Providence

Institut de la Providence

Soeurs de charité de la Providence
Sisters of Charity of Providence

Soeurs de la Providence de Montréal
Sisters of Providence of Montreal

f.c.s.p. s.p.

SISTERS OF PROVIDENCE OF SAINT VINCENT DE PAUL OF KINGSTON

B151

Fondées en 1861 à Kingston, Ontario, par les Soeurs de la charité de la Providence, comme institut indépendant de celui de Montréal. Les quatre soeurs venues de Montréal furent prêtées à Kingston et retournèrent à Montréal en 1866. La première supérieure générale de l'institut de Kingston en tant que tel fut Catherine McKinley (nom en religion: soeur Mary Edward), nommée supérieure locale en 1866 par l'évêque du diocèse Edward John Horan (évêque titulaire de Chrysopolis in Arabia de 1874 à sa mort en 1875), et reconnue comme supérieure générale en 1869. Elle avait été la première soeur de l'institut de Kingston, acceptée en 1862, professe en 1864.

B151

Founded in 1861 at Kingston, Ontario, by the Sisters of Charity of Providence as an independent institute from the Montreal one. The four Montreal sisters who came to Kingston on loan returned to Montreal in 1866. The first superior of the newly formed Kingston sisters was Catherine McKinley (in religion: Sister Mary Edward), named local superior in 1866 by the bishop of Kingston, and recognized as superior general in 1869. (The bishop of Kingston was Edward John Horan, who became titular bishop of Chrysopolis in Arabia in 1874 and remained so until his death in 1875.) The first sister of the Kingston institute, Catherine McKinley, was accepted in 1862 and professed in 1864.

Kingston Sisters of Providence

Sisters of Charity of Providence of Kingston

s.p.

SOEURS DE NOTRE-DAME DES SEPT-DOULEURS

B152

Formées en 1887 à l'Institution des Sourdes-Muettes, Montréal, par le chanoine François-Xavier Trépanier. Parce qu'il est exclusivement composé de sourdes-muettes, l'institut est sous l'autorité de la supérieure générale des Soeurs de la charité de la Providence, bien qu'il en soit canoniquement séparé, et ne fonctionne qu'à l'intérieur de l'institution en question. Sa fondation avait été décidée par le chapitre général de 1886 des Soeurs de la Providence.

B152

Founded at the Institution des Sourdes-Muettes, Montreal, in 1887, by Canon François-Xavier Trépanier. While canonically separate, the institute is under the authority of the superior general of the Sisters of Charity of Providence because all the sisters are deaf-mutes. For the same reason it functions only within the institution. The foundation was decided by the general chapter of 1886 of the Sisters of Charity of Providence.

Petites soeurs de Notre-Dame des Sept-Douleurs

Petites soeurs sourdes-muettes de Notre-Dame des Sept-Douleurs

Petites sourdes-muettes de la congrégation de Notre-Dame des Sept-Douleurs

Soeurs sourdes-muettes de Notre-Dame des Sept-Douleurs

SOEURS DE LA CHARITÉ DE NAMUR

B153

Fondées en 1732 à Namur, Belgique, par Marie-Martine Rigaux (veuve de Philippe Bourtonbourt).

Sorel, Québec, 1955. Elles quittèrent le Canada en 1974.

s.d.l.c.

B153

Founded in 1732 at Namur, Belgium, by Marie-Martine Rigaux (the widow of Phillipe Bourtonbourt).

Sorel, Quebec, 1955. They left Canada in 1974.

SOEURS DE LA CHARITÉ DE NOTRE-DAME D'ÉVRON

B154

Fondées en 1682 à Chapelle-au-Riboul, France, par Perrine Brunet (veuve de René Thulard).

Trochu, Alberta, 1909.

SISTERS OF OUR LADY OF ÉVRON

B154

Founded in 1682 at Chapelle-au-Riboul, France, by Perrine Thulard, née Brunet.

Trochu, Alberta, 1909.

Sisters of Charity of Notre Dame d'Évron

Sisters of Charity of Our Lady of Évron

Soeurs de la charité de Notre-Dame

Soeurs de Notre-Dame d'Évron

s.c.é.

SOEURS DE LA CHARITÉ DE SAINT-LOUIS

B155

Fondées en 1802 à Vannes, France, par la servante de Dieu Marie-Louise-Élisabeth de Lamoignon (veuve d'Édouard-Mathieu-François, comte Molé de Champlâtreux, nom en

SISTERS OF CHARITY OF SAINT LOUIS

B155

Founded in 1802 at Vannes, France, by the Servant of God Marie-Louise-Élisabeth de Lamoignon (the widow of Édouard-Mathieu-François, Count Molé de Cham-

religion: mère Saint-Louis) et Xavier Maynaud de Pancemont, évêque de Vannes.

En 1967, les Soeurs de la Compassion de la Sainte-Vierge, jamais présentes au Canada, cessèrent d'exister par la fusion des soeurs francophones de l'institut avec les Soeurs de la charité de Saint-Louis et par la fusion des soeurs anglophones avec les Servites of Mary d'Angleterre. Elles avaient été fondées à Argenteuil, France, en 1824, par Marie-Anne Gaborit (nom en religion: soeur Marie de la Compassion), sous le nom de Filles de la Croix de la Sainte-Vierge. Leur nom fut changé en 1829 lors de l'approbation de leurs premières constitutions par Hyacinthe-Louis de Quélen, archevêque de Paris. En 1851, le prieur général des Servites les érigea en Confraternité de Notre-Dame des Sept-Douleurs. En 1891, plutôt que de demeurer une confraternité, elles furent affiliées aux Servites comme tiers-ordre régulier féminin.

Sainte-Adélaïde-de-Pabos, Québec, 1902.

plâtreux, in religion: Mother Saint-Louis) and Xavier Maynaud de Pancemont, bishop of Vannes.

The Soeurs de la Compassion de la Sainte-Vierge ceased to exist in 1967 when the French-speaking sisters merged with the Sisters of Charity of Saint Louis and the English-speaking sisters merged with the Servites of Mary in England. They were never in Canada. They had been founded at Argenteuil, France, in 1824 by Marie-Anne Gaborit (in religion: Sister Marie de la Compassion) under the name Filles de la Croix de la Sainte-Vierge. Their name was changed when their first constitutions were approved in 1829 by Hyacinthe-Louis de Quélen, archbishop of Paris. In 1851, the prior general of the Servites made them a confraternity of Our Lady of the Seven Doulours. In 1891, instead of remaining a confraternity, they were affiliated to the Servites as a female regular third order.

Sainte-Adélaïde-de-Pabos, Quebec, 1902.

Filles de la Croix de la Sainte-Vierge

Religieuses de la Compassion de la Sainte-Vierge

Servites of Mary

Soeurs de la Compassion de la Sainte-Vierge

Soeurs de Saint-Louis (Soeurs de la charité)

s.c.s.l.

SOEURS DE LA PRÉSENTATION DE MARIE

B156
Fondées en 1796 à Thueyts, France, par la vénérable Marie-Anne Rivier.

Sainte-Marie-de-Monnoir (auj. Marieville), Québec, 1853.

SISTERS OF THE PRESENTATION OF MARY

B156
Founded in 1796 at Thueyts, France, by the Venerable Marie-Anne Rivier.

Sainte-Marie-de-Monnoir (now Marieville), Quebec, 1853.

Sorores Praesentationis Mariae

p.m.

SOEURS DE LA SAINTE-FAMILLE DE BORDEAUX

B157
L'Association de la Sainte-Famille fut fondée en 1820 à Bordeaux, France, par le serviteur de Dieu Pierre-Bienvenu Noailles, chanoine. Elle était composée de trois branches: celle de Jésus, pour les clercs, celle de Marie, pour les femmes, celle de Joseph, pour les laïcs (hommes). À part des laïques, un certain nombre d'instituts, tous séparés, chacun s'occupant d'un type d'activité, faisaient partie de la branche de Marie. L'unité était sauvegardée en soumettant ces instituts à une autorité centrale: la

B157
The Association de la Sainte-Famille was founded in 1820 at Bordeaux, France, by the Servant of God Canon Pierre-Bienvenu Noailles. It was composed of three branches: of Jesus, for clerics; of Mary, for women; of Joseph, for laymen. The branch of Mary was composed of a certain number of female institutes, each one entrusted with special kinds of activity; laywomen were also found in the branch. Each institute was a separate entity; unity was

personne dirigeant l'Association dans son ensemble. L'institut présent au Canada était appelé Soeurs de l'Espérance. En 1957, les différents instituts de la branche de Marie furent réorganisés et unis sous le nom de Soeurs de la Sainte-Famille de Bordeaux, les ci-devant instituts devenant les provinces du nouvel institut, définies par type d'activité.

Premier établissement des Soeurs de l'Espérance au Canada: Saint-Laurent, Île de Montréal, Québec, 1901.

protected by submitting the three branches and all the institutes to one central authority: the head of the association. The institute present in Canada was called Soeurs de l'Espérance. In 1957, the different institutes were reorganized and united under the name Soeurs de la Sainte-Famille de Bordeaux, the different original institutes becoming provinces by type of activity.

First establishment in Canada of the Soeurs de l'Espérance: Saint-Laurent, Island of Montreal, Quebec, 1901.

Association de la Sainte-Famille

Institut de la Sainte-Famille

Institutum sororum a Sancta Familia

Soeurs de l'Espérance

Soeurs de la Sainte-Famille, dites Soeurs de l'Espérance

s.f.b.

SOEURS DE LA VISITATION SAINTE-MARIE (VISITANDINES)

B158

Fondées en 1610 à Annecy, France, par sainte Jeanne-Françoise de Chantal (Jeanne-Françoise Frémyot, veuve de Christophe II de Rabutin, baron de Chantal) et saint François de Sales. En 1686, Jean-Baptiste de la Croix de Chevrières de Saint-Vallier, vicaire général et évêque-élu de Québec (il fut évêque de 1688 à son décès en 1727), conçut l'idée de les faire venir à Montréal. Il aurait fusionné les soeurs de la Congrégation de Notre-Dame avec elles. Lors de son passage à Annecy en 1687, il en parla aux Visitandines, mais il abandonna l'idée peu après, les Sulpiciens de Paris et de Montréal s'y étant opposés.

Ottawa, Ontario, 1910.

B158

Founded in 1610 at Annecy, France, by Saints Jeanne-Françoise de Chantal (Jeanne-Françoise Frémyot, the widow of Christophe II de Rabutin, Baron de Chantal) and Francis de Sales. In 1686, Jean-Baptiste de la Croix de Chevrières de Saint-Vallier, vicar general and bishop-elect of Quebec (he was bishop from 1688 until his death in 1727), conceived the idea of asking them to come to Montreal in order to merge the Sisters of the Congregation of Notre Dame with them. He asked the Visitandines about the project when he saw them in Annecy in 1687. Shortly afterwards, he dropped the idea because of opposition from the Paris and Montreal Sulpicians.

Ottawa, Ontario, 1910.

Filles de Sainte-Marie (Visitandines)
Daughters of Saint Mary (Visitandines)

Order of the Visitation of Mary

Ordo de Visitatione Beatae Mariae Virginis

Ordre de la Visitation
Order of the Visitation

Ordre de la Visitation Sainte-Marie
Order of the Visitation of Saint Mary

Sisters of the Visitation of Saint Mary

Soeurs salésiennes
Salesian Sisters

Visitandines
Visitandines

Visitation Nuns of Saint Mary

Visitation Order

Visitation Sainte-Marie
Visitation of the Holy Mary

v.s.m.

SOEURS DE MISÉRICORDE

B159
Institut fondé en 1848 à Montréal par Ignace Bourget, évêque de Montréal, et Rosalie Cadron (veuve de Jean-Marie Jetté, nom en religion: mère Marie de la Nativité).

B159
Founded in 1848 at Montreal by Ignace Bourget, bishop of Montreal, and Rosalie Cadron (the widow of Jean-Marie Jetté, in religion: Mother Marie de la Nativité).

Soeurs de la miséricorde
Sisters of Miséricorde

Soeurs de la miséricorde de Montréal
Sisters of Miséricorde of Montreal

Soeurs de miséricorde de Montréal
Misericordia Sisters of Montreal

s.m.

SOEURS DE NOTRE-DAME AUXILIATRICE

B160
Formées en 1921 à Mont-Laurier, Québec, sous le nom de Soeurs de Notre-Dame de Mont-Laurier, par François-Xavier Brunet, évêque de Mont-Laurier, et Marie-Anne Gendron (nom en religion: soeur Marie-François-Xavier) à partir d'un groupe d'ex-membres des Soeurs de Sainte-Marthe de Saint-Hyacinthe ayant quitté cet institut en 1918. En 1937, le généralat de l'institut déménagea à Rouyn-Noranda, Québec, et fut par conséquent soustrait à la juridiction de l'évêque de Mont-Laurier pour être soumis à celle de l'évêque de Haileybury (plus tard appelé évêque de Timmins). À cette date, l'institut adopta le nom qu'il porte à l'heure actuelle. À cause de changements dans les limites des diocèses et la création de nouveaux, le généralat se trouve maintenant sous la juridiction de l'évêque de Rouyn-Noranda.

B160
Founded in 1921 at Mont-Laurier, Quebec, by François-Xavier Brunet, bishop of Mont-Laurier, and Marie-Anne Gendron (in religion: Sister Marie-François-Xavier) under the name Soeurs de Notre-Dame de Mont-Laurier, from a group of ex-members of the Sisters of Saint Martha of Saint Hyacinthe who had left that institute in 1918. In 1937, the generalate moved to Rouyn-Noranda, Quebec, and was therefore withdrawn from the jurisdiction of the bishop of Mont-Laurier and put under the jurisdiction of the bishop of Haileybury (later called the bishop of Timmins). At that time, the name of the institute was changed to the present one. Owing to changes in diocesan boundaries and the creation of new dioceses, the generalate is now under the jurisdiction of the bishop of Rouyn-Noranda.

Congregatio Mariae Auxiliatricis

Soeurs de Notre-Dame de Mont-Laurier

n.d.a.

SOEURS DE NOTRE-DAME D'AUVERGNE

B161

Fondées en 1732 à Usson-en-Forez, France, par Colette Ojard, Catherine Chambre, Claudine Blanc et Marie Daurelle. Elles furent divisées en deux instituts distincts en 1845: les Soeurs de Notre-Dame de Clermont et les Soeurs de Notre-Dame de Fourvière. Elles furent réunies en 1928 et retrouvèrent leur nom d'origine: Congrégation de Notre-Dame de Chambriac.

Ponteix, Saskatchewan, 1913, par les Soeurs de Notre-Dame de Clermont. L'institut est incorporé civilement au Canada sous le nom de Soeurs de Notre-Dame d'Auvergne.

SISTERS OF OUR LADY OF AUVERGNE

B161

Founded in 1732 at Usson-en-Forez, France, by Colette Ojard, Catherine Chambre, Claudine Blanc and Marie Daurelle. They were divided into two distinct institutes in 1845: the Sisters of Our Lady of Clermont and the Soeurs de Notre-Dame de Fourvière. They were united in 1928 and went back to their original name: Congrégation de Notre-Dame de Chambriac.

Ponteix, Saskatchewan, 1913, by the Sisters of Our Lady of Clermont. The institute is civilly incorporated in Canada under the name Sisters of Our Lady of Auvergne.

Congrégation de Notre-Dame de Chambriac

Soeurs de Notre-Dame de Chambriac

Soeurs de Notre-Dame de Clermont
Sisters of Our Lady of Clermont

Soeurs de Notre-Dame de Fourvière

s.n.d.

SOEURS DE NOTRE-DAME DE LA CROIX

B162

Fondées en 1833 à Murinais, France, par Adèle-Louise-Mélanie d'Auberjon de Murinais.

Forget, Saskatchewan, 1905.

SISTERS OF OUR LADY OF THE CROSS

B162

Founded in 1833 at Murinais, France, by Adèle-Louise-Mélanie d'Auberjon de Murinais.

Forget, Saskatchewan, 1905.

Religieuses de Notre-Dame de la Croix

Religieuses de Notre-Dame de la Croix de Murinais

Soeurs de Notre-Dame de la Croix de Murinais
Sisters of Our Lady of the Cross of Murinais

n.d.c.   s.n.d.c.

SOEURS DE NOTRE-DAME DE LA SALETTE

B163

Formées en 1965 par l'union des Religieuses réparatrices de Notre-Dame de la Salette, fondées en 1871 à Grenoble, France, par Henriette Deluy-Fabry, et des Religieuses missionnaires de Notre-Dame de la Salette, fondées en 1929 à Courmelles, France, par les Missionnaires de la Salette.

Oka, Québec, 1950, par les Religieuses missionnaires de Notre-Dame de la Salette.

B163

Formed in 1965 by the union of the Religieuses réparatrices de Notre-Dame de la Salette, founded in 1871 at Grenoble, France, by Henriette Deluy-Fabry, and the Religieuses missionnaires de Notre-Dame de la Salette, founded in 1929 at Courmelles, France, by the Missionaries of Our Lady of La Salette.

Oka, Quebec, 1950, by the Religieuses missionnaires de Notre-Dame de la Salette.

Religieuses missionnaires de Notre-Dame de la Salette

Religieuses réparatrices de Notre-Dame de la Salette

Soeurs de la Salette

n.d.s.   s.s.

SOEURS DE NOTRE-DAME DE SION

B164
Institut fondé en 1843 à Paris par le père Marie-Alphonse Ratisbonne, s.j., et l'abbé Marie-Théodore Ratisbonne.

Prince-Albert, Territoires du Nord-Ouest (auj. Saskatchewan), 1904.

Congregatio Nostrae Dominae de Sion

Congrégation de Notre-Dame de Sion
Congregation of Notre Dame de Sion

Congregation of Our Lady of Sion

Religieuses de Notre-Dame de Sion
Religious of Notre Dame de Sion

Religious of Our Lady of Sion

Sisters of Notre Dame de Sion

Sisters of Sion

n.d.s.

SISTERS OF OUR LADY OF SION

B164
Founded in 1843 at Paris by Frs. Marie-Alphonse Ratisbonne, s.j., and Marie-Théodore Ratisbonne.

Prince Albert, Northwest Territories (now Saskatchewan), 1904.

SOEURS DE NOTRE-DAME DES DOULEURS

B165
Fondées en 1840 à Naples, Italie, par Maria Carmela Giuseppa Ascione (nom en religion: soeur Maria Luisa di Gesù). À l'origine, leur nom était Suore di Maria Santissima Addolorata e di santa Filomena. Elles furent officiellement connues sous le nom de Serve di Maria di Napoli à compter de 1947, mais utilisèrent le nom de Soeurs Notre-Dame des Douleurs au Canada.

Montréal, 1958.

B165
Founded in 1840 at Naples, Italy, by Maria Carmela Giuseppa Ascione (in religion: Sister Maria Luisa di Gesù). Their original name was Suore di Maria Santissima Addolorata e di santa Filomena. Their official name has been Serve di Maria di Napoli since 1947 but they use the name in the heading as their name in Canada.

Montreal, 1958.

Serve di Maria di Napoli

Suore di Maria Santissima Addolorata e di santa Filomena.

SOEURS DE NOTRE-DAME DES MISSIONS

B166
Fondées en 1861 à Lyon, France, par la servante de Dieu Euphrasie Barbier (nom en religion: mère Marie du Coeur de Jésus).

Grande-Clairière, Manitoba, 1898.

SISTERS OF OUR LADY OF THE MISSIONS

B166
Founded in 1861 at Lyon, France, by the Servant of God Euphrasie Barbier (in religion: Mother Marie du Coeur de Jésus).

Grande-Clairière, Manitoba, 1898.

Congrégation de Notre-Dame des Missions
Congregation of Our Lady of the Missions

Institut de Notre-Dame des Missions
Institute of Our Lady of the Missions

Religieuses de Notre-Dame des Missions
Religious of Our Lady of the Missions

r.n.d.m.

SOEURS DE NOTRE-DAME DU BON CONSEIL

B167

Institut fondé en 1923 à Montréal par Marie Gérin-Lajoie.

B167

Founded in 1923 at Montreal by Sister Marie Gérin-Lajoie.

Congrégation de Notre-Dame du Bon Conseil
Congregation of Our Lady of Good Counsel

Sisters of Our Lady of Good Counsel

Soeurs de Notre-Dame du Bon Conseil de Montréal
Sisters of Our Lady of Good Counsel of Montreal

s.b.c.

SOEURS DE NOTRE-DAME DU BON CONSEIL DE CHICOUTIMI

B168

Fondées en 1894 à Chicoutimi, Québec, par Michel-Thomas Labrecque, évêque de Chicoutimi (plus tard, de 1928 à son décès en 1932, évêque titulaire de Heliopolis in Augustamnica), et Françoise Simard (nom en religion: mère Marie du Bon-Conseil).

B168

Founded in 1894 at Chicoutimi, Quebec, by Michel-Thomas Labrecque, bishop of Chicoutimi (later, from 1928 until his death in 1932, titular bishop of Heliopolis in Augustamnica), and Françoise Simard (in religion: Mother Marie du Bon-Conseil).

Soeurs du Bon Conseil

n.d.b.c.

SOEURS ANTONIENNES DE MARIE, REINE DU CLERGÉ

B169

Institut fondé en 1904 à Chicoutimi, Québec, sous le nom de Soeurs de Saint-Antoine de Padoue, par l'abbé Elzéar DeLamarre, pour le service domestique au Séminaire de Chicoutimi. Le noyau d'origine était formé de membres des Soeurs de Notre-Dame du Bon Conseil de Chicoutimi transférées au nouvel institut. Les Soeurs antoniennes furent sous l'autorité du Séminaire de Chicoutimi jusqu'en 1934, date à laquelle elles devinrent indépendantes de celui-ci. Elles reçurent leur nom actuel en 1929.

B169

Founded in 1904 at Chicoutimi, Quebec, by Fr. Elzéar DeLamarre, for domestic service at the Séminaire de Chicoutimi under the name Soeurs de Saint-Antoine de Padoue. The original members had transferred to the new institute from the Soeurs de Notre-Dame du Bon Conseil de Chicoutimi. The institute remained under the direction of the Séminaire de Chicoutimi until 1934, at which date it became independent. It received its present name in 1929.

Antoniennes de Marie

Congregatio sororum antonianarum Mariae Reginae Cleri

Soeurs de Saint-Antoine de Padoue

a.m.

SOEURS DE NOTRE-DAME DU PERPÉTUEL SECOURS

B170
Fondées en 1892 à Saint-Damien-de-Buckland, Québec, par le chanoine Joseph-Onésime Brousseau et Virginie Fournier (nom en religion: mère Saint-Bernard).

B170
Founded in 1892 at Saint-Damien-de-Buckland, Quebec, by Canon Joseph-Onésime Brousseau and Virginie Fournier (in religion: Mother Saint-Bernard).

Congrégation de Notre-Dame du Perpétuel Secours

c.n.d.p.s.   n.d.p.s.

SOEURS DE SAINT-FRANÇOIS D'ASSISE

B171
Formées en 1838 à Lyon, France, par Anne Rollet (nom en religion: mère Agnès de la Conception).   Elles furent agrégées aux Franciscains comme tiers-ordre régulier féminin en 1905.   Le généralat déménagea de Lyon à Québec en 1965.

Beauceville, Québec, 1904.

B171
Founded in 1838 at Lyon, France, by Anne Rollet (in religion: Mother Agnès de la Conception). They were affiliated to the Franciscans as a female regular third order in 1905. The generalate was transferred from Lyon to Quebec City in 1965.

Beauceville, Quebec, 1904.

Religieuses de Saint-François d'Assise

Soeurs de Saint-François d'Assise de Lyon

s.f.a.

SOEURS DE SAINT-JOSEPH DE SAINT-HYACINTHE

B172
Fondées en 1877 à Saint-Hyacinthe, Québec, par le vénérable Louis-Zéphirin Moreau, évêque de Saint-Hyacinthe, et la servante de Dieu Élisabeth Bergeron (nom en religion: mère Saint-Joseph).

B172
Founded in 1877 at Saint-Hyacinthe, Quebec, by the Venerable Louis-Zéphirin Moreau, bishop of Saint-Hyacinthe, and the Servant of God Élisabeth Bergeron (in religion: Mother Saint-Joseph).

s.j.s.h.

SOEURS DE SAINT-PAUL DE CHARTRES

B173
Institut fondé en 1694 à Levesville-La Chenard, France, par l'abbé Louis Chaunet.

Sainte-Anne-des-Monts, Québec, 1930.

B173
Founded in 1694 at Levesville-La Chenard, France, by Fr. Louis Chaunet.

Sainte-Anne-des-Monts, Quebec, 1930.

Filles de la charité de Saint-Paul

Filles de Saint-Paul

Soeurs hospitalières de Saint-Paul de Chartres

s.p.d.c.

SOEURS DE SAINTE-ANNE

B174

Formées en 1850 à Vaudreuil, Québec, par la servante de Dieu Marie-Esther-Christine Sureau dit Blondin (nom en religion: mère Marie-Anne) ainsi que Julienne Ladouceur (soeur Marie de la Conception), Justine Poirier (soeur Marie-Michel), Suzanne Pineault (soeur Marie de l'Assomption) et Salomée Véronneau (soeur Marie de la Nativité). Un noyau s'était déjà formé en 1848 sous la direction de la fondatrice principale et composé en majorité de ces personnes.

SISTERS OF SAINT ANNE

B174

Founded in 1850 at Vaudreuil, Quebec, by the Servant of God Marie-Esther-Christine Sureau dit Blondin (in religion: Mother Marie-Anne) with Julienne Ladouceur (Sister Marie de la Conception), Justine Poirier (Sister Marie-Michel), Suzanne Pineault (Sister Marie de l'Assomption) and Salomée Véronneau (Sister Marie de la Nativité). A nucleus had already been grouped together in 1848, formed by these persons and some others, under the direction of the foundress.

Filles de Notre-Dame de Bonsecours et de Sainte-Anne

Filles de Sainte-Anne

Institutum sororum sanctae Annae

Sisters of Saint Ann

Soeurs de la charité de Sainte-Anne
Sisters of Charity of Saint Ann

s.s.a.

SOEURS DE SAINTE-CHRÉTIENNE

B175

Fondées en 1807 à Metz, France (puis Allemagne; France; Allemagne; auj. France), sous le nom de Soeurs de la Sainte-Enfance de Jésus et de Marie, par Gaspard-Jean-André-Joseph Jauffret, évêque de Metz, et Anne-Victoire Tailleur (veuve d'Alexis de Méjanès, nom en religion: soeur Sainte-Chrétienne). Pour distinguer le nouvel institut des autres portant un nom similaire, l'évêque-fondateur lui donna également au moment de la fondation le nom utilisé à l'heure actuelle.

Saint-Malachie, Québec, 1914.

B175

Founded in 1807 at Metz, France (later Germany; France; Germany; now France), by Gaspard-Jean-André-Joseph Jauffret, bishop of Metz, and Anne-Victoire Tailleur (the widow of Alexis de Méjanès, in religion: Sister Sainte-Chrétienne) under the name Soeurs de la Sainte-Enfance de Jésus et de Marie. In order to distinguish the new institute from other ones with a similar name, the founding bishop also gave it the presently used name at the time of founding.

Saint-Malachie, Quebec, 1914.

Filiae Infantiae Jesu et Mariae sub patrocinio sanctae Christianae

Soeurs de l'Enfance de Jésus et de Marie, dites de Sainte-Chrétienne

Soeurs de la Sainte-Enfance de Jésus et de Marie

s.s.ch.

SOEURS DE SAINTE-JEANNE D'ARC

B176

Fondées en 1914 à Worcester, Massachusetts, par Joseph Staub (nom en religion: père Marie-Clément Staub, a.a.). Elles furent agrégées aux Augustins comme tiers-ordre régulier féminin en 1930.

Sillery, Québec, 1917.

B176

Founded in 1914 at Worcester, Massachusetts, by Joseph Staub (in religion: Fr. Marie-Clément Staub, a.a.). They were affiliated to the Augustinians as a female regular third order in 1930.

Sillery, Quebec, 1917.

Sisters of Sainte Jeanne d'Arc

Sisters of Saint Joan of Arc

Sorores sanctae Joannae de Arc

s.j.a.

SOEURS DE SAINTE-MARCELLINE

B177
Institut fondé en 1838 à Cernusco sul Naviglio, Italie, par Marina Videmari et le serviteur de Dieu Luigi Biraghi.

Westmount, Québec, 1959.

MARCELLINE SISTERS

B177
Founded in 1838 at Cernusco sul Naviglio, Italy, by Marina Videmari and the Servant of God Luigi Biraghi.

Westmount, Quebec, 1959.

Marcelline *(italien/Italian)*

Marcellines
Marcellines

Orsoline di santa Marcellina

Sisters of Saint Marcelline

Soeurs marcellines

Suore di santa Marcellina

Suore marcelline

i.m.   s.m.

SOEURS DE SAINTE-MARIE DE NAMUR

B178
Fondées en 1819 à Namur, Belgique, sous le nom de Soeurs de Saint-Loup, par l'abbé Nicolas-Joseph Minsart (nom en religion: dom Jérôme, s.o.cist.), Joséphine Sana et Élisabeth Berger. Le nom de Soeurs de Sainte-Marie de Namur fut donné à l'institut au moment où celui-ci reçut l'approbation de l'ordinaire de Namur en 1834.

Vankleek Hill, Ontario, 1886.

SISTERS OF SAINT MARY OF NAMUR

B178
Founded under the name Soeurs de Saint-Loup in 1819 at Namur, Belgium, by Nicolas-Joseph Minsart (in religion: Dom Jérôme, s.o.cist.), Joséphine Sana and Élisabeth Berger. The institute received the name Soeurs de Sainte-Marie when it was approved by the local ordinary of Namur in 1834.

Vankleek Hill, Ontario, 1886.

Congregatio sororum sanctae Mariae Namurcensis

Soeurs de Namur

Soeurs de Saint-Loup

Soeurs de Sainte-Marie
Sisters of Saint Mary

s.s.m.n.

SOEURS DES ÉCOLES DE NOTRE-DAME

B179

Institut fondé en 1833 à Neunburg vorm Wald, Haut-Palatinat (puis Bavière; Allemagne; auj. République fédérale d'Allemagne), par le serviteur de Dieu Georg Michael Wittman, évêque titulaire de Miletopolis et évêque auxiliaire de Regensburg, et la servante de Dieu Karolina Gerhardinger (nom en religion: mère Theresia von Jesus).

Saint Agatha, Ontario, 1871.

SCHOOL SISTERS OF NOTRE DAME

B179

Founded in 1833 at Neunburg vorm Wald, Upper Palatinate (later Bavaria; Germany; now German Federal Republic), by the Servants of God Georg Michael Wittman, titular bishop of Miletopolis and auxiliary bishop of Regensburg, and Karolina Gerhardinger (in religion: Mother Theresia von Jesus).

Saint Agatha, Ontario, 1871.

Arme Schulwestern von Unserer Lieben Frau

Pauperes sorores scholarum Dominae Nostrae

s.s.n.d.

SOEURS DES SACRÉS-COEURS

B180

Instituées en 1818 aux Brouzils, France, par le serviteur de Dieu Pierre Monnereau.

Limbour (plus tard Touraine, auj. Gatineau), Québec, 1913.

B180

Founded in 1818 at Les Brouzils, France, by the Servant of God Pierre Monnereau.

Limbour (later Touraine, now Gatineau), Quebec, 1913.

Soeurs des Sacrés-Coeurs de Jésus et de Marie de Mormaison

ss.cc.

SOEURS DES SACRÉS-COEURS ET DE L'ADORATION PERPÉTUELLE

B181

Fondées en 1797 à Poitiers, France, par le serviteur de Dieu Pierre-Marie-Joseph Coudrin et la comtesse Henriette Aymer de la Chevalerie.

Fort-Chambly, Québec, 1934.

B181

Founded in 1797 at Poitiers, France, by the Servant of God Pierre-Marie-Joseph Coudrin and Countess Henriette Aymer de la Chevalerie.

Fort-Chambly, Quebec, 1934.

Congrégation des Sacrés-Coeurs de Jésus et de Marie et de l'adoration perpétuelle du Très-Saint-Sacrement de l'Autel

Picpuciennes

Religieuses des Sacrés-Coeurs et de l'adoration perpétuelle

Soeurs de Picpus

ss.cc.

SOEURS DES SAINTS-APÔTRES

B182

Fondées en 1950 à Montréal par Henri Ménard (nom en

B182

Founded in 1950 at Montreal by Henri Ménard (in

religion: fr. Eusèbe-Marie Ménard, o.f.m.) et Laurette Toupin (soeur Marie).

religion: Fr. Eusèbe-Marie Ménard, o.f.m.) and Laurette Toupin (Sister Marie).

Société des Soeurs des Saints-Apôtres

s.a.

SOEURS DES SAINTS-COEURS DE JÉSUS ET DE MARIE

SISTERS OF THE SACRED HEARTS OF JESUS AND MARY

B183
Fondées en 1846 à Paramé, France, par la servante de Dieu Amélie-Virginie Fristel.

Church Point, Nouvelle-Écosse, 1891.

B183
Founded in 1846 at Paramé, France, by the Servant of God Amélie-Virginie Fristel.

Church Point, Nova Scotia, 1891.

Congrégation des Saints-Coeurs de Jésus et de Marie, dite de Notre-Dame des Chênes de Paramé

Soeurs des Saints-Coeurs de Jésus et de Marie de Paramé
Sisters of the Sacred Hearts of Jesus and Mary of Paramé

s.s.c.j.m.   ss.ss.j.m.

SOEURS DES SAINTS-NOMS DE JÉSUS ET DE MARIE

SISTERS OF THE HOLY NAMES OF JESUS AND MARY

B184
Formées en 1843 à Longueuil, Québec, par la vénérable Eulalie Durocher (nom en religion: mère Marie-Rose), Mélodie Dufresne (mère Marie-Agnès) et Henriette Céré de la Colombière (mère Marie-Madeleine).

B184
Founded in 1843 at Longueuil, Quebec, by the Venerable Eulalie Durocher (in religion: Mother Marie-Rose), Mélodie Dufresne (Mother Marie-Agnès) and Henriette Céré de la Colombière (Mother Marie-Madeleine).

Congrégation des Saints-Noms de Jésus et de Marie
Congregation of the Holy Names of Jesus and Mary

Institut des Saints-Noms de Jésus et de Marie

Sorores a Sanctissimis Nominibus Jesu et Mariae

s.n.j.m.

SOEURS DISCIPLES DU DIVIN MAÎTRE

SISTERS DISCIPLES OF THE DIVINE MASTER

B185
Institut fondé en 1924 à Alba, Italie, par le père Giacomo Giuseppe Alberione, s.s.p.

Montréal, 1948.

B185
Founded in 1924 at Alba, Italy, by Fr. Giacomo Giuseppe Alberione, s.s.p.

Montreal, 1948.

Disciples du Divin Maître
Disciples of the Divine Master

Pie discepole del Divin Maestro

Pieuses disciples du Divin Maître
Pious Disciples of the Divine Master

d.d.m.

SOEURS DU BON PASTEUR

SISTERS OF THE GOOD SHEPHERD

B186

Fondées en 1641 à Caen, France, par saint Jean Eudes. Chaque maison resta indépendante jusqu'en 1835, date à laquelle sainte Marie-Euphrasie Pelletier (nom laïc: Rose-Virginie Pelletier; nom officiel en religion: mère Marie de Sainte-Euphrasie) donna à ces maisons une structure centralisée, comme chez un institut ordinaire.

Montréal, 1844. En 1841, Ignace Bourget, évêque de Montréal, leur avait demandé de venir dans son diocèse.

B186

Founded in 1641 at Caen, France, by Saint John Eudes. Each house remained independent until 1835, at which date Saint Marie-Euphrasie Pelletier (lay name: Rose-Virginie Pelletier; official name in religion: Mother Marie de Sainte-Euphrasie) restructured them into a centralized institute resembling most others.

Montreal, 1844. In 1841, Ignace Bourget, bishop of Montreal, had asked them to come and work in his diocese.

Congrégation de Notre-Dame de Charité du Bon Pasteur
Congregation of Our Lady of Charity of the Good Shepherd

Institut de Notre-Dame de Charité du Bon Pasteur d'Angers

Ordre de Notre-Dame de Charité

Religieuses de Notre-Dame de Charité du Bon Pasteur d'Angers
Religious of Our Lady of Charity of the Good Shepherd (Angers)

Soeurs de Notre-Dame de Charité du Bon Pasteur
Sisters of Our Lady of Charity of the Good Shepherd

Soeurs du Bon Pasteur d'Angers
Good Shepherd Nuns of Angers

r.b.p.

SOEURS DU BON PASTEUR DE QUÉBEC

SISTERS OF THE GOOD SHEPHERD OF QUEBEC

B187

Fondées en 1850 à Québec par Marie Fitzbach (veuve de François-Xavier Roy, nom en religion: mère Marie du Sacré-Coeur) et George Manly Muir.

B187

Founded in 1850 at Quebec City by Marie Fitzbach (the widow of François-Xavier Roy, in religion: Mother Marie du Sacré-Coeur) and George Manly Muir.

Ancillae Immaculati Cordis Mariae

Servantes du Coeur Immaculé de Marie
Servants of the Immaculate Heart of Mary

Servantes du Coeur Immaculé de Marie de Québec
Servants of the Immaculate Heart of Mary of Quebec

Servantes du Coeur Immaculé de Marie, Refuge des Pécheurs

Soeurs servantes du Coeur Immaculé de Marie
Sisters Servants of the Immaculate Heart of Mary

178

Soeurs servantes du Coeur Immaculé de Marie de Québec
Sisters Servants of the Immaculate Heart of Mary of
Quebec

s.c.i.m.

SOEURS DU SACRÉ-COEUR DE JÉSUS

SISTERS OF THE SACRED HEART OF JESUS

B188
Fondées en 1816 à Saint-Jacut (auj. Saint-Jacut-les-Pins), France, par Angélique le Sourd (nom en religion: soeur Saint-Jacut).

Ottawa, Ontario, 1902.

B188
Founded in 1816 at Saint-Jacut (now Saint-Jacut-les-Pins), France, by Angélique le Sourd (in religion: Sister Saint-Jacut).

Ottawa, Ontario, 1902.

Religieuses du Sacré-Coeur de Jésus

Sisters of the Sacred Heart

Soeurs du Sacré-Coeur de Saint-Jacut

Sorores a Sacro Corde Jesu

s.s.c.j.

SOEURS DU SAINT-CRUCIFIX

B189
Institut fondé en 1836 à Livorno, Italie, par l'abbé Giovanni Battista Quilici. En 1880, un groupe de soeurs à Fauglie, Italie, se sépara de l'institut et cette visée d'indépendance fut confirmée par le Saint-Siège en 1882. En 1893, un groupe de Florence, Italie, fit de même. Les sécessionnistes de Florence revinrent au bercail en 1922 et celles de Fauglie, en 1927.

Montréal, 1962.

B189
Founded in 1836 at Livorno, Italy, by Fr. Giovanni Battista Quilici. In 1880, a group of sisters from Fauglie, Italy, seceded and this movement toward independence was confirmed by the Holy See in 1882. In 1893, another group, this one from Florence, Italy, did the same. In 1922, the Florence secessionists came back into the fold; the Fauglie group returned in 1927.

Montreal, 1962.

Agostiniane figlie del Crocefisso

Crocifissine

Daughters of the Most Holy Crucifix

Figlie del Santissimo Crocefisso
Figlie del Santissimo Crocefisso di santa Maria Maddalena

Filiae Sanctissimi Crucifixi

Filles du Crucifix de Sainte-Marie-Madeleine

Filles du Saint-Crucifix

Suore crocifissine

ss.c.

SOEURS DU SAINT-ESPRIT

B190
Fondées en 1866 à Ariano Irpino, Italie, sous le nom de Pia

B190
Founded in 1866 at Ariano Irpino, Italy, by Francesco

casa d'istruzione e lavoro (maison pieuse d'instruction et de travail), par Francesco Trotta, évêque d'Ariano, et Ernestina Arcucci (nom en religion: soeur Giuseppina). L'institut reçut son nom actuel de l'évêque d'Ariano Andrea d'Agostino, c.m., au début du 20e siècle.

L'institut résulte en fait de la transformation d'un groupe existant, l'abbaye Sant'Angelo des moniales bénédictines, dont la date de fondation est inconnue mais dont on sait qu'elle existait au milieu du 16e siècle. L'abbaye, partie de la Congrégation bénédictine cassinienne, fut supprimée par les lois anticléricales italiennes de 1866. Les moniales de l'abbaye, voulant que continue l'orphelinat dont elles avaient la charge, demandèrent que l'abbaye et ses résidentes changent de statut et deviennent une congrégation de droit diocésain. Pie IX donna son accord. Pour ne pas indisposer le gouvernement, leur nom ne fut pas typique de celui d'un institut (v.g. Soeurs de...) jusqu'au début du 20e siècle.

Montréal, 1963. Elles quittèrent le Canada pour retourner en Italie en 1974.

Trotta, bishop of Ariano, and Ernestina Arcucci (in religion: Sister Giuseppina) under the name Pia casa d'istruzione e lavoro. The institute received its present name from Andrea d'Agostino, c.m., the bishop of Ariano, at the beginning of the 20th century.

The institute resulted from a transformation of an existing group: the Abbey of Sant'Angelo of the Benedictine Nuns, whose date of foundation is unknown but which was already in existence in the mid-16th century. The abbey, part of the Benedictine Cassinese Congregation, was suppressed by the Italian anticlerical laws of 1866. The nuns of this particular abbey, who wished their orphanage to continue, asked that the abbey and its occupants be transformed from a contemplative group into a diocesan congregation. Pius IX agreed. In order not to antagonize the government, their name was not designated as one of an institute (e.g., Sisters of...) until the beginning of the 20th century.

Montreal, 1963. They left Canada and returned to Italy in 1974.

Pia casa d'istruzione e lavoro

Suore dello Spirito Santo

SOEURS DU TIERS-ORDRE DE LA TRAPPE

B191

En 1821, Jacques Merle (nom en religion: père Vincent de Paul, o.c.s.o.), qui allait devenir en 1825 prieur du monastère Notre-Dame du Petit Clairvaux, Tracadie, Nouvelle-Écosse, demanda aux soeurs de la Congrégation de Notre-Dame de venir ouvrir une école à Tracadie.

Celles-ci refusèrent, mais accédèrent à la demande du père Vincent d'entraîner à la vie religieuse, selon leur esprit, trois jeunes filles qu'il connaissait depuis 1818, date de son arrivée à Tracadie, et qu'il leur enverrait. Le père emploierait ensuite ces jeunes filles comme il le jugerait bon. Celles-ci revinrent de Montréal en 1823 et furent établies par leur fondateur comme Soeurs du tiers-ordre de la Trappe, à Pomquet, Nouvelle-Écosse, dans un couvent nommé Notre-Dame de Grâce. L'institut était modelé sur les Soeurs du tiers-ordre de la Trappe existant en Suisse depuis 1796.

Les trois filles étaient: Anne Côté (nom en religion: soeur Anne-Marie), Marie Landry (nom en religion inconnu) et Olive Doiron (soeur Victoire). En 1824, le petit groupe de Pomquet déménagea à Tracadie. Dès le départ, il fut sous l'autorité du fondateur. Un décret du 8 avril 1838 de la Sacrée Congrégation de la Propagation de la Foi, confirmé par le pape Grégoire XVI le 22 et expédié le 30 à William Fraser, évêque titulaire de Tanis et vicaire apostolique de la Nouvelle-Écosse (plus tard, 1842-1844, évêque de Halifax et, de 1844 à son décès en 1851, évêque d'Arichat), soumit les soeurs à la juridiction exclusive de

B191

In 1821, Jacques Merle (in religion: Fr. Vincent de Paul, o.c.s.o.), from 1825 on, prior of Notre-Dame du Petit Clairvaux Monastery, Tracadie, Nova Scotia, asked the Sisters of the Congregation of Notre Dame to open a school in Tracadie.

The sisters refused his request, but they did agree that three young girls he sent would be trained in the religious life and spirit of the congregation. He would then use the girls as he saw fit. They came back from Montreal in 1823 and were established by their founders as the Sisters of the Third Order of la Trappe, in a convent named Notre-Dame de Grâce at Pomquet, Nova Scotia. This institute was modelled on the sisters of the same name who had been established in Switzerland since 1796.

The three girls, whom the founder had known since his arrival at Tracadie in 1818, were: Anne Côté (in religion: Sister Anne-Marie), Marie Landry (name in religion unknown) and Olive Doiron (Sister Victoire). In 1824, the small group moved to Tracadie. From the start, it had been under the authority of its founder. A decree of April 8, 1838, of the Sacred Congregation for the Propagation of the Faith, confirmed by Pope Gregory XVI on April 22 and, on April 30, sent to William Fraser, titular bishop of Tanis and vicar apostolic of Nova Scotia (later, 1842-1844, bishop of Halifax, and from 1844 to his death in

ce dernier. Le nom du couvent de Tracadie fut changé dans le décret pour Notre-Dame des Sept-Douleurs.

La formule du tiers-ordre régulier n'était pas normale dans la vocation cistercienne. Elle avait été développée en Europe à cause de la pression engendrée par la Révolution, qui demandait des solutions immédiates à certains problèmes, dont celui de la disparition des instituts enseignants. La formule ne fut pas acceptée de façon permanente par les Cisterciens, quelle que soit leur observance. La famille trappiste (moines, moniales, tertiaires réguliers des deux sexes) fut supprimée par Napoléon en 1811. Ayant perdu leur raison d'être, les tertiaires réguliers européens ne purent se relever à la restauration des instituts enseignants à partir de 1814. Quant aux soeurs de Tracadie, elles ne pouvaient pas être agrégées officiellement à l'Ordre de Cîteaux comme tiers-ordre régulier, le chapitre général n'en voulant pas. À une date inconnue du dernier quart du 19e siècle, elles reçurent défense de recevoir des novices; de toute façon, elles n'en avaient plus depuis 1871. Le 31 décembre 1917, la dernière soeur, Osite Levandier (soeur Marie) mourut; ainsi disparut l'institut.

1851, bishop of Arichat), submitted the sisters to his exclusive jurisdiction. The name of the Tracadie convent was changed by the decree to Notre-Dame des Sept-Douleurs.

The third order regular formula was an abnormality in Cistercian life. It was developed in Europe as an immediate solution to the problem which was created by the disappearance of teaching institutes and caused by the pressures of the Revolution. The formula was not accepted on a permanent basis by Cistercians of any observance. The Trappist family (monks, nuns and regular tertiaries of both sexes) was suppressed by Napoleon in 1811. The European tertiaries could not come back to life after the restoration of teaching institutes from 1814 on, since they had lost their "raison d'être." As for the Tracadie sisters, they were not able to be officially aggregated to the Cistercians as a female third order regular because of the refusal of the general chapter. At some unspecified date in the last quarter of the 19th century, they were forbidden to receive novices; in any case they had not been accepting any since 1871. On December 31, 1917, the last sister, Osite Levandier (Sister Marie) died; thus the institute ceased to exist.

Sisters of the Third Order of la Trappe

SOEURS GRISES

B192
Fondées à Ville-Marie (auj. Montréal) en 1737 par la bienheureuse Marie-Marguerite Dufrost de la Jemmerais (veuve de François d'Youville).

L'institut fut à l'origine, directement ou non, de sept autres instituts, dont cinq existent encore en 1980. Consulter l'arbre généalogique suivant pour s'y retrouver:

GREY NUNS

B192
Founded at Ville-Marie (now Montreal) in 1737 by Blessed Marie-Marguerite Dufrost de la Jemmerais (the widow of François d'Youville).

The institute generated, directly or indirectly, seven other institutes, five of which are still in existence today (1980). Consult the following genealogical tree:

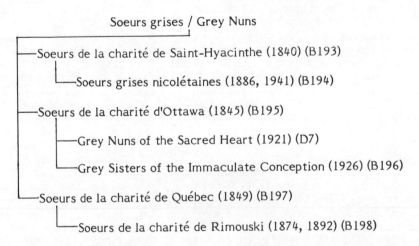

Soeurs grises / Grey Nuns

Soeurs de la charité de Saint-Hyacinthe (1840) (B193)

Soeurs grises nicolétaines (1886, 1941) (B194)

Soeurs de la charité d'Ottawa (1845) (B195)

Grey Nuns of the Sacred Heart (1921) (D7)

Grey Sisters of the Immaculate Conception (1926) (B196)

Soeurs de la charité de Québec (1849) (B197)

Soeurs de la charité de Rimouski (1874, 1892) (B198)

Soeurs de la charité de l'Hôpital général de Montréal
Sisters of Charity of the General Hospital of Montreal

Soeurs de la charité (Soeurs grises de Montréal)
Sisters of Charity (Grey Nuns of Montreal)

Soeurs grises de Montréal
Grey Nuns of Montreal

Sorores caritatis Valetudinarii Marianopolitani

s.g.m.

SOEURS DE LA CHARITÉ DE SAINT-HYACINTHE

B193

Fondées en 1840 à Saint-Hyacinthe, Québec, par les Soeurs grises de Montréal. Mère Marie-Michel-Archange Thuot en fut la première supérieure. Cet institut fut dès le début indépendant des Soeurs grises.

B193

Founded in 1840 at Saint-Hyacinthe, Quebec, by the Grey Nuns, with Mother Marie-Michel-Archange Thuot as the first superior. The institute was independent from the Grey Nuns from the start.

Filles de la charité

Soeurs de la charité de l'Hôtel-Dieu de Saint-Hyacinthe

Soeurs grises de Saint-Hyacinthe

Grey Nuns of Saint-Hyacinthe

s.g.s.h.

SOEURS GRISES NICOLÉTAINES

B194

Formées en 1886 à Nicolet, Québec, par un groupe de Soeurs grises de Saint-Hyacinthe dirigé par Aurélie Crépeau (nom en religion: soeur Youville). Cet institut fut dès le départ séparé de son institut d'origine. En 1941, l'institut fut fusionné avec les Soeurs grises de Montréal.

B194

Founded in 1886 at Nicolet, Quebec, by a group of the Grey Nuns of Saint-Hyacinthe headed by Aurélie Crépeau (in religion: Sister Youville). The institute was independent from its founding institute from the start. In 1941, it was merged with the Grey Nuns of Montreal.

Soeurs de la charité de l'Hôtel-Dieu de Nicolet

Soeurs de la charité de l'Hôtel-Dieu de Nicolet, dites
  Soeurs grises

Soeurs grises de Nicolet

SOEURS DE LA CHARITÉ D'OTTAWA

B195

Fondées en 1845 à Bytown (auj. Ottawa), Ontario, par les Soeurs grises de Montréal. Mère Marie-Élisabeth Bruyère en fut la première supérieure.

B195

Founded in 1845 at Bytown (now Ottawa), Ontario, by the Grey Nuns with Mother Marie-Élisabeth Bruyère as the first superior.

Grey Sisters of the Cross

Soeurs de la charité de Bytown

182

Soeurs grises de la Croix
Grey Nuns of the Cross

s.c.o.   s.g.c.

GREY SISTERS OF THE IMMACULATE CONCEPTION

B196
Formées par la division des Soeurs grises de la Croix en deux instituts séparés en 1926. Les soeurs francophones gardèrent le nom originel, qui fut éventuellement transformé en Soeurs de la charité d'Ottawa, et les soeurs anglophones devinrent les Grey Sisters of the Immaculate Conception. Leur siège est à Pembroke, Ontario.

B196
Formed in 1926 by the division of the Grey Nuns of the Cross into two institutes. The French-speaking sisters kept the original name, and the English-speaking sisters became the Grey Sisters of the Immaculate Conception, with their headquarters at Pembroke, Ontario.

Grey Nuns of the Immaculate Conception

Sisters of Charity of the Immaculate Conception

g.s.i.c.

SOEURS DE LA CHARITÉ DE QUÉBEC

B197
Fondées à Québec en 1849 par les Soeurs grises de Montréal; elles eurent comme première supérieure mère Marie-Anne-Marcelle Mallet. L'institut fut indépandant de son institut d'origine dès le départ.

B197
Founded in 1849 at Quebec City by the Grey Nuns, with Mother Marie-Anne-Marcelle Mallet as the first superior. The institute was independent from its founding institute from the start.

Soeurs grises de la charité de Québec

Soeurs grises de Québec

s.c.q.

SOEURS DE LA CHARITÉ DE RIMOUSKI

B198
En 1874, les trois maisons des Soeurs de la charité de Québec dans le diocèse de Rimouski furent détachées de cet institut et devinrent un institut indépendant sous le nom de Soeurs de la charité de Rimouski. La première de ces maisons avait été fondée à Cacouna, Québec, en 1857 et eut comme première supérieure générale Odile Laflamme (nom en religion: soeur Marie du Saint-Sacrement). En 1892, l'institut, à ce moment-là composé de quatre maisons, fut fusionné avec son institut d'origine.

B198
In 1874, the three houses of the Soeurs de la charité de Québec in the Diocese of Rimouski were detached from that institute and given independence under the name Soeurs de la charité de Rimouski. The first of these houses was founded at Cacouna, Quebec, in 1857. The first superior general was Odile Laflamme (in religion: Sister Marie du Saint-Sacrement). In 1892 the institute, then composed of four houses, was merged with its founding institute.

SOEURS MARIANITES DE SAINTE-CROIX

B199
Fondées au Mans, France, en 1841 par le serviteur de Dieu

MARIANITE SISTERS OF HOLY CROSS

B199
Founded in 1841 at Le Mans, France, by the Servant

Basile-Antoine-Marie Moreau, c.s.c., et Léocadie Gascoin (nom en religion: mère Marie des Sept-Douleurs).

Saint-Laurent, Île de Montréal, Québec, 1847. En 1841, Ignace Bourget, évêque de Montréal, leur avait demandé de venir dans son diocèse.

Le groupe de Saint-Laurent, province du Canada des Soeurs marianites de Sainte-Croix, obtint son indépendance de l'institut d'origine en 1882 et forma les Soeurs de Sainte-Croix (voir notice suivante). L'institut d'origine revint au Canada en 1944, à Lac-Mégantic, Québec.

of God Basile-Antoine-Marie Moreau, c.s.c., and Léocadie Gascoin (in religion: Mother Marie des Sept-Douleurs).

Saint-Laurent, Island of Montreal, Quebec, 1847. In 1841, Ignace Bourget, bishop of Montreal, had asked the Marianite Sisters to come and work in his diocese.

The Saint-Laurent group, Province of Canada of the Marianite Sisters of Holy Cross, gained its independence from its original institute in 1882 under the name Sisters of the Holy Cross (see next entry). The original institute came back to Canada in 1944, at Lac-Mégantic, Quebec.

Marianites de la Sainte-Croix
Marianites of the Holy Cross

Marianites de Sainte-Croix

Soeurs de la Sainte-Croix (Marianites)

Soeurs marianites

m.s.c.

SOEURS DE SAINTE-CROIX

B200

Formées en 1882 par la province du Canada des Soeurs marianites de Sainte-Croix, devenant indépendante de son institut d'origine. Le décret de la Sacrée Congrégation pour la Propagation de la Foi était daté du 14 décembre 1882. Édouard-Charles Fabre, évêque de Montréal (de 1886 à son décès en 1896, archevêque du même siège), y était nommé délégué apostolique pour exécuter le décret, ce qu'il fit le 10 janvier 1883. Il prit alors les mesures transitoires appropriées, en particulier la nomination d'un conseil dirigé par Julie Bertrand (nom en religion: soeur Marie de Saint-Basile) comme supérieure-vicaire (i.e. vicaire du délégué apostolique, supérieur *ex officio* temporaire de l'institut au nom du pape). En 1890, les mesures transitoires firent place à l'élection de la première supérieure générale (ce fut soeur Marie de Saint-Basile, désormais appelée mère) et à l'acquisition du présent nom officiel de l'institut: Soeurs de Sainte-Croix et des Sept-Douleurs.

SISTERS OF THE HOLY CROSS

B200

Formed in 1882 with the acquisition of independence by the Province of Canada of the Marianite Sisters of Holy Cross. The decree of the Sacred Congregation for the Propagation of the Faith was dated December 14, 1882. Édouard-Charles Fabre, bishop of Montreal (from 1886 until his death in 1896, archbishop of the same see), was named apostolic delegate for the purpose of executing the decree; this he did on January 10, 1883, by taking the appropriate transitional measures, which mainly consisted of naming a council headed by Julie Bertrand (in religion: Sister Marie de Saint-Basile) as vicar superior (i.e., vicar of the apostolic delegate, *ex officio* temporary superior of the institute in the name of the pope). In 1890, with the election of the first superior general (Sister Marie de Saint-Basile, henceforth designated Mother) and with the adoption of the present official name of the institute (Sisters of the Holy Cross and the Seven Dolours), the interim measures became unnecessary.

Holy Cross Sisters

Soeurs de Sainte-Croix et des Sept-Douleurs
Sisters of the Holy Cross and the Seven Dolours

Sorores a Sancta Cruce

Sorores Sanctae Crucis et Septem Dolorum

c.s.c.

184

SOEURS MARISTES

B201

Fondées en 1817 à Cerdon, Ain, France, par le vénérable Jean-Claude Colin et Jeanne-Marie Chavoin (nom en religion: mère Saint-Joseph).

Saint-Léonard-Parent, Nouveau-Brunswick, 1947.

Soeurs de la Congrégation de Marie
Sisters of the Congregation of Mary

Soeurs du Saint-Nom de Marie
Sisters of the Holy Name of Mary

Soeurs du Tiers-Ordre régulier de Marie
Sisters of the Third Order Regular of Mary

s.m.

MARIST SISTERS

B201

Founded in 1817 at Cerdon, Ain, France, by the Venerable Jean-Claude Colin and Jeanne-Marie Chavoin (in religion: Mother Saint-Joseph).

Saint-Léonard-Parent, New Brunswick, 1947.

SOEURS MISSIONNAIRES DE L'IMMACULÉE-CONCEPTION

B202
Institut fondé en 1902 à Côte-des-Neiges (auj. Montréal) par Marie-Délia Tétreault (nom en religion: mère Marie du Saint-Esprit).

Missionary Conceptionist Sisters

Sorores missionariae Immaculatae Conceptionis

m.i.c.

MISSIONARY SISTERS OF THE IMMACULATE CONCEPTION

B202
Founded in 1902 at Côte-des-Neiges (now Montreal) by Marie-Délia Tétreault (in religion: Mother Marie du Saint-Esprit).

SOEURS MISSIONNAIRES DE NOTRE-DAME D'AFRIQUE

B203
Fondées en 1869 à Alger, Algérie, par Marie-Renée Roudaut (nom en religion: mère Marie-Salomé) et Charles-Martial-Allemand Lavigerie, archevêque d'Alger et délégué apostolique au Sahara occidental et au Soudan (voir la notice A78 sur les Pères blancs pour d'autres détails sur la carrière de ce dernier).

Québec, 1903.

B203
Founded in 1869 at Algiers, Algeria, by Marie-Renée Roudaut (in religion: Mother Marie-Salomé) and Charles-Martial-Allemand Lavigerie, archbishop of Algiers as well as apostolic delegate to the Western Sahara and the Sudan (see entry A78 on the White Fathers for further details on the career of Lavigerie).

Quebec, 1903.

Institutum sororum a Nostra Domina de Africa

Soeurs blanches

Soeurs blanches d'Afrique

Soeurs de Notre-Dame d'Afrique

s.b.a.

SOEURS MISSIONNAIRES DE NOTRE-DAME DES ANGES

MISSIONARY SISTERS OF NOTRE DAME DES ANGES

B204

oke, Québec, par Anne-Marie-
eligion: mère Marie du Sacré-
les Soeurs missionnaires de
our le nouvel institut, et Chan
abriel). Elles furent agrégées
tiers-ordre régulier féminin en

Founded in 1919 at Sherbrooke, Quebec, by Anne-
Marie-Florina Gervais (in religion: Mother Marie du
Sacré-Coeur), who had left the Missionary Sisters of
the Immaculate Conception for this new institute,
and Chan Tsi-Kwan (Sister Marie-Gabriel). They
were affiliated to the Franciscans as a female regular
third order in 1922.

Missionary Sisters of Our Lady of the Angels

Soeurs missionnaires de Notre-Dame des Anges de Lennoxville
Missionary Sisters of Notre Dame des Anges of Lennoxville

m.n.d.a.

SOEURS MISSIONNAIRES DE NOTRE-DAME DES APÔTRES

B205

Institut fondé en 1876 à Vénissieux, France, par le père
Joseph-Augustin Planque, s.m.a.

Montréal, 1954.

B205

Founded in 1876 at Vénissieux, France, by Fr.
Joseph-Augustin Planque, s.m.a.

Montreal, 1954.

Soeurs Notre-Dame des Apôtres

n.d.a.

SOEURS MISSIONNAIRES DU CHRIST-ROI

MISSIONARY SISTERS OF CHRIST THE KING

B206

Fondées en 1928 à Gaspé, Québec, par François-Xavier
Ross, évêque de Gaspé, et Frédérica Giroux (nom en
religion: mère Marie du Sacré-Coeur).

B206

Founded in 1928 at Gaspé, Quebec, by François-
Xavier Ross, bishop of Gaspé, and Frédérica Giroux
(in religion: Mother Marie du Sacré-Coeur).

Missionnaires du Christ-Roi
Missionaries of Christ the King

m.c.r.

SOEURS MISSIONNAIRES DU SACRÉ-COEUR DE JÉSUS

B207

Institut fondé en 1880 à Codogno, Italie, par sainte
Françoise-Xavier Cabrini.

Montréal, 1960.

B207

Founded in 1880 at Codogno, Italy, by Saint Frances
Xavier Cabrini.

Montreal, 1960.

Missionarie del Sacro Cuore di Gesù

186

Missionarie del Sacro Cuore di Gesù "Santa Francesca Saverio Cabrini"

m.s.c.

SOEURS MISSIONNAIRES DU SAINT-ESPRIT

B208
Fondées en 1921 à Farschviller, France, par Marie-Eugénie Caps et Alexandre-Louis-Victor-Aimé Le Roy, c.ss.p., évêque titulaire d'Alinda et supérieur général des Pères du Saint-Esprit (plus tard, de 1921 à son décès en 1938, archevêque titulaire de Caria; il ne fut d'autre part supérieur général que jusqu'en 1926).

Sainte-Thérèse, Québec, 1953.

B208
Founded in 1921 at Farschviller, France, by Marie-Eugénie Caps and Alexandre-Louis-Victor-Aimé Le Roy, c.ss.p., titular bishop of Alinda and superior general of the Holy Ghost Fathers (later, from 1921 until his death in 1938: titular archbishop of Caria; he was superior general only until 1926).

Sainte-Thérèse, Quebec, 1953.

Missionnaires du Saint-Esprit

c.s.sp.

SOEURS SERVITES DE MARIE

B209
Fondées en 1840 à Cuves, France, par Marie Guyot. Elles furent affiliées aux Servites de Marie comme tiers-ordre régulier féminin en 1864.

Island Brook, Québec, 1953.

B209
Founded in 1840 at Cuves, France, by Marie Guyot. They were affiliated to the Servites as a female regular third order in 1864.

Island Brook, Quebec, 1953.

o.s.m.

SOEURS TRINITAIRES

B210
Les Soeurs trinitaires de Valence ont été fondées vers 1660 (avant 1675 en tout cas), à Saint-Nizier-de-Fornas, France, par l'abbé Benoît Jarrige, sous le nom de Filles séculières de Saint-Nizier, tertiaires de la Sainte-Trinité. Elles furent affiliées aux Trinitaires comme tiers-ordre régulier féminin. Cet institut fut fusionné en 1964 avec les Religieuses trinitaires de Sainte-Marthe, fondées en 1845 à Marseille, France, par l'abbé Henri Margalhan-Ferrat. Cet institut est lui aussi affilié aux Trinitaires comme tiers-ordre régulier féminin. Au moment de la fusion, ce dernier institut adopta le nom plus simple de Soeurs trinitaires.

B210
The Soeurs trinitaires de Valence were founded under the name Filles séculières de Saint-Nizier, tertiaires de la Sainte-Trinité. They were founded around 1660, but certainly before 1675, at Saint-Nizier-de-Fornas, France, by Fr. Benoît Jarrige and were affiliated to the Trinitarians as a female regular third order. The sisters were merged in 1964 with the Religieuses trinitaires de Sainte-Marthe, founded in 1845 at Marseille, France, by Fr. Henri Margalhan-Ferrat, who in turn were affiliated to the Trinitarians as a female regular third order. At the merger, the Religieuses trinitaires de Sainte-Marthe took the simpler name Soeurs trinitaires.

Filles séculières de Saint-Nizier, tertiaires de la Sainte-Trinité

Religieuses trinitaires

Religieuses trinitaires. Congrégation de Sainte-Marthe

Religieuses trinitaires. Congrégation de Valence

Religieuses trinitaires de Sainte-Marthe

Religieuses trinitaires de Valence

Soeurs de la Très-Sainte-Trinité

Soeurs trinitaires de Valence

Sorores Sanctissimae Trinitatis

c.ss.t. o.ss.t.

TIERS-ORDRE DES SERVITES DE MARIE À MONTRÉAL

B211

La complexité de l'histoire de cet institut canadien ne permet pas de reproduire facilement dans le cadre de cet ouvrage la note qui le concerne; elle sera présentée dans un article.

B211

The history of this Canadian institute is too complex to publish an entry on it in the present work and will be published in an article.

Servites de Marie. Tiers-Ordre régulier, Montréal, Québec

TRAPPISTINES

B212

Vers 1120 apparurent à Tart-L'Abbaye, France, près de l'abbaye de Cîteaux, les premières moniales cisterciennes. En 1796, un des mouvements de réforme cisterciens s'implanta au couvent féminin de La Sainte Volonté de Dieu, près de Riédra, Suisse. Comme les Cisterciens furent divisés en deux familles en 1892, les maisons féminines suivirent le même sort et furent réparties entre le Saint Ordre Cistercien et l'Ordre des Cisterciens de la stricte observance (Trappistes).

Les deux maisons féminines de stricte observance au Canada se rattachent à la réforme de La Sainte Volonté de Dieu: abbaye Notre-Dame du Bon Conseil, Saint-Romuald, Québec (fondée comme prieuré en 1902, devint abbaye en 1924); abbaye Notre-Dame de l'Assomption d'Acadie, Rogersville, Nouveau-Brunswick (fondée comme prieuré en 1904, devint abbaye en 1927).

B212

The first Cistercian nuns made their appearance in Tart-L'Abbaye, France, near the Abbey of Cîteaux sometime around the year 1120. In 1796, one of the Cistercian reform movements took hold in the female Convent of La Sainte-Volonté de Dieu, near Riédra, Switzerland. The Cistercians were divided into two families in 1892; the female houses were allocated to either the Sacred Order of the Cistercians or the Cistercians of the Strict Observance (Trappists).

The two female houses of strict observance in Canada are of the reform tradition of La Sainte-Volonté de Dieu: the Abbey of Notre-Dame du Bon Conseil, Saint-Romuald, Quebec (founded as a priory in 1902, it became an abbey in 1924); the Abbey of Notre-Dame de l'Assomption d'Acadie, Rogersville, New Brunswick (founded as a priory in 1904, it became an abbey in 1927).

Cisterciennes

Cisterciennes réformées de la Congrégation de Notre-Dame de la Trappe

Moniales cisterciennes de la stricte observance

Moniales cisterciennes (Trappistines)

Ordo monialium cisterciensium strictioris observantiae

O.C.S.O.

UKRAINIAN SISTERS OF SAINT JOSEPH

B213
Institut fondé en 1898 à Belz, Pologne russe (plus tard Pologne; maintenant République socialiste soviétique d'Ukraine, Union des républiques socialistes soviétiques), par l'abbé Kyrylo Selets'kyĭ.

Saskatoon, Saskatchewan, 1961.

B213
Founded in 1898 at Belz, Russian Poland (later Poland; now Ukrainian Soviet Socialist Republic, Union of Soviet Socialist Republics), by Fr. Kyrylo Selets'kyĭ.

Saskatoon, Saskatchewan, 1961.

Sisters of Saint Joseph (Ukrainian)

URSULINES

URSULINES

B214
Fondées en 1535 à Brescia, Italie, sous le nom de Compagnie de Sainte-Ursule, par sainte Angèle Merici, sur la base des activités de la fondatrice depuis 1530. Les premières Ursulines étaient des femmes chrétiennes vivant dans le monde, la plupart avec leur famille, quelque peu précurseurs des membres des instituts séculiers d'aujourd'hui. La règle primitive de l'institut fut approuvée avec la promulgation, le 15 avril 1546, de la bulle *Regimini Universalis Ecclesiae* du pape Paul III, datée du 6 juin 1544. Comme les fondations étaient autonomes, les groupes individuels et les évêques influençaient beaucoup les nombreux types d'observances suivies dans les différents diocèses pendant plusieurs siècles, depuis la forme primitive très séculière jusqu'à la vie monastique avec voeux solennels et clôture papale. La Compagnie originelle de Brescia reçut en 1582 de saint Charles Borromée, archevêque de Milan et visiteur apostolique de l'Italie du Nord, une règle plus stricte que la règle primitive. Elle continua à exister jusqu'en 1810, quand elle fut dissoute par Napoléon après l'annexation à la France des États pontificaux. Une note sur la reconstitution de la Compagnie d'origine sera trouvée dans la notice sur la Compagnie de Sainte-Ursule (C5).

La situation actuelle (1980) des Ursulines est la suivante: quelques douzaines de maisons sont demeurées autonomes et non affiliées (v.g. au Canada, la maison des Irish Ursulines, B216); la plupart des autres, environ 1500 maisons, se sont groupées en fédérations. Les fédérations actuellement représentées au Canada sont: les Ursulines de l'Union canadienne, les Ursulines de Jésus, les Ursulines of Tildonk, les Ursulines of Chatham, les Ursulines of Prelate, les Ursulines of Bruno et les Ursuline Sisters of the Agonizing Heart of Jesus. Le développement de la tradition ursuline est si complexe qu'il est presque impossible à synthétiser. Les lecteurs intéressés pourront consulter l'ouvrage suivant:

B214
Founded in 1535 at Brescia, Italy, as the Company of Saint Ursula by Saint Angela Merici, as a result of the foundress' activities since 1530. The members were Christian women living in the world, most of them in their families; they can be considered forerunners of today's members of secular institutes. The primitive rule was approved with the promulgation on April 15, 1546, of Pope Paul III's, bull *Regimini Universalis Ecclesiae,* dated June 6, 1544. Since foundations were autonomous, the individual groups and their bishops greatly influenced the many types of observances developed over the centuries within different dioceses ranging from the very secular primitive ones to monasteries with solemn vows and papal enclosure. The original Brescia company, though given in 1582 a stricter rule than the primitive one by Saint Charles Borromeo, archbishop of Milan and apostolic visitor of northern Italy, continued its existence until 1810, when it was dissolved by Napoleon after the Papal States were annexed to France. A reconstituted form of the original company will be found under the name Company of Saint Ursula (C5).

The situation of the Ursulines today (1980) is this: a few dozen houses have remained unaffiliated (e.g., the Irish Ursulines, in Canada, B216); most other houses, around 1500, have been grouped into federations. The federations currently represented in Canada are Ursulines de l'Union canadienne, Ursulines of Jesus, Ursulines of Tildonk, Ursulines of Chatham, Ursulines of Prelate, Ursulines of Bruno and Ursuline Sisters of the Agonizing Heart of Jesus. The development of the Ursuline tradition is so complicated that it is almost impossible to synthesize. Interested readers should consult the following work:

Ledóchowska, Thérèse. *Angèle Merici et la Compagnie de Ste-Ursule à la lumière des documents.* Roma, Àncora [1968] 2v.

Compagnie de Sainte-Ursule
Company of Saint Ursula

Compania delle dimesse di sant'Orsola
Compania di sant'Orsola

Ordo sanctae Ursulae

Ordre de Sainte-Ursule
Order of Saint Ursula

Ursuline Nuns

URSULINES DE L'UNION CANADIENNE

B215

Fondées en 1639 à Québec par deux Ursulines de Tours et une de Dieppe, France, dont la supérieure, la vénérable Marie Guyart (veuve de Claude Martin, nom en religion: mère Marie de l'Incarnation), ainsi que par Marie-Madeleine de Chauvigny (veuve du chevalier Charles de Gruel, seigneur de la Peltrie). En 1641, les moniales, qui étaient déjà cinq et suivaient respectivement, selon leurs origines, les observances des Ursulines de Paris et de Bordeaux, se fusionnèrent en un seul corps à observance unique. En 1681, les Ursulines de Québec adoptèrent les constitutions des Ursulines de Paris. En 1930, quelques maisons issues du monastère de Québec s'unirent dans un institut ayant son généralat dans cette ville et formèrent ainsi une union régionale. En 1953, cet institut et d'autres maisons issues du monastère de Québec (i.e. Trois-Rivières, 1697, Rimouski, 1908, Gaspé, 1924, ainsi que les filiales de ces maisons-ci) s'unirent dans l'Union canadienne des moniales de l'Ordre de Sainte-Ursule. L'Union est régie par les constitutions des Ursulines de l'Union romaine modifiées, qui ont été rédigées sous le modèle de celles des Ursulines de Paris.

B215

Founded in 1639 at Quebec City by two Ursulines of Tours and one of Dieppe, France, among whom was their superior, the Venerable Marie Guyart (the widow of Claude Martin, in religion: Mother Marie de l'Incarnation); their secular foundress also came with them: Marie-Madeleine de Chauvigny (the widow of Chevalier Charles de Gruel, Seigneur of la Peltrie). In 1641, the nuns, who by then numbered five and who, according to their monastery of origin, followed either the observances of the Ursulines of Paris or those of the Ursulines of Bordeaux, were united into one religious body with one set of observances. In 1681, the Ursulines of Quebec adopted the constitutions of the Ursulines of Paris. In 1930, a few houses were united into a regional institute with Quebec as a generalate. In 1953, these and other houses of the Quebec filiation (Trois-Rivières, 1697; Rimouski, 1908; Gaspé, 1924; as well as the daughter-houses founded by these houses) were united as the Union canadienne des moniales de l'Ordre de Sainte-Ursule, following the modified constitutions of the Ursulines of the Roman Union, which had been written with the constitutions of the Ursulines of Paris as a model.

Congrégation des Ursulines de Québec

Union canadienne des moniales de l'Ordre de Sainte-
 Ursule

Union canadienne des Ursulines

Union régionale des Ursulines de Québec

Ursulines de Québec
Ursulines of Quebec

o.s.u.

IRISH URSULINES

B216

Ces Ursulines sont d'une filiation partant des Ursulines primitives (voir B214) suivant cette succession de fondations: Brescia, Italie, 1535 - Milan, Italie, 1568 - Paris, 1608 - Blackrock, Irlande, 1771 - Thurles, Irlande, 1787 - Waterford, Irlande, 1816 - Sarnia, Ontario, 1956. Les Irish Ursulines vinrent de Waterford, Irlande, à Sarnia, Ontario, en 1956. Leur première supérieure au Canada était Katherine Beadon (nom en religion: soeur Peter). À ce

B216

These Ursulines trace their origin to the original Ursulines (see B214) through the following succession: Brescia, Italy, 1535 - Milan, Italy, 1568 - Paris, 1608 - Blackrock, Ireland, 1771 - Thurles, Ireland, 1787 - Waterford, Ireland, 1816 - Sarnia, Ontario, 1956. The Irish Ursulines came to Sarnia, Ontario, in 1956, from Waterford, Ireland. Their first superior in Canada was Katherine Beadon (in religion: Sister Peter).

190

moment, chaque maison irlandaise, en Irlande et au Canada, était indépendante des autres et soumise seulement à l'ordinaire du lieu, tout en faisant partie d'une tradition commune, celle de Paris, dont elle suivait les constitutions. En 1966, les soeurs de Sarnia, à cause de leur petit nombre, se fusionnèrent avec les Ursulines of Chatham; leur couvent fut fermé et les soeurs furent envoyées dans d'autres maisons des Ursulines of Chatham.

Although at that time each house of the Irish Ursulines in Ireland and in Canada was independent from the others and subject only to the local ordinary, they were part of the Paris tradition and followed its constitutions. In 1966, due to their small number, the Irish Ursulines in Canada were merged with the Ursulines of Chatham; their convent was closed and the sisters were sent to other convents of the Chatham sisters.

Ursuline Religious of Ireland

Ursuline Sisters of Ireland

Ursulines of Ireland

URSULINES DE JÉSUS

B217
Fondées en 1802 à Chavagnes-en-Paillers, France, sous le nom de Filles du Verbe Incarné, par le vénérable Louis-Marie Baudouin et Charlotte-Gabrielle Ranfray de la Rochette (nom en religion: mère Saint-Benoît, des Hospitalières de la charité de Notre-Dame). Elles prirent le nom d'Ursulines de Jésus en 1822 quand les Ursulines de Luçon s'unirent à elles. Les Ursulines de Luçon avaient été formées en 1813 à Luçon, France, par la fusion des Ursulines de Boisgrolland, fondées dans cette localité en 1804 par mère Sainte-Angèle, et des moniales ursulines de Luçon, fondées à Luçon en 1631 par les Ursulines de Bordeaux, dispersées à la Révolution en 1793 et reconstituées en 1801 sous une des survivantes de la Révolution: Aimée-Geneviève Debien (nom en religion: mère Aimée de Sainte-Marie). Cette dernière devint supérieure générale des Ursulines de Luçon en 1813 et le demeura jusqu'à la fusion de 1822.

Edmonton, Alberta, 1911.

URSULINES OF JESUS

B217
Founded in 1802 under the name Filles du Verbe Incarné at Chavagnes-en-Paillers, France, by the Venerable Louis-Marie Baudouin and Charlotte-Gabrielle Ranfray de la Rochette (in religion: Mother Saint-Benoît, of the Hospitalières de la charité de Notre-Dame). They took the name Ursulines of Jesus in 1822 when the Ursulines de Luçon were merged with them. The Ursulines de Luçon was an institute formed in 1813 at Luçon, France, by the merger of the Ursulines de Boisgrolland (founded there in 1804 by Mother Sainte-Angèle) and the Ursuline Nuns of Luçon (founded at Luçon in 1631 by the Ursulines de Bordeaux, dispersed in 1793 during the Revolution, reconstituted in 1801 under one of the survivors of the Revolution: Aimée-Geneviève Debien in religion: Mother Aimée de Sainte-Marie). Mother Sainte-Marie became superior general of the Ursulines de Luçon in 1813 and remained so until the 1822 merger.

Edmonton, Alberta, 1911.

Congregatio ursulinarum a Jesu

Dames de Chavagnes

Filles du Verbe Incarné

Filles du Verbe Incarné de Chavagnes

Ursulines de Boisgrolland

Ursulines de Jésus de Chavagnes
Ursulines of Jesus of Chavagnes

Ursulines de Jésus de la Congrégation de Chavagnes

Ursulines de Jésus, dites de Chavagnes

Ursulines de Luçon

u.j.

URSULINES OF TILDONK

B218

Institut fondé en 1831 à Tildonk, Belgique, par l'abbé Jean-Corneille-Martin Lambertz.

Bruxelles, Manitoba, 1914.

u.r.

B218

Founded in 1831 at Tildonk, Belgium, by Fr. Jean-Corneille-Martin Lambertz.

Bruxelles, Manitoba, 1914.

URSULINES OF CHATHAM

B219

Fondées à Chatham, Ontario, en 1860, par Yvonne le Bihan (nom en religion: mère Marie-François-Xavier), qui était du monastère des Ursulines de Le Fouët, France (de l'observance ursuline de Paris, par l'intermédiaire de Rennes). Celle-ci avait quitté la France pour aller à Sault Sainte Marie, Michigan, en 1853 et, de là, à Chatham en 1860. L'institut fut connu sous le nom d'Ursulines de Chatham et aussi, plus tard, sous celui de Chatham Congregation of the Ursulines. En 1934, un groupe autonome d'Ursulines de Calgary, Alberta, et, en 1936, un groupe similaire de Saint Ignace, Michigan, se joignirent aux soeurs de Chatham. En 1937, le nom officiel fut par conséquent changé pour celui de Ursulines of the Chatham Union.

B219

Founded in 1860 at Chatham, Ontario, by Yvonne le Bihan (in religion: Mother Marie-François-Xavier). She was an Ursuline from the Monastery of Le Fouët, France (a monastery of the Ursuline observance of Paris, through Rennes). She left France for Sault Sainte Marie, Michigan, in 1853 and from there went to Chatham in 1860. They became known as the Ursulines of Chatham or also, later, as the Chatham Congregation of the Ursulines. In 1934, an autonomous group of Ursulines from Calgary, Alberta, and in 1936, a similar group from Saint Ignace, Michigan, joined the Chatham sisters. The official name was therefore changed to the Ursulines of the Chatham Union in 1937.

Chatham Congregation

Chatham Congregation of the Ursulines

Ursuline Religious of the Diocese of London (Union of Chatham)

URSULINES OF PRELATE

B220

En 1912, quatre Ursulines de différents couvents arrivèrent dans l'Ouest canadien comme missionnaires. L'une d'elles faisait partie des Ursulines de Cologne, Allemagne. En 1919, une maison dépendant de celle de Cologne fut fondée à Prelate, Saskatchewan. En 1924, les liens canoniques avec Cologne furent rompus et les Ursulines de Prelate formèrent ainsi un institut séparé.

B220

In 1912, four Ursuline sisters from different Ursuline convents came to Western Canada as missionaries. One of these was from the Ursulines of Cologne, Germany. In 1919, a daughter-house of Cologne was founded at Prelate, Saskatchewan. This group became independent from Cologne in 1924.

Ursulines de Chatham

Ursulines of the Chatham Union

o.s.u.

URSULINES OF BRUNO

B221

Formées en 1913 à Bruno, Saskatchewan, par des Ursulines

B221

Founded in 1913 at Bruno, Saskatchewan, by Ursulines

de Haselüne, Allemagne, dirigées par mère Clara Erpenbeck. Elles devinrent indépendantes de l'institut de Haselüne en 1916.

from Haselüne, Germany, headed by Mother Clara Erpenbeck. They became independent from Germany in 1916.

Ursuline Nuns of Bruno

o.s.u.

URSULINE SISTERS OF THE AGONIZING HEART OF JESUS

B222

Institut de tradition ursuline mais ne faisant actuellement (1980) pas partie de l'une ou l'autre des unions ursulines. Fondée à Pniewy, Pologne, en 1920, par la servante de Dieu Julia Maria Ledóchowska (nom en religion: mère Ursula Ledóchowska, o.s.u.), qui était depuis 1886 membre d'un institut d'Ursulines de Kraków, Pologne.

Windsor, Ontario, 1965.

B222

Institute of the Ursuline tradition but not currently (1980) a member of an Ursuline union. They were founded in 1920 at Pniewy, Poland, by the Servant of God Julia Maria Ledóchowska (in religion: Mother Ursula Ledóchowska, o.s.u.), a member of an institute of Ursuline sisters of Kraków, Poland, since 1886.

Windsor, Ontario, 1965.

Polish Ursuline Sisters

Siostry urszulanki Serca Jezusa Konajacego

Ursuline Sisters of the Agonizing Heart of Jesus in Canada

VINCENTIAN SISTERS OF CHARITY OF PITTSBURGH

B223

Cet institut est issu des Filles de la charité de Saint-Vincent de Paul suivant cette succession de fondations: Paris, 1633 - Chartres, France, 1694 - Strasbourg, France, 1734 - Vienne, Autriche, 1835 - Satu Mare, Roumanie, 1842 - Braddock, Pennsylvanie, 1902. En 1902, mère Emerentiana Handlovits, des Soeurs de la charité de Saint-Vincent de Paul de Satu Mare (Szatmár), Roumanie (fondées en 1842 par soeur Xaveria Strasser, avec un groupe de Soeurs de la charité de Saint-Vincent de Paul de Vienne), ouvrit la première maison nord-américaine à Braddock, Pennsylvanie, sous le nom de Slovak Sisters of Charity ou des variations de ce nom. Les maisons américaines furent connues sous l'appellation de Vincentian Sisters of Charity à partir de 1915. Elles obtinrent leur indépendance de la maison-mère roumaine en 1938 et prirent alors le nom de Vincentian Sisters of Charity of Pittsburgh; Mary Butka (nom en religion: mère Mary Ignatia) fut leur première supérieure générale.

Welland, Ontario, 1957.

B223

This institute traces its origin to the Daughters of Charity of Saint Vincent de Paul through the following succession of foundations: Paris, 1633 - Chartres, France, 1694 - Strasbourg, France, 1734 - Vienna, Austria, 1835 - Satu Mare, Rumania, 1842 - Braddock, Pennsylvania, 1902. In 1902, Mother Emerentiana Handlovits, of the Sisters of Charity of Saint Vincent de Paul of Satu Mare (Szatmár), Rumania (founded by Sister Xaveria Strasser in 1842 with a group of Sisters of Charity of Saint Vincent de Paul of Vienna), established the first North-American house of the institute at Braddock, Pennsylvania, under the name Slovak Sisters of Charity, or variations of that name. From 1915 on, they came to be known as the Vincentian Sisters of Charity. The American houses gained their independence from the Rumanian motherhouse in 1938 and the sisters became known as the Vincentian Sisters of Charity of Pittsburgh; Mary Butka (in religion: Mother Mary Ignatia) was their first superior general.

Welland, Ontario, 1957.

Bernherzige Schwestern der Liebe des Heiligen Vincenz von Paul

Sisters of Charity of Saint Vincent de Paul (Slovak)

Sisters of Charity (Slovak)

Slovak Sisters of Charity

Vincentian Sisters of Charity

v.s.c.

SOCIÉTÉ DE JÉSUS-CHRIST*

B224
Fondée en 1915 à Lyon, France, sous le nom de Société de Jésus Réparateur, par Jane Rousset et le père François Giraud, s.j. L'institut changea de nom en 1977.

Montréal, 1968.

B224
Founded in 1915 at Lyon, France, by Jane Rousset and Fr. François Giraud, s.j., under the name Société de Jésus Réparateur. They changed their name in 1977.

Montreal, 1968.

Société de Jésus Réparateur

SISTERS OF PROVIDENCE OF SAINT MARY OF THE WOODS, INDIANA*

B225
Les Soeurs de la Providence de Ruillé-sur-Loir furent fondées dans cette ville en 1806, par l'abbé Jacques-François Dujarié (chanoine de 1834 à sa mort en 1839). En 1840, quelques soeurs furent envoyées aux États-Unis. Elles furent dès le départ détachées de leur institut d'origine pour en former un nouveau dès le moment de leur arrivée, sous le nom de Sisters of Providence of Saint Mary of the Woods, Indiana, d'après l'endroit où elles s'établirent. La première supérieure de cet établissement fut la servante de Dieu Anne-Thérèse Guérin (nom en religion: mère Théodore Guérin).

Calgary, Alberta, 1978. L'unique religieuse présente au Canada retourna aux États-Unis en 1979.

B225
The Soeurs de la Providence de Ruillé-sur-Loir were founded at Ruillé-sur-Loir, France, in 1806 by l'abbé Jacques-François Dujarié (a canon from 1834 until his death in 1838). In 1840, a few sisters were sent to the United States. From the start, they were detached from the original institute in order to form a new one in America. Their first establishment in the United States was at Saint Mary of the Woods, Indiana, and their first superior was the Servant of God Anne-Thérèse Guérin (in religion: Mother Théodore Guérin).

Calgary, Alberta, 1978. The only sister present in Canada went back to the United States in 1979.

Sisters of Providence (American)

Soeurs de la Providence de Ruillé-sur-Loir

Sorores a Providentia

Sorores a Providentia de Saint Mary of the Woods

s.p.

SISTERS OF OUR LADY IMMACULATE*

B226
Fondées en 1977 à Guelph, Ontario, par soeur Mary Josephine Mulligan, g.s.i.c. (nom en religion dans le nouvel institut: soeur Mary Josephine).

B226
Founded in 1977 at Guelph, Ontario, by Sister Mary Josephine Mulligan, g.s.i.c. (in religion in the new institute: Sister Mary Josephine).

---

* La notice a été insérée ici après que le manuscrit eut été complété.

*The entry was inserted here after the manuscript was completed.

194

MISSIONARY SISTERS OF THE HOLY FAMILY*

B227
Institut fondé en 1887 à Spoleto, Italie, par le serviteur de Dieu Pietro Bonilli.
Windsor, Ontario, 1963.

B227
Founded in 1887 at Spoleto, Italy, by the Servant of God Pietro Bonilli.
Windsor, Ontario, 1963.

Holy Family Sisters

Institutum sororum a Sacra Familia

Suore della Sacra Famiglia

Suore della Sacra Famiglia (Spoleto)

m.s.h.f.

MEDICAL MISSION SISTERS*

B228
Fondées en 1925 à Washington, District of Columbia, par Anna Dengel, avec l'aide du père Michael Ambrose Mathis, c.s.c., et de Agnes McLaren. Leur nom officiel est: Society of Catholic Medical Missionaries.

En 1953, les Medical Mission Sisters of the Immaculate Heart of Mary, Queen of the Missions, furent fusionnées aux Medical Mission Sisters. Elles avaient été fondées en 1944, à Kottayam, Inde, par l'abbé Sebastian Pinakatt, avec l'aide de mère Anna Dengel. Elles portaient aussi le nom de Mary Giri Sisters, du nom du quartier de la ville où elles avaient été fondées, et aussi celui de Syro-Malabar Medical Mission Sisters.

Saint-Albert, Alberta, 1978.

B228
Founded in 1925 at Washington, District of Columbia, by Anna Dengel, with the help of Fr. Michael Ambrose Mathis, c.s.c., and Agnes McLaren. Their official name is Society of Catholic Medical Missionaries.

In 1953, the Medical Mission Sisters of the Immaculate Heart of Mary, Queen of the Missions, were merged with the Medical Mission Sisters. They had been founded at Kottayam, India, in 1944, by Fr. Sebastian Pinakatt, with the help of Mother Anna Dengel. They were also known as the Mary Giri Sisters, after the section of the city where they were founded, and as the Syro-Malabar Medical Mission Sisters.

Saint Albert, Alberta, 1978.

Mary Giri Sisters

Medical Mission Sisters of the Immaculate Heart of Mary, Queen of the Missions

Societas catholicarum missionariarum medicarum

Society of Catholic Medical Missionaries

Syro-Malabar Medical Mission Sisters

s.c.m.m.

SISTERS OF MARY IMMACULATE*

B229
Fondées en 1945 à Hanceville, Colombie-Britannique, par William Mark Duke, archevêque de Vancouver. L'institut avait pour objectif de regrouper des Amérindiennes anaham désireuses de devenir religieuses.

La formation des membres et la direction de l'institut furent confiées aux Soeurs missionnaires du Christ-Roi, en poste dans cette localité, jusqu'à l'acquisition éventuelle de l'autonomie par le nouvel institut. Celle-ci ne se réalisa jamais car l'institut disparut en 1955, faute de membres.

B229
Founded in 1945 at Hanceville, British Columbia, by William Mark Duke, archbishop of Vancouver. The idea of the institute was to group together Anaham Amerindian women who wanted to become sisters.

The training of members and the direction of the institute were given to the Missionary Sisters of Christ the King stationed in that locality, up until such time as the new institute might acquire autonomy. However, the institute ceased to exist in 1955, because of lack of members.

---

* La notice a été insérée ici après que le manuscrit eut été complété.

* The entry was inserted after the manuscript was completed.

5.1.3 MALE AND FEMALE SECULAR INSTITUTES (C)

ASSOCIATION INTERCULTURELLE

C1
Fondée en 1937 à Verviers, Belgique, sous le nom d'Auxiliaires laïques des missions, par Yvonne Poncelet et l'abbé André Boland, sous l'inspiration du père Vincent Lebbe, c.m. Elle fut érigée en 1947 comme pieuse union féminine. En 1952, le groupe prit le nom d'Auxiliaires féminines internationales et, en 1974, le changea pour celui d'Association interculturelle.

Montréal, 1954. Ses membres quittèrent le Canada en 1971 pour retourner en Belgique.

C1
Founded in 1937 at Verviers, Belgium, by Yvonne Poncelet and Fr. André Boland under the inspiration of Fr. Vincent Lebbe, c.m., and under the name Auxiliaires laïques des missions. In 1947, they were erected as a pious union. In 1952, their name was changed to Auxiliaires féminines internationales and, in 1974, to Inter-cultural Association.

Montreal, 1954. They left Canada for Belgium in 1971.

Auxiliaires féminines internationales

Auxiliaires laïques des missions

Inter-cultural Association

AUXILIAIRES DU CLERGÉ CATHOLIQUE

C2
Fondées à Montréal en 1939 par Marie-Paule Mailly, comme pieuse union féminine.

C2
Founded as a female pious union at Montreal in 1939 by Marie-Paule Mailly.

Pieuse association des auxiliaires du clergé catholique

AUXILIAIRES FRANCISCAINES

C3
Fondées en 1960 à Vallée Lourdes, Nouveau-Brunswick, par Roméo Labelle (nom en religion: fr. Pascal, o.f.m.cap.). En 1961, leur centre général déménagea aux Saules, Québec. En 1962, les Auxiliaires devinrent une pieuse union féminine. Elles suivent la règle du Tiers-Ordre séculier de Saint-François.

C3
Founded in 1960 at Vallée Lourdes, New Brunswick, by Roméo Labelle (in religion: Fr. Pascal, o.f.m.cap.). In 1961, the general centre moved to Les Saules, Quebec. In 1962, it became a female pious union. They follow the rule of the Secular Third Order of Saint Francis.

Auxiliaires franciscaines du prêtre et de l'action catholique

COMPAGNES DE SAINT-VINCENT DE PAUL

C4
Fondées en 1960 à Québec par le père Raymond Bernier, r.s.v. Elles devinrent une pieuse union féminine en 1963.

C4
Founded in 1960 at Quebec by Fr. Raymond Bernier, r.s.v. They became a pious union for women in 1963.

COMPAGNIE DE SAINTE-URSULE

C5
Fondée en 1866 à Brescia, Italie, par les servantes de Dieu comtesses Elisabetta et Maddalena Girelli, comme groupe

C5
Founded at Brescia, Italy, in 1866 by the Servants of God Countesses Elisabetta and Maddalena Girelli.

de femmes chrétiennes vivant dans le monde en suivant l'esprit et la tradition des Ursulines et se considérant comme une reconstitution de la compagnie d'origine. La Compagnie fut approuvée comme institut séculier en 1958. Ces Ursulines sont formées en compagnies diocésaines ou interdiocésaines indépendantes, groupées dans une fédération au plan international. La fédération se nomme Compagnie de Sainte-Ursule, Institut séculier de Sainte-Angèle Merici. La compagnie canadienne, libre comme les autres compagnies de le faire ou non, a choisi pour nom le même que celui de la fédération, bien que la forme plus courte, telle que présentée dans la vedette, soit d'un usage plus constant. La compagnie canadienne devint interdiocésaine en 1977 et acquit à la même date son autonomie de la compagnie italienne dont elle est issue.

Saint-Pascal, Québec, 1967.

They were a group of Christian women who lived in the world, who followed the spirit and tradition of the original Ursulines and considered themselves to be a reconstitution of the original company. They were approved as a secular institute in 1958. They are structured as diocesan or interdiocesan independent companies, federated on the international level. The federation is named Company of Saint Ursula, Secular Institute of Saint Angela Merici. Exercising the same freedom of choice granted to other companies, the Canadian company selected the French form of the federation's name as its own. However, the shorter form, as shown in the heading, is in more constant use. The Canadian company became interdiocesan in 1977 and, at the same date, acquired its autonomy from the Italian mother company.

Saint-Pascal, Quebec, 1967.

Compagnie de Sainte-Ursule des filles de Sainte-Angèle

Compagnie de Sainte-Ursule, Institut séculier de Sainte-Angèle Merici

Compagnie de Sainte-Ursule, Institut séculier des filles de Sainte-Angèle Merici

Filles de Sainte-Angèle

Institut séculier des filles de Sainte-Angèle Merici

Ursulines de l'Institut séculier

CRUSADERS OF SAINT JOHN

C6

Fondés en 1920 à Wassenaar, Pays-Bas, par le père Jacob van Ginneken, s.j., comme société de vie commune sans voeux publics. Ils devinrent en 1942 une pieuse union masculine.

Toronto, 1952.

C6

Founded in 1920 at Wassenaar, Netherlands, by Fr. Jacob van Ginneken, s.j., as a society of common life without public vows. It became a male pious union in 1942.

Toronto, 1952.

Kruisvaarders van sint Jan

ÉQUIPIÈRES SOCIALES

C7

Fondées à Montréal en 1936 par Jeanne-Marie Bertrand. Elles devinrent institut séculier féminin en 1953.

C7

Founded at Montreal in 1936 by Jeanne-Marie Bertrand. They became a secular institute for women in 1953.

Institutrices sociales

Secrétariat de l'enfance

FRATERNITÉ JESUS–CARITAS

C8
Fondée en 1952 à Ars-sur-Formans, France, par Marguerite Poncet. Elle devint une pieuse union féminine en 1956 et un institut séculier en 1962.

Montréal, 1955.

C8
Founded in 1952 at Ars-sur-Formans, France, by Marguerite Poncet. They became a female pious union in 1956 and a secular institute in 1962.

Montreal, 1955.

FRATERNITÉ SACERDOTALE JESUS CARITAS

C9
Fondée en 1952 à Montbard, France, sous le nom d'Union des frères de Jésus. Personne n'est reconnu comme fondateur; ce fut une fondation collégiale sous l'inspiration du père René Voillaume, c.p.f.j. La Fraternité devint en 1955 une pieuse union, prit le nom d'Union sacerdotale Jesus Caritas en 1961 et devint institut séculier en 1962. Elle adopta le nom actuel en 1976. Seuls des prêtres peuvent être membres de la Fraternité.

C9
Founded in 1952 at Montbard, France, under the name Union des frères de Jésus. Nobody is officially recognized as the founder, although the institute was founded under the inspiration of Fr. René Voillaume, c.p.f.j. In 1955, they became a pious union and in 1961 they took the name Union sacerdotale Jesus Caritas; in 1962, they became a secular institute. They took their current name in 1976. Only priests can be members.

Union des frères de Jésus

Union sacerdotale Jesus Caritas

LES GLANEUSES

C10
Fondées en 1959 à Montréal par Marcelle Deschamps et le chanoine Victor Savaria, comme pieuse union féminine.

Depuis 1971, elles n'ont plus de liens canoniques avec l'Église catholique et sont un organisme laïc à but non-lucratif.

C10
Founded as a pious union for women in 1959 at Montreal by Marcelle Deschamps and Canon Victor Savaria. Since the severance of canonical links with the Catholic Church in 1971, they have been a purely civil nonprofit organization.

Les Glaneuses, semeuses de joie

THE GRAIL

C11
Institut fondé en 1921 à Haarlem, Pays-Bas, par le père Jacob van Ginneken, s.j. Il devint une pieuse union féminine en 1924.

Toronto, 1962.

C11
Founded in 1921 at Haarlem, Netherlands, by Fr. Jacob van Ginneken, s.j. They became a female pious union in 1924.

Toronto, 1962.

Ladies of the Grail

Women of Nazareth

GROUPE MONDE ET ESPÉRANCE

C12
Fondé en 1951 à Montréal par Gaétane Gareau et Angèle Patenaude, sous le nom d'Auxiliaires du clergé. Il devint

C12
Founded under the name Auxiliaires du clergé in 1951 at Montreal by Gaétane Gareau and Angèle Pate-

une pieuse union féminine en 1954, sous le nom d'Auxiliaires rurales. Il adopta le présent nom en 1973.

naude. They became a female pious union in 1954 under the name Auxiliaires rurales. They took their present name in 1973.

Auxiliaires du clergé

Auxiliaires rurales

INSTITUT JEANNE-MANCE

C13
Fondé en 1957 à Outremont, Québec, par le père Jean-Marie Blain, c.ss.r. Il devint une pieuse union féminine en 1963.

C13
Founded in 1957 at Outremont, Quebec, by Fr. Jean-Marie Blain, c.ss.r. They became a female pious union in 1963.

INSTITUT NOTRE-DAME DE LA PROTECTION

C14
Fondé en 1933 à Montréal par Yvonne Maisonneuve. Il devint une pieuse union féminine en 1950

C14
Founded in 1933 at Montreal by Yvonne Maisonneuve. They became a female pious union in 1950

Associées de Notre-Dame de la Protection

a.n.d.p.

INSTITUT NOTRE-DAME DE VIE

C15
Fondé en 1932 à Vénasque, France, par Henri Griallou (nom en religion: fr. Marie-Eugène de l'Enfant-Jésus, o.c.d.), sur la base d'un groupe féminin formé en 1930 autour du couvent des Carmes déchaux du Petit Castelet, Tarascon, où leur éventuel fondateur était prieur. En 1937, le groupe devint partie du tiers-ordre séculier carme. Devenu pieuse union féminine en 1946, il fut affilié sous cette forme aux Carmes déchaux en 1947. En 1948, il devint un institut séculier.

Montréal, 1965.

C15
Founded in 1932 at Vénasque, France, by Henri Griallou (in religion: Fr. Marie-Eugène de l'Enfant-Jésus, o.c.d.) on the basis of a female group formed in 1930 around the Discalced Carmelite Convent of Petit Castelet, Tarascon; their eventual founder was its prior. In 1937, the group became part of the Discalced Carmelite Secular Third Order. In 1946, it became a female pious union and, in 1947, it was affiliated as such to the Discalced Carmelites. It became a secular institute in 1948.

Montreal, 1965.

Institut carmélitain Notre-Dame de Vie

Institutum carmelitanum Dominae Nostrae a Vita

INSTITUT PRÉSENCE ET VIE

C16
Fondé sous le nom d'Ancelles de Jésus-Marie en 1947 à Versailles, France, par Marcelle Veyrac. Les Ancelles

C16
Founded under the name Ancelles de Jésus-Marie in 1947 at Versailles, France, by Marcelle Veyrac. They

devinrent une pieuse union féminine en 1951 et un institut séculier en 1961.

Sainte-Anne-de-Beaupré, Québec, 1968.

became a female pious union in 1951 and a secular institute in 1961.

Sainte-Anne-de-Beaupré, Quebec, 1968.

Ancelles de Jésus-Marie

INSTITUT SÉCULIER DOMINICAIN SAINTE-CATHERINE DE SIENNE

C17
Fondé en 1947 à Étrépagny, France, par le père Thomas Deman, o.p., et Renée Robert. Jusqu'en 1960, cet institut séculier féminin demeura sous la direction des Dominicaines de Sainte-Catherine de Sienne (B23).

Montréal, 1949.

C17
Female secular institute founded in 1947 at Étrépagny, France, by Fr. Thomas Deman, o.p., and Renée Robert. Until 1960, the institute remained under the direction of the Dominicaines de Sainte-Catherine de Sienne (B23).

Montreal, 1949.

Filles de Sainte-Catherine de Sienne

INSTITUT SÉCULIER NOTRE-DAME

C18
Fondé en 1946 à Chicoutimi, Québec, sous le nom de Milice du Rosaire, par l'abbé Gérard Bouchard. L'institut devint pieuse union féminine en 1948 et institut séculier en 1959. Il acquit son présent nom en 1968.

C18
Founded under the name Milice du Rosaire in 1946 at Chicoutimi, Quebec, by Fr. Gérard Bouchard. The institute became a female pious union in 1948 and a secular institute in 1959. It took its present name in 1968.

Institut des miliciennes

Milice du Rosaire

Miliciennes

Miliciennes du Rosaire

INSTITUT SÉCULIER PIE X

C19
Fondé en 1940 à Manchester, New Hampshire, par le père Henri Roy, o.m.i. Il devint institut séculier sacerdotal en 1959.

Québec, 1946.

PIUS X SECULAR INSTITUTE

C19
Founded in 1940 at Manchester, New Hampshire, by Fr. Henri Roy, o.m.i. It became a secular institute for priests in 1959.

Quebec City, 1946.

Institut Pie X

i.s.p.x

INSTITUT VOLUNTAS DEI

C20
Fondé en 1958 à Edmunston, Nouveau-Brunswick, par le père Louis-Marie Parent, o.m.i., pour des prêtres et des laïcs (hommes et femmes). Il devint institut séculier en

VOLUNTAS DEI INSTITUTE

C20
Founded in 1958 at Edmunston, New Brunswick, by Fr. Louis-Marie Parent, o.m.i., for priests, laymen and laywomen. It became a secular institute in 1965.

200

1965. La maison centrale de l'institut est à Trois-Rivières, Québec, depuis 1958.

The headquarters of the institute have been in Trois-Rivières, Quebec, since 1958.

i.v.dei **v.d.** v.dei

INSTITUTE OF SECULAR MISSIONARIES

C21
Fondé en 1939 à San Sebastián, Espagne, par l'abbé Rufino Aldabalde Trecu. Il devint institut séculier féminin en 1955.

London, Ontario, 1969.

C21
Founded in 1939 at San Sebastián, Spain, by Fr. Rufino Aldabalde Trecu. It became a female secular institute in 1955.

London, Ontario, 1969.

Misioneras seculares

Missionariae saeculares

Secular Missionaries

MADONNA HOUSE APOSTOLATE

C22
Institut fondé en 1930 à Toronto, sous le nom de Friendship House Apostolate, par Catherine de Kolyschkine (veuve du baron Boris de Hueck). En 1938, la dernière maison canadienne fut fermée et la fondatrice continua son apostolat aux États-Unis. En 1947, elle revint au Canada pour y réimplanter le mouvement, à Combermere, Ontario. En 1951, les groupes américain et canadien se séparèrent: le groupe américain conserva le nom de Friendship House, décida de demeurer un mouvement d'action sociale catholique laïc et libre, et refusa de devenir un institut séculier; le groupe canadien prit le nom de Madonna House et commença en 1952 le processus à suivre pour devenir institut séculier, en devenant deux pieuses unions: Domus Dominae (C23) et Domus Domini (C24). Le statut de pieuses unions leur a été accordé en 1956.

C22
Founded in 1930 at Toronto by Catherine de Kolyschkine (the widow of Baron Boris de Hueck) under the name Friendship House Apostolate. In 1938, the last Canadian house was closed and the foundress continued her apostolate in the United States. In 1947, she came back to Canada in order to re-implant her movement, this time at Combermere, Ontario. In 1951, the American and Canadian groups split: the Americans kept the name Friendship House, decided to remain a lay and free Catholic social action group and refused to become a secular institute; the Canadians took the name Madonna House and in 1952 started the process of becoming a secular institute by separating into two pious unions: Domus Dominae (C23) and Domus Domini (C24). The status of pious union was granted to each group in 1956.

Friendship House

Friendship House Apostolate

Madonna House

DOMUS DOMINAE

C23
Pieuse union féminine formée en 1952 et approuvée comme telle en 1956. Fondée à Combermere, Ontario, par Catherine de Kolyschkine (à cette date troisième épouse d'Edward Joseph [Eddie] Doherty).

C23
Female pious union formed in 1952 and approved as such in 1956. It was founded at Combermere by Catherine de Kolyschkine (by then the third wife of Edward Joseph [Eddie] Doherty).

DOMUS DOMINI

C24

Institut fondé à Combermere, Ontario, en 1952 par Edward Joseph (Eddie) Doherty (deuxième mari de Catherine de Kolyschkine) et l'abbé John Thomas Callahan. Approuvé en 1956 comme pieuse union pour les prêtres et les laïcs masculins.

C24

Founded at Combermere in 1952 by Edward Joseph (Eddie) Doherty (the second husband of Catherine de Kolyschkine) and Fr. John Thomas Callahan. In 1956, it became a pious union for priests and laymen.

MESSAGÈRES DE MARIE-MÉDIATRICE

C25

Fondées à Dorion, Québec, en 1960, par Marie-Anne Sauvé, Alphonsine Gilbert et Madeleine Mercier. Elles devinrent une pieuse union féminine en 1963.

C25

Founded in 1960 at Dorion, Quebec, by Marie-Anne Sauvé, Alphonsine Gilbert and Madeleine Mercier. They became a female pious union in 1963.

MESSAGÈRES DE NOTRE-DAME DE L'ASSOMPTION

C26

Fondées en 1964 à Québec par Gilberte Pouliot. Elles devinrent une pieuse union féminine en 1969.

C26

Founded in 1964 at Quebec City by Gilberte Pouliot. They became a female pious union in 1969.

Institut des messagères de Notre-Dame de l'Assomption de Québec

MILITANTES MARIALES

C27

Fondées en 1955 à Montmagny, Québec, par l'abbé André Poitras. Elles devinrent une pieuse union féminine en 1962.

C27

Founded in 1955 at Montmagny, Quebec, by Fr. André Poitras. They became a female pious union in 1962.

MISSIONNAIRES DE LA ROYAUTÉ DU CHRIST.
BRANCHE FÉMININE

C28

Fondées en 1919 à Assise, Italie, par Eduardo Gemelli (nom en religion: fr. Agostino Gemelli, o.f.m.) et Armida Barelli. Jusqu'en 1927, l'institut fut un groupe du Tiers-Ordre séculier franciscain et s'appelait la Famille de tertiaires franciscaines pour promouvoir le règne social du Sacré-Coeur; en 1927, les liens canoniques avec les Franciscains furent rompus et, jusqu'en 1939, l'institut fut connu sous le nom de Pieuse association des missionnaires du Royaume du Christ; le présent nom a été adopté en 1939. L'institut devint pieuse union féminine en 1945 et institut séculier en 1948. Cet institut fut agrégé au Franciscains en 1977.

Montréal, 1958.

C28

Founded in 1919 at Assisi, Italy, by Eduardo Gemelli (in religion: Fr. Agostino Gemelli, o.f.m.) and Armida Barelli. Until 1927, the institute belonged to the Franciscan Secular Third Order and called itself the Family of Franciscan Tertiaries for Promoting the Social Reign of the Sacred Heart; in 1927, the canonical links with the Franciscans were severed and until 1939, they were known as the Pious Association of Missionaries of the Kingdom of Christ; they took their present name in 1939. They became a female pious union in 1945 and a secular institute in 1948.

Montreal, 1958.

Famille de tertiaires franciscaines pour promouvoir le règne social du Sacré-Coeur

Missionariae Regalitatis Domini Nostri Jesu Christi

Missionarie della Regalità di Nostro Signor Gesù
Cristo

Missionnaires de la Royauté de Jésus-Christ. Branche
féminine

Opera di terziarie francescane per l'avvenimento del
regno sociale del Sacro Cuore di Gesù

Pia sodalità delle missionarie della Regalità di Cristo

Pieuse association des missionnaires du Royaume du
Christ. Branche féminine

m.r.c.

MISSIONNAIRES DE LA ROYAUTÉ DU CHRIST.
BRANCHE MASCULINE

C29

Institut fondé en 1928 à Assise, Italie, par Eduardo
Gemelli (nom en religion: fr. Agostino Gemelli, o.f.m.).
Les Missionnaires furent réorganisés en 1942 sous le nom
de Pieuse union des missionnaires du Royaume du Christ
et approuvés comme pieuse union masculine officiellement en 1945, puis comme institut séculier en 1951.

Montréal, 1975.

C29

Founded in 1928 at Assisi, Italy, by Eduardo Gemelli
(in religion: Fr. Agostino Gemelli, o.f.m.). They
were reorganized in 1942 under the name Pious Union
of the Missionaries of the Kingship of Christ. They
were officially approved as a pious union in 1945 and
as a secular institute in 1951.

Montreal, 1975.

Missionari della Regalità di Nostro Signor Gesù Cristo

Missionarii Regalitatis Domini Nostri Jesu Christi

Missionnaires de la Royauté de Jésus-Christ. Branche
masculine

Pia sodalità dei missionari della Regalità di Cristo

Pieuse union des missionnaires du Royaume du Christ.
Branche masculine

m.r.c.

MISSIONNAIRES LAÏQUES DE NOTRE-DAME

C30

Fondées comme pieuse union féminine en 1954 à Montréal
par Béatrice Turcotte.

C30

Founded as a female pious union in 1954 at Montreal
by Béatrice Turcotte.

OBLATES BÉNÉDICTINES DE VILLE-MARIE

C31

Fondées à Montréal en 1952, comme pieuse union féminine, par Clotilde Mathys et un groupe d'oblates bénédictines rattachées à l'abbaye Saint-Benoît du Lac des
Bénédictins. Elles furent dissoutes en 1966.

C31

Founded in 1952 at Montreal as a female pious union
by Clotilde Mathys and a group of secular oblates
attached to the Benedictine Abbey of Saint-Benoît-
du-Lac. They were dissolved in 1966.

OBLATES MISSIONNAIRES DE MARIE-IMMACULÉE

C32

Fondées en 1952 à Grand-Sault, Nouveau-Brunswick, comme pieuse union féminine, par le père Louis-Marie Parent, o.m.i. Elles devinrent institut séculier en 1962.

Missionnaires oblates de l'Immaculée
Missionary Oblates of the Immaculate

Missionnaires oblates de Marie-Immaculée
Missionary Oblates of Mary Immaculate

o.m.m.i.

OBLATE MISSIONARIES OF MARY IMMACULATE

C32

Founded as a female pious union in 1952 at Grand-Sault, New Brunswick, by Fr. Louis-Marie Parent, o.m.i. They became a secular institute in 1962.

OEUVRE DU CÉNACLE

C33

Fondée à Rome en 1952 par l'abbé Georges Roche (il devint prélat domestique en 1956, portant ainsi le titre de Monseigneur; les prélats domestiques sont devenus en 1968 les prélats d'honneur de Sa Sainteté). L'oeuvre porta le nom officiel de Opus Cenaculi dès le début et fut approuvée comme pieuse union. Elle devint un institut séculier en 1953. L'oeuvre fut structurée de façon originale, en quatre branches (pour les prêtres, pour les laïcs et laïques célibataires, ainsi que pour les couples mariés) unies sous un seul supérieur général et dirigées par un seul conseil général comportant des membres des quatre branches; ces branches devaient jouir d'une certaine autonomie, tout en ne formant pas quatre instituts séparés. De plus, cette structure était compliquée par la présence de quatre catégories de membres: les membres au sens strict, divisés en agrégés (consacrés totalement à Dieu dans l'institut) et en affiliés (dont seulement une partie des activités était sous la direction de l'institut), et les membres au sens large, divisés en fédérés et en amis. Cette structure complexe ainsi que d'autres difficultés amenèrent l'institut, en mai 1974, à demander au Saint-Siège de se voir retirer le statut d'institut séculier. Le Saint-Siège accéda à ce désir le 22 mai de la même année, par le biais d'un décret de la Sacrée Congrégation pour les religieux et les instituts séculiers, qui supprimait l'Opus Cenaculi en tant qu'institut séculier. L'organisme continue d'exister, mais en tant que simple association de fidèles.

La branche sacerdotale ouvrit une maison à Trois-Rivières, Québec, en 1954. L'institut fut connu au Canada sous le nom d'Amis du Cénacle au début et puis, plus tard, sous celui d'Oeuvre du Cénacle. Cette maison fut fermée le 18 mai 1974.

C33

Founded at Rome in 1952 by Fr. Georges Roche (he became domestic prelate in 1956, with the right to use the title Monsignor; the domestic prelates became the Prelates of Honour of His Holiness in 1968). At the time of founding, the institute was given the status of a pious union and the official name Opus Cenaculi. It became a secular institute in 1953. The institute was structured rather originally, with four branches (for priests, for single laymen and laywomen, as well as for married couples) united under one superior general and led by a general council whose members represented the four branches; these branches enjoyed a certain degree of autonomy, although not to the point of being four separate institutes. This structure was complicated by the presence of four categories of members: the members in a strict sense, divided into aggregated members (totally dedicated to God in the institute) and affiliated members (the activities of whom are only partly controlled by the institute); the members in a wider sense, divided into federated members and friends. This complex structure and other difficulties led the institute to ask the Holy See in May, 1974, to have its status as a secular institute withdrawn. On May 22 of the same year, the Holy See acceded to the request through a decree of the Sacred Congregation for Religious and Secular Institutes which suppressed the Opus Cenaculi as a secular institute. The organization still exists, though, as an association of faithful.

The priestly branch opened a house in Trois-Rivières, Quebec, in 1954. The institute was known in Canada at first as the Amis du Cénacle, and, later, as the Oeuvre du Cénacle. This house was closed on May 18, 1974.

Amis du Cénacle

Opus Cenaculi

OPUS DEI. BRANCHE MASCULINE

OPUS DEI. MALE BRANCH

C34

Fondée sous le nom de Sociedad sacerdotal de la Santa Cruz y Opus Dei, à Madrid, Espagne, en 1928, par Mgr Josémaria Escrivá de Balaguer y Albás. Le nom d'Opus Dei est le nom abrégé utilisé communément. De 1928 à 1930, l'Opus Dei ne fut qu'une association masculine, formée de prêtres et de laïcs célibataires ou mariés, les prêtres étant à ce moment-là les seuls membres à part entière de l'Opus Dei, de là le nom officiel de l'organisme. En 1930, la branche féminine fut fondée. Les deux branches sont indépendantes l'une de l'autre; seul le président général, toujours un prêtre, est le même pour les deux branches. En 1947, l'Opus Dei fut approuvé comme institut séculier, le premier à l'être d'ailleurs. Tous ses membres furent alors mis sur un pied d'égalité.

Bien que l'Opus Dei soit *de jure* un institut séculier, l'institut ne se considère pas tel *de facto* et est d'ailleurs en train de rechercher avec le Saint-Siège un statut canonique correspondant plus à la réalité de sa structure et de sa vie. La raison fondamentale de ce malaise semble être le fait que la plupart des instituts séculiers se rapprochent plus de la vie religieuse dans leur théologie et certains aspects de leur structure que de la sécularité (l'Opus Dei n'est pas le seul institut séculier qui exprime ce sentiment). L'Opus Dei considère par ailleurs avoir été fidèle au charisme originel des instituts séculiers, qui est celui de la sécularité. L'Opus Dei est donc au fond une association internationale de fidèles regroupés indépendamment de leur condition matérielle ou professionnelle ou de leur âge, voués à une vie chrétienne intense, chacun dans sa vie, son milieu, son travail, et répondant ainsi à l'appel à la sainteté adressé à chaque chrétien. Les membres ne sont donc pas liés par une théologie ou une spiritualité particulière, ni même par une idéologie, mais par un principe fondamental: chaque chrétien doit vivre en tant que chrétien dans la vie qu'il mène et servir de ferment, de "sel de la terre". Les membres de l'Opus Dei sont par conséquent aussi libres sur les plans professionnels et politiques que les autres chrétiens. Actuellement (1980), plus de 70 000 personnes font partie des deux branches de l'Opus Dei.

Montréal, 1957.

Les lecteurs intéressés pourront consulter, en plus des oeuvres du fondateur, les documents suivants:

C34

Founded under the name Sociedad sacerdotal de la Santa Cruz y Opus Dei, at Madrid, Spain, in 1928 by Msgr. Josémaria Escrivá de Balaguer y Albás. The shorter form Opus Dei is commonly used. From 1928 to 1930, Opus Dei was a purely male organization, composed of priests and of single and married men; at that time priests were the only full members, hence the official name of the organization. In 1930, the female branch was founded. Both branches are independent from one another; only the president general, a priest, is common to both. In 1947, Opus Dei was approved as a secular institute, the first one to be so approved. All its members were then put into one category.

Though a secular institute **de jure**, Opus Dei does not consider itself to be one **de facto** and is therefore trying, together with the Holy See, to find a canonical status more adapted to the reality of its structure and life. Opus Dei does not feel at ease with secular institutes and the fundamental reason seems to come from the fact that most secular institutes are closer to religious life in their theology and in certain aspects of their structures than they are to secularity. (Opus Dei is not alone in sharing and voicing this feeling.) Moreover, Opus Dei considers that it has remained faithful to the original charisma of secular institutes, that is to secularity. Opus Dei is basically an international association of faithful who, whatever their material or professional condition or their age, are dedicated to an intense Christian life, each one in his own life, milieu and profession, each one responding to the call to holiness received by every Christian. Thus, members are not subject to a particular spirituality or theology, or even to an ideology, but to a fundamental principle: each Christian has to live as a Christian in the life he leads and to serve as a leaven, as "salt of the earth." The members of Opus Dei are therefore as professionally and politically free as other Christians. Presently (1980), the members of both branches of Opus Dei number more than 70 000.

Montreal, 1957.

Apart from the works of the founder, interested readers may wish to consult the following documents:

Byrne, Andrew. "Opus Dei", dans/in: *Gran enciclopedia Rialp*. v.5, p. 347-351, Madrid, Rialp, 1973.
L'article, publié originellement en espagnol, a aussi été publié en traduction sous forme de brochure, voir la notice bibliographique suivante/The article, originally published in Spanish, has also been translated and published as a pamphlet, see the next bibliographical entry:

La sanctification du travail ordinaire: nature et esprit de l'Opus Dei. [Braine, Centre de Rencontre de Courvelles, 1976] 29p. (Cahiers du Centre de Rencontres de Courvelles, no 15.)

Sanctifying Ordinary Work. New York, Scepter Booklets, [c1975] 23p.

Fuenmayor, A. de. "Opus Dei", dans/in *Diccionario de historia ecclesiastica de España,* v.3, p. 1809-1810, Madrid, Instituto Enrique Florez, Consejo Superior de Investigaciones Cientificas, 1973.

Rocca, Giancarlo. "L'Opus Dei" e gli istituti secolari", dans/in: *Vita pastorale,* 68 (1980) 11-13.

"Società sacerdotale della S. Croce", dans/in: *Dizionario degli istituti di perfezione.* [Roma] Éd. Paoline [à paraître dans un prochain volume/to be published eventually] .

Associación sacerdotal de la Santa Cruz y Opus Dei

Opus Dei

Sociedad sacerdotal de la Santa Cruz y Opus Dei

Societas sacerdotalis Sanctae Crucis

Societas sacerdotalis Sanctae Crucis et Opus Dei

Société sacerdotale de la Sainte-Croix
Sacerdotal Society of the Holy Cross

Société sacerdotale de la Sainte-Croix et Opus Dei
Sacerdotal society of the Holy Cross and Opus Dei

OPUS DEI. BRANCHE FÉMININE

C35
Fondée à Madrid, Espagne, en 1930 par Mgr Josémaria Escrivá de Balaguer y Albás, et composée de femmes, mariées ou célibataires. Cette branche fut approuvée comme institut séculier en 1947.

Pour de plus amples renseignements sur cette branche de l'Opus Dei (y compris une bibliographie), voir la notice C34.

Montréal, 1959.

Opus Dei

OPUS DEI FEMALE BRANCH

C35
Founded at Madrid, Spain, in 1930 by Msgr. Josemaria Escrivá de Balaguer y Albás, and composed of single and married laywomen. This branch was approved as a secular institute in 1947.

For further information, including a bibliography of Opus Dei, see entry C34.

Montreal, 1959.

PETITS FRÈRES DE L'ÉVANGILE

C36
Fondés en 1956 au Sambuch, France, par le père René Voillaume, c.p.f.j.

Montréal, 1974.

C36
Founded in 1956 at Le Sambuch, France, by Fr. René Voillaume, c.p.f.j.

Montreal, 1974.

p.f.e.

PETITS FRÈRES DE NOTRE-DAME

C37
Fondés en 1946 à Paris, sous le nom de Petits frères des pauvres, par Armand Marquiset. Ils devinrent une pieuse union en 1958 et acquirent leur présent nom en 1965. Bien qu'ils continuent d'exister comme groupe de Catholiques voués à la poursuite de leurs objectifs, ils ont renoncé en 1968 à tout statut officiel au sein de l'Église catholique. Ils ne sont donc plus un institut de vie consacrée.

Montréal, 1962.

C37
Founded under the name Petits frères des pauvres in 1946 at Paris by Armand Marquiset. They became a pious union in 1958 and acquired their present name in 1965. While continuing to exist as a group of Roman Catholics devoted to certain aims, they renounced their canonical status within the Church in 1968. Therefore, they are no longer an institute of consecrated life.

Montreal, 1962.

Petits frères des pauvres

SECULAR INSTITUTE OF THE ANNUNCIATION

C38
Institut fondé en 1929 à s'Hertogenbosch (Bois-le-Duc), Pays-Bas, par l'abbé J. de Kroon. Il devint une pieuse union féminine en 1936.

Lethbridge, Alberta, 1957.

C38
Founded in 1929 at s'Hertogenbosch (Bois-le-Duc), Netherlands, by Fr. J. de Kroon. It became a female pious union in 1936.

Lethbridge, Alberta, 1957.

Lay Institute of Mary of the Annunciation

Maria Annunciatie seculier instituut

SERVANTES DE MARIE-IMMACULÉE

C39
Fondées en 1951 à Montréal par M. Joseph-Onil Lesieur, p.s.s., comme pieuse union. Elles devinrent un institut séculier en 1977.

C39
Founded in 1951 at Montreal by Fr. Joseph-Onil Lesieur, p.s.s., as a pious union. They became a secular institute for women in 1977.

SERVITE SECULAR INSTITUTE

C40
Institut fondé en 1947 à Londres par Kathleen Joan Bartlett. Il fut approuvé comme institut séculier féminin en 1964 et affilié aux Servites de Marie la même année.

Ottawa, Ontario, 1965.

C40
Founded in 1947 at London by Kathleen Joan Bartlett. It became a female secular institute in 1964 and was affiliated to the Servites in the same year.

Ottawa, Ontario, 1965.

SOCIÉTÉ DES INFIRMIÈRES MISSIONNAIRES

C41
Approuvée temporairement en 1941 par Joseph Charbonneau, archevêque de Montréal, et fondée en 1942 à Outremont, Québec, par Alberta Lefebvre, avec l'aide de Jeanne Lapierre, de l'abbé Lucien Lefebvre et de Mgr Edgar Larochelle, p.m.é., p.a., sur la base de la Caisse missionnaire des infirmières, fondée à Montréal en 1941 par Alberta Lefebvre. La Société, n'ayant plus aucun membre, fut dissoute en 1957 par le cardinal Paul-Émile

C41
Temporarily approved in 1941 by Joseph Charbonneau, archbishop of Montreal, and founded at Outremont, Quebec, in 1942, by Alberta Lefebvre, with the help of Jeanne Lapierre, Fr. Lucien Lefebvre and Msgr. Edgar Larochelle, p.m.é., p.a., and modelled after the Caisse missionnaire des infirmières, founded in 1941 at Montreal by Alberta Lefebvre. No members having been left in the society for some

Léger, archevêque de Montréal. La Société était un groupe d'infirmières vivant en commun, un peu à la façon d'un institut séculier d'aujourd'hui, où l'on faisait un serment de stabilité dans la société et son travail missionnaire, une promesse d'obéissance et un voeu privé de chasteté.

time, Paul-Émile Cardinal Léger, archbishop of Montreal, dissolved it in 1957. The society was a group of nurses, somewhat analogous to a secular institute of today, who lived in common, with an oath of stability in the society and its missionary work, a promise of obedience and a private vow of chastity.

Caisse missionnaire des infirmières

SOCIÉTÉ DU CHRIST SEIGNEUR

C42
Fondée sous le nom de Société Leunis à Montréal en 1951, par le père Ludger Brien, s.j., et sept membres de congrégations mariales de Montréal. L'objectif de la Société était de vivre les conseils évangéliques au sein de ces congrégations. En 1956, la Société, composée d'hommes et de femmes, fut approuvée comme association de fidèles, permettant ainsi aux membres de rester attachés aux congrégations mariales dont ils faisaient partie. Vers 1970, la Société élargit son orientation et s'ouvrit à un apostolat pas nécessairement lié aux communautés de vie chrétiennes (nouveau nom des congrégations). En 1977, elle changea de nom pour adopter celui de Société du Christ Seigneur et fut approuvée comme pieuse union.

C42
Founded as the Société Leunis in 1951 at Montreal by Fr. Ludger Brien, s.j., and seven members of some Montreal sodalities. Its objective was to live the evangelical counsels within the sodalities. In 1956, the society, composed of men and women, was approved as an association of perfection, leaving the members free to remain within their respective sodalities. Around 1970, the society widened its apostolate and decided it was not going to be linked as closely as it had been with the communities of Christian life (the new name of the sodalities). In 1977, it changed its name to Société du Christ Seigneur and was approved as an association of faithful.

Société Leunis

UNION CARITAS CHRISTI

C43
Fondée en 1937 à Marseille, France, par le fr. Jean-Marie Perrin, o.p., sous le nom de Petites soeurs de Sainte-Catherine de Sienne. L'institut adopta ce nom d'Union Caritas Christi quand il fut approuvé comme institut séculier en 1950.

Montréal, 1957.

C43
Founded under the name Petites soeurs de Sainte-Catherine de Sienne in 1937 at Marseille, France, by Fr. Jean-Marie Perrin, o.p. They changed their name in 1950, when they were approved as a secular institute.

Montreal, 1957.

Caritas Christi

Institut Caritas Christi

Institut Charitas Christi

Petites soeurs de Sainte-Catherine de Sienne

Union Charitas Christi

CHANOINESSES RÉGULIÈRES DE SAINT-AUGUSTIN DE LA CONGRÉGATION DE NOTRE-DAME

D1

Fondées en 1597 à Mattaincourt, France, par saint Pierre Fournier et la bienheureuse Alex le Clerc (nom en religion: mère Thérèse de Jésus). Cet institut cloîtré faisait de l'enseignement par l'intermédiaire d'une classe de soeurs non cloîtrées et sans voeux publics, appelées soeurs externes ou Soeurs de Notre-Dame. En 1628, les Chanoinesses ouvrirent un monastère à Troyes, France. En 1640, la bienheureuse Marguerite Bourgeoys devint membre de cette classe de soeurs enseignantes, qui était sous la direction de Louise de Chomedey (soeur de Paul de Chomedey, sieur de Maisonneuve, fondateur de Montréal). Par soeur de Chomedey, Marguerite Bourgeoys entendit parler du Canada et, en 1652, rencontra Paul de Chomedey. Elle arriva à Québec en 1653. L'éducation et l'expérience dont elle avait profité à Troyes lui servirent de modèle partiel, tout au moins au plan pédagogique, pour sa propre Congrégation de Notre-Dame, fondée en 1658 (voir notice B13). Les Chanoinesses vivaient à l'origine dans plusieurs maisons qui étaient indépendantes les unes des autres. Elles existent encore comme telles mais ont été regroupées en trois fédérations. Les deux premières n'ont de fédération que le nom et sont en fait des instituts centralisés: les Chanoinesses régulières de Saint-Augustin de la Congrégation de Notre-Dame de Jupille, ébauchées en 1894, formées temporairement en 1900 et définitivement en 1910, et l'Union romaine des Chanoinesses régulières de Saint-Augustin de la Congrégation de Notre-Dame, formée temporairement en 1928 et définitivement en 1931; ces deux fédérations se sont unies en 1963 pour former la Congrégation de Notre-Dame, Chanoinesses de Saint-Augustin. La troisième fédération, qui porte bien son nom, celle-là, est une fédération des maisons allemandes et autrichiennes de l'institut, formée en 1961.

D1

Founded in 1597 at Mattaincourt, France, by Saint Pierre Fourier and Blessed Alex le Clerc (in religion: Mother Thérèse de Jésus). This institute of cloistered nuns did some teaching through a class of sisters, uncloistered and without public vows, called external sisters, or Soeurs de Notre-Dame. In 1628, a monastery was founded at Troyes, France. Blessed Marguerite Bourgeoys became a member of this class of teaching sisters in 1640, under the direction of Louise de Chomedey, the sister of Paul de Chomedey (Sieur de Maisonneuve, founder of Montreal). From Sister de Chomedey, Marguerite Bourgeoys heard about Canada and in 1652, she met Paul de Chomedey. She arrived in Quebec City in 1653. The education and experience she had profited from in Troyes were to serve as a partial pedagogical model for her own Congregation of Notre Dame, founded in 1658 (see entry B13). The original French institute was composed of many houses, all independent from one another, and is still in existence. Three federations, the first two of which are really centralized institutes and not federations, have been formed to group them: the Chanoinesses régulières de Saint-Augustin de la Congrégation de Notre-Dame de Jupille, roughly formed in 1894, organized temporarily in 1900 and definitively in 1910; the Union romaine des Chanoinesses régulières de Saint-Augustin de la Congrégation de Notre-Dame, organized temporarily in 1928 and definitively in 1931; these two federations were united in 1963 under the name Congrégation de Notre-Dame, Chanoinesses de Saint-Augustin; the third federation, a real one this time, groups the German and Austrian houses and was formed in 1961.

Chanoinesses de Saint-Augustin. Union Notre-Dame

Chanoinesses régulières de Notre-Dame

Chanoinesses régulières de Saint-Augustin de la Congrégation de Notre-Dame de Jupille

Chanoinesses régulières de Saint-Augustin de Notre-Dame

Congrégandines

Congrégation de Notre-Dame, Chanoinesses de Saint-Augustin

Congrégation de Notre-Dame (Troyes)

Religieuses de Notre-Dame de Troyes

Soeurs de Notre-Dame

Union Notre-Dame (Chanoinesses de Saint-Augustin)

Union romaine des Chanoinesses régulières de Saint-Augustin de la Congrégation de Notre-Dame

CHARTREUX

D2

Fondés en 1084 par saint Bruno, qui s'établit avec ses compagnons dans le massif de la Grande Chartreuse. En 1841, Ignace Bourget, évêque de Montréal, leur avait demandé sans succès de venir s'établir dans son diocèse. Les Chartreux existent encore maintenant (1980).

Ordo cartusianorum

Ordo Cartusiensis

Ordre des chartreux

o.c.   o.cart.   o.carth.

CARTHUSIANS

D2

Founded in 1084 by Saint Bruno, who established himself and his companions in the massif of the Grande Chartreuse. In 1841, Ignace Bourget, bishop of Montreal, unsuccessfully asked them to come and found an establishment in his diocese. The Carthusians are still (1980) in existence.

FILLES DE SAINTE-GENEVIÈVE

D3

Fondées en 1636 à Paris par Françoise du Blosset, collaboratrice de saint Vincent de Paul. En 1661, à Paris, Marie Bonneau (veuve de Jean-Jacques de Beauharnais, seigneur de Miramion) fonda les Filles de la Sainte-Famille. En 1662, les deux groupes fusionnèrent *de facto*; en 1665, un contrat de fusion fut signé, puis approuvé en 1668 par le cardinal Louis, duc de Vendôme, légat *a latere* du pape Clément IX en France. Par la suite, d'autres instituts se joignirent aux Filles de Sainte-Geneviève. Lors de son troisième voyage en France en 1679-1680, la bienheureuse Marguerite Bourgeoys, fondatrice de la Congrégation de Notre-Dame (voir notice B13), eut beaucoup de contacts avec madame de Miramion. Celle-ci examina et commenta la règle préparée par Marguerite Bourgeoys, elle suggéra beaucoup d'améliorations; c'est cette règle qui, après bien d'autres péripéties, devait finalement être approuvée en 1698. Les Filles de Sainte-Geneviève avaient été à l'origine des ouvroirs en France; Marguerite Bourgeoys les avait introduits en Nouvelle-France en 1663. La dévotion à la Sainte-Famille, que madame de Miramion avait beaucoup aidé à répandre en France et qui existait en Nouvelle-France depuis la fondation de Ville-Marie, fut grandement encouragée par Marguerite Bourgeoys. En 1791, les Filles de Sainte-Geneviève furent dissoutes à cause de la Révolution. En 1806, elles furent reconstituées à Besançon, France, par Jeanne-Claude Jacoulet, veuve, sous le nom de Soeurs de la Sainte-Famille, un des noms sous lesquels l'institut d'origine fondé en 1636 avait été connu. L'institut existe encore aujourd'hui (1980).

D3

Founded in 1636 at Paris, by Françoise du Blosset, a collaborator of Saint Vincent de Paul. In 1661, at Paris, Marie Bonneau (the widow of Jean-Jacques de Beauharnais, Seigneur of Miramion) founded the Filles de la Sainte-Famille. In 1662, the two groups merged *de facto*; in 1665, a merger contract was signed, and was approved in 1668 by Louis, Cardinal Duke of Vendôme, legate *a latere* of Pope Clement IX in France. Later, other institutes merged with the Filles de Sainte-Geneviève. During her third trip to France, in 1679-1680, Blessed Marguerite Bourgeoys, founder of the Congregation of Notre Dame (see entry B13), was frequently in contact with Madame de Miramion. She gave the latter the rule that she had been preparing for the Congregation of Notre Dame and asked her to comment on it and suggest appropriate changes; this is the rule that, after many adventures, was finally approved in 1698. The Filles de Sainte-Geneviève originated the domestic science schools in France; Marguerite Bourgeoys opened the first school of that type in New France in 1663. The devotion to the Holy Family, which Madame de Miramion had helped spread in France and which had existed in New France since the founding of Ville-Marie, was staunchly promoted by Marguerite Bourgeoys. In 1791, the Filles de Sainte-Geneviève were dissolved by the Revolution. In 1806, they were reconstituted at Besançon, France, by Jeanne-Claude Jacoulet, a widow; she chose the name Soeurs de la Sainte-Famille, one of the names under which the original institute, founded in 1636, had been known. The institute is still in existence today (1980).

Miramiones

Filles de la Sainte-Famille

Soeurs de la Sainte-Famille

Soeurs de Sainte-Geneviève

FRÈRES DE LA DOCTRINE CHRÉTIENNE

D4

Fondés en 1841 à Willenhof, France, par Louis Mertian, aidé de son frère l'abbé Ignace Mertian et de l'abbé Jean-Baptiste-Germain Bacher, qui s'étaient tous deux succédés au poste de supérieur ecclésiastique des Soeurs de la Divine Providence de Ribeauvillé. Cette fondation fut faite sur la base d'un essai en 1819. En fait, Ignace Mertian avait fondé en 1819 à Ribeauvillé, France, les Frères de la doctrine chrétienne de Strasbourg, qui furent fusionnés aux Marianistes en 1826. Un certain nombre de membres n'acceptèrent pas cette fusion et c'est sous leur influence que se fit la fondation de 1841. Pour donner l'occasion au nouvel institut de partir du bon pied, le fondateur, dès 1841, demanda à un autre institut de fournir un religieux qui pourrait entraîner les nouveaux postulants. Le père Georges Schneider, s.j., devint directeur spirituel et maître des novices. En 1844, l'abbé Eugène Mertian, neveu des deux autres Mertian, devint postulant. En 1845, avec d'autres postulants, il prononça ses voeux et l'institut fut érigé canoniquement. Le père Eugène Mertian devint supérieur et le père Schneider se détacha petit à petit de ses fonction, ce qu'il fit officiellement en 1846, tout en restant en contact avec le supérieur jusqu'en 1848, date à laquelle il vint au Canada. Le père Schneider eut en Amérique une vie sacerdotale et religieuse variée: maître des novices, directeur spirituel, etc., à Montréal, Québec, Buffalo, New York et ailleurs. Il mourut à Montréal en 1868. L'institut des Frères de la doctrine chrétienne existe encore (1980) et est composé de prêtres et de frères.

D4

Founded in 1841 at Willenhof, France, by Louis Mertian with the aid of both his brother Fr. Ignace Mertian and Fr. Jean-Baptiste-Germain Bacher; the last two men were successive ecclesiastical superiors of the Soeurs de la Divine Providence de Ribeauvillé. This foundation was based on an earlier attempt of 1819. Actually, Ignace Mertian had founded the Frères de la doctrine chrétienne de Strasbourg at Ribeauvillé, France, in 1819. They merged with the Marianists in 1826. A few members did not accept the merger and it is under their influence that the foundation of 1841 occurred. The founder then immediately asked an established institute to lend him personnel to train the new postulants in order to give the new institute a good start. Fr. Georges Schneider, s.j., became spiritual director and novice master. In 1844, Fr. Eugène Mertian, nephew of the other two Mertians, entered as a postulant. In 1845, he and the other postulants made their vows and the institute was canonically erected. Fr. Eugène Mertian became superior and Fr. Schneider started to detach himself from the institute, which he officially left in 1846. Until his departure for Canada in 1848, Fr. Schneider remained in contact with Fr. Eugène Mertian. Fr. Schneider had a varied life in his North-American ministry: novice master, spiritual director, etc., in Montreal, Quebec City, Buffalo, New York, and other places. He died in Montreal in 1868. The institute is still (1980) in existence and is composed of priests and brothers.

Brüder der Christlichen Lehre

Frères de l'instruction chrétienne d'Ehl

Frères de l'instruction chrétienne de Strasbourg

Frères de la doctrine chrétienne d'Alsace

Frères de la doctrine chrétienne de Strasbourg

Frères de la doctrine chrétienne du diocèse de Strasbourg

FRÈRES DE NOTRE-DAME DE BON SECOURS

D5

Fondés en 1855 à Marseille, France, par le bienheureux Charles-Joseph-Eugène de Mazenod, évêque de Marseille. En 1855, ils avaient écrit à Ignace Bourget, évêque de Montréal, pour offrir leurs services dans son diocèse, sans que suite ait été donnée à leur demande. Ils furent de toute façon dissous en 1857.

D5

Founded in 1855 at Marseille, France, by Blessed Charles-Joseph-Eugène de Mazenod, bishop of Marseille. In 1855, they had written to Ignace Bourget, bishop of Montreal, to offer their services in his diocese, an offer which was never taken up. In any case, they were dissolved in 1857.

Frères de Notre-Dame du Bon Secours

FRÈRES DE SAINT-JOSEPH

D6

En 1949, les vicaires apostoliques d'Afrique équatoriale française se réunirent à Brazzaville, Congo, et décidèrent de fonder un institut qui réunirait deux petits instituts en difficulté oeuvrant dans divers vicariats apostoliques: les Frères de Sainte-Marie et les Frères de Saint-Pierre Claver. La mise en oeuvre de cette décision fut confiée à Jean-Jérôme Adam, c.ss.p., évêque titulaire de Rinocorura et vicaire apostolique de Libreville (il fut successivement évêque de Libreville, 1955-1958, archevêque du même siège, 1958-1969; ayant démissionné, il devint archevêque-évêque titulaire de Brescello, 1969-1976 et prit le titre d'ancien archevêque de Libreville en 1976).

Le nom originel de l'institut était celui de Frères de Saint-Joseph d'Afrique équatoriale française. L'institut fut érigé canoniquement en 1951. Il changea de nom en 1955 pour devenir Frères de Saint-Joseph de Libreville; plus tard, le nom plus long de Frères de Saint-Joseph et du Coeur Immaculé de Marie fut aussi utilisé. En 1967, il ne restait que trois frères âgés dans l'institut. Théophile Mbemba, archevêque de Brazzaville, demanda alors à Mgr Adam la permission de prendre en charge l'institut et de le relancer à partir de son propre archidiocèse, sous le nom de Frères de Saint-Joseph. En 1969, les premiers membres de cette relance prononcèrent leurs voeux.

De 1972 à 1976, deux frères maristes canadiens furent chargés d'organiser l'institut et de former les nouveaux membres: les frères Léonard Ouellet, f.m.s., supérieur (1972-1974) et maître des novices (1972-1976) et Denis Dubuc, f.m.s., administrateur local (1972-1976). En 1974, les dix membres de l'institut élirent leur propre supérieur congolais.

D6

In 1949, the vicars apostolic of French Equatorial Africa met at Brazzaville, Congo, and decided to set up an institute in order to unite two small institutes in difficulty that were working in the respective vicariates: the Frères de Sainte-Marie and the Frères de Saint-Pierre Claver. This responsibility was given to Jean-Jérôme Adam, c.ss.p., titular bishop of Rinocorura and vicar apostolic of Libreville (his later titles were: bishop of Libreville, 1955-1958; archbishop of the same see, 1958-1969; upon resigning, he became titular archbishop-bishop of Brescello, 1969-1976 and took the title of former archbishop of Libreville in 1976).

The original name of the institute was Frères de Saint-Joseph d'Afrique équatoriale française. The institute was canonically erected in 1951. It changed its name in 1955 to Frères de Saint-Joseph de Libreville; later, the longer name Frères de Saint-Joseph et du Coeur Immaculé de Marie was also used. In 1967, only three aged brothers remained. At that time, Théophile Mbemba, archbishop of Brazzaville, asked Archbishop Adam for permission to take over the institute and reactivate it from his own archdiocese under the name Frères de Saint-Joseph. In 1969, the first members of this new effort made their vows.

From 1972 to 1976, two Canadian Marist brothers were responsible for organizing the institute and training new members: Bros. Léonard Ouellet, f.m.s., superior (1972-1974) and master of novices (1972-1976), and Denis Dubuc, f.m.s., local administrator (1972-1976). In 1974, the ten members of the institute elected their own Congolese superior.

Frères de Saint-Joseph et du Coeur Immaculé de Marie

Frères de Saint-Joseph d'Afrique équatoriale française

Frères de Saint-Joseph de Libreville

Frères de Saint-Pierre Claver

Frères de Sainte-Marie

GREY NUNS OF THE SACRED HEART

D7

Fondées en 1921, par un décret de la Sacrée congrégation des Religieux détachant de leur institut d'origine un certain nombre de maisons des Soeurs grises de la Croix situées aux États-Unis (B195). La maison-mère du nouvel institut fut établie à Melrose Park (auj. Cheltenham), Pennsylvanie. La première supérieure générale fut Julia O'Leary (nom en religion: mère Mary Augusta).

D7

Founded in 1921 by a decree of the Sacred Congregation of Religious detaching a certain number of houses of the Grey Nuns of the Cross situated in the United States (B195) from the original institute. The motherhouse was established in Melrose Park (now Cheltenham), Pennsylvania. The first superior general was Julia O'Leary (in religion: Mother Mary Augusta).

g.n.s.h.

HERMANAS DE LA PROVIDENCIA DE CHILE

D8

Le 18 octobre 1852, cinq Soeurs de la Providence (B150) quittèrent Montréal pour l'Oregon, l'évêque de Nesqually Augustin-Magloire Blanchet ayant demandé l'ouverture d'une maison dans son diocèse. Depuis le moment de cette demande cependant, la situation en Oregon avait changé au point où leur séjour devenait inutile: la ruée vers l'or avait dépeuplé l'Oregon en faveur de la Californie. Les religieuses quittèrent donc l'Oregon pour San Francisco le 1er février 1853 et, après un court séjour dans cette ville, débarquèrent à Valparaison, Chili, le 17 juin 1853. Elles ouvrirent leur première maison à Santiago; leur supérieure était alors Victoire Larocque. À cause de la distance et des problèmes de juridiction entre les différents évêques et supérieurs, la ligne d'autorité n'était pas claire et cette confusion créait constamment des problèmes. Les soeurs au Chili étaient *de facto* presque indépendantes de leur supérieure générale à Montréal. En 1865, les soeurs du Chili furent érigées en province des Soeurs de la Providence, mais cette province était directement soumise au Saint-Siège. En 1890, la Sacrée Congrégation des Évêques et Réguliers sépara la province chilienne de l'institut d'origine et l'érigea en institut séparé, nommé Hermanas de la Providencia de Chile. Mère Maria Celia Bascunan en devint la première supérieure générale. Tous les problèmes de l'institut n'étaient pas résolus pour autant. Deux groupes firent sécession pour former deux nouveaux instituts: la Congregación del Purísimo Corazon de María, sous soeur Maria de la Concepcíon Prats, en 1894 et les Hijas de san José, protectoras de la infancía, sous mère Maria Luisa Villalon, en 1895. Les Hermanas de la Providencia de Chile furent réunies à leur institut d'origine en 1970 et en devinrent la province Bernarde Morin.

D8

On October 18, 1852, five Sisters of Charity of Providence (B150) left Montreal for Oregon, having been asked by Augustin-Magloire Blanchet, bishop of Nesqually, to open a house in his diocese. Since his request, however, mass migration to the gold fields of California had so decreased Oregon's population that their stay there became pointless. They left Oregon for San Francisco on February 1, 1853, and, after a short stay there, landed in Valparaiso, Chile, on June 17, 1853. The superior was Mother Victoire Larocque and the first house was established in Santiago. Because of distance and jurisdictional problems between the different bishops and superiors involved, the nondifferentiated lines of authority created constant problems. The sisters in Chile were *de facto,* almost independent from their superior general in Montreal. In 1865, the sisters in Chile were erected into a province within the Sisters of Charity of Providence, but this province was directly subject to the Holy See. In 1890, the Sacred Congregation of Bishops and Regulars separated the Chilean province from the original institute and erected it as a separate institute under the name Hermanas de la Providencia de Chile. Mother Maria Celia Bascunan became the first superior general. All their problems were not solved however. Two groups seceded to form two new institutes: in 1894, the Congregación del Purísimo Corazon de María under Sister María de la Concepción Prats and, in 1895, the Hijas de san José, protectoras de la infancía under Mother Maria Luisa Villalon. The Hermanas de la Providencia de Chile were reunited with the original institute in 1970 and now form the Bernarde Morin Province.

Congregación de la Providencia

Congregación del Purisímo Corazon de María

Hermanas de Providencia

Hijas de san José, protectoras de la infancía

Sorores a Providentia de Chile

MISSIONARIES OF THE HOLY APOSTLES

D9

Fondés en 1962 à Cromwell, Connecticut, par Henri Ménard (nom en religion: fr. Eusèbe-Marie Ménard, o.f.m.). Au départ, l'institut était formé des maisons américaines de la Société des Saints-Apôtres (A106) et fut en fait fondé dans la première maison américaine de l'institut canadien d'origine. Les deux instituts ont des objectifs semblables mais furent séparés canoniquement pour des raisons pratiques.

D9

Founded in 1962 at Cromwell, Connecticut, by Henri Ménard (in religion: Fr. Eusèbe-Marie Ménard, o.f.m.). At first, the institute consisted of the American houses of the Society of the Holy Apostles (A106) and was actually founded in the first American house of the original Canadian institute. Both institutes have similar aims and objectives but have been canonically separated for practical reasons.

m.ss.a.

MISSIONNAIRES DE FRANCE

D10

Fondés en 1814 à Paris par l'abbé Jean-Baptiste Rauzan et M. Charles de Forbin-Janson, p.s.s., plus tard évêque de Nancy et Toul et primat de Lorraine, sur la base du travail missionnaire accompli à Lyon par l'abbé Rauzan depuis 1806. En 1841, ils avaient été contactés par Ignace Bourget, évêque de Montréal, pour venir oeuvrer dans le diocèse. Ils répondirent qu'ils ne pourraient venir avant 1843; l'idée fut abandonnée par Mgr Bourget et les Oblats de Marie-Immaculée vinrent à leur place (A69). Les Missionnaires de France furent réorganisés en 1960. À partir de l'approbation qu'ils reçurent du Saint-Siège en 1839, ils commencèrent à utiliser le nom de Pères ou Prêtres de la Miséricorde. Ils sont maintenant établis seulement aux États-Unis et en Équateur. Il est intéressant de noter que l'abbé Eugène-Henri Porcile, ex-Doctrinaire et fondateur des Clercs de Saint-Jean (A21), devint membre des Pères de la Miséricorde en 1875. Il fut élu supérieur général de cet institut en juillet 1909, mais démissionna en janvier 1910 et mourut en 1912.

D10

Founded in 1814 at Paris by Fr. Jean-Baptiste Rauzan and Fr. Charles de Forbin-Janson, p.s.s., later bishop of Nancy and Toul and primate of Lorraine, on the basis of Fr. Rauzan's missionary work in Lyon that began in 1806. They were contacted by Ignace Bourget, bishop of Montreal, in 1841 and asked to come and work in his diocese. They answered that they could not come before 1843, so the project was abandoned by Bishop Bourget and the Oblates of Mary Immaculate came instead (A69). The Missionnaires de France were reorganized in 1960. From the time of their approval by the Holy See in 1839, they have used the name Fathers or Priests of Mercy. They are now established only in the United States and in Ecuador. It is interesting to note that Fr. Eugène-Henri Porcile, ex-Doctrinarian and founder of the Clercs de Saint-Jean (A21), became a member of the Fathers of Mercy in 1875. He was elected superior general of that institute in July, 1909, but resigned in January, 1910, and died in 1912.

Pères de la Miséricorde
Fathers of Mercy

Prêtres de la Miséricorde
Priests of Mercy

Societas presbyterorum a Misericordia

SOCIÉTÉ NOTRE-DAME DU SAINT-ROSAIRE

D11

Fondée à Laeo Yuan (auj. Shuangliao), province de Jilin, Chine, en 1930 par Louis-Adelmar Lapierre, p.m.é., préfet apostolique de Szepingkai (plus tard, de 1932 à 1946, évêque titulaire de Cardicio et vicaire apostolique du même siège, puis, de 1946 à son décès en 1952, évêque du même siège) et l'abbé Edgar Larochelle, p.m.é., pro-préfet apostolique de Szepingkai. Cet institut chinois fut mis sous la direction des Soeurs missionnaires de l'Immaculée-Conception (B202) et, spécifiquement, de Béatrice Lareau (nom en religion: soeur Julienne du Saint-Sacrement, m.i.c.), qui devait préparer l'institut à l'autonomie. Les bouleversements politiques qui ont mené à la formation de la République populaire de Chine ont provoqué le départ des missionnaires canadiennes. On ne sait pas ce qui est advenu de l'institut chinois.

D11

Founded at Laeo Yuan (now Shuangliao), Jilin Province, China, in 1930 by Louis-Adelmar Lapierre, p.m.é., prefect apostolic of Szepingkai, later (1932-1946) titular bishop of Cardicio and vicar apostolic of the same see, and from 1946 until his death in 1952, bishop of the same see; and Fr. Edgar Larochelle, p.m.é., pro-prefect apostolic of Szepingkai. This Chinese institute was put under the direction of the Missionary Sisters of the Immaculate Conception (B202), and, specifically, under that of Béatrice Lareau (in religion: Sister Julienne du Saint-Sacrement, m.i.c.) who was to prepare the institute for its eventual autonomy. The coming to power of the Chinese People's Republic saw the departure of the Canadian missionaries. It is not known what became of the Chinese institute.

Xing Yue Mei Gui Hui

Soeurs du Saint-Rosaire de Szepingkai

SOEURS DE LA CHARITÉ DE SAINT-CHARLES

D12

Fondées en 1652 à Nancy, France, par Emmanuel Chauvenel, à partir d'un groupe de dames charitables qui

D12

Founded in 1652 at Nancy, France, by Emmanuel Chauvenel, on the basis of a group of ladies,

administraient un hôpital dans cette ville depuis 1626. En 1841, elles furent approchées sans succès par Ignace Bourget, évêque de Montréal, pour venir s'établir dans son diocèse. En 1868, Charles-Martial-Allemand Lavigerie, archevêque d'Alger et délégué apostolique au Sahara occidental et au Soudan (voir notice A78) leur demanda de l'aider à fonder les Soeurs missionnaires de Notre-Dame d'Afrique (B203). La Fédération des Soeurs de la charité de Saint-Charles Borromée, originaires de Nancy, fut formée en 1970 et approuvée par le Saint-Siège en 1974. La fédération regroupe le présent institut, qui est l'institut d'origine, et cinq instituts qui en sont issus:

- les Milosrdných sester sv. Karla Boromejskéko, formées par le regroupement des maisons de l'institut de Nancy situées en Autriche-Hongrie (dans ce cas-ci, l'Autriche et la Tchécoslovaquie d'aujourd'hui); le généralat de cet institut est à Znojmo-Hradiště, Tchécoslovaquie; les maisons d'Autriche formèrent leur propre institut en 1945 (voir cinquième paragraphe);

- les Barmherzigen Schwestern vom heilige Karl Borromäus, connues aussi sous le nom de Borromäerinnen, formées en 1857 en séparant la maison de Neisse, Allemagne (auj. Nysa, Pologne), de l'institut tchécoslovaque (voir paragraphe précédent); le généralat de cet institut est situé à Trzebnica, Pologne;

- les Barmherzigen Schwestern vom heilige Karl Borromäus, connues aussi sous le nom de Borromäerinnen, formées en 1872 par le regroupement des maisons de l'institut de Nancy en Allemagne; le généralat de cet institut est à Trier, République fédérale d'Allemagne;

- les Zgromadzenie sióstr Miłosierdzi św. Karola Boromeusza w Mikołowie, connues aussi sous le nom de Siostry Boromeuszki, formées en 1939 par le regroupement des maisons en Pologne de l'institut à ce moment-là silésien (cet institut a quo est maintenant lui aussi polonais, voir le deuxième paragraphe); le généralat de cet institut est à Mikołow, Pologne;

- les Barmherzigen Schwestern vom heilige Karl Borromäus, connues aussi sous le nom de Borromäerinnen, formées en 1945 par le regroupement des maisons en Autriche de l'institut tchécoslovaque (voir premier paragraphe); le généralat de cet institut est situé à Vienne, Autriche.

administrators of a Nancy hospital since 1626. In 1841, they were asked by Ignace Bourget, bishop of Montreal, to establish themselves in his diocese. Their answer was negative. In 1868, Charles-Martial-Allemand Lavigerie, archbishop of Algiers and apostolic delegate for the Western Sahara and the Sudan (see entry A78) asked them to help him found the Soeurs missionnaires de Notre-Dame d'Afrique (B203). In 1970, the Fédération des Soeurs de la charité de Saint-Charles Borromée, originaires de Nancy was formed; it was approved by the Holy See in 1974. It groups together the present institute, which is the original institute, and five offshoots, the data on which follows:

- The Milosrdných sester sv. Karla Boromejskéko, formed in 1841 by grouping together houses of the Nancy institute situated in Austria-Hungary (now, Austria and Czechoslovakia); the generalate is in Znojmo-Hradiště, Czechoslovakia; the houses in Austria formed their own institute in 1945 (see fifth paragraph);

- The Barmherzigen Schwestern vom heilige Karl Borromäus, also called Borromäerinnen, formed in 1857 by separating the house at Neisse, Germany (now Nysa, Poland), from the Czechoslovak institute (see preceding paragraph); the generalate is in Trzebnica, Poland;

- The Barmherzigen Schwestern vom heilige Karl Borromäus, also called Borromäerinnen, formed in 1872 by grouping together houses of the Nancy institute in Germany; the generalate is in Trier, German Federal Republic;

- The Zgromadzenie sióstr Miłosierdzi św. Karola Boromeusza w Mikołowie, also called Siostry Boromeuszki, formed in 1939 with the Polish houses of the then-Silesian German institute (now Polish, see the second paragraph); the generalate is in Mikołow, Poland;

- The Barmherzigen Schwestern vom heilige Karl Borromäus, also called Borromäerinnen, formed in 1945 by grouping together the Austrian houses of the Czechoslovak institute (see first paragraph); the generalate is in Vienna, Austria.

Barmherzigen Schwestern vom heiligen Karl Borromäus, Trier, Germany *(Federal Republic)*

Barmherzigen Schwestern vom heiligen Karl Borromäus, Trzebnica, Poland

Barmherzigen Schwestern vom heiligen Karl Borromäus, Vienna, Austria

Borromäerinnen, Trier, Germany *(Federal Republic)*

Borromäerinnen, Trzebnica, Poland

Borromäerinnen, Vienna, Austria

Fédération des Soeurs de la charité de Saint-Charles
Borromée, originaires de Nancy

Milosrdných sester sv. Karla Boromejskéko

Soeurs de la charité de Saint-Charles de Nancy

Soeurs de la miséricorde de Nancy

Soeurs de Saint-Charles

Zgromadzenie sióstr Miłosierdzi św. Karola Boromeusza w
Mikołowie

SOEURS DE LA PROPAGATION DE LA FOI

SISTERS OF THE PROPAGATION OF THE FAITH

D13

Fondées vers 1853 à Saint-Joseph, Territoire du Minnesota (auj. Walhalla, North Dakota), par l'abbé Georges-Antoine Belcourt. Les trois premières adhérentes furent envoyées chez les Soeurs grises à Montréal (B192) pour quelques années de formation. La supérieure de l'institut se nommait soeur François-Xavier; son nom laïc de même que les noms laïcs et religieux des autres membres ne sont pas connus. L'institut fut dissout en 1859 par Alexandre Taché, évêque de Saint-Boniface, qui agissait dans ces régions frontalières des États-Unis comme délégué de l'évêque de Saint-Paul. Les religieuses membres de l'institut furent alors sécularisées.

D13

Founded around 1853 at Saint-Joseph, Minnesota Territory (now Walhalla, North Dakota), by Fr. Georges-Antoine Belcourt. The first three members were sent to the Grey Nuns at Montreal (B192) for a few years of training. The superior was Sister François-Xavier; her lay name and the lay or religious names of the two others are not known. The institute was dissolved in 1859 by Alexandre Taché, bishop of Saint-Boniface, who acted in this border area of the United States as the delegate of the bishop of Saint Paul. The members were secularized.

SOEURS DE SAINT-THOMAS DE VILLENEUVE

D14

Fondées en 1661 à Lamballe, France, par Pierre le Proust (nom en religion: fr. Ange, o.e.s.a.). Après la Révolution, en 1801, Pauline de Pinczon commença à reconstituer l'institut à Aix-en-Provence. Elle fut aidée à compter de 1804 de Jérôme-Marie Champion de Cicé, évêque d'Aix, Arles et Embrun. En 1841, l'évêque de Montréal Ignace Bourget demanda aux religieuses, sans succès d'ailleurs, de venir s'établir dans son diocèse. Cet institut existe encore (1980).

D14

Founded in 1661 at Lamballe, France, by Pierre le Proust (in religion: Fr. Ange, o.e.s.a.). In 1801, following the Revolution, Pauline de Pinczon began reconstitution of the institute at Aix-en-Provence; she was helped from 1804 on by Jérôme-Marie Champion de Cicé, bishop of Aix, Arles and Embrun. In 1841, Ignace Bourget, bishop of Montreal, unsuccessfully asked them to establish themselves in his diocese. The institute is still (1980) in existence.

Hospitalières de Notre-Dame de Grâce

Hospitalières de Saint-Thomas de Villeneuve

Religieuses de Saint-Thomas de Villeneuve

Soeurs augustines de Saint-Thomas de Villeneuve

SOEURS DES SAINTS-NOMS DE JÉSUS ET DE MARIE DE MARSEILLE

D15

Fondées en 1821 à Salon-de-Provence, France, par Marie-Catherine Ruel (nom en religion: mère Marie Saint-Augustin de Jésus). En 1842, elles furent contactées par le bienheureux Charles-Joseph-Eugène de Mazenod,

D15

Founded in 1821 at Salon-de-Provence, France, by Marie-Catherine Ruel (in religion: Mother Marie Saint-Augustin de Jésus). In 1842, they were contacted by Blessed Charles-Joseph-Eugène de Mazenod,

évêque de Marseille et fondateur des Oblats de Marie-Immaculée (A69); Ignace Bourget, évêque de Montréal, et le père Jean-Baptiste Honorat, o.m.i., supérieur des Oblats de Marie-Immaculée au Canada, voulaient que les Soeurs s'établissent au Canada. Ils avaient utilisé à cet effet Mgr de Mazenod comme intermédiaire, car les Soeurs, établies à Marseille depuis 1829, étaient sous sa juridiction. En 1843, la réponse finale des Soeurs fut négative. À la suite de ces démarches cependant, un institut semblable à celui de Marseille fut fondé la même année au Canada: les Soeurs des Saints-Noms de Jésus et de Marie. Celles-ci avaient le même habit, la même règle et pratiquement le même nom (B184) que l'institut de Marseille.

bishop of Marseille and founder of the Oblates of Mary Immaculate (A69). Ignace Bourget, bishop of Montreal, and Fr. Jean-Baptiste Honorat, o.m.i., superior of the Oblates of Mary Immaculate in Canada, wanted the sisters to come to Canada. They used Bishop de Mazenod as an intermediary, because he had had jurisdiction over the sisters since their establishment at Marseille in 1829. Their final answer in 1843 was negative. However, as a result, a similar institute was founded in Canada in the same year: the Sisters of the Holy Names of Jesus and Mary. They had the same habit, the same rule, and practically the same name (B184).

Soeurs du père Tempier

HANDMAIDS OF CHRIST THE PRIEST*

D16

Institut séculier féminin fondé en 1956 à Umzimkulu, Afrique du Sud (auj. Transkei), par le père André Blais, o.m.i.

D16

Female secular institute founded in 1956 at Umzimkulu, South Africa (now Transkei), by Fr. André Blais, o.m.i.

Servantes du Christ Prêtre

SERVANTS OF CHRIST THE PRIEST*

D17

Institut séculier masculin composé de prêtres et de frères, fondé en 1956 à Umzimkulu, Afrique du Sud (auj. Transkei), par le père André Blais, o.m.i.

D17

Male secular institute composed of priests and brothers, founded in 1956 at Umzimkulu, South Africa (now Transkei), by Fr. André Blais, o.m.i.

Serviteurs du Christ Prêtre

SOEURS DE NOTRE-DAME DE SAINT-SULPICE*

D18

La Petite oeuvre de Saint-Sulpice fut fondée à Paris en 1832 par Clémence Momper et M. Étienne-Michel Faillon, p.s.s. L'association fut transformée en institut de vie consacrée en 1928 et adopta son nom actuel par la même occasion. M. Faillon séjourna au Canada en 1849-1850, 1854-1855 et 1857-1862.

D18

The Petite oeuvre de Saint-Sulpice was founded at Paris in 1832 by Clémence Momper and Fr. Étienne-Michel Faillon, p.s.s. The association became an institute of consecrated life in 1928 and changed its name to the present one at that time. Fr. Faillon stayed in Canada in 1849-1850, 1854-1855 and 1857-1862.

Petite oeuvre de Saint-Sulpice

---

* La notice a été insérée ici après que le manuscrit eut été complété.

*The entry was inserted after the manuscript was completed.

OTSUGE NO FRANSHISUKO SHIMAIKAI*

D19

Fondées en 1933 à Kajiya-cho, Japon, par Catherine Hiroshi Tomi (nom en religion: mère Élisabeth, s.f.a.) et Henri Juchereau-Duchesnay (nom en religion: fr. Gabriel-Maria Juchereau-Duchesnay, o.f.m.), missionnaire canadien au Japon. L'institut fut agrégé aux Franciscains comme tiers-ordre régulier féminin en 1952.

Les deux références japonaises au bas de la présente note **ne sont pas des formes différentes** du nom de l'institut, mais des **transcriptions différentes** du **même** nom japonais. La vedette est préparée selon la table de transcription du japonais de la Library of Congress (*Cataloging Service*, Bulletin No. 106, Fall 1976, p.11-12, 33-41); le renvoi commençant par "Otsuge" est utilisé par Kapsner, celui commençant par "Tsuge", par le *Dizionario degli istituti di perfezione* (2.2.8); nous ignorons quelles normes de transcription ont été utilisées par ces deux dernières sources.

D19

Founded in 1933 at Kajiya-cho, Japan, by Catherine Hiroshi Tomi (in religion: Mother Elisabeth, s.f.a.) and Henri Juchereau-Duchesnay (in religion: Fr. Gabriel-Maria Juchereau-Duchesnay, o.f.m.), a Canadian missionary in Japan. The institute was aggregated to the Franciscans as a female regular third order in 1952.

The two Japanese references below the present note **are not two different forms** of the name of the institute, but **different romanizations** of the **same** Japanese name. The heading is romanized according to the Library of Congress romanization table for Japanese (*Cataloging Service*, Bulletin No. 106, Fall 1976, p. 11-12, 33-41); the reference beginning with "Otsuge" is used by Kapsner; the reference beginning with "Tsuge" is used by the *Dizionario degli istituti di perfezione* (see 2.2.8); we do not know which romanization standards were used by these last two sources.

Franciscaines de l'Annonciation

Otsuge-no-Franciko Kai

Soeurs franciscaines de l'Annonciation
Franciscan Sisters of the Annunciation

Tsuge no Francisco Shimaikai

s.f.a.

BANYATERESA*

D20

Institut féminin fondé en 1937 à Virika, Ouganda, par François-Xavier Lacoursière, p.b., évêque titulaire de Vulturia et vicaire apostolique de Ruwenzori (le nom du siège fut changé pour celui de diocèse de Mbarara en 1953 et Mgr Lacoursière en devint l'évêque à cette date; celui-ci occupa cette charge jusqu'à sa démission en 1956; il reçut alors le titre d'évêque titulaire d'Amadassa, qu'il conserva jusqu'à son décès en 1970). Le fondateur fut aidé dans son travail par le père Ulric Beauchamp, p.b. Tous deux étaient canadiens.

La formation des membres et la direction de l'institut furent confiées aux Soeurs missionnaires de Notre-Dame d'Afrique, Canadiennes déjà présentes dans cette région, qui assumèrent ces fonctions jusqu'à l'acquisition de l'autonomie par le nouvel institut en 1967.

D20

Female institute founded in 1937 at Virika, Uganda, by François-Xavier Lacoursière, w.f., titular bishop of Vulturia and vicar apostolic of Ruwenzori (the name was changed to Diocese of Mbarara in 1953 and Lacoursière became its bishop at that date; he remained so until his resignation in 1956; he was then given the title of titular bishop of Amadassa, which he kept until his death in 1970). The founder was helped in his work by Fr. Ulric Beauchamp, w.f. Both men were Canadians.

The training of members and the direction of the institute were given to the Soeurs missionnaires de Notre-Dame d'Afrique, Canadian missionaries in that area, who assumed these duties until the new institute became autonomous in 1967.

Daughters of Saint Teresa of the Child Jesus

BENE BERNADETTA*

D21

Institut féminin fondé en 1958 à Rulenge, Tanganyika (plus tard Tanganyika et Zanzibar, maintenant Tanzanie), par le

D21

Female institute founded in 1958 at Rulenge, Tanganyika (later Tanganyika and Zanzibar, now Tanzania), by

---

* La notice a été insérée ici après que le manuscrit eut été complété.

* The entry was inserted after the manuscript was completed.

218

Canadien Alfred Lanctôt, p.b., évêque de Bukoba (il devint en 1960 évêque de Rulenge et le demeura jusqu'à son décès en 1969).

La formation des membres et la direction de l'institut furent confiées aux Soeurs missionnaires de Notre-Dame des Anges, Canadiennes en mission dans ce diocèse. Ces dernières assumèrent ces fonctions jusqu'à l'acquisition de l'autonomie par le nouvel institut en 1975.

Daughters of Saint Bernadetta

DAUGHTERS OF MARY OF TABORA*

D22

Fondé en 1921, cet institut connut rapidement des difficultés. Il fut pris en main en 1929 à Mbulu, Tanganyika (plus tard Tanganyika et Zanzibar, maintenant Tanzanie), par Joseph-Georges-Édouard Michaud, p.b., évêque titulaire de Zabi et vicaire apostolique de Tabora (celui-ci fut ensuite en 1932-1933 coadjuteur du vicaire apostolique de l'Ouganda et, de 1933 à son décès en 1945, vicaire apostolique de l'Ouganda; ce siège devint l'archevêché du Rubaga en 1953 et changea de nom pour celui de Kampala en 1966). Mgr Michaud était canadien.

La formation des membres et la direction de l'institut furent confiées aux Soeurs missionnaires de Notre-Dame d'Afrique, Canadiennes en mission dans cette région. Les religieuses canadiennes assumèrent ces fonctions jusqu'à l'acquisition de l'autonomie par le nouvel institut en 1958.

En 1951, les Daughters of the Blessed Virgin, fondées en 1925 à Mwanza, Tanganyika (plus tard Tanganyika et Zanzibar, maintenant Tanzanie), disparurent par la fusion avec les Daughters of Mary of Tabora.

Daughters of the Blessed Virgin

LITTLE HANDMAIDS OF THE CHURCH*

D23

Institut fondé en 1957 à Barisāl, Pakistan (auj. Bangladesh), par le Canadien Raymond Larose, c.s.c., évêque de Chittagong (il démissionna en 1968 et devint évêque titulaire de Tisdro).

La formation des membres et la direction de l'institut furent confiées aux Soeurs de Sainte-Croix, Canadiennes en mission dans ce diocèse, qui assumèrent ces fonctions jusqu'à l'acquisition de l'autonomie par le nouvel institut en 1969.

l.h.c.

the Canadian Alfred Lanctôt, w.f., bishop of Bukoba (in 1960, he became bishop of Rulenge, and remained so until his death in 1969).

The training of members and the direction of the institute were given to the Missionary Sisters of Notre Dame des Anges, Canadian missionaries in that diocese, who assumed these duties until the new institute became autonomous in 1975.

D22

Founded in 1921, they started to have problems quite early. In 1929, at Mbulu, Tanganyika (later Tanganyika and Zanzibar, now Tanzania), they were taken over by Joseph-Georges-Édouard Michaud, w.f., titular bishop of Zabi and vicar apostolic of Tabora (he became coadjutor of the vicar apostolic of Uganda in 1932-1933,and vicar apostolic of the same territory from 1933 until his death in 1945; the see became the Archdiocese of Rubaga in 1953 and changed its name to the Archdiocese of Kampala in 1966). Bishop Michaud was a Canadian.

The training of members and the direction of the institute were given to the Soeurs missionnaires de Notre-Dame d'Afrique, Canadian missionaries in that area, who assumed these functions until the new institute became autonomous in 1958.

In 1951, the Daughters of the Blessed Virgin, founded in 1925 at Mwanza, Tanganyika (later Tanganyika and Zanzibar, now Tanzania), were merged with the Daughters of Mary of Tabora.

D23

Founded in 1957 at Barisāl, Pakistan (now Bangladesh), by the Canadian Raymond Larose, c.s.c., bishop of Chittagong (he resigned in 1968 and became titular bishop of Tisdro).

The training of members and the direction of the institute were given to the Sisters of the Holy Cross, Canadian missionaries in that diocese, who assumed these duties until the new institute became autonomous in 1969.

* La notice a été insérée ici après que le manuscrit eut été complété.

* The entry was inserted after the manuscript was completed.

MISIONEROS DE LOS SANTOS APOSTOLOS*

D24

Institut masculin fondé en 1962 à Iquitos, Pérou, par Joseph-Damase Laberge, o.f.m., évêque titulaire de Clipia et vicaire apostolique de San José de Amazonas, ainsi que par Henri Ménard (nom en religion: fr. Eusèbe-Marie Ménard, o.f.m.).

D24

Male institute founded in 1962 at Iquitos, Peru, by Joseph-Damase Laberge, o.f.m., titular bishop of Clipia and vicar apostolic of San José de Amazonas, as well as by Henri Ménard (in religion: Fr. Eusèbe-Marie Ménard, o.f.m.).

ROSARIAN SISTERS*

D25

Institut fondé en 1951 à Rumpi, Nyassaland (plus tard Rhodésie et Nyassaland, maintenant Rumphi, Malawi), par le père Marcel Saint-Denis, p.b., missionnaire canadien et préfet apostolique du Nyassa septentrional (ce territoire devint en 1961 le diocèse de Mzuzu).

La formation des membres et la direction de l'institut furent confiées aux Soeurs missionnaires de l'Immaculée-Conception, missionnaires canadiennes en poste dans cette région. Ces dernières assumèrent ces fonctions jusqu'à l'acquisition de l'autonomie par le nouvel institut en 1969. La première supérieure générale fut élue en 1976.

D25

Founded in 1951 at Rumpi, Nyasaland (later Rhodesia and Nyasaland, now Rumphi, Malawi), by Fr. Marcel Saint-Denis, w.f., Canadian missionary and prefect apostolic of Northern Nyassa (this territory became the Diocese of Mzuzu in 1961).

The training of members and the direction of the institute were given to the Missionary Sisters of the Immaculate Conception, Canadian missionaries in that area, who assumed these duties until the new institute became autonomous in 1969. The members elected their first superior general in 1976.

Sisters of the Holy Rosary

SISTERS OF MARY IMMACULATE OF TAMALE*

D26

Institut fondé en 1946 à Navrongo, Côte d'Or (auj. Ghana), par un groupe de membres des Soeurs de l'Immaculée-Conception de Ouagadougou, originaires du vicariat apostolique de Navrongo, ainsi que par le Canadien Oscar Morin, p.b., évêque titulaire d'Utina et vicaire apostolique de Navrongo (il démissionna de son poste de vicaire apostolique en 1950 et conserva le siège dont il était titulaire jusqu'à son décès en 1952; le vicariat apostolique devint diocèse de Tamale de 1950 à 1956, puis diocèse de Navrongo de 1956 à 1977 et forme depuis 1977 le diocèse de Navrongo-Bolgatanga).

Le nom originel de l'institut était African Sisters of Mary Immaculate of Tamale. Ce nom fut modifié en 1958.

D26

Founded in 1946 at Navrongo, Gold Coast (now Ghana), by a group of members of the Soeurs de l'Immaculée-Conception de Ouagadougou, originating from the Vicariate Apostolic of Navrongo, as well as by the Canadian Oscar Morin, w.f., titular bishop of Utina and vicar apostolic of Navrongo (he resigned in 1950 and until his death in 1952 kept only his titular see; the vicariate apostolic became the Diocese of Navrongo from 1956 to 1977, and the Diocese of Navrongo-Bolgatanga from 1977 on).

The original name of the institute, African Sisters of Mary Immaculate of Tamale, was changed in 1958.

African Sisters of Mary Immaculate of Tamale

SISTERS OF OUR LADY OF GOOD COUNSEL*

D27

Fondées en 1943 à Mbarara, Ouganda, par le Canadien François-Xavier Lacoursière, p.b., évêque titulaire de Vulturia et vicaire apostolique de Ruwenzori (voir notice D20).

La formation des membres et la direction de l'institut furent confiées aux Soeurs de Notre-Dame du Bon Conseil de Chicoutimi, Canadiennes en mission dans la région. Ces dernières assumèrent ces fonctions jusqu'à l'acquisition de l'autonomie par le nouvel institut en 1957.

D27

Founded in 1943 at Mbarara, Uganda, by the Canadian François-Xavier Lacoursière, w.f., titular bishop of Vulturia and vicar apostolic of Ruwenzori (see entry D20).

The training of members and the direction of the institute were given to the Soeurs de Notre-Dame du Bon Conseil de Chicoutimi, Canadian missionaries in that area, who assumed these duties until the new institute became autonomous in 1957.

---

* La notice a été insérée ici après que le manuscrit eut été complété.

* The entry was inserted after the manuscript was completed.

5.1.5 INSTITUTS PROJETÉS AU CANADA MAIS
N'AYANT JAMAIS VU LE JOUR (E)

5.1.5   INSTITUTES   WHOSE   FOUNDATION   WAS
PLANNED   IN   CANADA   BUT   WHICH
FINALLY   WERE NOT FOUNDED (E)

MISSIONNAIRES CANADIENS DE NOTRE-DAME DE BONSECOURS

E1

En 1869, Louis de Goesbriand, évêque de Burlington, eut l'idée de former un institut qui s'occuperait du ministère auprès des Canadiens français émigrés aux États-Unis. Le projet fut abandonné en 1871, quand les Oblats de Marie-Immaculée (A69) acceptèrent cette responsabilité. Les premiers Oblats se rendirent à Grand Isle, Vermont, en 1872.

E1

Projected institute for the spiritual care of French Canadians living in the United States, drawn up by Louis de Goesbriand, bishop of Burlington, in 1869. The project was abandoned in 1871 because the Oblates of Mary Immaculate (A69) agreed to send some members to the United States for that purpose. The first oblates went to Grand Isle, Vermont, in 1872.

MISSIONNAIRES DES SAINTS-COEURS DE JÉSUS ET DE MARIE

E2

Dans une lettre datée du 24 novembre 1847, le père Charles-Pascal-Telesphor Chiniquy, o.m.i., prêtre de l'archidiocèse de Québec alors novice chez les Oblats de Marie-Immaculée (A69), s'ouvrit à Ignace Bourget, évêque de Montréal, de son projet de fonder un institut de prêtres missionnaires. Trois jours après, soit le 27 novembre, il quittait les Oblats de Marie-Immaculée. Avec la permission de son archevêque, il fut accepté comme prêtre séculier du diocèse de Montréal. Le projet n'eut pas de suite.

E2

In a letter to Ignace Bourget, bishop of Montreal, dated November 24, 1847, Fr. Charles-Pascal-Telesphor Chiniquy, o.m.i., a secular priest of the Archdiocese of Quebec but at that time a novice with the Oblates of Mary Immaculate (A69), told the bishop about the institute of missionary priests he intended to found. Three days later, on November 27, he left the Oblates of Mary Immaculate. With his archbishop's permission, he was accepted as a secular priest in the Diocese of Montreal. His project never materialized.

5.1.6 CAS SPÉCIAUX (F)   5.1.6   SPECIAL CASES (F)

MONASTÈRE GRANDCOEUR

F1

Fondé à Montréal en 1970 par le lama Tyndale. Le groupe était adepte de la forme Zen du bouddhisme, plutôt de ses aspects psychologiques que de ses aspects religieux. En explorant divers aspects du Zen, ils vinrent progressivement au catholicisme. Ils furent reçus dans l'Église catholique romaine en 1976 et espèrent être reconnus éventuellement comme une sorte d'institut de vie consacrée.

F1

Founded at Montreal in 1970 by the Lama Tyndale. The group was an adept of the Zen School of Buddhism, although more concerned with its psychological rather than its religious aspects, which gradually embraced Catholicism. They were received into the Roman Catholic Church in 1976 and hope to eventually be approved as some kind of institute of consecrated life.

Monastère bouddhiste Grandcoeur

OUVRIERS DE LA CITÉ NOUVELLE

F2

Communauté monastique fondée à Laval, Québec, en 1971, par Denis Bradette. Elle est formée d'un groupe masculin et d'un groupe féminin, sous la direction du prieur, et cherche à réaliser l'idéal monastique cistercien en vivant et travaillant dans le monde urbain contemporain. Elle est liée spirituellement à l'abbaye cistercienne Notre-Dame du Lac, Oka, Québec, dont un des moines lui sert de conseiller pour l'aider à vivre son charisme propre tout en respectant l'essentiel de la tradition monastique cistercienne. Depuis 1976, la communauté est établie dans le centre-ville de Montréal; elle est aussi vouée à l'oecuménisme et célèbre l'Office divin catholique romain dans l'église anglicane Saint John the Evangelist.

F2

Monastic community founded at Laval, Quebec, in 1971, by Denis Bradette. The community is formed of both male and female groups under the direction of the prior and seeks to achieve the monastic ideal of Cîteaux, while living and working in today's urban milieu. It is linked spiritually with the Cistercian Abbey of Notre-Dame du Lac, Oka, Quebec, one of whose monks serves as counsellor to the new community, in order to enable it to live its own charisma while respecting the essentials of the Cistercian monastic tradition. In 1976, the community moved to downtown Montreal; it is also ecumenically oriented and celebrates the Roman Catholic Divine Office in the Anglican Church of Saint John the Evangelist.

Fraternité des ouvriers de la Cité nouvelle

Fraternité monastique catholique des ouvriers de la Cité nouvelle

222

5.2   Églises orthodoxes au Canada (G)   5.2   Orthodox Churches in Canada (G)

HOLY DORMITION MONASTERY

G1

Monastère masculin suivant la règle de saint Basile, fondé en 1955 à Northville, Alberta, par Vitaly Oustinow, archevêque de l'Église orthodoxe russe hors-frontières, au Canada, à la juridiction duquel il est soumis.

G1

Male monastery following the rule of Saint Basil, founded in 1955 at Northville, Alberta, by Vitaly Oustinow, archbishop of the Russian Orthodox Church Outside of Russia, in Canada, to whose jurisdiction it is submitted.

HOLY TRANSFIGURATION MONASTERY

G2

Monastère masculin suivant la règle de saint Basile, fondé en 1960 à Masonville, Québec, par Vitaly Oustinow, archevêque de l'Église orthodoxe russe hors-frontières, au Canada, à la juridiction duquel il est soumis.

G2

Male monastery following the rule of Saint Basil, founded in 1960 at Mansonville, Quebec, by Vitaly Oustinow, archbishop of the Russian Orthodox Church Outside of Russia, in Canada, to whose jurisdiction it is submitted.

Sviato Preobrazhenskiĭ Skip"

SAINT MARY'S CONVENT

G3

Couvent féminin suivant la règle de saint Basile, fondé en 1950 à Bluffton, Alberta, par Iosif Skorodumow, l'archevêque de l'Église orthodoxe russe hors-frontières, au Canada. Il est soumis à la juridiction du successeur de ce dernier.

G3

Female convent following the rule of Saint Basil, founded in 1950 at Bluffton, Alberta, by Iosif Skorodumow, archbishop of the Russian Orthodox Church Outside of Russia, in Canada, to the jurisdiction of whose successor it is submitted.

Pokrova Presuetoi Bogoroditse

SAINT NICHOLAS MONASTERY

G4

Projet élaboré en 1949 par Mstyslav Skrypnyk, archevêque de l'Église grecque-orthodoxe ukrainienne du Canada, en son nom personnel et non en celui de son Église. Le monastère, pour hommes, devait éventuellement être bâti à Grimsby, Ontario. Le projet ne fut jamais réalisé, l'archevêque ayant démissionné de son poste en 1950.

G4

Project made in 1949 by Mstyslav Skrypnyk, archbishop of the Ukrainian Greek Orthodox Church in Canada, for an eventual male monastery in Grimsby, Ontario. The project was a personal one, not one of the Church per se. The project was never implemented because the archbishop resigned in 1950.

MONASTÈRE DE LA SAINTE TRANSFIGURATION*

G5

Monastère masculin en formation depuis 1979 à Rawdon, Québec, sous la direction de Berdj Luc Papazian (nom en religion: père Grégoire). Le monastère est sous la juridiction de Sylvestre, archevêque de Montréal et du Canada de l'Église orthodoxe en Amérique (section du Canada). Les premiers postulants furent reçus en février 1980.

HOLY TRANSFIGURATION MONASTERY*

G5

Male monastery being developed since 1979 at Rawdon, Quebec, under the direction of Berdj Luc Papazian (in religion: Fr. Grégoire). The monastery is under the jurisdiction of Sylvester, archbishop of Montreal and Canada of the Orthodox Church in America (Canada Section). The first postulants were received in February, 1980.

* La notice a été insérée ici après que le manuscrit eut été complété.

*The entry was inserted here after the manuscript was completed.

ANGLICAN MISSION SISTERS

H1

Institut fondé en 1937 à Saint-Jean, Nouveau-Brunswick, par soeur Sheila Mary. La seule religieuse encore membre de l'institut était âgée de 80 ans en 1979.

a.m.s.

H1

Founded in 1937 at Saint John, New Brunswick by Sister Sheila Mary. The only remaining member was eighty years old in 1979.

CARCROSS COMMUNITY

H2

Communauté religieuse fondée en 1972 à Whitehorse, Yukon, par John Frame, évêque du Yukon, et composée d'hommes et de femmes, célibataires ou non.

H2

Religious community composed of married or single men and women, founded in 1972 at Whitehorse, Yukon, by John Frame, bishop of the Yukon.

COMPANY OF THE CROSS

H3

Communauté religieuse fondée en 1961 à Selkirk, Manitoba, par Edward B. Byfield, Frank Wiens et Keith Bennett. Elle est composée d'hommes et de femmes, célibataires ou non.

H3

Religious community founded in 1961 at Selkirk, Manitoba, by Edward B. Byfield, Frank Wiens and Keith Bennett. It is composed of married or single men and women.

ORDER OF SAINT FAITH'S

H4

Communauté religieuse féminine fondée en 1928 à Brandon, Manitoba, par Marguerita Fowler.

Bishop's Messengers of Saint Faith's

Messengers of Saint Faith's

Saint Faith's Messengers

H4

Female religious community founded in 1928 at Brandon, Manitoba, by Marguerita Fowler.

ORDER OF THE HOLY CROSS

H5

Communauté religieuse masculine fondée à New York en 1884 par le révérend James Otis Huntington. La communauté a cette particularité de pouvoir accepter comme membres des évêques, prêtres et diacres ainsi que des frères convers.

Toronto, 1973

H5

Male religious community founded in 1884 at New York by Rev. James Otis Huntington. It has the special feature of being able to accept bishops, priests, and deacons as well as lay brothers as possible members.

Toronto, 1973.

SISTERHOOD OF SAINT JOHN THE DIVINE

H6

Communauté de tradition bénédictine, fondée à Toronto

H6

Community of the Benedictine tradition founded in

224

en 1884 par Hanna Grier Coome (nom en religion: soeur Hanna).

1884 at Toronto by Hanna Grier Coome (in religion: Sister Hanna).

Sisters of Saint John the Divine

SISTERS OF SAINT MARGARET

H7

Communauté fondée en 1855 à Sussex, Angleterre, par le révérend John Mason Neale.

Montréal, 1882.

H7

Community founded in 1855 at Sussex, England, by Rev. John Mason Neale.

Montreal, 1882.

Society of Saint Margaret

SISTERS OF THE CHURCH

H8

Communauté fondée en 1870 à Londres par Emily Ayckbowm.

Toronto et Hamilton, Ontario, maisons ouvertes l'une après l'autre en 1890.

H8

Community founded in 1870 at London by Emily Ayckbowm.

Toronto and Hamilton, Ontario, both houses established in succession in 1890.

SISTERS OF THE HOLY CROSS

H9

Communauté fondée à Londres en 1857 par le révérend Charles Fuge Lowder et Elizabeth Neale.

Montréal, 1878. Les deux soeurs qui vinrent au Canada en 1878 quittèrent le pays en 1880; l'une partit pour l'Angleterre; la seconde, soeur Sarah (Sarah Watts-Smith), alla à Boston, Massachusetts, afin de devenir membre des Sisters of Saint Margaret. C'est en cette qualité qu'elle revint à Montréal en 1882 (voir notice H7).

H9

Community founded in 1857 at London by Rev. Charles Fuge Lowder and Elizabeth Neale.

Montreal, 1878. The two sisters who came to Canada in 1878 left in 1880; one went back to England, the other, Sister Sarah (Sarah Watts-Smith), left for Boston, Massachusetts, to become a member of the Sisters of Saint Margaret. It is in that capacity that she came back to Montreal in 1882 (see entry H7).

Society of the Holy Cross

SOCIETY OF SAINT JOHN THE EVANGELIST

H10

Institut fondé en 1865 à Cowley, Angleterre, par le révérend Richard Meux Benson. Également connu sous le nom de Cowley fathers, l'institut est divisé en trois branches indépendantes, l'anglaise, l'américaine et la canadienne. La branche canadienne a été fondée en 1927 par la branche américaine et en est devenue indépendante en 1938.

Bracebridge, Ontario, 1927.

H10

Founded in 1865 at Cowley, England, by Rev. Richard Meux Benson. They are popularly known as the Cowley Fathers. They are divided into three independent branches: English, American and Canadian. The Canadian branch was founded in 1927 by the American branch and became independent from it in 1938.

Bracebridge, Ontario, 1927.

Cowley Fathers

Mission Priests of Saint John the Evangelist

SOCIETY OF THE COMMON LIFE

H11

Institut masculin de tradition bénédictine fondé par le révérend Edward Weare à Calgary, Alberta, en 1974.

H11

Male institute of the Benedictine tradition founded at Calgary, Alberta, in 1974, by Rev. Edward Weare.

ORDER OF ZEALOTS*

H12

Institut masculin de tradition cistercienne fondé en 1964 à Sorrento, Colombie-Britannique, par le révérend William Bruce Parry. En 1966, le nouvel évêque de Kootenay, Edward Walter Scott (devenu en 1971 primat du Canada), signifia aux membres qu'ils n'étaient plus les bienvenus dans le diocèse. Cette décision eut pour effet de renvoyer les membres chez eux. Le fondateur ne retira cependant pas l'engagement qu'il avait pris par voeu; il est aujourd'hui (1980) le seul membre de l'institut, qu'il espère toujours pouvoir faire revivre.

H12

Male institute of the Cistercian tradition founded at Sorrento, British Columbia, in 1964, by Rev. William Bruce Parry. In 1966, the members were told by the new bishop of Kootenay, Edward Walter Scott (who became primate of Canada in 1971), that they were no longer welcome in his diocese; this was equivalent to disbanding the institute. The founder, who did not withdraw the commitment he had made, has remained the only member. He still hopes to be able to revive the institute.

---

* La notice a été insérée ici après que le manuscrit eut été complété.

*The entry was inserted here after the manuscript was completed.

APÔTRES DE L'AMOUR INFINI

I1

Institut religieux et secte réunissant des Catholiques romains ayant été rejetés par l'Église officielle et regroupant des évêques, des prêtres ainsi que des religieux et des laïcs des deux sexes, y compris des familles et des enfants. L'institut fut fondé par Gaston Tremblay, ex-membre des Frères hospitaliers de Saint-Jean de Dieu (nom actuel en religion: père Jean-Grégoire de la Trinité). Les premiers essais de formation datent de 1952 et l'établissement à Saint-Jovite, Québec, qui succédait au premier établissement à Montréal, date de 1958. De 1961 à 1967, les Apôtres de l'Amour infini furent en communion avec le pape mystique Clément XV (Michel Collin, Français, ex-membre des Pères des Sacrés-Coeurs, antipape de 1950 à son décès en 1974); en 1967, Clément XV rompit la communion avec les Apôtres. Le père Jean-Grégoire de la Trinité fut ordonné prêtre par Clément XV en janvier 1962 et renouvela en même temps ses voeux dans l'Ordre de la Mère de Dieu (un des autres noms des Apôtres). Il fut consacré évêque par Clément XV en mars 1962. En 1967, à la suite de la rupture de communion avec Clément XV, les Apôtres reconnurent le père Jean-Grégoire de la Trinité comme leur seul Pasteur. Le 24 juin 1968, celui-ci fut élu Pasteur universel; le 29 août 1968, il reçut le nom de Grégoire XVII et, le 29 septembre 1971, il fut couronné, rendant ainsi son office pastoral public. Clément XV, par un document olographe du 5 mai 1969, mais qui ne fut pas accepté par son entourage immédiat en France, reprit la communion et reconnut les Apôtres; dans ce même document, il nomma le père Jean-Grégoire de la Trinité comme son successeur sous le nom de Grégoire XVII.

APOSTLES OF INFINITE LOVE

I1

Religious institute and sect formed by Roman Catholics rejected by the official Church and composed of bishops, male and female priests, male and female religious, and male and female lay members including families and children. Founded by Gaston Tremblay, an ex-member of the Brothers Hospitallers of Saint John of God (current name in religion: Father Jean-Grégoire de la Trinité). The first attempt to form the institute dates from 1952, at Montreal; it was established in Saint-Jovite, Quebec, in 1958. From 1961 to 1967, it was in communion with the mystical Pope Clement XV (Michel Collin, from France, ex-member of the Fathers of the Sacred Hearts, and antipope from 1950 until his death in 1974). In 1967, Clement XV broke communion with the Apostles. Fr. Jean-Grégoire de la Trinité was ordained priest by Clement XV in January, 1962; he renewed his vows in the Order of the Mother of God (another name for the Apostles) at the same time, and was consecrated bishop by Clement XV in March, 1962. In 1967, after the break with Clement XV, the Apostles recognized Fr. Jean-Grégoire de la Trinité as their sole pastor. On June 24, 1968, he was elected universal pastor; on August 29, 1968, he was given the name Gregory XVII and on September 29, 1971, he was crowned pope, thus making public his pastoral office. Clement XV, by an olograph document dated May 5, 1969, which was not accepted by his immediate entourage in France, resumed communion with the Apostles and recognized them again; in the same document, he also named Fr. Jean-Grégoire de la Trinité as his successor under the name Gregory XVII.

Apostles of the Infinite Love

Apôtres et disciples de la Mère de Dieu
Apostles and Disciples of the Mother of God

Ordre de la Mère de Dieu
Order of the Mother of God

Ordre de la Mère de Dieu, Ordre des Apôtres de l'Amour
 Infini
Order of the Mother of God, Order of the Apostles of
 Infinite Love

Ordre des Apôtres de l'Amour Infini, Ordre de la Mère de
 Dieu
Order of the Apostles of Infinite Love, Order of the Mother
 of God

APÔTRES DU DIVIN COEUR

I2

Fondés en 1968 à Saint-Augustin (auj. Mirabel), Québec, par André Barbeau, patriarche-archevêque de l'Église catholique charismatique du Canada et président de La Cité de Marie, avec certains membres du groupe vivant à

I2

Founded in 1968 at Saint-Augustin (now Mirabel), Quebec, by André Barbeau, patriarch-archbishop of the Catholic Charismatic Church of Canada and president of La Cité de Marie, from certain members

La Cité de Marie depuis 1962. Avant sa consécration épiscopale de 1968, le fondateur était l'abbé André Barbeau, vicaire de la paroisse Visitation de la Bienheureuse Vierge Marie, Montréal. L'institut est composé uniquement de prêtres séculiers. Cet institut-ci et les deux autres qui lui sont apparentés (I3, I4) sont sous l'autorité de leur fondateur.

of the group that had been living at La Cité de Marie since 1962. The founder, Fr. André Barbeau, was assistant pastor of Visitation de la Bienheureuse Vierge Marie Church, Montreal, before his episcopal consecration in 1968. The institute is composed of secular priests only. This institute and the two companion ones (I3, I4) are under the authority of their founder.

Prêtres-apôtres du Divin Coeur

DISCIPLES DU DIVIN COEUR

I3

Fondés en 1968 à Saint-Augustin (auj. Mirabel), Québec, par André Barbeau, patriarche-archevêque de l'Église catholique charismatique du Canada et président de La Cité de Marie (voir notice I2), avec certains membres du groupe vivant à La Cité de Marie depuis 1962. L'institut est composé de laïcs masculins seulement.

I3

Founded in 1968 at Saint-Augustin (now Mirabel), Quebec, by André Barbeau, patriarch-archbishop of the Catholic Charismatic Church of Canada and president of La Cité de Marie (see entry I2), from certain members of the group that had been living at La Cité de Marie since 1962. The institute is composed of laymen only.

SERVANTES DU DIVIN COEUR

I4

Fondées en 1968 à Saint-Augustin (auj. Mirabel), Québec, par André Barbeau, patriarche-archevêque de l'Église catholique charismatique du Canada et président de La Cité de Marie (voir notice I2), avec certains membres du groupe vivant à La Cité de Marie depuis 1962. L'institut est composé de laïques seulement.

I4

Founded in 1968 at Saint-Augustin (now Mirabel), Quebec, by André Barbeau, patriarch-archbishop of the Catholic Charismatic Church of Canada and president of La Cité de Marie (see entry I2), from certain members who had been living at La Cité de Marie since 1962. The institute is composed of laywomen only.

FRATERNITÉ SAINT-PIE X

I5

Fondée en 1970 à Écône, Suisse, par Marcel Lefebvre, c.ss.p., ancien archevêque-évêque de Tulle, France. Le 1er novembre 1970, la Fraternité fut approuvée comme pieuse union par François Charrière, évêque de Lausanne, Genève et Fribourg. Les difficultés de Mgr Lefebvre avec le Saint-Siège amenèrent Pierre Mamie, successeur de Mgr Charrière, à retirer le 6 mai 1975 l'approbation donnée par son prédécesseur, ce qui a eu pour effet de dissoudre canoniquement la Fraternité. La décision fut contestée par Mgr Lefebvre, qui perdit son appel. Ce dernier considère la décision de l'évêque de Lausanne, Genève et Fribourg, ainsi que sa confirmation par le Saint-Siège, comme nulles et non avenues et continue son action. La Fraternité est structurée comme une société de vie commune sans voeux publics, statut canonique qui aurait été l'étape suivant celle de pieuse union, et comprend des prêtres, frères et soeurs, sous un seul supérieur général qui, actuellement (1980), est le fonda-

I5

Founded in 1970 at Écône, Switzerland, by Marcel Lefebvre, c.ss.p., former archbishop-bishop of Tulle, France. On November 1, 1970, the group was approved as a pious union by François Charrière, bishop of Lausanne, Geneva and Fribourg. The institute is structured similarly to a society of common life without public vows, a canonical status which would have been the next normal step after pious union; it is composed of priests, lay brothers and sisters, all under one superior general who currently (1980) is the founder. Archbishop Lefebvre's difficulties with the Holy See led Pierre Mamie, successor to Bishop Charrière, to withdraw on May 6, 1975, the approval given by his predecessor. In effect, he canonically dissolved the institute. The decision was contested by Archbishop Lefebvre, who lost his appeal; he considers the decision of the bishop of Lausanne, Geneva and Fribourg, as well as the

228

teur. En mars 1977, la Fraternité a ouvert un prieuré à Shawinigan-Sud, Québec.

confirmation of it given by the Holy See, to be null and void, and he is continuing with his work. In March, 1977, a priory was opened in Shawinigan-Sud, Quebec.

Fraternité sacerdotale internationale Saint-Pie X

Fraternité sacerdotale Saint-Pie X

PAUVRES DE SAINT-FRANÇOIS

I6
Communauté de prophètes vivant dans la pauvreté, la chasteté et l'obéissance, fondée par Jacques Roy à Trois-Rivières, Québec, en 1973. La communauté n'a pas encore à cette date (1980) bénéficié d'une reconnaissance officielle de la part de l'ordinaire du lieu.

I6
Community of prophets living in poverty, obedience and chastity, founded in 1973 by Jacques Roy at Trois-Rivières, Quebec. The group has not yet been officially recognized by the local ordinary (1980).

PÉNITENTS DE JÉSUS-CRUCIFIÉ

I7
Fondés en 1977 à Montréal par l'abbé Joseph Bleau, aussi connu sous le nom de père Joseph, ermite de Saint-François. Cet institut-ci et les deux autres qui lui sont apparentés (I8, I9) sont sous l'autorité de leur fondateur; leur observance est de style capucin.

I7
Founded in 1977 at Montreal by Fr. Joseph Bleau, also known as "père Joseph, ermite de Saint-François." This institute and the two companion ones (I8, I9) are under the authority of their founder; they are of a Capuchin-style observance.

Oeuvre de la Miséricorde du Divin Crucifié

Ordre des pénitents de Jésus-Crucifié

PÉNITENTS DE JÉSUS-CRUCIFIÉ. SECOND ORDRE

I8
Institut fondé à Montréal en 1977 par l'abbé Joseph Bleau (voir notice I7). Cet institut est formé de moniales.

I8
Founded in 1977 at Montreal by Fr. Joseph Bleau (see entry I7). This institute is for nuns.

TIERS-ORDRE DE L'ORDRE DES PÉNITENTS DE JÉSUS-CRUCIFIÉ

I9
Fondé à Montréal en 1978 par l'abbé Joseph Bleau (voir notices I7 et I8). Cet institut regroupe des tertiaires réguliers des deux sexes.

I9
Founded in 1978 at Montreal by Fr. Joseph Bleau (see entry I7). The institute is for regular tertiaries of both sexes.

LES SAMARITAINES

I10
Groupe d'aide aux familles fondé par l'abbé Henri Saey à Montréal en 1942. Le groupe ne jouit d'aucun statut canonique au sein de l'Église catholique romaine.

I10
Group of domestic aids founded by Fr. Henri Saey at Montreal in 1942. The group has no canonical status whatsoever within the Roman Catholic Church.

Nous publions dans ce court chapitre quelques notes sur des personnes ou des instituts qui peuvent difficilement faire l'objet d'une note dans le chapitre 3, en raison principalement de l'imprécision de certaines données appropriées ou nécessaires. Par exemple, Chiniquy est un personnage historique bien connu de notre histoire religieuse; cependant, l'institut dont il est question dans la documentation étudiée en 6.4 n'a pas de nom: pas de nom, pas de vedette; pas de vedette, pas de note dans le chapitre 3. Autre exemple: Louis de Norrey (6.3) est un Récollet devenu membre des Chanoines réguliers de Saint-Augustin; mais nous ne pouvons pas savoir à quelle observance précise de ces chanoines réguliers il se rattachait, ce qui rend impossible l'établissement d'une vedette pour l'institut précis dont il faisait partie.

Ajoutons que les présentes notes ne sont pas des articles fouillés et complets, mais donnent seulement quelques indications que les lecteurs intéressés devraient compléter en consultant les ouvrages énumérés dans la bibliographie de chaque section.

La section 6.5 reprend, sous une forme schématique commode, certaines données du chapitre 3 sur les notions canoniques élémentaires de droit des religieux.

6.1 Moines irlandais d'Islande

Une tradition, vivante jusqu'à nos jours, veut que des moines irlandais se soient établis sur la côte atlantique du Canada, probablement en Nouvelle-Écosse, à la fin du 9e siècle. Cette présence monastique aurait duré jusqu'au 11e siècle. Qu'en est-il exactement? Peut-on séparer la fiction de la réalité?

Des faits et des personnages historiques sont à la base de cette tradition, si typique à la fois des récits mythiques celtiques et des sagas scandinaves. En effet, saint Colomba d'Iona, saint irlandais né vers 521 et mort en 597, vint dans l'île d'Iona (du groupe des Inner Hebrides, au large de l'Écosse) en 563, pour y fonder un monastère. Celui-ci fut détruit par les Vikings vers l'an 800 et la plupart des moines s'enfuirent en Islande. Vers 875, les Vikings débarquèrent en Islande et les moines s'enfuirent de nouveau par la mer, cette fois-ci aussi vers l'ouest. Où sont-ils donc allés?

D'autre part, saint Brendan de Clonfert, saint irlandais né vers 486 et mort en 578, fut un grand voyageur. Un auteur irlandais anonyme de la première moitié du 10e siècle écrivit une relation des voyages réels de saint Brendan en Écosse, en Irlande, dans les îles entourant ces pays ainsi qu'en Bretagne. Malheureusement, on retrouvait également dans ces relations des récits purement imaginaires des supposés voyages de saint Brendan au Groenland ou sur le continent américain.

Il reste quand même possible que des moines irlandais d'Islande aient atteint le Groenland ou l'Acadie vers 875. Il est cependant plutôt improbable que ces communautés aient pu survivre jusqu'au 11e siècle, à cause de l'absence

This short chapter contains notes on persons or institutes which cannot readily be offered to the reader within the framework of the notes of Chapter 3, mostly because of lack of appropriate or necessary elements of information. For example, Chiniquy is a well-known "hero" of our religious history; however, the institute in question in 6.4 does not have a name: no name, no heading; no heading, no note in Chapter 3. Another example: Louis de Norrey (6.3) is a Recollect who became a member of the Canons Regular of Saint Augustine, but we do not know which branch or observance within these canons regular he was a member of; thus it is impossible to establish a heading for his particular institute.

We would like to add that the following notes are not scholarly articles, but are only guidelines, which interested readers should complete by looking at the works listed in the bibliography which follows each section.

Section 6.5 recapitulates, in an easy synoptical form, certain elements of Chapter 3 on the canonical notions of the law on religious.

6.1 Irish Monks from Iceland

Even now, tradition has it that some Irish monks established themselves on the Atlantic coast of Canada, probably in Nova Scotia, at the end of the 9th century. This monastic presence would have lasted up until sometime during the first half of the 11th century. So? Can we separate fiction from reality?

Historical facts and known persons are at the basis of this tradition, so typical of the Celtic mythical romances and the Scandinavian sagas. Saint Columba of Iona, an Irish saint who was born in about the year 521 and who died in 597, came to Iona (an island of the Inner Hebrides, off the coast of Scotland) in 563, to found a monastery. The Vikings destroyed it about 800 and the monks fled to Iceland. Around 875, the Vikings landed in Iceland and the monks fled again by sea, again westward. Where did they go?

Saint Brendan of Clonfert, an Irish saint who was born around 486 and who died in 578, was a great traveller. An anonymous Irish author of the second half of the 10th century wrote a book relating Saint Brendan's actual travels to Scotland, to Ireland, to their surrounding islands and to Brittany. Unfortunately, within his descriptions he included several fictitious trips to Greenland or the American continent.

Still, it is possible that some Irish monks from Iceland did go to Greenland or Acadia about 875. It is however hardly probable that these communities survived until the 11th century, as there were no recruits from Europe. Moreover, the Irish communities being composed of priests, lay brothers and

230

de recrues venues d'Europe. Par ailleurs, les communautés irlandaises étant formées de prêtres, de frères convers et de laïcs oblats, la seule possibilité de recrues locales en Amérique est représentée par l'hypothèse assez faible que des oblats aient eu des enfants de leurs unions avec des aborigènes. La possibilité de recrues adultes (aborigènes convertis) ne peut être retenue d'autre part.

Revenons aux faits: aucun vestige celtique n'a été découvert en Nouvelle-Écosse. Bien sûr, ceci ne prouve pas de façon irréfutable l'absence de monachisme irlandais, compte tenu du fait que l'on utilisait surtout du bois, matériau périssable, dans la construction et la fabrication des objets de la vie quotidienne. D'autres faits viennent cependant nous indiquer que la présence de moines irlandais est possible dans les provinces de l'Atlantique, sinon durant à peu près cent cinquante ans, du moins pendant un certain temps. Gustave Lanctôt mentionne le témoignage de deux Inuit du Labrador, capturés en 1015 par le Scandinave Karlsefni. Il parle aussi de tradition orale et de vestiges de pratiques chrétiennes en Acadie rapportées par Chrestien Le Clercq, Jacques Cartier et Samuel de Champlain dans leurs oeuvres, en plus du teint européanisé des Amérindiens que les explorateurs avaient rencontrés, laissant croire à des unions interraciales antérieures.

Si des moines irlandais d'Islande se sont effectivement établis en Acadie, ils ont suivi la règle de saint Colomban, règle ayant pour origine celle de saint Fintan de Clonenagh, en passant par celle de saint Comgall de Bangor, et contenue dans deux textes intitulés *Regula monachorum et Regula coenobialis.*

Les lecteurs intéressés pourront consulter:

lay oblates, the only possibility of local American recruitment is represented by the rather flimsy hypothesis that some oblates might have had children with their aboriginal wives. The possibility of adult recruits (Amerindian converts) cannot be entertained however.

Let us go back to facts: no Celtic ruin or artifact has been discovered in Nova Scotia. Of course, this does not conclusively prove the absence of Irish monasticism since wood, a perishable material, was usually used in buildings and in the fabrication of articles for daily life. Other factors, however, indicate the possibility of the presence of Irish monks in the Atlantic provinces for a while if not for one hundred and fifty years. Gustave Lanctôt reports the presence of oral tradition and cites the remnants of Christian practices and Europeanized traits of the Amerindians mentioned in the works of Chrestien Le Clercq, Jacques Cartier and Samuel de Champlain as an indication of possible previous interracial unions. He also reports the testimony of two Inuit captured in 1015 by the Scandinavian, Karlsefni.

If Irish monks from Iceland did in fact establish themselves in Acadia, they were under the rule of Saint Columban, which originated from that of Saint Fintan of Clonenagh through the rule of Saint Comgall of Bangor, and which can be found in two texts, entitled *Regula monachorum* and *Regula coenobialis.*

Interested readers may wish to consult:

Achard, Eugène. *Un couvent de moines en Nouvelle-Écosse avant l'an mille.* [Montréal] Leméac [c1972] 201p. Voir surtout/see mostly p. 81-89.

(Auteur dont il faut se méfier; c'est un excellent conteur, il en a donc l'imagination sans borne: sur de frêles hypothèses, il peut bâtir une vaste structure.)

(The author has to be taken with a grain of salt; he is an excellent storyteller and his imagination is limitless: he can build huge castles on rather weak foundations.)

Beauvois, Eugène. "La découverte du Nouveau Monde par les Irlandais et les premières traces du christianisme en Amérique avant l'an 1000", dans/in: *Congrès international des américanistes; compte-rendu de la première session, Nancy 1875;* Nancy, G. Crépin-Leblond; Paris, Maisonneuve, 1875; p. 41-93.

Lanctôt, Gustave. *Histoire du Canada;* [t. 1:] *Des origines au régime royal.* 3e éd. Montréal, Beauchemin, 1962. 460 p. Voir/see p. 45-51, 57.

Morison, Samuel Eliot. *The European Discovery of America: The Northern voyages A.D. 500-1600.* New York, Oxford University Press, 1971. xviii, 712p. Chapitre II/Chapter II.

Oleson, Tryggvi J. *Early Voyages and Northern Approaches 1000-1632.* [Toronto] McClelland and Stewart [c1963] xii, 211p. (Canadian Centenary Series, vol. 1) Chapitres 1-2, 14/Chapters 1-2, 14.

6.2 Jean Cabot et les Augustins

En 1497, Jean Cabot fit au Nouveau-Monde un voyage qui fut bien documenté. Il en fit aussi un deuxième en 1498; ce dernier est si peu documenté que pendant longtemps on crut qu'il n'avait jamais eu lieu.

Certains documents mentionnent la présence possible d'Augustins italiens lors de ce deuxième voyage. On ne sait pas si en fait des Augustins quittèrent l'Italie et parvinrent à Bristol pour se joindre à la flottille de Jean Cabot. D'autre part, comme on ne sait pas ce qui advint de cette flottille (sauf pour un bateau que la tempête força à revenir en Irlande), on ne peut pas dire si les Augustins débarquèrent en Amérique du Nord en 1498. De toute façon, leur présence aurait été temporaire, Jean Cabot devant revenir à Bristol puisqu'il était explorateur et découvreur, et non colonisateur.

Les Augustins italiens faisaient partie d'un ordre qui était uni depuis 1256 (voir notice A2). En Italie, à la fin du 15e siècle, ils étaient groupés en quatorze provinces et en onze congrégations. Les provinces étaient soumises assez étroitement au prieur général, comme n'importe quelle autre province dans un institut centralisé. Les congrégations étaient plus autonomes vis-à-vis du prieur général, surtout à cause de leurs observances, qui différaient des observances générales (le statut de ces congrégations témoignait de l'indépendance dont elles avaient joui avant 1256).

Les lecteurs intéressés pourront consulter les ouvrages suivants qui mentionnent ces religieux:

6.2 John Cabot and the Augustinians

John Cabot came to the New World in 1497, on a well-documented trip. However he made a second one, in 1498, which is so poorly documented that for a long time it was thought to have never taken place.

Certain documents mentioned the possible presence of Italian Augustinians on this second trip. It is not known if, in fact, some Augustinians left Italy to join John Cabot's flotilla at Bristol. On the other hand, since it is also not known what happened to the flotilla (except for one boat, which was forced by bad weather to go back to Ireland), it is not possible to say if Augustinians went ashore in North America in 1498. In any case, their presence would only have been temporary since John Cabot was a discoverer and an explorer, not a colonizer.

The Italian Augustinians were part of an order that had been united since 1256 (see entry A2). In Italy, at the end of the 15th century, they were grouped into 14 provinces and 11 congregations. The provinces were directly subject, like any other province in a centralized institute, to the prior general. The congregations were more autonomous vis-à-vis that authority mainly because their observance was somewhat different than the general one (these congregations were actually a testimony to their pre-1256 independence).

Interested readers may wish to consult the following works which mention the Augustinians:

Beazley Raymond. *John and Sebastian Cabot: the discovery of North America.* London, 1898. xx, 311p. P. 101.

Biggar, H.P. *The Precursors of Jacques Cartier, 1497-1534: A Collection of Documents Relating to the Early History of the Dominion of Canada.* Ottawa, Government Printing Bureau, 1911. xxi, 213p. (Publications of the Canadian Archives, no. 5) P. 18, 21, 27, 28.

Lanctôt, Gustave. *Histoire du Canada;* [*t. 1:*] *Des origines au régime royal.* 3e éd. Montréal, Beauchemin, 1962. 460p. P. 67.

Morison, Samuel Eliot. *The European Discovery of America: The Northern Voyages A.D. 500-1600.* New York, Oxford University Press, 1971. xvii, 719p. P. 191.

Prowse, D.W. *A History of Newfoundland from the English, Colonial, and Foreign Records.* London, Macmillan, 1895. xxiii, 742p. P. 11. (Voir aussi/see also M. F. Howley, "The Roman Catholic Church in Newfoundland," dans/in: Prowse, D.W., *A History of the Churches in Newfoundland by Various Writers; A Supplement to A History of Newfoundland from the English, Colonial, and Foreign Records.* London, Macmillan, 1895. 56p. P. 26)

232

Williamson, James A. *The Voyages of the Cabots and the English Discovery of North America under Henry VII and Henry VIII.* London, Argonaut Press, 1929. xiii, 290p. P. 181.

<table>
<tr><td>Sur les Augustins, les lecteurs pourront consulter:</td><td>Readers may want to consult the following work on the Augustinians:</td></tr>
</table>

Disdier, M.-Th. "Augustin, Ordre dit de Saint-; II, Le premier ordre; A, Ermites de Saint-Augustin," dans/in: *Dictionnaire d'histoire et de géographie ecclésiastiques*, v.5, col. 499-581, Paris, Letouzey et Ané, 1931.

6.3 Louis-Hector le Picard du Mesnil de Norrey, c.r.s.a.

Louis-Hector le Picard du Mesnil de Norrey, fils de Jacques (v. *Dictionnaire biographique du Canada*, II, 433-434) et de Marie-Renée Chorel de Saint-Romain dit d'Orvilliers, est né à Montréal, le 30 juillet 1697. Après avoir étudié au Séminaire Saint-Sulpice de Montréal et au Collège des Jésuites de Québec, il entra chez les Récollets de Québec en 1716 et y prit le nom de fr. Louis-Hyacinthe. Il signait aussi alors du patronyme de Dumesny. Il fut ordonné prêtre par Jean-Baptiste de la Croix de Chevrières de Saint-Vallier, évêque de Québec, le 18 août 1720. Il exerça son ministère à Chambly, Sorel, Baie-du-Febvre et Sainte-Croix-de-Lotbinière. De santé fragile, il demanda à passer à un ordre moins austère et permission lui fut accordée par ses supérieurs d'en demander l'autorisation au Saint-Siège. Il se rendit en France en novembre 1739 et demanda en octobre 1740 au Saint-Siège l'autorisation en question. Celle-ci lui fut vraisemblablement accordée puisqu'il est membre des Chanoines réguliers de Saint-Augustin lors de son retour au Canada en 1741. Il reprit à ce moment son prénom baptismal de Louis-Hector. Il était devenu prieur de Mortagne, bénéfice dont les revenus devaient assurer sa subsistance. À son retour, il s'installa à Québec dans une maison privée située au 16 de la rue Couillard. Il y mourut le 25 août 1743. Sans être riche, il laissa une succession valant quelques milliers de livres, succession qui fit l'objet d'une controverse au plan légal d'ailleurs, étant donné qu'il était religieux. De toute façon, le roi trancha en 1744: le frère du *de cujus* (Louis le Picard de Letéland du Mesnil) et les hôpitaux de la colonie se partageraient la succession, ce qui fut fait. (Les renseignements biographiques sont en majorité tirés, souvent textuellement, de la note établie par les Archives des Franciscains, voir référence no 3, voir aussi les nos 4 et 11.)

Le problème présenté en relation avec la structure du présent ouvrage est celui-ci: quel est ce prieuré de Mortagne? Point n'est besoin d'ajouter qu'il a été jusqu'à maintenant (1980) impossible de l'identifier hors de tout doute raisonnable. Nous n'avons donc pas établi de vedette dans la section 5.1.1 pour l'institut en cause, n'ayant pu découvrir à quelle branche ou observance précise des Chanoines réguliers de Saint-Augustin notre homme se rattachait.

6.3 Louis-Hector le Picard du Mesnil de Norrey, c.r.s.a.

Louis-Hector le Picard du Mesnil de Norrey was born at Montreal on July 30, 1697, the son of Jacques (see *Dictionary of Canadian Biography*, II, 415-417) and of Marie-Renée Chorel de Saint-Romain dit d'Orvilliers. He studied at the Seminary of Montreal and with the Jesuits in Quebec City. He entered the Recollects in Quebec City in 1716 and took the name Fr. Louis-Hyacinthe. He also used the patronymic Dumesny. He was ordained priest on August 18, 1720, by Jean-Baptiste de la Croix de Chevrières de Saint-Vallier, bishop of Quebec City. He was in the active ministry at Chambly, Sorel, Baie-du-Febvre and Sainte-Croix de Lotbinière. Being of frail health, he asked to be allowed to request a transfer to a less severe order; his superiors gave him permission to ask the Holy See. He went to France in November, 1739, and asked the Holy See in October, 1740, for the appropriate permission. It must have been granted, because we find he was a member of the Canons Regular of Saint Augustine upon his return to Canada in 1741. He took back his baptismal forename of Louis-Hector when he became a canon regular. He became "prior of Mortagne," acquiring the benefice whose income would insure his keep. When he returned, he took lodgings in Quebec City, at 16 Couillard Street. He died there on August 25, 1743. While not rich, he left an estate worth a few thousand pounds which, since its owner had been a religious, became the object of a legal battle. In any case, the king decided in 1744 that Fr. Louis' brother (Louis le Picard de Letéland du Mesnil) and the hospitals of the colony would split the estate, which they did. (Biographical information is in great part taken, often textually, from the note established by the Franciscan Archives; see reference no. 3; see also nos. 4 and 11.)

The problem inherent in the structure of the present work can be typified by the difficulty in dealing with the Priory of Mortagne. Needless to say, until now (1980) it has been impossible to identify this priory with total certainty; we therefore have had to omit the heading in Section 5.1.1, since we could not determine what branch or precise observance of the Canons Regular of Saint Augustine our canon was attached to.

Il existe en France plusieurs localités nommées Mortagne. Certaines contiennent ou contenaient même plusieurs institutions pouvant convenir à notre chanoine régulier. Compte tenu de la présence ou non d'ordres religieux dans ces endroits, compte tenu aussi de la présence ou non des Chanoines réguliers de Saint-Augustin dans l'un ou l'autre de ces lieux, compte tenu d'autres facteurs, canoniques ou non, nous en sommes venus à considérer les trois lieux suivants comme possibles. Cependant, nous n'excluons pas de façon absolue les lieux que nous laissons de côté; tant de documents ont été perdus en France, au Canada ou au Saint-Siège que tout jugement est, au mieux, approximatif. Nous parlerons successivement de Mortagne-sur-Sèvre, Mortagne-sur-Gironde et de Mortagne-au-Perche.

Mortagne-sur-Sèvre était en 1740 du diocèse de La Rochelle, province ecclésiastique de Bordeaux; cette localité fait actuellement partie, au plan civil, du département de la Vendée. Il y existait un prieuré simple (en voir plus loin la définition) portant le titre de Saint-Jacques ou Saint-Lazare, dépendant de l'abbaye de la Sainte-Trinité de la province de Bretagne de la Congrégation de France des Chanoines réguliers de Saint-Augustin, située à Mauléon, dans le même diocèse. Même si ce prieuré n'était plus conventuel (sans chanoines réguliers en résidence) ni curial (sans charge d'âmes), la collation du bénéfice était probablement quand même réservée à l'abbé de la Sainte-Trinité, qui présentait son candidat à l'ordinaire du lieu. Cette situation où le titulaire détenait un bénéfice sans avoir charge d'âmes (il n'était pas curé) est possible, même si les constitutions de la Congrégation de France (préface, §15-18, voir référence no 2) ne favorisaient pas les chanoines ne faisant pas vie commune (ce qui est le cas de notre chanoine, vivant seul à Québec), ou qui avaient des bénéfices en dehors des monastères ou de leurs dépendances (ce bénéfice-ci était une dépendance). L'histoire des Génovéfains (autre nom de la Congrégation de France) nous apprend que les chapitres provinciaux, le chapitre général et le supérieur général se tiraillèrent longtemps au sujet des nominations à des bénéfices ne dépendant pas de l'ordre ou à ceux qui n'obligeaient pas à la résidence. En résumé: Saint-Jacques ou Saint-Lazare de Mortagne-sur-Sèvre était un bénéfice sans charge d'âmes, i.e. une chapelle dans laquelle le titulaire (hypothétiquement Louis de Norrey), non obligé à y résider, faisait dire par un autre les messes auxquelles il était tenu, un desservant qu'il rémunérait de la "portion congrue", i.e. d'une petite partie des revenus du bénéfice. Il est possible que ce bénéfice ait été celui de Louis de Norrey.

Mortagne-sur-Gironde était en 1740 du diocèse de Saintes, province ecclésiastique de Bordeaux; cette localité fait actuellement partie, au plan civil, du département de la Charente-Maritime. Au dix-huitième siècle, il y existait un prieuré consistorial (voir définition à la fin) au titre de Saint-Étienne, appartenant aux Chanoines réguliers de Chancelade. Le prieuré dépendait probablement de l'abbaye Notre-Dame de Sablonceaux; cette dépendance était purement fictive cependant depuis que le prieuré était de nomination royale. Que le titulaire de ce prieuré ait été Louis de Norrey est vaguement possible, mais très improbable, pour plusieurs raisons: 1° les nominations

Many localities in France are named Mortagne. Some fit, or did fit, the parameters set for our canon regular. Taking into account the presence or absence of religious orders in these localities; also taking into account the presence or absence of the Canons Regular of Saint Augustine in each of the various Mortagnes; we ended up by considering the following three localities. It is impossible to exclude, in an absolute fashion, any localities not listed here. So many documents have been lost in France, Canada or at the Holy See that any judgment is, at best, approximate. We will successively deal with Mortagne-sur-Sèvre, Mortagne-sur-Gironde and Mortagne-au-Perche.

Mortagne-sur-Sèvre was part of the Diocese of La Rochelle, Ecclesiastical Province of Bordeaux, in 1740; it is now, civilly, part of the "département" of Vendée. There was a simple priory (see definition below) in Mortagne under the name Saint-Jacques or Saint-Lazare; it was a dependency of the Abbey of Sainte-Trinité of the Province of Brittany of the French Congregation of the Canons Regular of Saint Augustine, situated at Mauléon, in the same diocese. Although the priory was no longer a conventual one (no canons regular were in residence) or a curial one (there was no cure of souls), the collation of the benefice was probably still reserved for the abbot of Sainte-Trinité, who presented his candidate to the local ordinary. This situation, where an incumbent was not a parish priest because the benefice was not a parish, was possible, although the constitutions of the French Congregation (preface, §15-18, see reference no. 2) looked disfavorably on canons who were not living in common (which was the case of our canon, who lived alone in Quebec City), and on canons who had benefices outside monasteries or their dependencies (this benefice was a dependency); the history of the French Congregation shows that there was a constant struggle between the provincial chapters, the general chapter and the superior general on the matter of nominations to benefices which were not dependent on the order or which did not require residence. In synopsis: Saint-Jacques or Saint-Lazare of Mortagne-sur-Sèvre was a benefice without cure of souls, i.e., a chapel in which the incumbent (hypothetically Louis de Norrey), not being obliged to reside at his benefice, would have had another priest say the masses he was required to say; he would have paid him an allowance, i.e., a small part of the income of the benefice. It was possible that this was Louis de Norrey's benefice.

Mortagne-sur-Gironde was part of the Diocese of Saintes, Ecclesiastical Province of Bordeaux, in 1740; it is now, civilly, part of the "département" of Charente-Maritime. There was a consistorial priory (see definition below) in Mortagne under the name Saint-Étienne; It was part of the Canons Regular of Chancelade. The priory was probably a dependency of the Abbey of Notre-Dame de Sablonceaux; however, this dependency was purely fictitious from the time that the priory became of royal nomination.

royales étaient publiées dans l'*Almanach royal* et nous n'y trouvons pas notre homme dans les années appropriées; 2° les Chanoines réguliers de Chancelade, tout en étant des Chanoines réguliers de Saint-Augustin, ne faisaient pas partie de la Congrégation de France, entre autres raisons parce qu'ils étaient plus austères que les Génovéfains. Il est donc assez improbable que les Chanoines réguliers de Chancelade aient eu en leur sein un chanoine ne vivant pas en communauté, qui était si éloigné et, de plus, titulaire de la charge de prieur conventuel. D'autre part, il a été impossible de trouver le document administratif nommé "Feuille des bénéfices" pour les années 1739-1741. Dans la Maison du Roi, le ministre de la Feuille, pour ces années, était le cardinal André-Hercule de Fleury. Les nominations royales passaient par son canal et celui de la Feuille avant d'être rendues publiques dans l'*Almanach royal*.

Mortagne-au-Perche était en 1740 du diocèse de Séez, province ecclésiastique de Rouen; cette localité fait aujourd'hui partie du département de l'Orne, au plan civil. Il y existait alors un prieuré conventuel (voir définition plus loin) du titre de La Madeleine, de la province de Bretagne de la Congrégation de France des Chanoines réguliers de Saint-Augustin. Le prieur était élu par les chanoines du prieuré et confirmé par les autorités provinciales ou bien nommé directement par ces autorités. Au milieu du 18e siècle, ce prieuré regroupait très peu de religieux (en 1768, au moment de l'enquête de la Commission des réguliers du gouvernement royal, il n'y avait plus que deux religieux); la nomination de son titulaire était donc probablement faite directement par les autorités de la province de Bretagne. Il est possible que ce prieuré ait été accordé en bénéfice à Louis de Norrey, malgré le fait, mentionné à propos de Mortagne-sur-Sèvre, que les constitutions de la Congrégation de France ne favorisaient pas les chanoines ne vivant pas en communauté. Les religieux du prieuré auraient été théoriquement sous l'autorité de Louis de Norrey, mais en pratique sous celle d'un sous-prieur nommé par les autorités provinciales et ayant tous les pouvoirs d'un prieur, un véritable sous-prieur *in capite*.

De ce prieuré de La Madeleine, à Mortagne-au-Perche, dépendait le prieuré-cure de Saint-Langis-lès-Mortagne. Celui-ci, au lieu d'être accordé à un séculier par l'ordinaire du lieu, sur présentation par le prieur de Mortagne, aurait pu être alloué à un autre chanoine (ou même à un religieux d'un autre ordre). Mais les registres des années 1740 de Saint-Langis ont été conservés et ne contiennent pas le nom de Louis de Norrey comme prieur-curé ou celui d'un desservant qui aurait pu agir en son nom.

Nous sommes donc pour le moment devant une impasse, jusqu'au jour où des documents nouveaux seront découverts ou répertoriés. Nous pouvons seulement dire qu'il est possible et, au mieux, probable que Louis de Norrey ait été membre de la province de Bretagne de la Congrégation de France des Chanoines réguliers de Saint-Augustin.

That the incumbent could have been Louis de Norrey is possible, but very improbable, for a few reasons: 1) the nominations made by the king were published in an annual called the *Almanach royal* and we cannot find the name of Louis de Norrey listed under the appropriate years; 2) the Canons Regular of Chancelade, while being Canons Regular of Saint Augustine, were not part of the French Congregation; one reason for this was that they were more austere than the French Congregation. It is therefore rather improbable that the Canons Regular of Chancelade would have accepted a canon not living in common as a member, especially one who was living that far away, and who, furthermore, was a conventual prior. On the other hand, it has been impossible to find the administrative document called "Feuille des bénéfices" for the years 1739-1741. In the royal household, the minister of the Feuille was André-Hercule Cardinal de Fleury. The royal nominations were filtered through him and the Feuille before being made public in the *Almanach royal*.

Mortagne-au-Perche was part of the Diocese of Séez, Ecclesiastical Province of Rouen, in 1740; it is now, civilly, part of the "département" of Orne. There was a conventual priory (see definition below) in Mortagne under the name La Madeleine, which was part of the Province of Brittany of the French Congregation of the Canons Regular of Saint Augustine. The prior was therefore either elected by the canons of the priory and confirmed by the provincial authorities, or named directly by the same authorities. In the middle of the 18th century, the priory had very few members (in 1768, at the time of the royal government's inquiry of the Commission des réguliers, there were only two members left in the priory); the prior's appointment was probably made directly by the authorities of the Province of Brittany. It is possible that the priory was given as a benefice to Louis de Norrey, even taking into account that, like those in Mortagne-sur-Sèvre, the constitutions of the French Congregation did not favor religious not living in common. The members of the priory would have theoretically been under the authority of Louis de Norrey, and, in fact, under that of a sub-prior endowed with all the powers of a prior and appointed sub prior *in capite* by the provincial authorities.

The Priory of La Madeleine had a dependent parish priory named Saint-Langis-lès-Mortagne, which, instead of having been given to a secular priest by the local ordinary after presentation by the prior of Mortagne, could have been given to another canon (or even to a member of another order). But the records of Saint-Langis during the 1740's have been saved and for parish priest they contain neither Louis de Norrey's name nor that of a priest employed by him to act in his place.

We are therefore at a dead end, until the day when new documents are discovered or indexed. We can only say that it is possible and, at best probable, that Louis de Norrey was a member of the Province of

Voici les différents types de prieurés que le contexte nous permet de considérer:

Prieuré conventuel (type 1): dignité monastique à l'intérieur d'une abbaye; son titulaire prend rang immédiatement après l'abbé. Le prieur est chargé de l'administration quotidienne de l'abbaye (dans la terminologie moderne du monde de l'administration, il serait un directeur général); le prieur conventuel de ce type est aussi appelé prieur claustral, parce qu'il vit et agit à l'intérieur du cloître (du latin *claustrum).*

Prieuré conventuel (type 2): monastère nommé prieuré. Le prieuré peut dépendre d'une abbaye s'il a été fondé par celle-ci; il peut aussi être indépendant, mais n'avoir que le statut de prieuré à cause du trop petit nombre de religieux qui l'habitent ou pour d'autres raisons. Dans le cas d'un prieuré issu d'une abbaye, le prieur est élu par les membres et confirmé par l'abbé ou bien est nommé directement par l'abbé; dans le cas des prieurés autonomes, il est élu par les moines et confirmé par l'ordinaire du lieu ou les autorités de son ordre; dans le cas des prieurés dont la collation est dévolue à des organes extérieurs à l'ordre (le roi, un évêque, un chapitre, etc.), le prieur est choisi par l'organe en question et présenté à celui qui doit le confirmer.

Prieuré consistorial: prieuré conventuel dont la collation est dévolue au roi (voir paragraphe précédent). Dans ce cas, le roi présente le candidat non pas à l'abbé ou à l'ordinaire du lieu, mais au Saint-Siège, qui le confirme en consistoire (réunion des cardinaux résidant à Rome, ayant lieu régulièrement sous la présidence du pape et s'occupant des affaires courantes de l'Église [un bureau ou un comité exécutif, quoi!]; cette institution, tombée en désuétude, est devenue un rite purement formel dans certaines circonstances solennelles), d'où le qualificatif de consistorial. Le prieuré n'est que théoriquement sous la dépendance d'une abbaye et cette dépendance ne s'exprime que dans des questions de préséance.

Prieuré-cure: bénéfice autrefois religieux (habituellement, ancien prieuré conventuel du deuxième type ou même peut-être ancienne abbaye) mais qui est devenu séculier sous la dépendance de l'ordinaire du lieu. Un prieuré-cure se nomme ainsi pour perpétuer le fait qu'il était autrefois une église conventuelle ou abbatiale. Habituellement, l'ordinaire du lieu a la libre collation de cette cure ou paroisse et l'attribue au clerc de son choix. Il peut cependant arriver que, pour rappeler le fait que l'église était autrefois religieuse (conventuelle ou abbatiale) ou pour d'autres raisons, le bénéfice, tout en étant séculier, soit uni à une abbaye ou à un prieuré conventuel qui présente à l'ordinaire du lieu un candidat, séculier ou religieux (dans ce dernier cas, du même ordre ou non).

Prieuré simple: ancien prieuré conventuel du deuxième type ou ancien prieuré-cure désert (il n'a plus de moines en résidence ou, dans le cas d'une ancienne cure, ses fidèles sont maintenant desservis par une autre église paroissiale); devenu de toute façon séculier et dépendant de l'ordinaire du lieu (bien que, comme dans le cas

Brittany of the French Congregation of the Canons Regular of Saint Augustine.

Here are the different types of priories that the context permits us to list:

Conventual priory (type 1): within an abbey, a monastic dignity whose recipient takes rank right after the abbot; the prior is responsible for the day-to-day administration of the abbey (in today's administrative terms, he would be an executive director); the conventual prior of this type is also called claustral prior, because he lives and works within the cloister (from the Latin *claustrum);*

Conventual priory (type 2): monastery named priory; it can be dependent on a founding abbey or it can be independent from any abbey and because of lack of members or other reasons have only the status of a priory; in the case of a priory which is the daughter of an abbey, the prior is elected by the members and confirmed by the abbot, or is named directly by the abbot; in the case of autonomous priories, the prior is elected by the members and confirmed by the local ordinary or by the authorities of the order; in the case of a prior whose appointment is given to organs outside the order (e.g., the king, a bishop, a chapter, etc.), the prior is chosen by the organ in question and presented to the one which confirms the nomination;

Consistorial priory: conventual priory granted by the king (see preceding paragraph); in this case, the king presented his candidate not to the abbot or to the local ordinary, but to the Holy See, which confirmed him in consistory (a meeting of cardinals residing in Rome, which took place on a regular basis under the chairmanship of the pope, and which was responsible for taking care of current affairs [it was in effect a board of directors or an executive committee]; this institution is now in disuse and is a purely formal ritual in certain solemn circumstances); hence the term consistorial; in this case, the subordination of a priory to an abbey is purely theoretical and expresses itself only in questions of precedence;

Parish priory: formerly a religious benefice (usually, a former conventual priory of the second type or even a former abbey) which became secular under the local ordinary; it was so-named to perpetuate the fact that in the past it had been a conventual or abbatial church; usually, the local ordinary could freely appoint the incumbent and grant the priory to the cleric of his choice; however, either to perpetuate the fact that the church had been religious in the past or for other reasons, the benefice, while still being secular, was united to an abbey or to a priory, both of which could present a candidate to the local ordinary; the candidate could be secular or religious, in the latter case from the same order or not.

Simple priory: either a former conventual priory of the second type or a former parish priory; both types of priories became vacant because there were no longer canons in residence or, in the case of a former parish, because the faithful were serviced by another parish church; in either case, both types of priories

précédent, un prieuré simple puisse être de collation abbatiale ou autre), c'est une simple chapelle, i.e. son titulaire n'est pas obligé d'y résider et n'a pas charge d'âmes (il ne s'agit pas d'une église paroissiale). Le prieur est tout simplement chargé d'un lieu de culte; il doit assurer le service des messes qu'il s'est engagé à célébrer, en acceptant le prieuré; comme il n'est pas tenu de résider à son bénéfice, il peut assurer ce service par lui-même ou bien engager un prêtre desservant qui devient son employé et qui, contre une maigre partie des revenus du bénéfice (de là l'expression "portion congrue"), assure le service liturgique (de toute façon, si le bénéficier est un clerc non prêtre résidant au prieuré, il **doit** engager un prêtre pour remplir les obligations liturgiques de sa charge qui exigent l'ordre du presbytérat).

Les lecteurs intéressés pourront consulter les documents suivants:

became secular and subordinate to the local ordinary (although, as in the preceding paragraph, a simple priory could be devolved to an abbey or to another institution for the nomination of the incumbent); the simple priory was just a chapel, i.e., without any cure of souls attached to it (it was not a parish church) or without an obligation of residence for the incumbent. The prior was simply the rector of a place of worship; he had to ensure that the masses he had contracted to when he accepted the benefice were celebrated. He could celebrate the masses himself in the priory, but, because he was not obliged to reside at his priory, he could employ a priest to celebrate them for him in return for a very small portion of the income derived from the benefice (hence the expression *congrua*); in any case, if the incumbent was a cleric but was not a priest, he had to employ another priest to ensure that liturgical functions requiring the order of priesthood were accomplished.

Interested readers may wish to consult the following documents:

1. *Aillery, Eugène-Louis. Pouillé de l'évêché de Luçon.* Fontenay-le-Comte, Impr. de Robuchon, 1860. *211p.* P.190-197, 207-208.

2. Amort, Eusèbe. *Vetus disciplina canonicorum regularium & saecularium...* Venetiis, apud Joannem Baptistam Recurti, 1747. 2v. T. II, p.788-820.

3. Archives des Franciscains, Montréal. Fonds Jouve-Godbout, v°. Dumesny, Louis-Hyacinthe (fr. Hervé Blais, o.f.m., archiviste).

4. Archives du Séminaire de Québec. Fonds Amédée Gosselin, carton 49 (Honorius Provost, prêtre, archiviste).

5. Beaunier, Dom. *Abbayes et prieurés de l'ancienne France; recueil historique des archevêchés, évêchés, abbayes et prieurés de France,* par dom Beaunier; tome troisième: *Provinces ecclésiastiques d'Auch et de Bordeaux,* par J[ean]-M[artial-Léon] Besse. Chevetogne, Abbaye de Ligugé; Paris, Ch. Poussielgue, 1910. 351p. (Archives de la France monastique, vol. X) P.156, 165, 291-292, 310.

   N.B. Il s'agit d'une nouvelle édition de l'ouvrage de dom Beaunier mentionné à la référence no 6/this is a new edition of Dom Beaunier's work mentioned below, at no. 6.

6. Beaunier, Dom. *Recueil historique, chronologique, et topographique, des archevechez, evêchéz, abbayes et prieurez de France, tant d'hommes, que de filles, de nomination et collation royale...* Paris, A.X.R. Mesnier, 1726. 2v. (1090p.) P.158, 166, 191-204 (t. I).

7. Bonnard, Fourier. *L'abbaye de la Sainte-Trinité de Mauléon (aujourd'hui Châtillon-sur-Sèvre) de l'Ordre de Saint-Augustin.* Ligugé, Impr. Saint-Martin, 1900. 197p. P.184.

8. Cottineau, Laurent-Henri. *Répertoire topo-biblio-graphique des abbayes et prieurés*. Mâcon, Protat Frères, 1939-1970. 3v. T. I, col.730; t. II, col.1792, 1988-1989, 2571; t. III, *passim*.

9. Durand de Maillane, Pierre-Toussaint. *Dictionnaire de droit canonique et de pratique bénéficiale...* 3e éd., rev., corr. & augm., par l'auteur/by the author. Lyon, J. Duplain, 1776. 5v. V° Prieur, prieuré (t. IV, p.497-507).

10. Expilly, Jean-Joseph. *Dictionnaire géographique, historique et politique des Gaules et de la France*. Paris, Desain et Saillant, 1762-1770. 6v. V° Châteaudun, t. II, p.251-253; v° Mortagne, t. IV, p. 908-914; v° Séez, t. VI, p.729-739.

11. "La famille Le Picard Dumesny Noré", dans/in: *Bulletin des recherches historiques*, v. XLI, 1935, no 2, p.[65]-73.

12. Féret, Pierre. *L'abbaye de Sainte-Geneviève et la Congrégation de France; précédées de la Vie de la patronne de Paris (d'après des documents inédits)*. Paris, Champion, 1883. 2v. T. I, p.201-205; t. II, p. 10-19, 34-37, 52-71, 88-107, 123-133.

13. Lecestre, Léon. *Abbayes, prieurés et couvents d'hommes en France; liste générale d'après les papiers de la Commission des réguliers en 1768*. Paris, A. Picard, 1902. XII, 157p. P. 38-39.

14. Longnon, Auguste. *Pouillés de la province de Rouen*. Paris, Impr. nationale, 1903. LXXV, 602p. (Recueil des historiens de la France. Pouillés, t. II) P.XLII-L.

15. Valette, R. "L'abbaye de Mauléon et ses possessions en Bas-Poitou", dans/in: *Revue du Bas-Poitou, v. 13-14*, 1900-1901, p. 466-480 [480 paginé 280 par erreur/480 printed 280 by mistake].

6.4 Charles-Paschal-Telesphor Chiniquy, fondateur

En plus du projet d'institut masculin dont il est question à la section 5.1.5 (notice E2), l'abbé Charles-Paschal-Telesphor Chiniquy a commencé à planifier la fondation d'un institut féminin consacré à l'éducation des filles pour sa mission de Sainte-Anne à Kankakee, Illinois. Cet institut n'a pu faire l'objet d'une notice dans la section 5.1.5, car son nom projeté, si jamais il en a eu un, n'a pu être retrouvé.

Voici ce qu'en dit Marcel Trudel:

6.4 Charles-Paschal-Telesphor Chiniquy, Founder

Apart from the projected male institute described in Section 5.1.5 (entry E2), Fr. Charles-Paschal-Telesphor Chiniquy began to plan the founding of a female institute devoted to the education of girls at his mission of Saint Anne, at Kankakee, Illinois. The projected institute could not be put under an entry in Section 5.1.5, because its projected name, if it ever had one, could not be found.

Here is what Marcel Trudel says:

/157/ [Chiniquy]... demande sans cesse du secours: tantôt pour son école de garçons... tantôt pour l'école qu'il veut assurer aux jeunes filles: il compte recevoir des religieuses... si elles ne viennent pas, il fera en sorte que Caroline Descormiers [ou Cormier] fonde une communauté et cette demoi-/158/selle passe l'hiver de 1855-56 chez les Ursulines des Trois-Rivières à se préparer. En mai 1856, Mgr Baillargeon [archevêque coadjuteur de Québec] lui

envoie [par l'intermédiaire de Mlle Descormiers] "un ornement avec linge nécessaire, pour dire la messe; un missel: de quoi faire une soutane, un calice." Mais, au moment où ces derniers cadeaux parvenaient au missionnaire de Sainte-Anne-de-Kankakee, la grande crise du schisme commençait.
(Chiniquy, Trois-Rivières, Éd. du Bien public, 1955, p. 157-158)

Les documents manuscrits auxquels Trudel fait référence ne donnent pas plus de renseignements sur le nom de l'institut:

- Archives de l'Archevêché de Montréal, dossier Chiniquy, chemise 2: Chiniquy à Mgr. LaRocque, 14 mars 1856 et Chiniquy à soeur Fréchette, 24 juin 1856 (Monique Montbriand, archiviste, lettre du 17 février 1978);
- Archives du Séminaire de Québec, Polygraphie 50, Lettres 1856-1857: quatre lettres de Chiniquy à Mailloux (Honorius Provost, prêtre, archiviste, lettre du 18 février 1978).

D'autre part, les Ursulines des Trois-Rivières (soeur G. Biron, o.s.u., archiviste, lettre du 17 février 1978) n'ont rien pu trouver dans leurs archives sur Caroline Descormiers.

L'institut féminin ne vit jamais le jour parce qu'au retour de Mlle Descormiers à Kankakee, à l'été 1856, les conditions y avaient changé. Chiniquy était en rébellion ouverte contre l'ordinaire du lieu (l'évêque de Chicago); des partis pro- et anti-Chiniquy s'étaient formés dans la paroisse.

Quant à Chiniquy, il fut déclaré suspens par Anthony O'Regan, évêque de Chicago, le 19 août 1856 (Trudel, p.160). La suspense eut pour effet d'interdire au coupable la célébration de la messe et des autres sacrements, l'accomplissement d'actes de juridiction, etc. Chiniquy ignora la sentence, continua de célébrer la messe et d'administrer sa paroisse (p.162). Le 3 septembre 1856, il fut excommunié par le même évêque (p.163). Cette peine, entre autres effets, non seulement l'empêcha de recevoir les sacrements et confirma la suspense déjà reçue, mais l'empêcha de recevoir les revenus de sa charge et, après sa mort, d'avoir des funérailles à l'église et d'être enseveli en terre bénite. Chiniquy continua à ignorer la sentence. Le 3 août 1858, James Duggan, évêque titulaire d'Antigonea (i.e. Troas), archevêque-coadjuteur de Saint Louis et administrateur du diocèse de Chicago *sede vacante*, excommunia de nouveau Chiniquy (p. 201-202). Le 22 août 1858, Chiniquy quitta officiellement et publiquement l'Église catholique romaine (p. 204). Il n'y revint jamais.

Depuis mai 1857 sinon avant, Caroline Descormiers avait rompu toute relation avec Chiniquy (p.191).

6.5 Classification schématique des instituts

Les lecteurs pourront trouver ici, sous une forme schématique commode, les diverses perspectives selon les-

quelles les instituts peuvent être classés et qui sont expliquées dans le chapitre 3.

explained in Chapter 3, are listed here in a convenient synoptical form.

Suivant leur statut juridique (3.2.1, 3.2.2.1-3):

According to their juridical nature (3.2.1, 3.2.2.1-3-:

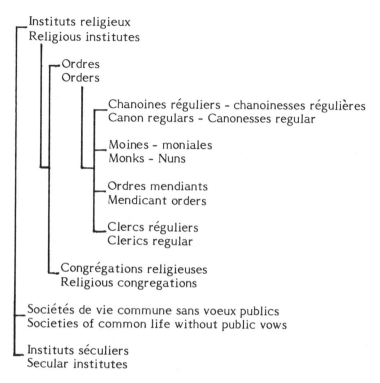

Instituts religieux
Religious institutes

Ordres
Orders

Chanoines réguliers - chanoinesses régulières
Canon regulars - Canonesses regular

Moines - moniales
Monks - Nuns

Ordres mendiants
Mendicant orders

Clercs réguliers
Clerics regular

Congrégations religieuses
Religious congregations

Sociétés de vie commune sans voeux publics
Societies of common life without public vows

Instituts séculiers
Secular institutes

Suivant le degré de dépendance à l'égard de l'ordinaire du lieu (3.2.2.2):

According to their degree of subordination to the local ordinary (3.2.2.2):

Instituts exempts
Exempt institutes

Instituts non exempts
Nonexempt institutes

Suivant l'autorité ayant donné son approbation (3.2.2.3):

According to the approving authority (3.2.2.3):

Instituts de droit diocésain
Diocesan institutes

Instituts de droit pontifical
Pontifical institutes

Suivant la relation au sacerdoce (3.2.2.4):

According to the relationship to the priesthood (3.2.2.4):

Instituts cléricaux
Clerical institutes

Instituts laïcs
Lay institutes

En plus de ces modes de classification des instituts, il est bon d'ajouter un schéma dont les notions ne se retrouvent pas dans le chapitre 3: l'ordre de préséance des instituts entre eux, soit dans les processions ou dans les autres circonstances où plusieurs instituts se retrouvent ensemble. Pour le reste de cette section, voir:

Apart from these ways of arranging the institutes, it seems fitting to add a synopsis, the notions of which are not found in Chapter 3: the order of precedence of institutes in processions or in other circumstances where many institutes will find themselves together. For the rest of this section, see:

Schreiber, Paul Frederick. *Canonical Precedence.* Washington, Catholic University of America Press, 1961. xvi, 329p. (Canon Law Studies, no. 408)

La préséance n'est qu'un terme générique indiquant le droit qu'a une personne (physique ou morale) d'en précéder une autre dans toute activité demandant un certain ordre à suivre entre les personnes. Au fond, c'est une normalisation des règles de politesse ou des coutumes. Les instituts sont mis dans un tel ordre généralement à cause de leur ancienneté et de celle de leur espèce juridique (v.g. ordre, congrégation). Certaines coutumes ou certains privilèges peuvent venir modifier le système préétabli.

Precedence is actually just a generic term indicating the right possessed by a physical or moral person to precede another one every time there is an activity where persons should be placed in some kind of order. Really, it is just a standardization of custom or rules of curtesy. The institutes are put in this order, usually because of their seniority or the seniority of their species (e.g., order, congregation). Certain customs or privileges may modify this preestablished system.

L'ordre de préséance entre les instituts se fonde sur le canon 491, §1, du Code de droit canonique. Ce canon doit être interprété à l'aide des canons 4 et 67-79 sur les privilèges, ainsi que du canon 106, 5°, sur l'ordre à suivre entre les instituts qui sont, toutes autres choses étant égales, au même niveau (v.g. les différents ordres de clercs réguliers entre eux).

The order of precedence between institutes is based on canon 491, §1, of the Code of Canon Law. This canon must be interpreted in conjunction with canons 4 and 67-79 on privileges, as well as canon 106, 5°, on the order to be followed by institutes that, all other things being equal, are on the same level (e.g., the different orders of clerics regular between themselves).

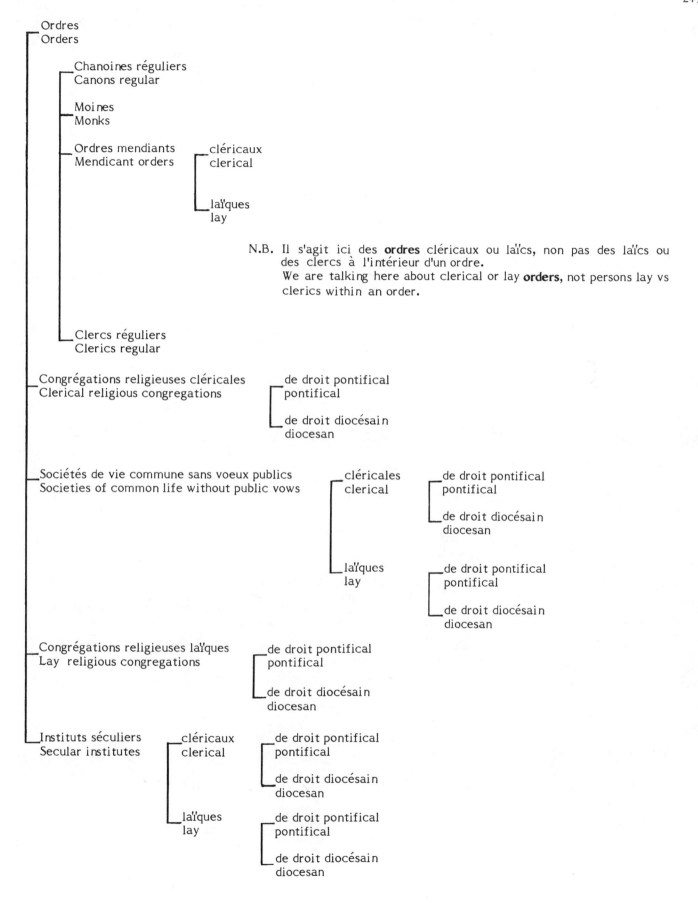

Ordres
Orders

Chanoines réguliers
Canons regular

Moines
Monks

Ordres mendiants   cléricaux
Mendicant orders   clerical

laïques
lay

N.B. Il s'agit ici des **ordres** cléricaux ou laïcs, non pas des laïcs ou des clercs à l'intérieur d'un ordre.
We are talking here about clerical or lay **orders,** not persons lay vs clerics within an order.

Clercs réguliers
Clerics regular

Congrégations religieuses cléricales   de droit pontifical
Clerical religious congregations   pontifical

de droit diocésain
diocesan

Sociétés de vie commune sans voeux publics   cléricales   de droit pontifical
Societies of common life without public vows   clerical   pontifical

de droit diocésain
diocesan

laïques   de droit pontifical
lay   pontifical

de droit diocésain
diocesan

Congrégations religieuses laïques   de droit pontifical
Lay religious congregations   pontifical

de droit diocésain
diocesan

Instituts séculiers   cléricaux   de droit pontifical
Secular institutes   clerical   pontifical

de droit diocésain
diocesan

laïques   de droit pontifical
lay   pontifical

de droit diocésain
diocesan

Voici le texte des deux canons principaux: Here is the text of the two principal canons:

491, § 1: "Religiosi precedunt laicis; religiones clericales, laicalibus; canonici regulares, monachis; monachi, ceteris regularibus; regulares, Congregationibus religiosis; Congregationes iuris pontificii, Congregationibus iuris diocecesani; in eadem specie servetur praescriptum can. 106, n. 5."

106, 5°: "Inter varias personas morales eiusdem speciei et gradus, illa precedit quae est in pacifica quasi-possessione praecedentiae et, si de hoc non constet, quae prius in loco, ubi quaestio oritur, instituta est; inter sodales vero alicuius collegii, ius praecedentiae determinetur ex propriis legitimis constitutionibus; secus ex legitima consuetudine; qua deficiente, ex praescripto iuris communis."

L'ordre de préséance à suivre à l'**intérieur** de chaque institut est réglé par le droit interne de chacun (les constitutions), sinon par la coutume légitime (can. 106, 5°, 2e et 3e parties).

The order of precedence to be followed **within** an institute is set by the internal law of each (its constitutions), or failing that, by legitimate custom (can. 106, 5°, parts 2 and 3).

Les associations de fidèles qui ne sont pas des instituts de vie consacrée se classent comme suit (can. 701, §1):

The associations of faithful which are not instites of consecrated life are arranged as follows (can. 701, § 1):

Tiers-Ordres séculiers
Secular third orders

Archiconfraternités
Archconfraternities - Archsodalities

Confraternités
Confraternities - Sodalities

Pieuses unions primaires
Primary pious unions

Autres pieuses unions
Other pious unions

N.B. Ici se placent les instituts séculiers et congrégations religieuses en formation, s'ils ont ce statut provisoire.
The secular institutes and religious congregations in formation are arranged here, if they have this provisional status.

7. INDEX

Les lecteurs pourront se référer aux sections 2.2.6 et 2.2.7 afin de connaître le contenu des index ainsi que la justification de ce contenu.

7.1 Index alphabétique des noms d'instituts

Les règles du classement alphabétique utilisées dans le présent index diffèrent un peu des règles en usage depuis 1967 dans les institutions possédant des catalogues sur fiches; elles correspondent en partie aux règles beaucoup plus familières aux chercheurs. Cependant, certaines pratiques du présent index, celles relatives au classement des initiales des instituts, sont particulières au présent ouvrage, parce que ces pratiques sont les mieux à même de rendre service à l'usager.

Le nom utilisé en vedette est suivi du numéro de la notice correspondante, v.g.

Oblats de Marie-Immaculée, A69

Le numéro de la notice n'est pas un élément à considérer dans le classement alphabétique.

Les noms qui ne servent pas de vedette mais de références sont suivis du nom qui est utilisé comme vedette pour l'institut.

Pour éviter des répétitions inutiles, un nom qui ne figure pas en vedette mais est employé par différents instituts apparaît une fois dans l'index, suivi de toutes les vedettes auxquelles il se rattache, v.g.

Religieuses du Sacré-Coeur de Jésus,
    Religieuses de Sacré-Coeur, B86
    Soeurs du Sacré-Coeur de Jésus, B188

Le classement est tel non pas parce que B86 vient avant B188 dans une série numérique, mais parce que Religieuses... vient avant Soeurs... dans l'ordre alphabétique.

Quant aux initiales des instituts, qui sont d'ailleurs placées au début de la liste de chaque lettre, nous ne tenons **aucun compte,** dans le classement, de la ponctuation, des espaces ou de la présence de mots écrits au long, v.g.

m.i.c.
min. inf. [=mininf]
m.j.

f.c.s.p.
f.c.s.v. de p.
f. de m.

Quand les mêmes initiales renvoient à des instituts différents, ceux-ci sont classés par ordre alphabétique.

7. INDEXES

Readers may wish to refer to Sections 2.2.6 and 2.2.7 in order to ascertain the contents of the indexes and the reasons for their inclusion.

7.1 Alphabetical Name Index of Institutes

Filing rules used in the present Index are somewhat different from the rules that have been in use since about 1967 in institutions with card catalogues; they partly correspond to the more familiar ones used before that date. However, certain practices in our filing are particular to the present work because they tend to be of more help to the user, i.e., practices relative to the filing of the initials of institutes.

The name used as a heading is followed by the number of the corresponding entry, e.g.,

Oblates of Mary Immaculate, A69

The entry number is not considered in filing on an alphabetical basis.

Names not used in headings i.e., references, are followed by the name which is used as the heading for the institute.

To avoid duplication of references used by different institutes, each one is filed only once and is followed by all headings to which it refers, e.g.,

The arrangement is as written not because B86 is before B188 in a numerical series, but because Religieuses... comes before Soeurs... in an alphabetical sequence.

As for the initials of institutes, single or in any combination, they are alphabetically arranged as complete words before each letter of the alphabet; in filing we do not take punctuation and spacing into account, e.g.,

When the same initials refer to different institutes, the institutes are arranged by alphabetical order.

Chatham Congregation of the Ursulines,
Ursulines of Chatham, B219

Christian Brothers, A16

Christian Brothers,
Brothers of the Christian Schools, A44

Christian Brothers of Ireland,
Christian Brothers, A16

Christian Instruction Brothers of Saint Gabriel,
Brothers of Saint Gabriel, A42

Christian Life Community,
Christian Life Society, A115

Christian Life Society, A115

Cistercian Order,
Cistercians, A17

Cistercians, A17

Cistercians. Congregation of the Immaculate Conception,
Cistercians of the Immaculate Conception, A18

Cistercians of the Common Observance,
Cistercians, A17

Cistercians of the Immaculate Conception, A18

Cistercians of the Strict Observance,
Trappists, A112

Cisterciennes,
Trappistines, B212

Cisterciennes réformées de la Congrégation de Notre-Dame de la Trappe,
Trappistines, B212

Cisterciens, A17

Cisterciens. Congrégation de France ou de Sénanque-Lérins,
Cisterciens de l'Immaculée-Conception, A18

Cisterciens. Congrégation de l'Immaculée-Conception,
Cisterciens de l'Immaculée-Conception, A18

Cisterciens confédérés,
Cisterciens, A17

Cisterciens de l'Immaculée-Conception, A18

Cisterciens de l'Immaculée-Conception de Lérins,
Cisterciens de l'Immaculée-Conception, A18

Cisterciens de la commune observance,
Cisterciens, A17

Cisterciens de la stricte observance,
Trappistes, A112

Cisterciens de Lérins,
Cisterciens de l'Immaculée-Conception, A18

Cisterciens réformés de Notre-Dame de la Trappe,
Trappistes, A112

Clarétains, A19

Claretian Missionaries,
Claretians, A19

Claretians, A19

Clarisses,
Pauvres clarisses, B71

Clercs de Doréa, A20

Clercs de Saint-Jean, A21

Clercs de Saint-Jean du diocèse d'Ottawa,
Clercs de Saint-Jean, A21

Clercs de Saint-Viateur, A22

Clercs de Sainte-Croix,
Congrégation de Sainte-Croix, A24

Clercs doctrinaires,
Clercs de Saint-Jean, A21

Clercs paroissiaux ou catéchistes de Saint-Viateur,
Clercs de Saint-Viateur, A22

Clercs réguliers de Saint-Paul,
Barnabites, A3

Clercs réguliers des écoles pies,
Piaristes, A86

Clercs réguliers ministres des infirmes,
Camilliens, A11

Clercs réguliers pour le soin des infirmes,
Camilliens, A11

Clerics of Saint Viator, A22

Clerics Regular of Saint Paul,
Barnabite Fathers, A3

Clerks Regular for the Care of the Sick,
Camillians, A11

Clerks Regular of the Religious Schools,
Piarists, A86

Clerks Regular of the Schools,
Piarists, A86

Comboniani,
Missionnaires comboniens, A61

Combonians,
Verona Fathers, A61

Comboniens,
Missionnaires comboniens, A61

Compagnes de Saint-Vincent de Paul, C4

Compagnie de Jésus,
Jésuites, A54

Compagnie de Marie,
Montfortains, A68

Compagnie de Saint-Sulpice,
Sulpiciens, A111

Compagnie de Sainte-Ursule, C5

Compagnie de Sainte-Ursule,
Ursulines, B214

Compagnie de Sainte-Ursule des filles de Sainte-Angèle,
Compagnie de Sainte-Ursule, C5

Compagnie de Sainte-Ursule, Institut séculier de Sainte-Angèle Merici,
Compagnie de Sainte-Ursule, C5

Compagnie de Sainte-Ursule, Institut séculier des filles de Sainte-Angèle Merici,
Compagnie de Sainte-Ursule, C5

Compagnie des filles de la charité de Saint-Vincent de Paul,
Filles de la charité de Saint-Vincent de Paul, B35

Compagnie des prêtres de la mission,
Lazaristes, A55

Compagnie des prêtres de Saint-Sulpice,
Sulpiciens, A111

Compania delle dimesse di sant'Orsola,
Ursulines, B214

Compania di sant'Orsola,
Ursulines, B214

Company of Jesus,
Jesuits, A54

Company of Mary, A68

Company of Priests of Saint Sulpice,
Sulpiciens, A111

Company of Saint Sulpice,
Sulpiciens, A111

Company of Saint Ursula,
Ursulines, B214

Company of the Cross, H3

Compassionate Servites of Mary, B142

Conceptionists,
Sons of the Immaculate Conception, A29

Concettini,
Fils de l'Immaculée-Conception, A29

Concezionisti,
Fils de l'Immaculée-Conception, A29

Confederated Augustinians,
Canons Regular of Saint Augustine, A14

Confederated Benedictines,
Benedictines, A6

Confederated Cistercians,
Cistercians, A17

Confédération augustine,
Chanoines réguliers de Saint-Augustin, A14

Congregación de la Providencia,
Hermanas de la Providencia de Chile, D8

Congregación del Purísimo Corazon de María,
Hermanas de la Providencia de Chile, D8

Congrégandines,
Chanoinesses régulières de Saint-Augustin de la Congrégation de Notre-Dame, D1

Congregatio a fraternitate sacerdotali,
Fraternité sacerdotale, A32

Congregatio a Resurrectione Domini Nostri Iesu Christi,
Resurrectionists, A95

Congregatio a sancta Cruce,
Congrégation de Sainte-Croix, A24

Congregatio a sanctis Angelis custodibus pro educanda juventute et operibus caritatis,
Dominicaines des Saints-Anges gardiens, B24

Congregatio a Sanctis Stigmatibus Domini Nostri Iesu Christi,
Stigmatine Fathers, A109

Congregatio a sancto Basilio,
Prêtres de Saint-Basile, A88

Congregatio ab Immaculata Conceptione,
Cisterciens de l'Immaculée-Conception, A18

Congregatio Americana-Casinensis ordinis sancti Benedicti,
Bénédictins. Congrégation américaine cassinienne, A8

Congregatio Angliae ordinis sancti Benedicti,
Benedictines. English Congregation, A117

Congregatio auxiliarum apostolatus,
Sisters Auxiliaries of the Apostolate, B95

Congregatio Beatae Mariae Virginis a Recessu in Caenaculo,
Congregation of Our Lady of the Retreat in the Cenacle, B16

Congregatio canonicorum regularium Immaculatae Conceptionis,
Chanoines réguliers de l'Immaculée-Conception, A15

Congregatio charitatis fratrum,
Frères de la charité, A35

Congregatio clericorum excalceatorum Sanctissimae Crucis et Passionis Domini Nostri Iesu Christi,
Passionnistes, A75

Congrégation de Notre-Dame de la Retraite au
Cénacle,
     Congregation of Our Lady of the Retreat in the
     Cenacle, B16

Congrégation de Notre-Dame de Montréal,
     Congrégation de Notre-Dame, B13

Congrégation de Notre-Dame de Sion,
     Soeurs de Notre-Dame de Sion, B164

Congrégation de Notre-Dame des Missions,
     Soeurs de Notre-Dame des Missions, B166

Congrégation de Notre-Dame du Bon Conseil,
     Soeurs de Notre-Dame du Bon Conseil, B167

Congrégation de Notre-Dame du Perpétuel Secours,
     Soeurs de Notre-Dame du Perpétuel Secours,
     B170

Congrégation de Notre-Dame du Saint-Rosaire, B14

Congrégation de Notre-Dame du Saint-Rosaire et de
Saint-Thomas d'Aquin,
     Dominicaines de la Congrégation romaine de
     Saint-Dominique, B18

Congrégation de Notre-Dame (Troyes),
     Chanoinesses régulières de Saint-Augustin de la
     Congrégation de Notre-Dame, D1

Congrégation de Picpus,
     Pères des Sacrés-Coeurs, A81

Congrégation de Saint-Basile,
     Prêtres de Saint-Basile, A88

Congrégation de Saint-Dominique,
     Dominicaines du tiers-ordre enseignant, B19

Congrégation de Saint-Dominique de Nancy-Mortefontaine,
     Dominicaines du tiers-ordre enseignant, B19

Congrégation de Saint-Dominique du tiers-ordre enseignant,
     Dominicaines du tiers-ordre enseignant, B19

Congrégation de Sainte-Catherine de Sienne,
     Dominicaines de Fall River, Mass., B17

Congrégation de Sainte-Catherine de Sienne, Fall
River, Mass.,
     Dominicaines de Fall River, Mass., B17

Congrégation de Sainte-Croix, A24

Congrégation de Sainte-Croix. Société des frères,
     Congrégation de Sainte-Croix, A24

Congrégation de Sainte-Croix. Société des pères,
     Congrégation de Sainte-Croix, A24

Congrégation des clercs déchaussés de la Très-Sainte-
Croix et Passion de Notre-Seigneur Jésus-Christ,
     Passionnistes, A75

Congrégation des frères de Saint-Joseph,
     Congrégation de Sainte-Croix, A24

Congrégation des missionnaires de la Salette,
     Missionnaires de la Salette, A64

Congrégation des prêtres de Saint-Basile,
     Prêtres de Saint-Basile, A88

Congrégation des Sacrés-Coeurs de Jésus et de Marie
et de l'adoration perpétuelle du Très-Saint-Sacrement de l'Autel,
     Soeurs des Sacrés-Coeurs et de l'adoration
     perpétuelle, B181

Congrégation des Saints-Coeurs de Jésus et de Marie,
dite de Notre-Dame des Chênes de Paramé,
     Soeurs des Saints-Coeurs de Jésus et de Marie,
     B183

Congrégation des Saints-Noms de Jésus et de Marie,
     Soeurs des Saints-Noms de Jésus et de Marie,
     B184

Congrégation des Ursulines de Québec,
     Ursulines de l'Union canadienne, B215

Congrégation du Cénacle,
     Congregation of Our Lady of the Retreat in the
     Cenacle, B16

Congrégation du Coeur Immaculé de Marie,
     Pères du Saint-Esprit, A82

Congrégation du Sacré-Coeur,
     Dominicaines de la Congrégation romaine de
     Saint-Dominique, B18

Congrégation du Saint-Coeur de Marie,
     Pères du Saint-Esprit, A82

Congrégation du Saint-Esprit,
     Pères du Saint-Esprit, A82

Congrégation du Saint-Esprit et du Coeur Immaculé
de Marie,
     Pères du Saint-Esprit, A82

Congrégation du Saint-Esprit et du Saint-Coeur de
Marie,
     Pères du Saint-Esprit, A82

Congrégation du Saint-Esprit sous la garde de l'Immaculé Coeur de la Bienheureuse Vierge Marie,
     Pères du Saint-Esprit, A82

Congrégation du Saint-Esprit sous la protection de la
Vierge Immaculée,
     Pères du Saint-Esprit, A82

Congrégation du Saint-Esprit sous la protection du
Coeur Immaculé de Marie,
     Pères du Saint-Esprit, A82

Congrégation du Saint-Rédempteur,
     Rédemptoristes, A92

Congrégation du Très-Saint-Rédempteur,
     Rédemptoristes, A92

Congrégation du Très-Saint-Rosaire,
     Dominicaines de la Congrégation romaine de
     Saint-Dominique, B18

Congrégation du Très-Saint-Sacrement,
     Pères du Saint-Sacrement, A83

Congrégation française et missionnaire de Sainte-
Catherine de Sienne d'Étrépagny,
     Dominicaines de Sainte-Catherine de Sienne,
     B23

Congrégation française et missionnaire de Sainte-
Catherine de Sienne, du tiers-ordre régulier de la
pénitence de Saint-Dominique,
     Dominicaines de Sainte-Catherine de Sienne,
     B23

Congrégation helvéto-américaine,
     Benedictine Federation of the Americas, A9

Congrégation libanaise,
     Ordre libanais maronite, A72

Congrégation missionnaire de Saint-Dominique, B15

Congregation of Discalced Clerks of the Most Holy
Cross and Passion of Our Lord Jesus Christ,
     Passionists, A75

Congregation of Holy Cross, A24

Congregation of Holy Cross. Society of Brothers,
     Congregation of Holy Cross, A24

Congregation of Holy Cross. Society of Fathers,
     Congregation of Holy Cross, A24

Congregation of Jesus and Mary,
     Eudists, A26

Congregation of Notre Dame, B13

Congregation of Notre Dame de Sion,
     Sisters of Our Lady of Sion, B164

Congregation of Notre Dame of Montreal,
     Congregation of Notre Dame, B13

Congregation of Our Lady of Charity of the Good
Shepherd,
     Sisters of the Good Shepherd, B186

Congregation of Our Lady of Good Counsel,
     Soeurs de Notre-Dame du Bon Conseil, B167

Congregation of Our Lady of Holy Cross,
     Congregation of Holy Cross, A24

Congregation of Our Lady of Sion,
     Sisters of Our Lady of Sion, B164

Congregation of Our Lady of the Holy Rosary,
     Congrégation de Notre-Dame du Saint-Rosaire,
     B14

Congregation of Our Lady of the Missions,
     Sisters of Our Lady of the Missions, B166

Congregation of Our Lady of the Retreat in the
Cenacle, B16

Congregation of Our Lady of the Sacred Heart,
     Dominican Sisters of Fall River, Mass., B17

Congregation of Picpus,
     Fathers of the Sacred Hearts, A81

Congregation of Priests of Saint Basil,
     Basilian Fathers, A88

Congregation of Saint Basil,
     Basilian Fathers, A88

Congregation of Saint Catharine of Siena,
     Dominican Sisters of Fall River, Mass., B17

Congregation of Saint Catherine of Siena, Fall River,
Mass.,
     Dominican Sisters of Fall River, Mass., B17

Congregation of Saint Joseph of Toronto,
     Sisters of Saint Joseph of Toronto, B113

Congregation of Saint Michael the Archangel,
     Michaelite Fathers, A58

Congregation of Saint Paul,
     Paulist Fathers, A76

Congregation of the Blessed Sacrament,
     Blessed Sacrament Fathers, A83

Congregation of the Holy Ghost,
     Holy Ghost Fathers, A82

Congregation of the Holy Ghost and of the Holy
Heart of Mary,
     Holy Ghost Fathers, A82

Congregation of the Holy Ghost and of the Immaculate Heart of Mary,
     Holy Ghost Fathers, A82

Congregation of the Holy Ghost under the Protection
of the Immaculate Heart of Mary,
     Holy Ghost Fathers, A82

Congregation of the Holy Ghost under the Protection
of the Immaculate Virgin,
     Holy Ghost Fathers, A82

Congregation of the Holy Names of Jesus and Mary,
     Sisters of the Holy Names of Jesus and Mary,
     B184

Congregation of the Holy Redeemer,
     Redemptorists, A92

Congregation of the Mission,
     Lazarists, A55

Congregation of the Mission of Saint Vincent de Paul,
     Lazarists, A55

Congregation of the Missionaries of La Salette,
     Missionaries of Our Lady of La Salette, A64

Congregation of the Missionary Priests of Saint Paul
the Apostle,
     Paulist Fathers, A76

Congregation of the Most Holy Redeemer,
     Redemptorists, A92

Congregation of the Most Holy Saviour,
     Redemptorists, A92

Congregation of the Passion,
     Passionists, A75

Congregation of the Resurrection,
     Resurrectionists, A95

Congregation of the Sisters Adorers of the Precious
     Blood of London,
          Sisters Adorers of the Most Precious Blood.
          Congregation of London, B140

Consolata Society for Foreign Missions,
     Missionaries of the Consolata, A62

Consolateurs du Sacré-Coeur,
     Pères consolateurs de Gethsémani, A79

Conventual Friars Minor,
     Conventuals, A52

Conventuals, A52

Conventuels, A52

Cowley Fathers,
     Society of Saint John the Evangelist, H10

Crocefissine,
     Soeurs du Saint-Crucifix, B189

Crusaders of Saint John, C6

d.c.,
     Filles de la Croix, B37

d.c.j.,
     Carmelite Sisters of the Divine Heart of Jesus,
     B7

d.d.m.,
     Soeurs disciples du Divin Maître, B185

Dames de Chavagnes,
     Ursulines de Jésus, B217

Dames de l'instruction de l'Enfant-Jésus,
     Religieuses de l'Enfant-Jésus, B84

Dames de la charité,
     Soeurs de la Providence, B150

Dames de la congrégation,
     Congrégation de Notre-Dame, B13

Dames de la Mère de Dieu,
     Congrégation de la Mère de Dieu, B12

Dames du Sacré-Coeur,
     Religieuses du Sacré-Coeur, B86

Dames institutrices catholiques,
     Filles du Coeur de Marie, B46

Dames réparatrices,
     Société de Marie-Réparatrice, B136

Daughters of Charity,
     Filles de la charité de Saint-Vincent de Paul,
     B35

Daughters of Charity of Saint Vincent de Paul,
     Filles de la charité de Saint-Vincent de Paul,
     B35

Daughters of Charity, Servants of the Poor,
     Sisters of Providence, B150

Daughters of Charity, Servants of the Poor, called
     Sisters of Providence,
          Sisters of Providence, B150

Daughters of Charity, Servants of the Sick Poor,
     Filles de la charité de Saint-Vincent de Paul,
     B35

Daughters of Consolation of the Divine Heart,
     Filles réparatrices du Divin Coeur, B48

Daughters of Jesus, B34

Daughters of Mary Auxiliatrix,
     Daughters of Mary, Help of Christians, B41

Daughters of Mary, Help of Christians, B41

Daughters of Mary of Tabora, D22

Daughters of Mary of the Assumption, B42

Daughters of Our Lady, Help of Christians,
     Daughters of Mary, Help of Christians, B41

Daughters of Providence of Saint Brieuc, B39

Daughters of Reparation of the Divine Heart,
     Filles réparatrices du Divin Coeur, B48

Daughters of Saint Bernadetta,
     Bene Bernadetta, D21

Daughters of Saint Mary of Leuca, B45

Daughters of Saint Mary of the Presentation,
     Filles de Sainte-Marie de la Présentation, B44

Daughters of Saint Mary (Visitandines),
     Soeurs de la Visitation Sainte-Marie (Visitan-
     dines), B158

Daughters of Saint Paul, B43

Daughters of Saint Rita,
     Sisters of Saint Rita, B122

Daughters of Saint Teresa of the Child Jesus,
     Banyateresa, D20

Daughters of the Blessed Virgin,
     Daughters of Mary of Tabora, D22

Daughters of the Charity of the Sacred Heart of
     Jesus,
          Filles de la charité du Sacré-Coeur de Jésus,
          B36

Daughters of the Cross, called Sisters of Saint
     Andrew, B38

Daughters of the Cross (La Puye),
     Daughters of the Cross, called Sisters of Saint
     Andrew, B38

Daughters of the Cross of Saint Andrew,
     Daughters of the Cross, called Sisters of Saint
     Andrew, B38

Daughters of the Cross, Sisters of Saint Andrew,
     Daughters of the Cross, called Sisters of Saint
     Andrew, B38

Daughters of the Heart of Mary, B46

Daughters of the Holy Cross, called Sisters of Saint
     Andrew,
          Daughters of the Cross, called Sisters of Saint
          Andrew, B38

Daughters of the Holy Cross of Saint Andrew,
     Daughters of the Cross, called Sisters of Saint
     Andrew, B38

Daughters of the Holy Ghost,
     Filles du Saint-Esprit, B47

Daughters of the Immaculate Heart of Mary,
     Daughters of the Heart of Mary, B46

Daughters of the Most Holy Crucifix,
     Soeurs du Saint-Crucifix, B189

Daughters of Wisdom, B40

De la Salle Brothers,
     Brothers of the Christian Schools, A44

Discalced Carmelite Nuns, B9

Discalced Carmelites, A13

Discalced Carmelites. Italian Congregation,
     Discalced Carmelites, A13

Discalced Carmelites. Spanish Congregation,
     Discalced Carmelites, A13

Discalced Franciscans,
     Franciscans, A50

Discalced Observants,
     Franciscans, A50

Disciples du Divin Coeur, I3

Disciples du Divin Maître,
     Soeurs disciples du Divin Maître, B185

Disciples of the Divine Master,
     Sisters Disciples of the Divine Master, B185

Divine Word Missionaries,
     Société du Verbe Divin, A107

Dominicaines,
     Moniales dominicaines, B66

Dominicaines. Congrégation de Sainte-Catherine de
Sienne de Fall River,
     Dominicaines de Fall River, Mass., B17

Dominicaines d'Étrépagny,
     Dominicaines de Sainte-Catherine de Sienne,
     B23

Dominicaines de Fall River, Mass., B17

Dominicaines de l'Enfant-Jésus, B21

Dominicaines de la Congrégation romaine de Saint-
     Dominique, B18

Dominicaines de la Trinité, B20

Dominicaines de Nancy,
     Dominicaines du tiers-ordre enseignant, B19

Dominicaines de Saint-Maur,
     Dominicaines du tiers-ordre enseignant, B19

Dominicaines de Sainte-Catherine de Sienne, B23

Dominicaines de Sainte-Catherine de Sienne d'Étré-
     pagny,
          Dominicaines de Sainte-Catherine de Sienne,
          B23

Dominicaines des Saints-Anges gardiens, B24

Dominicaines des Saints-Anges gardiens de Yougoslavie,
     Dominicaines des Saints-Anges gardiens, B24

Dominicaines du Rosaire, B22

Dominicaines du tiers-ordre enseignant, B19

Dominicaines missionnaires adoratrices, B25

Dominicaines missionnaires de Namur, B26

Dominicaines missionnaires des campagnes,
     Congrégation missionnaire de Saint-Dominique,
     B15

Dominicains, A25

Dominicains. Second ordre,
     Moniales dominicaines, B66

Dominican Fathers,
     Dominicans, A25

Dominican Missionary Adorers,
     Dominicaines missionnaires adoratrices, B25

Dominican Rural Missionaries,
     Congrégation missionnaire de Saint-Dominique,
     B15

Dominican Sisters, B27

Dominican Sisters. Congregation of Our Lady of the
Sacred Heart, Springfield, Ill.,
     Dominican Sisters of Fall River, Mass., B17

Dominican Sisters. Congregation of Saint Catharine
of Siena, Saint Catharine, Kentucky,
     Dominican Sisters of Fall River, Mass., B17

Dominican Sisters. Congregation of Saint Catherine
of Siena of Fall River,
Dominican Sisters of Fall River, Mass., B17

Dominican Sisters. Congregation of the Holy Cross,
Adrian Dominican Sisters, B1

Dominican Sisters. Congregation of the Holy Rosary,
Adrian Dominican Sisters, B1

Dominican Sisters. Congregation of the Holy Rosary.
Western Province,
Adrian Dominican Sisters, B1

Dominican Sisters. Congregation of the Most Holy
Rosary,
Adrian Dominican Sisters, B1

Dominican Sisters. Congregation of the Most Holy
Rosary of Adrian, Mich.,
Adrian Dominican Sisters, B1

Dominican Sisters of Fall River, Mass., B17

Dominican Sisters of Saint Catharine, Kentucky,
Dominican Sisters of Fall River, Mass., B17

Dominican Sisters of Springfield, Ill.,
Dominican Sisters of Fall River, Mass., B17

Dominican Sisters of the Congregation of the Most
Holy Rosary,
Adrian Dominican Sisters, B1

Dominican Sisters of the Holy Guardian Angels,
Dominicaines des Saints-Anges gardiens, B24

Dominican Sisters of the Holy Guardian Angels of
Yugoslavia,
Dominicaines des Saints-Anges gardiens, B24

Dominican Sisters of the Trinity,
Dominicaines de la Trinité, B20

Dominicans, A25

Dominicans. Second Order,
Moniales dominicaines, B66

Dominicans of the Trinity,
Dominicaines de la Trinité, B20

Domus Dominae, C23

Domus Domini, C24

é.c.,
Frères des écoles chrétiennes, A44

eud.,
Eudistes, A26

Edmundites,
Society of Saint Edmund, A101

Enfants de Marie Immaculée,
Fils de Marie Immaculée, A28

English Congregation of the Order of Saint Benedict,
Benedictines. English Congregation, A117

English Ladies,
Sisters of Loreto, B103

Équipières sociales, C7

Ermites augustins,
Augustins, A2

Ermites de Saint-Augustin,
Augustins, A2

Eucharistini,
Pères du Saint-Sacrement, A83

Eudistes, A26

Eudists, A26

f.a.c.,
Fils de la charité, A30
Frères de la charité, A35

f.b.f.,
Frères hospitaliers de Saint-Jean de Dieu, A46

f.c.,
Fils de la charité, A30
Frères de la charité, A35

f.ch.,
Fils de la charité, A30
Frères de la charité, A35

f.c.j.,
Fidèles compagnes de Jésus, B33

f.c.m.,
Filles du Coeur de Marie, B46

f.c.s.c.j.,
Filles de la charité du Sacré-Coeur de Jésus,
B36

f.c.s.p.,
Soeurs de la Providence, B150

f.c.s.v. de p.,
Filles de la charité de Saint-Vincent de Paul,
B35

f.de m.,
Frères de Notre-Dame de la Miséricorde, A38

f.d.j.,
Filles de Jésus, B34

f.d.l.c.,
Filles de la Croix, dites Soeurs de Saint-André,
B38

f.d.l.c.s.v.p.,
Filles de la charité de Saint-Vincent de Paul,
B35

f.d.l.p.,
Filles de la Providence de Saint-Brieuc, B39

f.d.l.s.,
Filles de la Sagesse, B40

f.d.m.,
Frères de la charité, A35
Frères de Notre-Dame de la Miséricorde, A38

f.é.c.,
Frères des écoles chrétiennes, A44

f.h.i.c.,
Fils de l'Immaculée-Conception, A29

f.i.,
Fils de l'Immaculée-Conception, A29

f.i.c.,
Frères de l'instruction chrétienne, A34

f.i.c.p.,
Frères de l'instruction chrétienne, A34

f.j.,
Filles de Jésus, B34

f.m.,
Franciscains, A50
Frères maristes, A48

f.m.a.,
Filles de Marie-Auxiliatrice, B41
Filles de Marie de l'Assomption, B42

f.m.cap.,
Capucins, A53

f.m.conv.,
Conventuels, A52

f.m.i.,
Fils de Marie Immaculée, A28

f.m.i.c.,
Franciscaines missionnaires de l'Immaculée-
Conception, B49

f.m.im.,
Fils de Marie Immaculée, A28

f.m.m.,
Franciscaines missionnaires de Marie, B50

f.m.s.,
Frères maristes, A48

f.n.d.l.,
Frères de Notre-Dame de Lourdes, A39

f.p.c.p.,
Frères de la Présentation, A37

f.p.m.,
Frères de la Présentation, A37

f.r.d.c.,
Filles réparatrices du Divin Coeur, B48

f.s.a.,
Frères de Saint-Louis, A43

f.s.c.,
Frères des écoles chrétiennes, A44
Frères du Sacré-Coeur, A45

f.s.c.h.,
Christian Brothers, A16

f.s.c.i.,
Missionnaires comboniens, A61

f.s.c.j.,
Filles de la charité du Sacré-Coeur de Jésus,
B36
Frères du Sacré-Coeur, A45
Missionnaires comboniens, A61

f.s.e.,
Filles du Saint-Esprit, B47
Franciscan Sisters of the Eucharist, B53

f.s.g.,
Frères de Saint-Gabriel, A42

f.s.l.,
Frères de Saint-Louis, A43

f.s.m.,
Filles de Sainte-Marie de la Présentation, B44
Marianistes, A56

f.s.p.,
Filles de Saint-Paul, B43

f.s.p.a.,
Franciscan Sisters of Perpetual Adoration, B52

Faithful Companions of Jesus, B33

Famille de tertiaires franciscaines pour promouvoir le
règne social du Sacré-Coeur,
Missionnaires de la Royauté du Christ. Branche
féminine, C28

Fatebenefratelli,
Frères hospitaliers de Saint-Jean de Dieu, A46

Fate bene fratelli,
Frères hospitaliers de Saint-Jean de Dieu, A46

Fathers Consolers of Gethsemane, A79

Fathers of a Good Death,
Camillians, A11

Fathers of Holy Cross,
Congregation of Holy Cross, A24

Fathers of Mary Immaculate,
Sons of Mary Immaculate, A28

Fathers of Mercy,
Missionnaires de France, D10

Fathers of Our Lady of Sion,
Fathers of Sion, A80

Fathers of Saint Edmund,
Society of Saint Edmund, A101

Fathers of Saint Vincent,
Lazarists, A55

Fils du Sacré-Coeur de Jésus de Vérone,
Missionnaires comboniens, A61

Fils du Sacré-Coeur de Vérone,
Missionnaires comboniens, A61

Foreign Missions of Mill Hill,
Mill Hill Fathers, A59

Foreign Missions Society of Paris,
Society of Foreign Missions of Paris, A105

Foreign Missions Society of Quebec,
Société des missions étrangères de la province
de Québec, A104

Foreign Missions Society of Scarboro,
Scarboro Foreign Missions Society, A99

Foreign Missions Society of Scarboro Bluffs,
Scarboro Foreign Missions Society, A99

Franciscaines de l'Annonciation,
Otsuge no Franshisuko Shimaikai, D19

Franciscaines de l'expiation,
Franciscan Sisters of the Atonement, B54

Franciscaines de l'Immaculée-Conception,
Franciscaines missionnaires de l'Immaculée-
Conception, B49

Franciscaines missionnaires de l'Immaculée-Conception, B49

Franciscaines missionnaires de Marie, B50

Franciscaines missionnaires de Marie,
Franciscaines missionnaires de l'Immaculée-
Conception, B49

Franciscains, A50

Franciscains. Second ordre,
Pauvres clarisses, B71

Franciscains. Tiers-Ordre régulier,
Pénitens gris, A77

Franciscains de l'expiation, A31

Franciscains de l'observance,
Franciscains, A50

Franciscains de l'union,
Franciscains de l'expiation, A31

Franciscains déchaussés,
Franciscains, A50

Franciscains observants,
Franciscains, A50

Franciscains réformés,
Franciscains, A50

Franciscan Alcantarine Sisters, B51

Franciscan Friars of the Atonement, A31

Franciscan Missionaries of Mary,
Franciscaines missionnaires de Marie, B50

Franciscan Missionaries of the Immaculate Concep-
tion,
Franciscaines missionnaires de l'Immaculée-
Conception, B49

Franciscan Oblate Sisters of Saint Joseph,
Oblates franciscaines de Saint-Joseph, B69

Franciscan Oblates of Saint Joseph,
Oblates franciscaines de Saint-Joseph, B69

Franciscan Sisters of Belle Prairie,
Franciscaines missionnaires de l'Immaculée-
Conception, B49

Franciscan Sisters of Perpetual Adoration, B52

Franciscan Sisters of Perpetual Adoration (La Crosse,
Wisc.),
Franciscan Sisters of Perpetual Adoration, B52

Franciscan Sisters of Saint Elizabeth,
Sisters of Saint Elizabeth, B108

Franciscan Sisters of the Annunciation,
Otsuge no Franshisuko Shimaikai, D19

Franciscan Sisters of the Atonement, B54

Franciscan Sisters of the Eucharist, B53

Franciscans, A50

Franciscans. Second Order,
Poor Clares, B71

Franciscans. Third Order Regular,
Pénitens gris, A77

Fraternité des ouvriers de la Cité nouvelle,
Ouvriers de la Cité nouvelle, F2

Fraternité des petites soeurs de Jésus,
Petites soeurs de Jésus, B75

Fraternité Jesus-Caritas, C8

Fraternité monastique catholique des ouvriers de la
Cité nouvelle,
Ouvriers de la Cité nouvelle, F2

Fraternité sacerdotale, A32

Fraternité sacerdotale internationale Saint-Pie X,
Fraternité Saint-Pie X, I5

Fraternité sacerdotale Jesus Caritas, C9

Fraternité sacerdotale Saint-Pie X,
Fraternité Saint-Pie X, I5

Fraternité Saint-Pie X, I5

Fraticelles,
Frères mineurs, A49

Fraticelli,
Friars Minor, A49

Fratres a charitate,
Frères de la charité, A35

Fratres a Sacratissimo Corde Iesu
Frères du Sacré-Coeur, A45

Fratres eremitae sanctae Mariae de Monte Carmelo,
Carmes, A12

Fratres hospitalarii filii Immaculatae Conceptionis,
Fils de l'Immaculée-Conception, A29

Fratres Nostrae Dominae Lourdensis,
Frères de Notre-Dame de Lourdes, A39

Fratres Nostrae Dominae Lurdensis,
Frères de Notre-Dame de Lourdes, A39

Fratres ordinis Beatissimae Virginis Mariae de Monte
Carmelo,
Carmes, A12

Fratres piae congregationis a Praesentatione,
Frères de la Présentation, A37

Fratres scholarum christianarum de Hibernia,
Christian Brothers, A16

Frères agriculteurs de Saint-François Régis,
Frères de Saint-François Régis, A41

Frères Charon, A33

Frères chrétiens d'Irlande,
Christian Brothers, A16

Frères de l'instruction chrétienne, A34

Frères de l'instruction chrétienne d'Ehl,
Frères de la doctrine chrétienne, D4

Frères de l'instruction chrétienne de Ploërmel,
Frères de l'instruction chrétienne, A34

Frères de l'instruction chrétienne de Saint-Gabriel,
Frères de Saint-Gabriel, A42

Frères de l'instruction chrétienne de Strasbourg,
Frères de la doctrine chrétienne, D4

Frères de l'instruction chrétienne dits de Sacré-Coeur
(Le Puy en Velay),
Frères du Sacré-Coeur, A45

Frères de l'instruction chrétienne du Saint-Esprit,
Frères de Saint-Gabriel, A42

Frères de la charité, A35

Frères de la charité de Gand,
Frères de la charité, A35

Frères de la charité de Saint-Vincent de Paul,
Frères de la charité, A35

Frères de la communauté,
Frères mineurs, A49

Frères de la communauté du Saint-Esprit pour faire
les écoles charitables,
Frères de Saint-Gabriel, A42

Frères de la congrégation de Marie,
Marianistes, A56

Frères de la Croix de Jésus, A36

Frères de la doctrine chrétienne, D4

Frères de la doctrine chrétienne d'Alsace,
Frères de la doctrine chrétienne, D4

Frères de la doctrine chrétienne de Strasbourg,
Frères de la doctrine chrétienne, D4

Frères de la doctrine chrétienne du diocèse de
Strasbourg,
Frères de la doctrine chrétienne, D4

Frères de la Miséricorde,
Frères de Notre-Dame de la Miséricorde, A38

Frères de la pénitence,
Pénitens gris, A77

Frères de la pénitence du tiers-ordre d'Albi,
Pénitens gris, A77

Frères de la Présentation, A37

Frères de la solitude,
Petits frères de Jésus, A84

Frères de Marie,
Marianistes, A56

Frères de Notre-Dame de Bon Secours, D5

Frères de Notre-Dame de la Miséricorde, A38

Frères de Notre-Dame de Lourdes, A39

Frères de Notre-Dame des Champs, A40

Frères de Notre-Dame du Bon Secours,
Frères de Notre-Dame de Bon Secours, D5

Frères de paradis,
Frères du Sacré-Coeur, A45

Frères de Saint-François Régis, A41

Frères de Saint-Gabriel, A42

Frères de Saint-Jean de Dieu,
Frères hospitaliers de Saint-Jean de Dieu, A46

Frères de Saint-Joseph, D6

Frères de Saint-Joseph,
Congrégation de Sainte-Croix, A24

Frères de Saint-Joseph d'Afrique équatoriale française,
Frères de Saint-Joseph, D6

Frères de Saint-Joseph de Libreville,
Frères de Saint-Joseph, D6

Frères de Saint-Joseph de Ruillé,
Congrégation de Sainte-Croix, A24

Frères de Saint-Joseph et du Coeur Immaculé de Marie,
    Frères de Saint-Joseph, D6

Frères de Saint-Louis, A43

Frères de Saint-Louis de Gonzague,
    Frères de Saint-Louis, A43

Frères de Saint-Pierre Claver,
    Frères de Saint-Joseph, D6

Frères de Saint-Vincent de Paul,
    Religieux de Saint-Vincent de Paul, A94

Frères de Sainte-Croix,
    Congrégation de Sainte-Croix, A24

Frères de Sainte-Marie,
    Frères de Saint-Joseph, D6

Frères des bonnes oeuvres,
    Frères de Notre-Dame de Lourdes, A39

Frères des écoles chrétiennes, A44

Frères du Bon-Pasteur,
    Petits frères du Bon-Pasteur, A85

Frères du capuce,
    Frères mineurs, A49

Frères du Sacré-Coeur, A45

Frères du Saint-Esprit,
    Frères de Saint-Gabriel, A42

Frères du Saint Évangile,
    Frères mineurs, A49

Frères hospitaliers de l'Hôpital général de Montréal,
    Frères Charon, A33

Frères hospitaliers de la Croix et de Saint-Joseph,
    Frères Charon, A33

Frères hospitaliers de Saint-Jean de Dieu, A46

Frères hospitaliers de Saint-Joseph de la Croix,
    Frères Charon, A33

Frères instituteurs,
    Frères maîtres d'escolle, A47

Frères maîtres d'escolle, A47

Frères maristes, A48

Frères mineurs, A49

Frères mineurs,
    Franciscains, A50

Frères mineurs capucins,
    Capucins, A53

Frères mineurs conventuels,
    Conventuels, A52

Frères mineurs de l'observance,
    Franciscains, A50

Frères mineurs de l'Union léonine,
    Franciscains, A50

Frères ouvriers de Saint-François Régis,
    Frères de Saint-François Régis, A41

Frères prêcheurs,
    Dominicains, A25

Frères Rouillé,
    Frères maîtres d'escolle, A47

Frères salvatoriens,
    Salvatorian Fathers, A97

Friars of the Atonement,
    Franciscan Friars of the Atonement, A31

Friars Minor, A49

Friars Minor,
    Franciscans, A50

Friars Minor of the Leonine Union,
    Franciscans, A50

Friars Minor of the Union of Leo,
    Franciscans, A50

Friars Preachers,
    Dominicans, A25

Friars Servants of the Blessed Virgin Mary,
    Servites de Marie, A100

Friendship House,
    Madonna House Apostolate, C22

Friendship House Apostolate,
    Madonna House Apostolate, C22

g.n.s.h.
    Grey Nuns of the Sacred Heart, D7

g.s.i.c.,
    Grey Sisters of the Immaculate Conception, B196

Gentlemen of Saint Sulpice,
    Sulpiciens, A111

Gesellschaft des Göttlichen Heilandes,
    Salvatorian Fathers, A97

Gezelschap van het Goddelyk Woord,
    Société du Verbe Divin, A107

Les Glaneuses, C10

Les Glaneuses, semeuses de joie,
    Les Glaneuses, C10

Good Shepherd Nuns of Angers,
    Sisters of the Good Shepherd, B186

The Grail, C11

Grands Carmes,
    Carmes, A12

Graymoor Friars,
    Franciscan Friars of the Atonement, A31

Graymoor Sisters,
    Franciscan Sisters of the Atonement, B54

Grey Nuns, B192

Grey Nuns of Montreal,
    Grey Nuns, B192

Grey Nuns of Saint-Hyacinthe,
    Soeurs de la charité de Saint-Hyacinthe, B193

Grey Nuns of the Cross,
    Soeurs de la charité d'Ottawa, B195

Grey Nuns of the Immaculate Conception,
    Grey Sisters of the Immaculate Conception, B196

Grey Nuns of the Sacred Heart, D7

Grey Sisters of the Cross,
    Soeurs de la charité d'Ottawa, B195

Grey Sisters of the Immaculate Conception, B196

Groupe Monde et Espérance, C12

Guérinettes,
    Filles de la Croix, B37

Handmaids of Christ the Priest, D16

Helpers of the Holy Souls,
    Soeurs auxiliatrices, B141

Helpers of the Holy Souls in Purgatory,
    Soeurs auxiliatrices, B141

Hermanas de la Providencia de Chile, D8

Hermanas de Providencia,
    Hermanas de la Providencia de Chile, D8

Hermanas del Amor de Dios,
    Religieuses de l'Amour de Dieu, B82

Hermanas operarias de Nuestra Señora del Buon Consejo,
    Sisters of Good Counsel, B102

Hermits of Monte Senario,
    Servites de Marie, A100

Hermits of Saint Augustine,
    Augustinians, A2

Hijas de san José, protectoras de la infancía,
    Hermanas de la Providencia de Chile, D8

Hijas del Santísimo e Immaculado Corazón de María,
    Sisters of the Immaculate Heart of Mary, B127

Holy Cross Brothers,
    Congregation of Holy Cross, A24

Holy Cross Fathers,
    Congregation of Holy Cross, A24

Holy Cross Sisters,
    Sisters of the Holy Cross, B200

Holy Dormition Monastery, G1

Holy Family Fathers,
    Missionaries of the Holy Family, A63

Holy Family Missionaries,
    Missionaries of the Holy Family, A63

Holy Family Sisters,
    Missionary Sisters of the Holy Family, B227

Holy Ghost Brothers,
    Brothers of Saint Gabriel, A42

Holy Ghost Fathers, A82

Holy Transfiguration Monastery, G2, G5

Hospital Nuns of Saint Joseph,
    Religious Hospitallers of Saint Joseph, B87

Hospital Sisters of Saint Elizabeth,
    Sisters of Saint Elizabeth, B108

Hospitalières de la Miséricorde de Jésus,
    Augustines de la Miséricorde de Jésus, B3

Hospitalières de Notre-Dame de Grâce,
    Soeurs de Saint-Thomas de Villeneuve, D14

Hospitalières de Saint-Augustin,
    Augustines de la Miséricorde de Jésus, B3

Hospitalières de Saint-Joseph,
    Religieuses hospitalières de Saint-Joseph, B87

Hospitalières de Saint-Thomas de Villeneuve,
    Soeurs de Saint-Thomas de Villeneuve, D14

Hospitaliers de Montréal,
    Frères Charon, A33

Hospitaller Nuns of Saint Joseph of La Flèche,
    Religious Hospitallers of Saint Joseph, B87

Hospitaller Order of Saint John of God,
    Brothers Hospitallers of Saint John of God, A46

Hospitallers of Saint John of God,
    Brothers Hospitallers of Saint John of God, A46

Hospitallers of Saint Joseph,
    Religious Hospitallers of Saint Joseph, B87

Humbles filles du Calvaire de Notre-Seigneur,
    Filles du Coeur de Marie, B46

i.b.m.v.,
   Sisters of Loreto, B103

i.b.v.m.,
   Sisters of Loreto, B103

i.c.,
   Frères de l'instruction chrétienne, A34

i.h.m.,
   Sisters of the Immaculate Heart of Mary, B127

i.j.a.,
   Soeurs de l'Institut Jeanne d'Arc d'Ottawa, B149

i.m.,
   Soeurs de Sainte-Marcelline, B177

i.m.c.,
   Missionnaires de la Consolata, A62

i.s.p.x,
   Institut séculier Pie X, C19

i.v.dei,
   Institut Voluntas Dei, C20

Institut canadien des chanoinesses régulières des Cinq Plaies du Sauveur,
   Soeurs du Sauveur, B57

Institut Caritas Christi,
   Union Caritas Christi, C43

Institut carmélitain Notre-Dame de Vie
   Institut Notre-Dame de Vie, C15

Institut Charitas Christi,
   Union Caritas Christi, C43

Institut de la Providence,
   Soeurs de la Providence, B150

Institut de la Sainte-Famille,
   Soeurs de la Sainte-Famille de Bordeaux, B157

Institut de Notre-Dame de Charité du Bon Pasteur d'Angers,
   Soeurs du Bon Pasteur, B186

Institut de Notre-Dame des Missions,
   Soeurs de Notre-Dame des Missions, B166

Institut des clercs de Saint-Viateur,
   Clercs de Saint-Viateur, A22

Institut des messagères de Notre-Dame de l'Assomption de Québec,
   Messagères de Notre-Dame de l'Assomption, C26

Institut des miliciennes,
   Institut séculier Notre-Dame, C18

Institut des Saints-Noms de Jésus et de Marie,
   Soeurs des Saints-Noms de Jésus et de Marie, B184

Institut Jeanne-Mance, C13

Institut missionnaire de la Consolata,
   Missionnaires de la Consolata, A62

Institut Notre-Dame de la Protection, C14

Institut Notre-Dame de Vie, C15

Institut Pie X,
   Institut séculier Pie X, C19

Institut Présence et Vie, C16

Institut séculier des filles de Sainte-Angèle Merici,
   Compagnie de Sainte-Ursule, C5

Institut séculier dominicain Sainte-Catherine de Sienne, C17

Institut séculier Notre-Dame, C18

Institut séculier Pie X, C19

Institut Voluntas Dei, C20

Institute of Mary,
   Sisters of Loreto, B103

Institute of Our Lady of Charity of Refuge,
   Sisters of Our Lady of Charity of Refuge, B107

Institute of Our Lady of the Missions,
   Sisters of Our Lady of the Missions, B166

Institute of Secular Missionaries, C21

Institute of the Blessed Virgin Mary,
   Sisters of Loreto, B103

Institute of the Holy Family,
   Missionaries of the Holy Family, A63

Institutrices sociales,
   Équipières sociales, C7

Institutum Beatae Mariae Virginis,
   Sisters of Loreto, B103

Institutum Californiense sororum Sanctissimi et Immaculati Cordis Beatae Mariae Virginis,
   Sisters of the Immaculate Heart of Mary, B127

Institutum carmelitanum Dominae Nostrae a Vita,
   Institut Notre-Dame de Vie, C15

Institutum clericorum sancti Viatoris,
   Clercs de Saint-Viateur, A22

Institutum filiarum a Sapientia,
   Filles de la Sagesse, B40

Institutum franciscalium missionariarum Mariae,
   Franciscaines missionnaires de Marie, B50

Institutum fratrum Beatae Mariae Virginis a Misericordia,
   Frères de Notre-Dame de la Miséricorde, A38

Institutum fratrum instructionis christinae a sancto Gabriele,
   Frères de Saint-Gabriel, A42

Institutum fratrum instructionis christianae de Ploërmel,
   Frères de l'instruction chrétienne, A34

Institutum fratrum Maristarum a scholis,
   Frères maristes, A48

Institutum fratrum scholarum christianarum,
   Frères des écoles chrétiennes, A44

Institutum missionum a Consolata,
   Missionnaires de la Consolata, A62

Institutum oblatarum Sancti Spiritus,
   Oblates du Saint-Esprit, B68

Institutum oblatorum sancti Francisci Salesii,
   Oblats de Saint-François de Sales, A70

Institutum parvulorum fratrum Jesu,
   Petits frères de Jésus, A84

Institutum parvulorum fratrum Mariae,
   Frères maristes, A48

Institutum sororum a Nostra Domina de Africa,
   Soeurs missionnaires de Notre-Dame d'Afrique, B203

Institutum sororum a Sacra Familia,
   Missionary Sisters of the Holy Family, B227

Institutum sororum a sancta Familia,
   Soeurs de la Sainte-Famille de Bordeaux, B157

Institutum sororum a sancto Joseph a Pace,
   Sisters of Saint Joseph of Peace, B121

Institutum sororum a sancto Joseph de Newark,
   Sisters of Saint Joseph of Peace, B121

Institutum sororum a sancto Joseph vulgo "de Cluny",
   Sisters of Saint Joseph of Cluny, B110

Institutum sororum ab Amore Dei,
   Religieuses de l'Amour de Dieu, B82

Institutum sororum ab Assumptione,
   Religieuses de l'Assomption, B83

Institutum sororum sanctae Annae,
   Soeurs de Sainte-Anne, B174

Institutum sororum servarum Sancti Cordis Mariae,
   Servantes du Saint-Coeur de Marie, B93

Inter-cultural Association,
   Association interculturelle, C1

Irish Christian Brothers,
   Christian Brothers, A16

Irish Ursulines, B216

Issoudun Fathers,
   Missionaries of the Sacred Heart, A67

Istituto delle missioni per la nigrizia,
   Missionnaires comboniens, A61

Istituto missioni Consolata,
   Missionnaires de la Consolata, A62

Jacobins,
   Dominicains, A25

Jésuites, A54

Jesuits, A54

Jesus filiae,
   Filles de Jésus, B34

Jézus Szive népleányai társasága,
   Society of the Sacred Heart of Jesus, B137

Josephite Fathers,
   Société de Saint-Joseph de Washington, A118

Josephite Missionaries,
   Société de Saint-Joseph de Washington, A118

Josephite Sisters, B55

Josephites,
   Société de Saint-Joseph de Washington, A118

Joséphites,
   Congrégation de Sainte-Croix, A24
   Société de Saint-Joseph de Washington, A118

Kalocsai iskolanővérek,
   School Sisters of Our Lady, B89

Karmelitessen van't Goddelijk Hart van Jesus,
   Carmelite Sisters of the Divine Heart of Jesus, B7

Karmelitinnen vom Göttlichen Herzen Jesu,
   Carmelite Sisters of the Divine Heart of Jesus, B7

Kingston Sisters of Providence,
   Sisters of Providence of Saint Vincent de Paul of Kingston, B151

Kruisvaarders van sint Jan,
   Crusaders of Saint John, C6

Księża Salwatorianie,
   Salvatorian Fathers, A97

l.h.c.,
   Little Handmaids of the Church, D23

Ladies of Instruction of the Infant Jesus,
   Religious of the Child Jesus, B84

Michelici,
   Michaelite Fathers, A58

Milice du Rosaire,
   Institut séculier Notre-Dame, C18

Miliciennes,
   Institut séculier Notre-Dame, C18

Miliciennes du Rosaire,
   Institut séculier Notre-Dame, C18

Militantes mariales, C27

Mill Hill Fathers, A59

Mill Hill Missionaries,
   Mill Hill Fathers, A59

Milosrdných sester sv. Karla Boromejskéko,
   Soeurs de la charité de Saint-Charles, D12

Minime della Passione,
   Sisters of the Passion of Our Lord Jesus Christ,
   B129

Ministers of the Sick,
   Camillians, A11

Ministres des malades,
   Camilliens, A11

Miramiones,
   Filles de Sainte-Geneviève, D3

Misericordia Sisters, B159

Misericordia Sisters of Montreal,
   Misericordia Sisters, B159

Misioneras seculares,
   Institute of Secular Missionaries, C21

Misioneros de los Santos Apostolos, D24

Missiezuster van het Kostbaar Bloed,
   Missionary Sisters of the Precious Blood, B61

Mission Priests of Saint John the Evangelist,
   Society of Saint John the Evangelist, H10

Missionales a Pretiosissimo Sangue,
   Missionary Sisters of the Precious Blood, B61

Missionare Söhne des Heiligsten Herzens Jesu,
   Verona Fathers, A61

Missionari del Preziosissimo Sangue,
   Missionnaires du Précieux-Sang, A66

Missionari della Regalità di Nostro Signor Gesù
Cristo,
   Missionnaires de la Royauté du Christ. Branche
   masculine, C29

Missionari figli del Sacro Cuore di Gesù,
   Missionnaires comboniens, A61

Missionariae Regalitatis Domini Nostri Jesu Christi,
   Missionnaires de la Royauté du Christ. Branche
   féminine, C28

Missionariae saeculares,
   Institute of Secular Missionaries, C21

Missionarie del Sacro Cuore di Gesù,
   Soeurs missionnaires du Sacré-Coeur de Jésus,
   B207

Missionarie del Sacro Cuore di Gesù "Santa Fran-
cesca Saverio Cabrini",
   Soeurs missionnaires du Sacré-Coeur de Jésus,
   B207

Missionarie della Regalità di Nostro Signor Gesù
Cristo,
   Missionnaires de la Royauté du Christ. Branche
   féminine, C28

Missionaries of Africa,
   White Fathers, A78

Missionaries of Chavagnes of Luçon,
   Sons of Mary Immaculate, A28

Missionaries of Christ the King,
   Missionary Sisters of Christ the King, B206

Missionaries of La Salette,
   Missionaries of Our Lady of La Salette, A64

Missionaries of Our Lady of Africa of Algeria,
   White Fathers, A78

Missionaries of Our Lady of La Salette, A64

Missionaries of Saint Charles Borromeo,
   Scalabrinians, A98

Missionaries of Saint Edmund,
   Society of Saint Edmund, A101

Missionaries of Saint Joseph of Mill Hill,
   Mill Hill Fathers, A59

Missionaries of the Consolata, A62

Missionaries of the Consolata of Turin,
   Missionaries of the Consolata, A62

Missionaries of the Holy Apostles, D9

Missionaries of the Holy Family, A63

Missionaries of the Holy Ghost,
   Holy Ghost Fathers, A82

Missionaries of the Precious Blood, A66

Missionaries of the Sacred Heart, A67

Missionaries of the Sacred Heart of Jesus,
   Missionaries of the Sacred Heart, A67

Missionaries of the Sacred Heart of Jesus of Issoudun,
   Missionaries of the Sacred Heart, A67

Missionaries of the Sacred Heart of Verona,
   Verona Fathers, A61

Missionarii Africae,
   Pères blancs, A78

Missionarii Beatae Mariae Virginis a La Salette,
   Missionnaires de la Salette, A64

Missionarii Dominae Nostrae a La Salette,
   Missionnaires de la Salette, A64

Missionarii filii Sanctissimi Cordis Jesu,
   Missionnaires comboniens, A61

Missionarii oblati Sanctissimae et Immaculatae Virginis Mariae,
   Oblats de Marie-Immaculée, A69

Missionarii Regalitatis Domini Nostri Jesu Christi,
   Missionnaires de la Royauté du Christ. Branche
   masculine, C29

Missionarii Sacratissimi Cordis Iesu,
   Missionnaires du Sacré-Coeur, A67

Missionary Conceptionist Sisters,
   Missionary Sisters of the Immaculate Conception,
   B202

Missionary Daughters of the Immaculate Heart of
Mary,
   Sisters of the Immaculate Heart of Mary, B127

Missionary Oblates of Mary Immaculate,
   Oblate Missionaries of Mary Immaculate, C32
   Oblates of Mary Immaculate, A69

Missionary Oblates of the Immaculate,
   Oblate Missionaries of Mary Immaculate, C32

Missionary Oblates of the Sacred Heart and Mary
Immaculate, B62

Missionary Priests of Jesus and Mary,
   Eudists, A26

Missionary Priests of Our Lady of Sion,
   Fathers of Sion, A80

Missionary Priests of the Society of Mary,
   Company of Mary, A68

Missionary Recluses of Jesus and Mary.
   Recluses missionnaires de Jésus-Marie, B79

Missionary Sisters of Christ the King, B206

Missionary Sisters of Christian Charity, B58

Missionary Sisters of Jesus of Nazareth, B59

Missionary Sisters of Notre Dame des Anges, B204

Missionary Sisters of Notre Dame des Anges of
Lennoxville,
   Missionary Sisters of Notre Dame des Anges,
   B204

Missionary Sisters of Our Lady of the Angels,
   Missionary Sisters of Notre Dame des Anges,
   B204

Missionary Sisters of Saint Peter Claver, B60

Missionary Sisters of the Holy Family, B227

Missionary Sisters of the Immaculate Conception,
   B202

Missionary Sisters of the Immaculate Conception,
   Franciscaines missionnaires de l'Immaculée-
   Conception, B49

Missionary Sisters of the Precious Blood, B61

Missionary Society of Saint Paul the Apostle,
   Paulist Fathers, A76

Missionary Society of the Most Holy Redeemer,
   Redemptorists, A92

Missionary Sons of the Immaculate Heart of Mary,
   Claretians, A19

Missioni africane di Verona,
   Missionnaires comboniens, A61

Missionnaires canadiens de Notre-Dame de Bonsecours, E1

Missionnaires clarétains,
   Clarétains, A19

Missionnaires colonisateurs, A60

Missionnaires comboniens, A61

Missionnaires d'Afrique,
   Pères blancs, A78

Missionnaires de Chavagnes de Luçon,
   Fils de Marie Immaculée, A28

Missionnaires de France, D10

Missionnaires de la Consolata, A62

Missionnaires de la Consolata de Turin,
   Missionnaires de la Consolata, A62

Missionnaires de la Royauté de Jésus-Christ. Branche
féminine,
   Missionnaires de la Royauté du Christ. Branche
   féminine, C28

Missionnaires de la Royauté de Jésus-Christ. Branche
masculine,
   Missionnaires de la Royauté du Christ. Branche
   masculine, C29

Missionnaires de la Royauté du Christ. Branche
féminine, C28

Missionnaires de la Royauté du Christ. Branche
masculine, C29

Missionnaires de la Sainte-Famille, A63

Missionnaires de la Salette, A64

Missionnaires de Mariannhill, A65

Missionnaires de Mill Hill,
   Mill Hill Fathers, A59

Missionnaires de Mouilleron,
   Fils de Marie Immaculée, A28

262

Petite oeuvre de Saint-Sulpice,
    Soeurs de Notre-Dame de Saint-Sulpice, D18

Petites filles de Saint-François, B72

Petites filles de Saint-Joseph, B73

Petites franciscaines de Marie, B74

Petites missionnaires de Saint-Joseph, B31

Petites missionnaires de Saint-Joseph d'Otterburne,
    Petites missionnaires de Saint-Joseph, B31

Petites soeurs de frère Charles de Jésus,
    Petites soeurs de Jésus, B75

Petites soeurs de Jésus, B75

Petites soeurs de l'Assomption, B76

Petites soeurs de la Sainte-Famille, B29

Petites soeurs de la Sainte-Famille de Sherbrooke,
    Petites soeurs de la Sainte-Famille, B29

Petites soeurs de la Vierge Marie,
    Filles du Coeur de Marie, B46

Petites soeurs de Notre-Dame des Sept-Douleurs,
    Soeurs de Notre-Dame des Sept-Douleurs, B152

Petites soeurs de Notre-Dame du Sourire, B77

Petites soeurs de Sainte-Catherine de Sienne,
    Union Caritas Christi, C43

Petites soeurs des pauvres, B78

Petites soeurs du Sacré-Coeur de Jésus,
    Petites soeurs de Jésus, B75

Petites soeurs franciscaines de Marie,
    Petites franciscaines de Marie, B74

Petites soeurs sourdes-muettes de Notre-Dame des
Sept-Douleurs,
    Soeurs de Notre-Dame des Sept-Douleurs, B152

Petites sourdes-muettes de la congrégation de Notre-
Dame des Sept-Douleurs,
    Soeurs de Notre-Dame des Sept-Douleurs, B152

Petits frères de Jésus, A84

Petits frères de l'Évangile, C36

Petits frères de Marie,
    Frères maristes, A48

Petits frères de Notre-Dame, C37

Petits frères des pauvres,
    Petits frères de Notre-Dame, C37

Petits frères du Bon-Pasteur, A85

Pia casa d'istruzione e lavoro,
    Soeurs du Saint-Esprit, B190

Pia società dei missionari di san Carlo per l'assistenza
agli emigrati italiani,
    Scalabrinians, A98

Pia società figlie di san Paolo,
    Filles de Saint-Paul, B43

Pia società san Paolo,
    Société de Saint-Paul, A102

Pia societas a sancto Paolo apostolo,
    Société de Saint-Paul, A102

Pia societas filiarum sancti Paoli,
    Filles de Saint-Paul, B43

Pia societas missionariorum a sancto Carolo pro Italis
emigratis,
    Scalabrinians, A98

Pia societas missionum,
    Pallottins, A74

Pia societas presbyterorum ab Assumptione,
    Assomptionnistes, A1

Pia sodalità dei missionari della Regalità di Cristo,
    Missionnaires de la Royauté du Christ. Branche
    masculine, C29

Pia sodalità delle missionarie della Regalità di Cristo,
    Missionnaires de la Royauté du Christ. Branche
    féminine, C28

Piaristes, A86

Piarists, A86

Picpuciennes,
    Soeurs des Sacrés-Coeurs et de l'adoration
    perpétuelle, B181

Picpuciens,
    Pères des Sacrés-Coeurs, A81

Picpus,
    Pénitens gris, A77

Pie discepole del Divin Maestro,
    Soeurs disciples du Divin Maître, B185

Pieuse association des auxiliaires du clergé catholique,
    Auxiliaires du clergé catholique, C2

Pieuse association des missionnaires du Royaume du
Christ. Branche féminine,
    Missionnaires de la Royauté du Christ. Branche
    féminine, C28

Pieuse société de Saint-Charles,
    Scalabrinians, A98

Pieuse société des missionnaires de Saint-Charles,
    Scalabrinians, A98

Pieuse société des missions,
    Pallottins, A74

Pieuse union des missionnaires du Royaume du Christ.
Branche masculine,
    Missionnaires de la Royauté du Christ. Branche
    masculine, C29

Pious Disciples of the Divine Master,
    Sisters Disciples of the Divine Master, B185

Pious Society Daughters of Saint Paul,
    Daughters of Saint Paul, B43

Pious Society for the Assistance of Italian Emigrants,
    Scalabrinians, A98

Pious Society of Missions,
    Pallottines, A74

Pious Society of Saint Paul, A102

Pious Society of the Catholic Apostolate,
    Pallottines, A74

Pious Society of the Missionaries of Saint Charles,
    Scalabrinians, A98

Pius X Secular Institute, C19

Placistes,
    Pères du Saint-Esprit, A82

Placists,
    Holy Ghost Fathers, A82

Pokrova Presuetoi Bogoroditse,
    Saint Mary's Convent, G3

Polish Ursuline Sisters,
    Ursuline Sisters of the Agonizing Heart of
    Jesus, B222

Pontifical Institute of the Religious Teachers Filippini,
    Religious Teachers Filippini, B88

Pontificio istituto delle Maestre pie Filippini,
    Religious Teachers Filippini, B88

Poor Clares, B71

Poor Clares of Saint Colette,
    Poor Clares, B71

Poor Clerks of the Mother of God,
    Piarists, A86

Precious Blood Fathers,
    Missionaries of the Precious Blood, A66

Precious Blood Priests,
    Missionaries of the Precious Blood, A66

Premonstrants,
    Premonstratensians, A87

Premonstratensians, A87

Prémontrés, A87

Presbyteri missionarii Societatis Mariae,
    Montfortains, A68

Presentation Brothers, A37

Presentation Brothers of Ireland,
    Presentation Brothers, A37

Presentation Nuns,
    Sisters of the Presentation of the Blessed Virgin
    Mary, B130

Preti delle Sante Stimate di Nostro Signore Gesù
Cristo,
    Stigmatine Fathers, A109

Prêtres-apôtres du Divin Coeur,
    Apôtres du Divin Coeur, I2

Prêtres auxiliaires du Mans,
    Congrégation de Sainte-Croix, A24

Prêtres auxiliaires, missionnaires de Saint-Edmond,
    Société de Saint-Edmond, A101

Prêtres de l'Assomption,
    Assomptionnistes, A1

Prêtres de la Miséricorde,
    Missionnaires de France, D10

Prêtres de Notre-Dame de Sion,
    Pères de Notre-Dame de Sion, A80

Prêtres de Saint-Basile, A88

Prêtres de Saint-Sulpice,
    Sulpiciens, A111

Prêtres de Sainte-Croix,
    Congrégation de Sainte-Croix, A24

Prêtres de Sainte-Marie, A89

Prêtres de Sainte-Marie de Tinchebray,
    Prêtres de Sainte-Marie, A89

Prêtres des missions étrangères,
    Société des missions étrangères de Paris, A105

Prêtres des missions étrangères de Paris,
    Société des missions étrangères de Paris, A105

Prêtres des missions étrangères de Québec,
    Société des missions étrangères de la province
    de Québec, A104

Prêtres des Sacrés Stigmates de Notre-Seigneur
Jésus-Christ,
    Stigmatine Fathers, A109

Prêtres du clergé,
    Sulpiciens, A111

Prêtres du Précieux-Sang,
    Missionnaires du Précieux-Sang, A66

Prêtres du Sacré-Coeur de Jésus, A90

Prêtres du Sacré-Coeur de Jésus de Saint-Quentin,
    Prêtres du Sacré-Coeur de Jésus, A90

Prêtres du Séminaire de Québec, A91

Prêtres du Séminaire des missions étrangères établi à
Québec,
    Prêtres du Séminaire de Québec, A91

s.s.a.,
  Soeurs de Sainte-Anne, B174

ss.c.,
  Soeurs du Saint-Crucifix, B189

s.s.c.c.,
  Pères des Sacrés-Coeurs, A81

ss.cc.,
  Pères des Sacrés-Coeurs, A81
  Soeurs des Sacrés-Coeurs, B180
  Soeurs des Sacrés-Coeurs et de l'adoration
    perpétuelle, B181

s.s.ch.,
  Soeurs de Sainte-Chrétienne, B175

s.s.c.j.,
  Soeurs du Sacré-Coeur de Jésus, B188

s.s.c.j.m.,
  Soeurs des Saints-Coeurs de Jésus et de Marie,
    B183

s.s.c.m.,
  Servantes du Saint-Coeur de Marie, B93

s.s.e.,
  Société de Saint-Edmond, A101

s.s.j.,
  Josephite Sisters, B55
  Mill Hill Fathers, A59
  Soeurs de Saint-Joseph de Saint-Vallier, B119
  Société de Saint-Joseph de Washington, A118

s.s.m.i.,
  Sisters Servants of Mary Immaculate, B133

s.s.m.n.,
  Soeurs de Sainte-Marie de Namur, B178

s.s.m.s.h.,
  Soeurs de Sainte-Marthe de Saint-Hyacinthe,
    B30

s.s.n.d.,
  Soeurs des écoles de Notre-Dame, B179

s.s.p.,
  Société de Saint-Paul, A102

s.s.p.c.,
  Missionary Sisters of Saint Peter Claver, B60

s.s.r.,
  Rédemptoristines, B80

s.s.s.,
  Pères du Saint-Sacrement, A83
  Servantes du Très-Saint-Sacrement, B94
  Sisters of Social Service of Hamilton, B124

s.ss.a.,
  Société des Saints-Apôtres, A106

ss.ss.j.m.,
  Soeurs des Saints-Coeurs de Jésus et de Marie,
    B183

s.v.,
  Religieux de Saint-Vincent de Paul, A94

s.v.d.,
  Société du Verbe Divin, A107

Sacer et apostolicus ordo canonicorum regularium
  sancti Augustini,
    Chanoines réguliers de Saint-Augustin, A14

Sacer ordo Cisterciensis,
  Cisterciens, A17

Sacerdotal Fraternity, A32

Sacerdotal Society of the Holy Cross,
  Opus Dei. Male Branch, C34

Sacerdotal Society of the Holy Cross and Opus Dei,
  Opus Dei. Male Branch, C34

Sacred Heart Missionaries,
  Missionaries of the Sacred Heart, A67

Sacred Heart Priests of Saint Quentin,
  Priests of the Sacred Heart of Jesus, A90

Sacred Order of Cistercians,
  Cistercians, A17

Sacred Order of Cîteaux,
  Cistercians, A17

Saint Faith's Messengers,
  Order of Saint Faith's, H4

Saint Joseph Society for Foreign Missions of Mill Hill,
  Mill Hill Fathers, A59

Saint Joseph's Missionary Society of Mill Hill,
  Mill Hill Fathers, A59

Saint Joseph's Society of the Sacred Heart,
  Société de Saint-Joseph de Washington, A118

Saint Mary's Convent, G3

Saint Nicholas Monastery, G4

Saint ordre de Cîteaux,
  Cisterciens, A17

Saint ordre des Cisterciens,
  Cisterciens, A17

Salesian Oblates,
  Oblates of Saint Francis de Sales, A70

Salesian Sisters,
  Soeurs de la Visitation Sainte-Marie (Visitan-
    dines), B158

Salesian Sisters of Saint John Bosco,
  Daughters of Mary, Help of Christians, B41

Salesian Society of Saint John Bosco,
  Salesians, A96

Salesians, A96

Salesians of Saint John Bosco,
  Salesians, A96

Salesians of Saint John Bosco (Sisters),
  Daughters of Mary, Help of Christians, B41

Salésiennes de Saint-Jean Bosco,
  Filles de Marie-Auxiliatrice, B41

Salésiens, A96

Salésiens de Don Bosco,
  Salésiens, A96

Salésiens de Saint-Jean Bosco,
  Salésiens, A96

Salvatorian Brothers,
  Salvatorian Fathers, A97

Salvatorian Fathers, A97

Salvatorians,
  Salvatorian Fathers, A97

Salvatorians (Melkite Basilians),
  Basilians of the Holy Saviour, A5

Salvatoriens,
  Salvatorian Fathers, A97

Salvatoriens (Basiliens melkites),
  Basiliens du Saint-Sauveur, A5

Salvatoristes,
  Congrégation de Sainte-Croix, A24

Salvatoristes de Sainte-Croix,
  Congrégation de Sainte-Croix, A24

Salvatorists,
  Congregation of Holy Cross, A24

Salvatorists of Holy Cross,
  Congregation of Holy Cross, A24

Les Samaritaines, I10

Sankt Petrus Claver Sodalität für afrikanische Missionen,
    Missionary Sisters of Saint Peter Claver, B60

Scalabriniani,
  Scalabrinians, A98

Scalabrinians, A98

Scalabriniens,
  Scalabrinians, A98

Scarboro Foreign Missions Society, A99

School Sisters of Notre Dame, B179

School Sisters of Our Lady, B89

School Sisters of Saint Francis, B90

School Sisters of Saint Francis, Milwaukee, Wis.,
  School Sisters of Saint Francis, B90

Schwestern der heiligen Lioba,
  Benedictines of Saint Lioba, B5

Scolopes,
  Piaristes, A86

Scolopi,
  Piaristes, A86

Secrétariat de l'enfance,
  Équipières sociales, C7

Secular Institute of the Annunciation, C38

Secular Missionaries,
  Institute of Secular Missionaries, C21

Secundus ordo sancti Francisci Assisiensis,
  Pauvres clarisses, B71

Séminaire de Québec,
  Prêtres du Séminaire de Québec, A91

Séminaire des missions étrangères établi à Québec,
  Prêtres du Séminaire de Québec, A91

Séminaire du Saint-Esprit,
  Pères du Saint-Esprit, A82

Séminaire et Congrégation du Saint-Esprit,
  Pères du Saint-Esprit, A82

Servantes de Jésus-Marie, B91

Servantes de Marie-Immaculée, C39

Servantes de Notre-Dame, Reine du Clergé, B92

Servantes du Christ Prêtre,
  Handmaids of Christ the Priest, D16

Servantes du Christ-Roi d'Ablon,
  Filles de la Croix, B37

Servantes du Coeur Immaculé de Marie,
  Soeurs du Bon Pasteur de Québec, B187

Servantes du Coeur Immaculé de Marie de Québec,
  Soeurs du Bon Pasteur de Québec, B187

Servantes du Coeur Immaculé de Marie, Refuge des
  Pécheurs,
    Soeurs du Bon Pasteur de Québec, B187

Servantes du Divin Coeur, I4

Servantes du Saint-Coeur de Marie, B93

Servantes du Très-Saint-Sacrement, B94

Servants of Christ the Priest, D17

Servants of Mary,
  Servites de Marie, A100

Servants of Mary Immaculate,
  Sisters Servants of Mary Immaculate, B133

Sisters of Saint Felix of Cantalicio, of the Third Order of Saint Francis,
Felician Sisters, B32

Sisters of Saint Joan of Arc,
Soeurs de Sainte-Jeanne d'Arc, B176

Sisters of Saint John the Baptist, B109

Sisters of Saint John the Divine,
Sisterhood of Saint John the Divine, H6

Sisters of Saint Joseph
Josephite Sisters, B55

Sisters of Saint Joseph of Bourg, B120

Sisters of Saint Joseph of Cluny, B110

Sisters of Saint Joseph of Hamilton, B114

Sisters of Saint Joseph of Le Puy, B111

Sisters of Saint Joseph of London, B115

Sisters of Saint Joseph of Newark,
Sisters of Saint Joseph of Peace, B121

Sisters of Saint Joseph of Peace, B121

Sisters of Saint Joseph of Pembroke, B117

Sisters of Saint Joseph of Peterborough, B116

Sisters of Saint Joseph of Sault Sainte Marie, B118

Sisters of Saint Joseph of Toronto, B113

Sisters of Saint Joseph (Ukrainian),
Ukrainian Sisters of Saint Joseph, B213

Sisters of Saint Lioba,
Benedictines of Saint Lioba, B5

Sisters of Saint Marcelline,
Marcelline Sisters, B177

Sisters of Saint Margaret, H7

Sisters of Saint Martha,
Sisters of Saint Martha of Antigonish, B97

Sisters of Saint Martha of Antigonish, B97

Sisters of Saint Martha of Charlottetown, B98

Sisters of Saint Martha of Saint Hyacinthe,
Soeurs de Sainte-Marthe de Saint-Hyacinthe, B30

Sisters of Saint Mary,
Sisters of Saint Mary of Namur, B178

Sisters of Saint Mary of Namur, B178

Sisters of Saint Rita, B122

Sisters of Saint Zita,
Oblates du Saint-Esprit, B68

Sisters of Sainte Jeanne d'Arc,
Soeurs de Sainte-Jeanne d'Arc, B176

Sisters of Service, B123

Sisters of Sion,
Sisters of Our Lady of Sion, B164

Sisters of Social Service,
Sisters of Social Service of Hamilton, B124

Sisters of Social Service of Canada,
Sisters of Social Service of Hamilton, B124

Sisters of Social Service of Hamilton, B124

Sisters of the Addolorata, Servants of Mary, B125

Sisters of the Assumption of the Blessed Virgin Mary, B145

Sisters of the Assumption of the Blessed Virgin Mary of Nicolet,
Sisters of the Assumption of the Blessed Virgin Mary, B145

Sisters of the Cenacle,
Congregation of Our Lady of the Retreat in the Cenacle, B16

Sisters of the Child Jesus of Chauffailles, B146

Sisters of the Child Jesus of Le Puy,
Religious of the Child Jesus, B84

Sisters of the Child Jesus of Vancouver,
Religious of the Child Jesus, B84

Sisters of the Church, H8

Sisters of the Compassion, Servants of Mary,
Compassionate Servites of Mary, B142

Sisters of the Congregation of Mary,
Marist Sisters, B201

Sisters of the Cross,
Daughters of the Cross, called Sisters of Saint Andrew, B38

Sisters of the Good Shepherd, B186

Sisters of the Good Shepherd of Quebec, B187

Sisters of the Holy Cross, B200, H9

Sisters of the Holy Cross and the Seven Dolours,
Sisters of the Holy Cross, B200

Sisters of the Holy Cross of Go Thi, Vietnam,
Lovers of the Cross of Go Thi, B2

Sisters of the Holy Name of Mary,
Marist Sisters, B201

Sisters of the Holy Names of Jesus and Mary, B184

Sisters of the Holy Redeemer,
Redemptorist Sisters, B80

Sisters of the Holy Rosary,
Rosarian Sisters, D25

Sisters of the Immaculate Conception of the Virgin Mary, B126

Sisters of the Immaculate Heart of Mary, B127

Sisters of the Immaculate Heart of Mary (California),
Sisters of the Immaculate Heart of Mary, B127

Sisters of the Immaculate Heart of Mary (Hollywood),
Sisters of the Immaculate Heart of Mary, B127

Sisters of the Infant Jesus of Le Puy,
Religious of the Child Jesus, B84

Sisters of the Joan of Arc Institute of Ottawa, B149

Sisters of the Love of God,
Religieuses de l'Amour de Dieu, B82

Sisters of the Love of Jesus, B128

Sisters of the Mother of God,
Congrégation de la Mère de Dieu, B12

Sisters of the Order of Saint Benedict,
Benedictine Sisters of Manitoba, B4

Sisters of the Passion of Our Lord Jesus Christ, B129

Sisters of the Precious Blood,
Sisters Adorers of the Precious Blood, B138

Sisters of the Presentation of Mary, B156

Sisters of the Presentation of the Blessed Virgin Mary, B130

Sisters of the Presentation of the Blessed Virgin Mary of Saint John's, Newfoundland,
Sisters of the Presentation of the Blessed Virgin Mary, B130

Sisters of the Propagation of the Faith, D13

Sisters of the Resurrection, B131

Sisters of the Sacred Heart, B132

Sisters of the Sacred Heart,
Religious of the Sacred Heart, B86
Sisters of the Sacred Heart of Jesus, B188
Society of the Sacred Heart of Jesus, B137

Sisters of the Sacred Heart of Jesus, B188

Sisters of the Sacred Heart of Jesus,
Society of the Sacred Heart of Jesus, B137

Sisters of the Sacred Hearts of Jesus and Mary, B183

Sisters of the Sacred Hearts of Jesus and Mary of Paramé,
Sisters of the Sacred Hearts of Jesus and Mary, B183

Sisters of the Saviour, B57

Sisters of the Third Order of la Trappe,
Soeurs du tiers-ordre de la Trappe, B191

Sisters of the Third Order of Saint Francis of Perpetual Adoration,
Franciscan Sisters of Perpetual Adoration, B52

Sisters of the Third Order Regular of Mary,
Marist Sisters, B201

Sisters of the Visitation of Saint Mary,
Soeurs de la Visitation Sainte-Marie (Visitandines), B158

Sisters Servants of Mary Immaculate, B133

Sisters Servants of Mary Immaculate (Polish), B134

Sisters Servants of the Immaculate Conception,
Sisters Servants of Mary Immaculate, B133

Sisters Servants of the Immaculate Heart of Mary,
Sisters of the Good Shepherd of Quebec, B187

Sisters Servants of the Immaculate Heart of Mary of Quebec,
Sisters of the Good Shepherd of Quebec, B187

Sisters Servants of the Infant Jesus, B135

Slovak Sisters of Charity,
Vincentian Sisters of Charity of Pittsburgh, B223

Služavke Malog Isusa,
Sisters Servants of the Infant Jesus, B135

Social Service Sisters,
Sisters of Social Service of Hamilton, B124

Social Service Sisters of Budapest,
Sisters of Social Service of Hamilton, B124

Sociedad sacerdotal de la Santa Cruz y Opus Dei,
Opus Dei. Branche masculine, C34

Società dell'apostolato cattolico,
Pallottins, A74

Società salesiana di san Giovanni Bosco,
Salésiens, A96

Societas a Maria Reparatrice,
Société de Marie-Réparatrice, B136

Societas adunationis,
Franciscains de l'expiation, A31

Societas ancillarum Sanctissimi Sacramenti,
Servantes du Très-Saint-Sacrement, B94

Societas apostolatus catholici,
Pallottins, A74

Societas catholicarum missionariarum medicarum,
Medical Mission Sisters, B228

Societas Christi pro emigrantibus Polonis,
Society of Christ for Polish Emigrants, A108

Societas clericorum catechistarum sancti Viatoris,
Clercs de Saint-Viateur, A22

Societas Cordis Jesu pro populo,
Society of the Sacred Heart of Jesus, B137

Societas Divini Salvatoris,
Salvatorian Fathers, A97

Societas Dominae Nostrae a Recessu Cenaculi,
Congregation of Our Lady of the Retreat in the
Cenacle, B16

Societas fidelium sociarum Jesu,
Fidèles compagnes de Jésus, B33

Societas filiarum Sanctissimi Cordis Mariae,
Filles du Coeur de Marie, B46

Societas fratrum Sacri Cordis,
Frères du Sacré-Coeur, A45

Societas Iesu,
Jésuites, A54

Societas Jesu,
Jésuites, A54

Societas Mariae,
Marianistes, A56
Maristes, A57

Societas Mariae Montfortana,
Montfortains, A68

Societas missionariorum sancti Joseph de Mill Hill,
Mill Hill Fathers, A59

Societas missionum ad Afros,
Pères blancs, A78
Société des missions africaines, A103

Societas Parisiensis missionum ad exteras gentes,
Société des missions étrangères de Paris, A105

Societas patrum sancti Edmundi oblatorum Sacri
Cordis Iesu et Immaculati Cordis Mariae,
Société de Saint-Edmond, A101

Societas presbyterorum a Misericordia,
Missionnaires de France, D10

Societas presbyterorum a sancto Sulpitio,
Sulpiciens, A111

Societas pro missionibus ad Afros,
Société des missions africaines, A103

Societas pro missionibus exteris provinciae Quebecensis,
Société des missions étrangères de la province
de Québec, A104

Societas religiosarum Sanctissimi Cordis Jesu,
Religieuses du Sacré-Coeur, B86

Societas sacerdotalis Sanctae Crucis,
Opus Dei. Branche masculine, C34

Societas sacerdotalis Sanctae Crucis et Opus Dei,
Opus Dei. Branche masculine, C34

Societas sacerdotum missionariorum a sancto Paulo
apostolo,
Paulistes, A76

Societas sancti Edmundi,
Société de Saint-Edmond, A101

Societas sancti Francisci Salesii,
Salésiens, A96

Societas sancti Joseph Sanctissimi Cordis,
Société de Saint-Joseph de Washington, A118

Societas Sanctissimi Sacramenti,
Pères du Saint-Sacrement, A83

Societas Scarborensis pro missionibus ad exteras
gentes,
Scarboro Foreign Missions Society, A99

Societas sodalium sancti Joseph a Sacro Corde,
Société de Saint-Joseph de Washington, A118

Societas sororum a Domina Nostra Marianopolitana,
Congrégation de Notre-Dame, B13

Societas sororum sanctae Ritae,
Sisters of Saint Rita, B122

Societas sororum socialium,
Sisters of Social Service of Hamilton, B124

Societas Verbi Divini,
Société du Verbe Divin, A107

Société de Jésus,
Jésuites, A54

Société de Jésus-Christ, B224

Société de Jésus Réparateur,
Société de Jésus-Christ, B224

Société de la Croix de Jésus,
Frères de la Croix de Jésus, A36

Société de Marie,
Maristes, A57

Société de Marie de Paris,
Marianistes, A56

Société de Marie-Réparatrice, B136

Société de Saint-Edmond, A101

Société de Saint-François de Sales,
Salésiens, A96

Société de Saint-Joseph de Washington, A118

Société de Saint-Paul, A102

Société de Sainte-Élisabeth,
Petites filles de Saint-François, B72

Société des infirmières missionnaires, C41

Société des missionnaires d'Afrique,
Pères blancs, A78

Société des missions africaines, A103

Société des missions africaines de Lyon,
Société des missions africaines, A103

Société des missions étrangères de la province de
Québec, A104

Société des missions étrangères de Paris, A105

Société des missions étrangères de Québec,
Société des missions étrangères de la province
de Québec, A104

Société des missions étrangères de Scarboro,
Scarboro Foreign Missions Society, A99

Société des pères de la Croix de Jésus,
Frères de la Croix de Jésus, A36

Société des pères et frères de Saint-Edmond, oblats
du Sacré-Coeur de Jésus et du Coeur Immaculé de
Marie,
Société de Saint-Edmond, A101

Société des Saints-Apôtres, A106

Société des Soeurs des Saints-Apôtres,
Soeurs des Saints-Apôtres, B182

Société du Christ Seigneur, C42

Société du Coeur Immaculé de Marie,
Pères du Saint-Esprit, A82

Société du Divin Sauveur,
Salvatorian Fathers, A97

Société du Précieux-Sang,
Missionnaires du Précieux-Sang, A66

Société du Sacré-Coeur de Jésus,
Religieuses du Sacré-Coeur, B86

Société du Saint-Coeur de Marie,
Pères du Saint-Esprit, A82

Société du Verbe Divin, A107

Société Leunis,
Société du Christ Seigneur, C42

Société Notre-Dame du Saint-Rosaire, D11

Société sacerdotale de la Sainte-Croix,
Opus Dei. Branche masculine, C34

Société sacerdotale de la Sainte-Croix et Opus Dei,
Opus Dei. Branche masculine, C34

Society of Catholic Medical Missionaries,
Medical Mission Sisters, B228

Society of Christ,
Society of Christ for Polish Emigrants,
A108

Society of Christ for Polish Emigrants, A108

Society of Foreign Missions of Paris, A105

Society of Foreign Missions of Quebec,
Société des missions étrangères de la province
de Québec, A104

Society of Foreign Missions of Scarboro,
Scarboro Foreign Missions Society, A99

Society of Helpers,
Soeurs auxiliatrices, B141

Society of Jesus,
Jesuits, A54

Society of Mary,
Marist Fathers, A57

Society of Mary of Montfort,
Company of Mary, A68

Society of Mary of Paris,
Marianists, A56

Society of Missionaries of Africa,
White Fathers, A78

Society of Saint Edmund, A101

Society of Saint Francis de Sales,
Salesians, A96

Society of Saint John the Evangelist, H10

Society of Saint Joseph of the Sacred Heart,
Société de Saint-Joseph de Washington, A118

Society of Saint Margaret,
Sisters of Saint Margaret, H7

Society of Saint Paul,
Pious Society of Saint Paul, A102

Society of Saint Paul for the Apostolate of Communications,
Pious Society of Saint Paul, A102

Society of the African Missions,
Société des missions africaines, A103

Society of the African Missions of Lyon,
Société des missions africaines, A103

Society of the Atonement,
Franciscan Friars of the Atonement, A31

Society of the Atonement (Sisters),
Franciscan Sisters of the Atonement, B54

Society of the Blessed Sacrament,
Blessed Sacrament Fathers, A83

Society of the Catholic Apostolate,
Pallottines, A74

Society of the Common Life, H11

Society of the Divine Saviour,
Salvatorian Fathers, A97

Society of the Divine Word,
Société du Verbe Divin, A107

Society of the Holy Apostles, A106

Society of the Holy Cross,
Sisters of the Holy Cross, H9

Society of the Immaculate Heart of Mary,
Holy Ghost Fathers, A82

Society of the Love of Jesus,
Sisters of the Love of Jesus, B128

Society of the Precious Blood,
Missionaries of the Precious Blood, A66

Society of the Sacred Heart of Jesus, B137

Society of the Sacred Heart of Jesus,
Religious of the Sacred Heart, B86

Society of the Scarboro Foreign Missions,
Scarboro Foreign Missions Society, A99

Sodalitas a sancto Petro Claver,
Missionary Sisters of Saint Peter Claver, B60

Sodalitium fratrum bonorum operum,
Frères de Notre-Dame de Lourdes, A39

Sodality of Saint Peter Claver,
Missionary Sisters of Saint Peter Claver, B60

Sodality of Saint Peter Claver for African Missions,
Missionary Sisters of Saint Peter Claver, B60

Soeurs adoratrices du Précieux-Sang, B138

Soeurs adoratrices du Précieux-Sang. Congrégation
de Saint-Hyacinthe, B139

Soeurs adoratrices du Très-Précieux-Sang de Notre-
Seigneur Jésus-Christ de l'Union de Saint-Hyacinthe,
Soeurs adoratrices du Précieux-Sang. Congré-
gation de Saint-Hyacinthe, B139

Soeurs antoniennes de Marie, Reine du Clergé, B169

Soeurs augustines de Saint-Thomas de Villeneuve,
Soeurs de Saint-Thomas de Villeneuve, D14

Soeurs augustiniennes de l'Assomption,
Religieuses de l'Assomption, B83

Soeurs auxiliatrices, B141

Soeurs blanches,
Soeurs missionnaires de Notre-Dame d'Afrique,
B203

Soeurs blanches d'Afrique,
Soeurs missionnaires de Notre-Dame d'Afrique,
B203

Soeurs blanches de Bretagne,
Filles du Saint-Esprit, B47

Soeurs blanches (Filles du Saint-Esprit),
Filles du Saint-Esprit, B47

Soeurs compassionnistes servites de Marie, B142

Soeurs de charité de la Providence,
Soeurs de la Providence, B150

Soeurs de charité Sainte-Marie, B143

Soeurs de Jésus-Marie,
Religieuses de Jésus-Marie, B81

Soeurs de l'adoration du Sacré-Coeur de Jésus, B144

Soeurs de l'Assomption de la Sainte-Vierge, B145

Soeurs de l'Assomption de la Sainte-Vierge de
Nicolet,
Soeurs de l'Assomption de la Sainte-Vierge,
B145

Soeurs de l'Enfance de Jésus et de Marie, dites de
Sainte-Chrétienne,
Soeurs de Sainte-Chrétienne, B175

Soeurs de l'Enfant-Jésus de Chauffailles, B146

Soeurs de l'Enfant-Jésus de Vancouver,
Religieuses de l'Enfant-Jésus, B84

Soeurs de l'Enfant-Jésus du Puy,
Religieuses de l'Enfant-Jésus, B84

Soeurs de l'Espérance,
Soeurs de la Sainte-Famille de Bordeaux, B157

Soeurs de l'Immaculée,
Soeurs de l'Immaculée de Gênes, B148

Soeurs de l'Immaculée-Conception, B147

Soeurs de l'Immaculée de Gênes, B148

Soeurs de l'Institut de l'Immaculée de Gênes,
Soeurs de l'Immaculée de Gênes, B148

Soeurs de l'Institut Jeanne d'Arc d'Ottawa, B149

Soeurs de la charité d'Ottawa, B195

Soeurs de la charité de Bytown,
Soeurs de la charité d'Ottawa, B195

Soeurs de la charité de l'Hôpital général de Montréal,
Soeurs grises, B192

Soeurs de la charité de l'Hôtel-Dieu de Nicolet, dites
Soeurs grises,
Soeurs grises nicolétaines, B194

Soeurs de la charité de l'Hôtel-Dieu de Saint-
Hyacinthe
Soeurs de la charité de Saint-Hyacinthe, B193

Soeurs de la charité de Namur, B153

Soeurs de la charité de Notre-Dame,
Soeurs de la charité de Notre-Dame d'Évron,
B154

Soeurs de la charité de Notre-Dame d'Évron B154

Soeurs de la charité de Québec, B197

Soeurs de la charité de Rimouski, B198

Soeurs de la charité de Saint-Charles, D12

Soeurs de la charité de Saint-Charles de Nancy,
Soeurs de la charité de Saint-Charles, D12

Soeurs de la charité de Saint-Hyacinthe, B193

Soeurs de la charité de Saint-Louis, B155

Soeurs de la charité de Saint-Vincent de Paul,
Filles de la charité de Saint-Vincent de Paul,
B35

Soeurs de la charité de Sainte-Anne,
Soeurs de Sainte-Anne, B174

Soeurs de la charité (Soeurs grises de Montréal),
Soeurs grises, B192

Soeurs de la Compassion de la Sainte-Vierge,
Soeurs de la charité de Saint-Louis, B155

Soeurs de la Congrégation de Marie,
Soeurs maristes, B201

Soeurs de la congrégation de Montréal,
Congrégation de Notre-Dame, B13

Soeurs de la Croix de Saint-Quentin,
Filles de la Croix, B37

Soeurs de la Croix du Puy,
Filles de la Croix, B37

Soeurs de la miséricorde,
Soeurs de miséricorde, B159

Soeurs de la miséricorde de Montréal,
Soeurs de miséricorde, B159

Soeurs de la miséricorde de Saint-Charles,
Soeurs de la charité de Saint-Charles, D12

Soeurs de la Présentation de Marie, B156

Soeurs de la propagation de la foi, D13

Soeurs de la Providence, B150

Soeurs de la Providence,
Filles de la charité du Sacré-Coeur de Jésus,
B36

Soeurs de la Providence de Corenc,
Filles de la Croix, B37

Soeurs de la Providence de Montréal,
Soeurs de la Providence, B150

Soeurs de la Providence de Ruillé-sur-Loir,
Sisters of Providence of Saint Mary of the
Woods, Indiana, B225

Soeurs de la Résurrection,
Sisters of the Resurrection, B131

Soeurs de la Sagesse,
Filles de la Sagesse, B40

Soeurs de la Sainte-Croix (Marianites),
Soeurs marianites de Sainte-Croix, B199

Soeurs de la Sainte-Enfance de Jésus et de Marie,
Soeurs de Sainte-Chrétienne, B175

Soeurs de la Sainte-Famille,
Filles de Sainte-Geneviève, D3

Soeurs de la Sainte-Famille de Bordeaux, B157

Soeurs de la Sainte-Famille, dites Soeurs de l'Espérance,
Soeurs de la Sainte-Famille de Bordeaux, B157

Soeurs de la Sainte-Famille du Sacré-Coeur,
Religieuses de la Sainte-Famille du Sacré-
Coeur, B85

Soeurs de la Salette,
Soeurs de Notre-Dame de la Salette, B163

Soeurs de la Très-Sainte-Trinité,
Soeurs trinitaires, B210

Soeurs de la Visitation Sainte-Marie (Visitandines),
B158

Soeurs de Marie-Auxiliatrice,
Filles du Coeur de Marie, B46

Soeurs de Marie-Immaculée,
Soeurs de l'Immaculée de Gênes, B148

Soeurs de Marie-Immaculée de Gênes,
Soeurs de l'Immaculée de Gênes, B148

Soeurs de Marie-Réparatrice,
Société de Marie-Réparatrice, B136

Soeurs de miséricorde, B159

Soeurs de miséricorde de Montréal,
Soeurs de miséricorde, B159

Soeurs de Namur,
Soeurs de Sainte-Marie de Namur, B178

Soeurs de Notre-Dame,
Chanoinesses régulières de Saint-Augustin de la
Congrégation de Notre-Dame, D1

Soeurs de Notre-Dame Auxiliatrice, B160

Soeurs de Notre-Dame d'Afrique,
Soeurs missionnaires de Notre-Dame d'Afrique,
B203

Soeurs de Notre-Dame d'Auvergne, B161

Soeurs de Notre-Dame d'Évron,
Soeurs de la charité de Notre-Dame d'Évron,
B154

Soeurs de Notre-Dame de Chambriac,
Soeurs de Notre-Dame d'Auvergne, B161

Soeurs de Notre-Dame de Charité du Bon Pasteur,
Soeurs du Bon Pasteur, B186

Soeurs de Notre-Dame de Charité du Refuge,
Sisters of Our Lady of Charity of Refuge, B107

Soeurs de Notre-Dame de Clermont,
Soeurs de Notre-Dame d'Auvergne, B161

Soeurs de Notre-Dame de Fourvière,
Soeurs de Notre-Dame d'Auvergne, B161

Soeurs de Notre-Dame de la Croix, B162

Soeurs de Notre-Dame de la Croix de Murinais,
Soeurs de Notre-Dame de la Croix, B162

Soeurs de Notre-Dame de la Salette, B163

Soeurs de Notre-Dame de Mont-Laurier,
Soeurs de Notre-Dame Auxiliatrice, B160

Soeurs de Notre-Dame de Saint-Sulpice, D18

Soeurs de Notre-Dame de Sion, B164

Soeurs de Notre-Dame des Douleurs, B165

Soeurs de Notre-Dame des Missions, B166

Soeurs de Notre-Dame des Sept-Douleurs, B152

Soeurs de Notre-Dame du Bon Conseil, B167

Soeurs de Notre-Dame du Bon Conseil de Chicoutimi,
B168

Soeurs de Notre-Dame du Bon Conseil de Montréal,
Soeurs de Notre-Dame du Bon Conseil, B167

Soeurs de Notre-Dame du Clergé,
Servantes de Notre-Dame, Reine du Clergé, B92

Soeurs de Notre-Dame du Perpétuel Secours, B170

Soeurs de Notre-Dame du Refuge,
Sisters of Our Lady of Charity of Refuge, B107

Soeurs de Notre-Dame du Sacré-Coeur,
Religieuses de Notre-Dame du Sacré-Coeur,
B101

Soeurs de Notre-Dame du Saint-Rosaire,
Congrégation de Notre-Dame du Saint-Rosaire,
B14

Soeurs de Notre-Dame du Sourire,
Petites soeurs de Notre-Dame du Sourire, B77

Soeurs de Picpus,
Soeurs des Sacrés-Coeurs et de l'adoration
perpétuelle, B181

Soeurs de Saint-André (La Puye),
Filles de la Croix, dites Soeurs de Saint-André,
B38

Soeurs de Saint-Antoine de Padoue,
Soeurs antoniennes de Marie, Reine du Clergé,
B169

Soeurs de Saint-Charles,
Soeurs de la charité de Saint-Charles, D12

Soeurs de Saint-François d'Assise, B171

Soeurs de Saint-François d'Assise de Lyon,
Soeurs de Saint-François d'Assise, B171

Soeurs de Saint-Joseph de Bourg,
Sisters of Saint Joseph of Bourg, B120

Soeurs de Saint-Joseph de Cluny,
Sisters of Saint Joseph of Cluny, B110

Soeurs de Saint-Joseph de Saint-Hyacinthe, B172

Soeurs de Saint-Joseph de Saint-Vallier, B119

Soeurs de Saint-Joseph du Puy,
Sisters of Saint Joseph of Le Puy, B111

Soeurs de Saint-Louis (Soeurs de la charité),
Soeurs de la charité de Saint-Louis, B155

Soeurs de Saint-Loup,
Soeurs de Sainte-Marie de Namur, B178

Soeurs de Saint-Paul de Chartres, B173

Soeurs de Saint-Thomas de Villeneuve, D14

Soeurs de Sainte-Anne, B174

Soeurs de Sainte-Chrétienne, B175

Soeurs de Sainte-Claire,
Pauvres clarisses, B71

Soeurs de Sainte-Croix, B200

Soeurs de Sainte-Croix et des Sept-Douleurs,
Soeurs de Sainte-Croix, B200

Soeurs de Sainte-Geneviève,
Filles de Sainte-Geneviève, D3

Soeurs de Sainte-Jeanne d'Arc, B176

Soeurs de Sainte-Marcelline, B177

Soeurs de Sainte-Marie,
Soeurs de Sainte-Marie de Namur, B178

Soeurs de Sainte-Marie de Namur, B178

Soeurs de Sainte-Marthe,
Soeurs de Sainte-Marthe de Saint-Hyacinthe,
B30

Soeurs de Sainte-Marthe de Saint-Hyacinthe, B30

Soeurs de Sainte-Zita,
Oblates du Saint-Esprit, B68

Soeurs des écoles de Notre-Dame, B179

Soeurs des petites écoles,
Congrégation de Notre-Dame du Saint-Rosaire,
B14

Soeurs des petites écoles de Rimouski,
Congrégation de Notre-Dame du Saint-Rosaire,
B14

Soeurs des Sacrés-Coeurs, B180

Soeurs des Sacrés-Coeurs de Jésus et de Marie de
Mormaison,
Soeurs des Sacrés-Coeurs, B180

Soeurs des Sacrés-Coeurs et de l'adoration perpétuelle, B181

Soeurs des Saints-Apôtres, B182

Soeurs des Saints-Coeurs de Jésus et de Marie, B183

Soeurs des Saints-Coeurs de Jésus et de Marie de
Paramé,
Soeurs des Saints-Coeurs de Jésus et de Marie,
B183

Soeurs des Saints-Noms de Jésus et de Marie, B184

Soeurs des Saints-Noms de Jésus et de Marie de
Marseille, D15

Soeurs disciples du Divin Maître, B185

Soeurs dominicaines de Nancy,
Dominicaines du tiers-ordre enseignant, B19

Soeurs du Bon Conseil,
Soeurs de Notre-Dame du Bon Conseil de
Chicoutimi, B168

Soeurs du Bon Pasteur, B186

Soeurs du Bon Pasteur d'Angers,
Soeurs du Bon Pasteur, B186

Soeurs du Bon Pasteur de Québec, B187

Soeurs du Carmel Saint-Joseph,
Carmélites de Saint-Joseph, B8

Soeurs du Christ,
Filles de la Croix, B37

Soeurs du père Tempier,
Soeurs des Saints-Noms de Jésus et de Marie de
Marseille, D15

Soeurs du Précieux-Sang,
Soeurs adoratrices du Précieux-Sang, B138

Soeurs du Sacré-Coeur,
Religieuses du Sacré-Coeur, B86

Soeurs du Sacré-Coeur de Jésus, B188

Soeurs du Sacré-Coeur de Saint-Jacut,
Soeurs du Sacré-Coeur de Jésus, B188

Soeurs du Sacré-Coeur de Valence,
Filles de la charité du Sacré-Coeur de Jésus,
B36

Soeurs du Saint-Crucifix, B189

Soeurs du Saint-Esprit, B190

Soeurs du Saint-Nom de Marie,
Soeurs maristes, B201

Soeurs du Saint-Rédempteur,
Rédemptoristines, B80

Soeurs du Saint-Rosaire de Szepingkai,
Société Notre-Dame du Saint-Rosaire, D11

Soeurs du Sauveur, B57

Soeurs du tiers-ordre de la Trappe, B191

Soeurs du tiers-ordre régulier de Marie,
Soeurs maristes, B201

Soeurs ermites de Saint-Augustin pour le service des
malades,
Augustines de la Miséricorde de Jésus, B3

Soeurs féliciennes,
Felician Sisters, B32

Soeurs féliciennes de l'Ordre de Saint-François,
Felician Sisters, B32

Soeurs fidèles compagnes de Jésus,
Fidèles compagnes de Jésus, B33

Soeurs filles du Coeur de Marie,
Filles du Coeur de Marie, B46

Soeurs franciscaines de l'Annonciation,
Otsuge no Franshisuko Shimaikai, D19

Soeurs franciscaines des Récollets,
Filles de la charité du Sacré-Coeur de Jésus,
B36

Soeurs franciscaines oblates de Saint-Joseph,
Oblates franciscaines de Saint-Joseph, B69

Soeurs grises, B192

Soeurs grises de la charité de Québec,
Soeurs de la charité de Québec, B197

Soeurs grises de la Croix,
Soeurs de la charité d'Ottawa, B195

Soeurs grises de Montréal,
Soeurs grises, B192

Soeurs grises de Nicolet,
Soeurs grises nicolétaines, B194

Soeurs grises de Québec,
Soeurs de la charité de Québec, B197

Soeurs grises de Saint-Hyacinthe,
Soeurs de la charité de Saint-Hyacinthe, B193

Soeurs grises nicolétaines, B194

Soeurs hospitalières de l'Enfant-Jésus,
Congrégation de l'Enfant-Jésus, B11

Soeurs hospitalières de Saint-Paul de Chartres,
Soeurs de Saint-Paul de Chartres, B173

Soeurs marcellines,
Soeurs de Sainte-Marcelline, B177

Soeurs marianites,
Soeurs marianites de Sainte-Croix, B199

Soeurs marianites de Sainte-Croix, B199

Soeurs maristes, B201

Soeurs missionnaires de l'Immaculée-Conception, B202

Soeurs missionnaires de l'Immaculée-Conception, Franciscaines missionnaires de l'Immaculée-Conception, B49

Soeurs missionnaires de Notre-Dame d'Afrique, B203

Soeurs missionnaires de Notre-Dame des Anges, B204

Soeurs missionnaires de Notre-Dame des Anges de Lennoxville, Soeurs missionnaires de Notre-Dame des Anges, B204

Soeurs missionnaires de Notre-Dame des Apôtres, B205

Soeurs missionnaires du Christ-Roi, B206

Soeurs missionnaires du Sacré-Coeur de Jésus, B207

Soeurs missionnaires du Saint-Esprit, B208

Soeurs missionnaires oblates de Saint-Boniface, Missionnaires oblates du Sacré-Coeur et de Marie-Immaculée, B62

Soeurs Notre-Dame des Apôtres, Soeurs missionnaires de Notre-Dame des Apôtres, B205

Soeurs oblates de Saint-François d'Assise, Petites franciscaines de Marie, B74

Soeurs oblates franciscaines de Saint-Joseph, Oblates franciscaines de Saint-Joseph, B69

Soeurs réparatrices du Divin Coeur, Filles réparatrices du Divin Coeur, B48

Soeurs salésiennes, Soeurs de la Visitation Sainte-Marie (Visitandines), B158

Soeurs salésiennes de Saint-Jean Bosco, Filles de Marie-Auxiliatrice, B41

Soeurs séculières de la Congrégation de Notre-Dame, Congrégation de Notre-Dame, B13

Soeurs servantes du Coeur Immaculé de Marie, Soeurs du Bon Pasteur de Québec, B187

Soeurs servantes du Coeur Immaculé de Marie de Québec, Soeurs du Bon Pasteur de Québec, B187

Soeurs servites de Marie, B209

Soeurs sourdes-muettes de Notre-Dame des Sept-Douleurs, Soeurs de Notre-Dame des Sept-Douleurs, B152

Soeurs tertiaires dominicaines de l'Asile du Bon-Pasteur de Québec, Dominicaines de l'Enfant-Jésus, B21

Soeurs trinitaires, B210

Soeurs trinitaires de Valence, Soeurs trinitaires, B210

Sons of Charity, A30

Sons of Mary Immaculate, A28

Sons of Mary Immaculate of Luçon, Sons of Mary Immaculate, A28

Sons of the Immaculate Conception, A29

Sons of the Sacred Heart of Jesus, Verona Fathers, A61

Sons of the Sacred Heart of Jesus of Verona, Verona Fathers, A61

Sons of the Sacred Heart of Verona, Verona Fathers, A61

Sorijet missjunarji ta Gesu Nazarenu, Missionary Sisters of Jesus of Nazareth, B59

Sorores a misericordia (Saint John's), Sisters of Mercy of Newfoundland, B105

Sorores a Nostra Domina Sancti Rosarii, Congrégation de Notre-Dame du Saint-Rosaire, B14

Sorores a Praesentatione Beatae Mariae Virginis, Sisters of the Presentation of the Blessed Virgin Mary, B130

Sorores a Providentia, Sisters of Providence of Saint Mary of the Woods, Indiana, B225

Sorores a Providentia de Chile, Hermanas de la Providencia de Chile, D8

Sorores a Providentia de Saint Mary of the Woods, Sisters of Providence of Saint Mary of the Woods, Indiana, B225

Sorores a Resurrectione Domini Nostri Jesu Christi, Sisters of the Resurrection, B131

Sorores a Sacro Corde Jesu, Soeurs du Sacré-Coeur de Jésus, B188

Sorores a Sancta Cruce, Soeurs de Sainte-Croix, B200

Sorores a Sanctissimis Nominibus Jesu et Mariae, Soeurs des Saints-Noms de Jésus et de Marie, B184

Sorores a Sanctissimo Redemptore, Rédemptoristines, B80

Sorores a sancto Felice a Cantalicio, Felician Sisters, B32

Sorores a sancto Joanne Baptista, Sisters of Saint John the Baptist, B109

Sorores ab Assumptione Beatae Virginis Mariae, Soeurs de l'Assomption de la Sainte-Vierge, B145

Sorores ab Immaculata Conceptione Beatae Mariae Virginis, Sisters of the Immaculate Conception of the Blessed Virgin Mary, B126

Sorores benedictinae congregationis sanctae Gertrudis magnae, Benedictine Sisters of Manitoba, B4

Sorores caritatis Valetudinarii Marianopolitani, Soeurs grises, B192

Sorores dominicanae missionariae rusticanae, Congrégation missionnaire de Saint-Dominique, B15

Sorores franciscanae de adunatione tertii ordinis sancti Francisci, Franciscan Sisters of the Atonement, B54

Sorores franciscanae Immaculatae Conceptionis, Franciscaines missionnaires de l'Immaculée-Conception, B49

Sorores infirmariae Mariae a Sacro Numismate, Sisters of Mary of the Miraculous Medal, B104

Sorores Jesu et Mariae, Religieuses de Jésus-Marie, B81

Sorores minimae Passionis Domini Nostri Jesu Christi, Sisters of the Passion of Our Lord Jesus Christ, B129

Sorores minores a Sacra Familia, Petites soeurs de la Sainte-Famille, B29

Sorores missionariae Immaculate Conceptionis, Soeurs missionnaires de l'Immaculée-Conception, B202

Sorores Praesentationis Mariae, Soeurs de la Présentation de Marie, B156

Sorores Sanctae Crucis et Septem Dolorum, Soeurs de Sainte-Croix, B200

Sorores sanctae Joannae de Arc, Soeurs de Sainte-Jeanne d'Arc, B176

Sorores sanctae Liobae, Benedictines of Saint Lioba, B5

Sorores Sanctissimae Trinitatis, Soeurs trinitaires, B210

Sorores scholarum Tertii ordinis sancti Francisci, School Sisters of Saint Francis, B90

Sorores servitii, Sisters of Service, B123

Sorores tertii ordinis sancti Francisci a perpetua adoratione, Franciscan Sisters of Perpetual Adoration, B52

Sororum societas auxiliatricium animarum purgatorii, Soeurs auxiliatrices, B141

Spiritains, Pères du Saint-Esprit, A82

Spiritans, Holy Ghost Fathers, A82

Spirituals, Friars Minor, A49

Spirituels, Frères mineurs, A49

Stigmatine Fathers, A109

Stigmatins, Stigmatine Fathers, A109

Stimatini, Stigmatine Fathers, A109

Studite Fathers, Studites, A110

Studites, A110

Sulpicians, Sulpiciens, A111

Sulpiciens, A111

Suore alcantarine del terz'ordine di san Francesco, Franciscan Alcantarine Sisters, B51

Suore compassioniste serve di Maria, Soeurs compassionnistes servites de Marie, B142

Suore crocifissine, Soeurs du Saint-Crucifix, B189

Suore del Sacro Cuore, Sisters of the Sacred Heart, B132

Suore dell'Immacolata, Soeurs de l'Immaculée de Gênes, B148

Suore della Sacra Famiglia Missionary Sisters of the Holy Family, B227

Suore della Sacra Famiglia (Spoleto), Missionary Sisters of the Holy Family, B227

Suore dello Spirito Santo, Soeurs du Saint-Esprit, B190

Suore di carità di santa Maria, Soeurs de charité Sainte-Marie, B143

Suore di Maria Santissima Addolorata e di santa Filomena, Soeurs de Notre-Dame des Douleurs, B165

Suore di san Giovanni Battista, Sisters of Saint John the Baptist, B109

Suore di santa Marcellina, Soeurs de Sainte-Marcelline, B177

Suore di santa Maria - Leuca,
Filles de Sainte-Marie de Leuca, B45

Suore di santa Zita,
Oblates du Saint-Esprit, B68

Suore francescane alcantarine,
Franciscan Alcantarine Sisters, B51

Suore marcelline,
Soeurs de Sainte-Marcelline, B177

Suore minime della Passione di Nostro Signore Gesù
Cristo,
Sisters of the Passion of Our Lord Jesus Christ,
B129

Suore oblate dello Spirito Santo,
Oblates du Saint-Esprit, B68

Suore serve di Maria Addolorata,
Sisters of the Addolorata, Servants of Mary,
B125

Suore terziarie minime della Passione di Nostro
Signore Gesù Cristo,
Sisters of the Passion of Our Lord Jesus Christ,
B129

Sviàto Preobrazhenskiľ Skip",
Holy Transfiguration Monastery, G2

Swiss-American Congregation,
Benedictine Federation of the Americas, A9

Syro-Malabar Medical Mission Sisters,
Medical Mission Sisters, B228

Szocľalis misszciotarsulat,
Sisters of Social Service of Hamilton, B124

t.o.r.,
Pénitens gris, A77

Terciarias descalzas carmelitas misioneras,
Carmélites missionnaires, B10

Teresian Carmelites,
Carmelite Sisters of Saint Teresa, B6

Tertiaires dominicaines de l'Asile du Bon-Pasteur de
Québec,
Dominicaines de l'Enfant-Jésus, B21

Tiers-Ordre de l'Ordre des pénitents de Jésus-Crucifié, 19

Tiers-Ordre de Saint-François de la stricte observance,
Pénitens gris, A77

Tiers-Ordre de Saint-François de la stricte observance. Congrégation de France, dits Picpus,
Pénitens gris, A77

Tiers-Ordre de Saint-François de la stricte observance. Congrégation de Picpus,
Pénitens gris, A77

Tiers-Ordre des Servites de Marie à Montréal, B211

Tiers-Ordre régulier de la pénitence de Saint-
François d'Albi,
Pénitens gris, A77

Tiers-Ordre régulier de la stricte observance,
Pénitens gris, A77

Tiers-Ordre régulier de Notre-Dame de la Salette,
Filles du Coeur de Marie, B46

Tiers-Ordre régulier de Saint-François,
Pénitens gris, A77

Tiers-Ordre régulier de Saint-François. Congrégation
de France,
Pénitens gris, A77

Tiers-Ordre régulier de Saint-François. Congrégation
de Picpus,
Pénitens gris, A77

Towarzystwo Boskiego Zbawiciela,
Salvatorian Fathers, A97

Towarzystwo Chrystusowe dla Polonii zagranicznej,
Society of Christ for Polish Emigrants, A108

Towarzystwo 'Powściągliwość i Praca',
Michaelite Fathers, A58

Trappistes, A112

Trappistines, B212

Trappists, A112

Trinitaires, A113

Trinitarian Fathers,
Trinitaires, A113

Trinitarians,
Trinitaires, A113

Tröster von Gethsemane,
Fathers Consolers of Gethsemane, A79

Tsuge no Francisco Shimaikai,
Otsuge no Franshisuko Shimaikai, D19

u.j.,
Ursulines de Jésus, B217

u.r.,
Ursulines of Tildonk, B218

Ukrainian Sisters of Saint Joseph, B213

Union canadienne des moniales de l'Ordre de Sainte-
Ursule,
Ursulines de l'Union canadienne, B215

Union canadienne des Ursulines,
Ursulines de l'Union canadienne, B215

Union Caritas Christi, C43

Union Charitas Christi,
Union Caritas Christi, C43

Union des frères de Jésus,
Fraternité sacerdotale Jesus Caritas, C9

Union Notre-Dame (Chanoinesses de Saint-Augustin),
Chanoinesses régulières de Saint-Augustin de la
Congrégation de Notre-Dame, D1

Union régionale des Ursulines de Québec,
Ursulines de l'Union canadienne, B215

Union romaine des Chanoinesses régulières de Saint-
Augustin de la Congrégation de Notre-Dame,
Chanoinesses régulières de Saint-Augustin de la
Congrégation de Notre-Dame, D1

Union sacerdotale Jesus Caritas,
Fraternité sacerdotale Jesus Caritas, C9

Union Saint-Dominique,
Dominicaines de la Congrégation romaine de
Saint-Dominique, B18

Ursuline Nuns,
Ursulines, B214

Ursuline Nuns of Bruno,
Ursulines of Bruno, B221

Ursuline Religious of Ireland,
Irish Ursulines, B216

Ursuline Religious of Prelate,
Ursulines of Prelate, B220

Ursuline Religious of the Diocese of London (Union
of Chatham),
Ursulines of Chatham, B219

Ursuline Sisters of Ireland,
Irish Ursulines, B216

Ursuline Sisters of the Agonizing Heart of Jesus,
B222

Ursuline Sisters of the Agonizing Heart of Jesus in
Canada,
Ursuline Sisters of the Agonizing Heart of
Jesus, B222

Ursulines, B214

Ursulines de Boisgrolland,
Ursulines de Jésus, B217

Ursulines de Chatham,
Ursulines of Chatham, B219

Ursulines de Jésus, B217

Ursulines de Jésus de Chavagnes,
Ursulines de Jésus, B217

Ursulines de Jésus de la Congrégation de Chavagnes,
Ursulines de Jésus, B217

Ursulines de Jésus, dites de Chavagnes,
Ursulines de Jésus, B217

Ursulines de l'Institut séculier,
Compagnie de Sainte-Ursule, C5

Ursulines de l'Union canadienne, B215

Ursulines de Luçon,
Ursulines de Jésus, B217

Ursulines de Québec,
Ursulines de l'Union canadienne, B215

Ursulines of Bruno, B221

Ursulines of Chatham, B219

Ursulines of Ireland,
Irish Ursulines, B216

Ursulines of Jesus, B217

Ursulines of Jesus of Chavagnes,
Ursulines of Jesus, B217

Ursulines of Prelate, B220

Ursulines of Quebec,
Ursulines de l'Union canadienne, B215

Ursulines of the Chatham Union,
Ursulines of Chatham, B219

Ursulines of Tildonk, B218

v.d.,
Institut Voluntas Dei, C20

v.dei,
Institut Voluntas Dei, C20

v.s.c.,
Vincentian Sisters of Charity of Pittsburgh,
B223

v.s.m.,
Soeurs de la Visitation Sainte-Marie (Visitandines), B158

Verbites,
Société du Verbe Divin, A107

Verona Fathers, A61

Viatorians,
Clerics of Saint Viator, A22

Viatoriens,
Clercs de Saint-Viateur, A22

7.2 Index onomastique des fondateurs et autres collaborateurs

Il peut arriver qu'un même nom puisse faire référence à deux notices (v.g. **un** fondateur de **deux** instituts); comme cet index dirige le lecteur vers un numéro de notice et non une vedette, ce nom fera donc référence à des numéros classés par ordre alpha-numérique de notice, v.g.

Jean Eudes, A26, B107, B186

Par contre, un même nom peut faire l'objet de plusieurs notices dans l'index:
- une notice où le nom est celui du fondateur d'un ou de plusieurs instituts (voir exemple précédent);
- une autre où ce nom sert de renvoi: il s'agit ici de la même appellation mais d'une personne différente; le renvoi est à son nom laïc, v.g.

Alphonse-Marie de Liguori, A92, B80

Alphonse-Marie de Liguori,
Riopel, Albertine

Dans le premier cas, le nom est celui du saint lui-même, fondateur de deux instituts; dans le deuxième cas, il s'agit d'une religieuse portant ce nom et le lecteur est renvoyé à son nom laïc, qui lui donnera le numéro de la notice (B74). Les deux notices ne sont évidemment pas combinées, puisqu'il s'agit de deux personnes différentes.

7.2 Onomastic Index of Founders and Other Collaborators

One name can refer to two entries (e.g., **one** founder for **two** institutes); since this Index refers the reader to an entry number and not to a heading, this name will refer to different numbers, arranged by alpha-numerical order of entry number, e.g.,

On the other hand, the same name can have two entries in the Index:
- one name as a founder of one or more institute(s) (see preceding example);
- another one as a reference: it is the same name, but it belongs to another person; the reference is to the person's lay name, e.g.,

The first name refers to the saint himself, the founder of two institutes; the second belongs to a sister of the same name and the reader is referred to her lay name, which will give him the entry number (B74). Both entries are not combined, of course, since they are for two different persons.

Adam, Gertrude, B63

Adam, Jean-Jérôme, D6

Addatis, Emilia Pasqualina, B125

Âges, Jeanne-Élisabeth-Marie-Lucie Bichier des,
    Jeanne-Élisabeth-Marie-Lucie Bichier des Âges

Agnès de la Conception,
    Rollet, Anne

Agnese dell'Immacolata,
    Russo, Luigia

Aiello, Elena, B129

Aiguillon, Marie-Madeleine de Vignerot du Plessis de
    Richelieu, dame de Combalet et duchesse d', B3

Ainville, Joseph-Désiré Varin d',
    Varin d'Ainville, Joseph-Désiré

Akker, Emma van den,
    Van den Akker, Emma

Alarcón, Jerónimo Mariano Usera y,
    Usera y Alarcón, Jerónimo Mariano

Albás, Josémaria Escrivá de Balaguer y,
    Escrivá de Balaguer y Albás, Josémaria

Alberione, Giacomo Giuseppe, A102, B43, B185

Aldabalde Trecu, Rufino, C21

Al-Douaihi, Stéphane, A72

Allamano, Enrico Giuseppe, A62

Alphonse-Marie de Liguori, A92, B80

Alphonse-Marie de Liguori,
    Riopel, Albertine

Alphonsus Maria de Liguori, A92, B80

Alzon, Emmanuel-Joseph-Marie-Maurice d', A1

Amidei, Bartolomeo, A100

André-Hubert Fournet, B38

Ange,
    Proust, Pierre le

Angela Merici, B214

Angèle Merici, B214

Anizan, Jean-Émile, A30

Antella, Benedetto dell',
    Dell'Antella, Benedetto

Anthony Mary Claret, A19

Antier, Reine, B146

Antoine,
    Germain, Marie

Antoine-Marie Claret, A19

Antonio Maria Zaccaria, A3

Archambault, Joseph-Alfred, B65

Arcucci, Ernestina, B190

Ascione, Maria Carmela Giuseppa, B165

Auberjon de Murinais, Adèle-Louise-Mélanie d', B162

Aubry, Albina-R., B149

Augustine,
    Antier, Reine

Ayckbowm, Emily, H8

Aymer de la Chevalerie, Henriette, A81, B181

Bacher, Jean-Baptiste-Germain, D4

Bagshawe, Edward Gilpin, B121

Baker, Francis, A76

Balaguer y Albás, Josémaria Escrivá de,
    Escrivá de Balaguer y Albás, Josémaria

Balavenne, Marie, B47

Barat, Madeleine-Sophie,
    Madeleine-Sophie Barat

Barbarigo, Marc'Antonio, B88

Barbeau, André, I2, I3, I4

Barbier, Euphrasie, B166

Barbier, Nicolas, A47

Barelli, Armida, C28

Barnouin, Lucas-Léon, A18

Barron, Mark, A115

Barrett, William, A85

Bartlett, Kathleen Joan, C40

Bascunan, Maria Celia, D8

Basset, Benoît, A47

Baudouin, Louis-Marie, A28, B217

Beadon, Katherine, B216

Beauchamp, Ulric, D20

Beauharnais, Marie de,
    Bonneau, Marie

Beauté, Bernadette, B15

Béchin, Barthélémy, A77

Belcourt, Georges-Antoine, D13

Bellot, Christophe, B37

Benedict of Nursia, A6

Bengy, Marie-Madeleine-Victoire de,
    Bonnault d'Houet, Marie-Madeleine-Victoire de

Bennett, Keith, H3

Benoît de Nursie, A6

Benson, Richard Meux, H10

Berger, Élisabeth, B178

Bergeron, Élisabeth, B172

Bernier, Raymond, C4

Bernières, Henri de, A91

Berthier, Jean-Baptiste, A63

Berthold, A12

Bertoni, Gaspare, A109

Bertrand, Jeanne-Marie, C7

Bertrand, Julie, B200

Bettez, Antonio, B64

Białecka, Róża, B27

Bibeau, Marie, B74

Bichier des Âges, Jeanne-Élisabeth-Marie-Lucie,
    Jeanne-Élisabeth-Marie-Lucie Bichier des Âges

Bihan, Yvonne le,
    Le Bihan, Yvonne

Biraghi, Luigi, B177

Biró, Ferenc Xavér, B137

Blain, Jean-Marie, C13

Blais, André, D16, D17

Blais, Étudienne, B74

Blanc, Claudine, B161

Bleau, Joseph, I7, I8, I9

Blondin, Marie-Esther-Christine Sureau dit,
    Sureau dit Blondin, Marie-Esther-Christine

Blosset, Françoise du,
    Du Blosset, Françoise

Blouzawi, Gabriel, A71

Bochard, Claude-Marie, A36

Bojanowski, Edmund, B134

Bokor, Erzébet, B124

Boland, André, C1

Bolduc, Lumina, B74

Bonagiunta, Giovanni, A100

Bonilli, Pietro, B227

Bonnault d'Houet, Marie-Madeleine-Victoire de, B33

Bonneau, Marie, D3

Borzęcka, Celina
    Chludzinska, Celina

Borzęcka, Jadwiga, B131

Bosch, Anna Maria Tauscher van den,
    Tauscher van den Bosch, Anna Maria

Bosco, Jean,
    Jean Bosco

Bosco, John,
    John Bosco

Bouchard, Gérard, C18

Boudet, Caroline, B144

Bouillon, Alexandre, B92

Bourassa, Jules-Alcibiade, B48

Bourgeois, Léocadie, B145

Bourgeois, Marie-Louise, B72

Bourgeoys, Marguerite, B13

Bourget, Ignace, B150, B159

Bourtonbourt, Marie-Martine,
    Rigaux, Marie-Martine

Bouthillier de Rancé, Armand-Jean le,
    Le Bouthillier de Rancé, Armand-Jean

Boy, Philibert, A47

Bradette, Denis, F2

Branda, Jeanne-Lydia, B149

Brandis, Maria Jožefa, B104

Brésillac, Melchior-Marie-Joseph de Marion-,
    Marion-Brésillac, Melchior-Marie-Joseph de

Brien, Ludger, C42

Brisson, Louis-Alexandre, A70

Brou, Anne-Eugénie Milleret de,
    Milleret de Brou, Anne-Eugénie

Brouillet, Joseph, B74

Decelles, Emma, B74

De Champlâtreux, Marie-Louise-Élisabeth Molé,
  Lamoignon, Marie-Louise-Élisabeth de

De Chantal, Jeanne-Françoise,
  Jeanne-Françoise de Chantal

De Chappotin de Neuville, Hélène,
  Chappotin de Neuville, Hélène de,

De Chauvigny, Marie-Madeleine,
  Chauvigny, Marie-Madeleine de

De Chevrières de Saint-Vallier, Jean-Baptiste de la
  Croix,
  La Croix de Chevrières de Saint-Vallier, Jean-
  Baptiste de

De Cicé, Adélaïde,
  Cicé, Adélaïde de

De Cicé, Jérôme-Marie Champion,
  Champion de Cicé, Jérôme-Marie

De Clorivière, Pierre-Joseph Picot,
  Picot de Clorivière, Pierre-Joseph

De Forbin-Janson, Charles,
  Forbin-Janson, Charles de

De Foucauld, Charles,
  Foucauld, Charles de

De Goesbriand, Louis,
  Goesbriand, Louis de

De Grandpré, Caroline Choussy,
  Boudet, Caroline

Dehon, Léon-Gustave, A90

De Hueck, Catherine,
  De Kolyschkine, Catherine

De Jésus,
  Héon, Julie

De Kolyschkine, Catherine, C22, C23

De Kroon, J.,
  Kroon, J. de

De la Barre, François Charon,
  Charon de la Barre, François

De la Chevalerie, Henriette Aymer,
  Aymer de la Chevalerie, Henriette

De la Colombière, Henriette Céré,
  Céré de la Colombière, Henriette

De la Croix de Chevrières de Saint-Vallier, Jean-
  Baptiste,
  La Croix de Chevrières de Saint-Vallier, Jean-
  Baptiste de

De la Dauversière, Jérôme le Royer,
  Le Royer de la Dauversière, Jérôme

Delaere, Achille, A93

De la Faye, Louis-François,
  La Faye, Louis-François de

De la Ferre, Marie,
  La Ferre, Marie de

De la Jemmerais, Marie-Marguerite Dufrost,
  Dufrost de la Jemmerais, Marie-Marguerite

DeLamarre, Elzéar, B169

De la Mennais, Jean-Marie-Robert,
  La Mennais, Jean-Marie-Robert de

De Lamoignon, Marie-Louise-Élisabeth,
  Lamoignon, Marie-Louise-Élisabeth de

De LaMothe, Pierre Lambert,
  Lambert de LaMothe, Pierre

De Lancy, Anne,
  Lancy, Anne de

De Lancy, Charlotte,
  Lancy, Charlotte de

Delaplace, François-Jean-Baptiste, B93

De la Peltrie, Marie-Madeleine,
  Chauvigny, Marie-Madeleine de

De la Rochette, Charlotte-Gabrielle Ranfray,
  Ranfray de la Rochette, Charlotte-Gabrielle

De la Salle, Jean-Baptiste,
  Jean-Baptiste de la Salle

Delaunay, Octavie, B56

Del Bufalo, Gaspare,
  Gaspare del Bufalo

De Lellis, Camille,
  Camille de Lellis

De Lellis, Camillus,
  Camillus de Lellis

De Lezeau, Marguerite,
  Lezeau, Marguerite de

De Liguori, Alphonse-Marie,
  Alphonse-Marie de Liguori

De Liguori, Alphonsus Maria,
  Alphonsus Maria de Liguori

Dell'Antella, Benedetto, A100

Deluy-Fabry, Henriette, B163

Deman, Thomas, C17

De Marillac, Louise,
  Louise de Marillac

De Marion-Brésillac, Melchior-Marie-Joseph,
  Marion-Brésillac, Melchior-Marie-Joseph de

De Maupas du Tour, Henri Cauchon
  Cauchon de Maupas du Tour, Henri

De Mazenod, Charles-Joseph-Eugène,
  Mazenod, Charles-Joseph-Eugène de

De Méjanès, Anne-Victoire,
  Tailleur, Anne-Victoire

De Miramion, Marie,
  Bonneau, Marie

De Montfort, Louis-Marie Grignon,
  Louis-Marie Grignon de Montfort

De Montmorency-Laval, François-Xavier,
  Montmorency-Laval, François-Xavier de

De Murinais, Adèle-Louise-Mélanie d'Auberjon,
  Auberjon de Murinais, Adèle-Louise-Mélanie d'

Den Akker, Emma van,
  Van den Akker, Emma

Den Bosch, Anna Maria Tauscher van,
  Tauscher van den Bosch, Anna Maria

De Neuville, Hélène de Chappotin,
  Chappotin de Neuville, Hélène de

Dengel, Anna, B228

De Pancemont, Xavier Maynaud,
  Maynaud de Pancemont, Xavier

De Paul, Vincent
  Vincent de Paul

De Pinczon, Pauline,
  Pinczon, Pauline de

De Puig, Joaquin Masmitja y,
  Masmitja y de Puig, Joaquin

De Rancé, Armand-Jean le Bouthillier,
  Le Bouthillier de Rancé, Armand-Jean

De Richelieu, dame de Combalet et duchesse
  d'Aiguillon, Marie-Madeleine de Vignerot du Plessis,
  Aiguillon, Marie-Madeleine de Vignerot du Plessis de Richelieu, dame de Combalet et duchesse d'

Der Linden d'Hooghvorst, Émilie van,
  Oultremont, Émilie d'

Des Âges, Jeanne-Élisabeth-Marie-Lucie Bichier,
  Jeanne-Élisabeth-Marie-Lucie Bichier des Âges

De Saint-Ignace, Marie Guenet,
  Guenet de Saint-Ignace, Marie

De Saint-Vallier, Jean-Baptiste de la Croix de che-
  vrières de,
  La Croix de Chevrières de Saint-Vallier, Jean-
  Baptiste de

Deschamps, Marcelle, C10

Deshayes, Gabriel, A34

Deshon, George, A76

Des Noyers, Germain-Marie,
  Des Noyers, Henri-Marie-Maxime

Des Noyers, Henri-Marie-Maxime, B69

Des Places, Claude-François Poullart,
  Poullart des Places, Claude-François

De Verneuil, Jean-Jacques Olier,
  Olier de Verneuil, Jean-Jacques

De Vignerot du Plessis de Richelieu, dame de Combalet et duchesse d'Aiguillon, Marie-Madeleine,
  Aiguillon, Marie-Madeleine de Vignerot du Plessis de Richelieu, dame de Combalet et duchesse d'

De Villeneuve, Marie,
  L'Huillier, Marie

D'Hooghvorst, Émilie van der Linden,
  Oultremont, Émilie d'

D'Houet, Marie-Madeleine-Victoire de Bonnault,
  Bonnault d'Houet, Marie-Madeleine-Victoire de

D'Lima, Grace, B6

Dodd, Cecilia Mary, B128

D'Odet d'Orsonnens, Marie-Salomé,
  Poirier, Marie-Salomé

Doherty, Catherine,
  De Kolyschkine, Catherine

Doherty, Edward Joseph (Eddie), C24

Domingo de Guzmán,
  Dominique

Dominic, A25, B66

Dominique, A25, B66

Donnelly, Catherine, B123

D'Orsonnens, Marie-Salomé d'Odet,
  Poirier, Marie-Salomé

D'Oultremont, Émilie,
  Oultremont, Émilie d'

Du Blosset, Françoise, D3

Dubuc, Alexina, B64

Dubuc, Cécile-Bénédicte,
  Dubuc, Alexina

Dubuc, Denis, D6

Duerr, Mary Aemiliana, B52

Dufresne, Mélodie, B184

Dufrost de la Jemmerais, Marie-Marguerite, B192

Marie du Coeur-Eucharistique,
  Brousseau, Colette

Marie du Sacré-Coeur,
  Fitzbach, Marie
  Gervais, Anne-Marie-Florina
  Giroux, Frédérica

Marie du Saint-Esprit,
  Tétreault, Marie-Délia

Marie du Saint-Sacrement,
  Laflamme, Odile
  Moisan, Jeanne-Marie

Marie-Égide d'Assise,
  Marcil, Rosanna

Marie-Eugène de l'Enfant-Jésus,
  Griallou, Henri

Marie-Eugénie de Jésus,
  Milleret de Brou, Anne-Eugénie

Marie-Euphrasie Pelletier, B186

Marie-François-Xavier,
  Gendron, Marie-Anne
  Le Bihan, Yvonne

Marie-Frédéric,
  Perron, Zélia

Marie-Gabriel,
  Chan Tsi-Kwan

Marie-Henri, B26

Marie-Jean-Baptiste du Coeur de Jésus,
  Muard, Marie-Jean-Baptiste

Marie-Jeanne,
  Lafortune, Marie-Jeanne

Marie-Joseph,
  Rondeau, Marie-Louise

Marie-Joseph de la Providence,
  Lavallée, Marie-Anne

Marie-Léonie,
  Paradis, Alodie-Virginie

Marie-Louise de Jésus,
  Trichet, Marie-Louise

Marie-Madeleine,
  Céré de la Colombière, Henriette

Marie-Michel,
  Poirier, Justine

Marie-Rose,
  Durocher, Eulalie

Marie Saint-Augustin de Jésus,
  Ruel, Marie-Catherine

Marie Saint-Ignace,
  Thévenet, Claudine

Marie-Sainte-Cécile,
  Dubuc, Alexina

Marie-Salomé,
  Roudaut, Marie-Renée

Marie-Thérèse de Jésus,
  Roy, Elzire

Marie-Thomas d'Aquin,
  Branda, Jeanne-Lydia

Marie-Victoire-Thérèse Couderc, B16

Marie-Zita de Jésus,
  Potvin, Éléonore

Marie-Zotique,
  Blais, Étudienne

Marillac, Louise de,
  Louise de Marillac

Marion-Brésillac, Melchior-Marie-Joseph de, A103

Markiewicz, Bronisław Bonawentura, A58

Marquiset, Armand, C37

Martel, Anne-Marie, B84

Martin, Marie,
  Guyart, Marie

Martínez, Elisa, B45

Marty, Martin, A9

Mary Augusta,
  O'Leary, Julia

Mary Camilla,
  Madden, Mary

Mary Elizabeth,
  Schilbertz, Hildegard Gertrude

Mary Ignatia,
  Butka, Mary

Mary Ignatius of Jesus,
  Hayes, Elizabeth

Mary Josephine,
  Mulligan, Mary Josephine

Mary of Saint John of God,
  Nagle, Nano Honora

Mary Vincent,
  Conway, Honora

Masmitja y de Puig, Joaquin, B127

Mathis, Michael Ambrose, B228

Mathys, Clotilde, B63, C31

Matulaitis-Matulevičius, Jurgis, B126

Maupas du Tour, Henri Cauchon de,
  Cauchon de Maupas du Tour, Henri

Maynaud de Pancemont, Xavier, B155

Mazenod, Charles-Joseph-Eugène de, A69, D5

Mazza, Luigina, B129

Mazzarello, Maria Domenica,
  Maria Domenica Mazzarello

Mbemba, Théophile, D6

Meagher, Josephine, B17

Médaille, Jean-Pierre, B111

Méjanès, Anne-Victoire de,
  Tailleur, Anne-Victoire

Melanson, Louis-Joseph, B42

Melin, Marie-Adélaïde-de-Émilie, B85

Melin, Marie-Ignace,
  Melin, Marie-Adélaïde-Émilie

Ménard, Eusèbe-Marie,
  Ménard, Henri

Ménard, Henri, A106, B182, D9, D24

Mennais, Jean-Marie-Robert de la,
  La Mennais, Jean-Marie-Robert de

Mercier, Antoine, B73

Mercier, Madeleine, C25

Merici, Angela,
  Angela Merici

Merici, Angèle,
  Angèle Merici

Merle, Jacques, B191

Merlo, Teresa, B43

Mertian, Eugène, D4

Mertian, Ignace, D4

Mertian, Louis, D4

Michaud, Joseph-Georges-Édouard, D22

Milleret de Brou, Anne-Eugénie, B83

Minsart, Nicolas-Joseph, B178

Miramion, Marie de,
  Bonneau, Marie

Miškov, Andelko Marija, B24

Moisan, Jeanne-Marie, B93

Molé de Champlâtreux, Marie-Louise-Élisabeth,
  Lamoignon, Marie-Louise-Élisabeth de

Momper, Clémence, D18

Monaldi, Bonifiglio, A100

Monnereau, Pierre, B180

Montfort, Louis-Marie Grignon de,
  Louis-Marie Grignon de Montfort

Monti, Luigi Maria, A29

Montmorency-Laval, François-Xavier de, A91, A105

Moreau, Basile-Antoine-Marie, A24, B199

Moreau, Louis-Zéphirin, B172

Morigia, Giacomo, A3

Morin, Oscar, D26

Mothe, Pierre Lambert de la,
  Lambert de LaMothe, Pierre

Mottais, André-Pierre, A24

Muard, Marie-Jean-Baptiste, A101

Muir, George Manly, B187

Mulligan, Mary Josephine, B226

Murinais, Adèle-Louise-Mélanie d'Auberjon de,
  Auberjon de Murinais, Adèle-Louise-Mélanie d'

Mussart, Vincent, A77

Myonnet, Clément, A94

Nagle, Nano Honora, B130

Navarrete, Nicolás,
  Navarrete, Porfirio

Navarrete, Porfirio, B102

Neale, Elizabeth, H9

Neale, John Mason, H7

Neri, Philip,
  Philip Neri

Neri, Philippe,
  Philippe Neri

Neuhierl, Mary Augustine, B1

Neuville, Hélène de Chappotin de,
  Chappotin de Neuville, Hélène de

Noailles, Pierre-Bienvenu, B157

Norbert, A87

Noury, Pierre, B34

Noyers, Germain-Marie Des,
  Des Noyers, Henri-Marie-Maxime

Auxiliaires du clergé catholique, C2

Auxiliaires franciscaines, C3

Clercs de Doréa, A20

Clercs de Saint-Jean, A21

Compagnes de Saint-Vincent de Paul, C4

Compagnie de Sainte-Ursule, C5

Congrégation de l'Enfant-Jésus, B11

Congrégation de Notre-Dame, B13

Congrégation de Notre-Dame du Saint-Rosaire, B14

Congregation of Notre Dame, B13

Daughters of Mary of the Assumption, B42

Dominicaines de l'Enfant-Jésus, B21

Dominicaines de la Trinité, B20

Dominicaines du Rosaire, B22

Dominicaines missionnaires adoratrices, B25

Domus Dominae, C23

Domus Domini, C24

Équipières sociales, C7

Fédération des soeurs au service du clergé, B28

Federation of the Sisters of Saint Joseph of Canada, B112

Filles de Marie de l'Assomption, B42

Filles réparatrices du Divin Coeur, B48

Fraternité sacerdotale, A32

Frères Charon, A33

Frères de Notre-Dame des Champs, A40

Frères maîtres d'escolle, A47

Les Glaneuses, C10

Grey Nuns, B192

Grey Sisters of the Immaculate Conception, B196

Groupe Monde et Espérance, C12

Institut Jeanne-Mance, C13

Institut Notre-Dame de la Protection, C14

Institut séculier Notre-Dame, C18

Institut séculier Pie X, C19

Institut Voluntas Dei, C20

Irish Ursulines, B216

Little Franciscans of Mary, B74

Madonna House Apostolate, C22

Messagères de Jésus, B56

Messagères de Marie-Médiatrice, C25

Messagères de Notre-Dame de l'Assomption, C26

Militantes mariales, C27

Misericordia Sisters, B159

Missionary Oblates of the Sacred Heart and Mary Immaculate, B62

Missionary Sisters of Christ the King, B206

Missionary Sisters of Notre Dame des Anges, B204

Missionary Sisters of the Immaculate Conception, B202

Missionnaires colonisateurs, A60

Missionnaires laïques de Notre-Dame, C30

Missionnaires oblates du Sacré-Coeur et de Marie-Immaculée, B62

Moniales bénédictines, B63

Moniales bénédictines de Mont-Laurier, B64

Moniales bénédictines du Précieux-Sang, B65

Oblate Missionaries of Mary Immaculate, C32

Oblates bénédictines de Ville-Marie, C31

Oblates de Béthanie, B67

Oblates franciscaines de Saint-Joseph, B69

Oblates missionnaires de Marie-Immaculée, C32

Oratorians, A114

Oratoriens, A114

Our Lady's Missionaries, B70

Petites filles de Saint-François, B72

Petites filles de Saint-Joseph, B73

Petites franciscaines de Marie, B74

Petites missionnaires de Saint-Joseph, B31

Petites soeurs de la Sainte-Famille, B29

Petites soeurs de Notre-Dame du Sourire, B77

Pius X Secular Institute, C19

Prêtres du Séminaire de Québec, A91

Recluses missionnaires de Jésus-Marie, B79

Religieuses de Notre-Dame du Sacré-Coeur, B101

Sacerdotal Fraternity, A32

Servantes de Jésus-Marie, B91

Servantes de Marie-Immaculée, C39

Servantes de Notre-Dame, Reine du Clergé, B92

Sisters Adorers of the Most Precious Blood. Congregation of London, B140

Sisters Adorers of the Precious Blood, B138

Sisters Auxiliaries of the Apostolate, B95

Sisters of Charity of Halifax, B96

Sisters of Charity of the Holy Rosary, B99

Sisters of Charity of the Immaculate Conception, B100

Sisters of Mary Immaculate, B229

Sisters of Mercy of Newfoundland, B105

Sisters of Mission Service, B106

Sisters of Our Lady Immaculate, B226

Sisters of Providence, B150

Sisters of Providence of Saint Vincent de Paul of Kingston, B151

Sisters of Saint Anne, B174

Sisters of Saint Elizabeth, B108

Sisters of Saint Joseph of Hamilton, B114

Sisters of Saint Joseph of London, B115

Sisters of Saint Joseph of Pembroke, B117

Sisters of Saint Joseph of Peterborough, B116

Sisters of Saint Joseph of Sault Sainte Marie, B118

Sisters of Saint Joseph of Toronto, B113

Sisters of Saint Martha of Antigonish, B97

Sisters of Saint Martha of Charlottetown, B98

Sisters of Service, B123

Sisters of the Assumption of the Blessed Virgin Mary, B145

Sisters of the Good Shepherd of Quebec, B187

Sisters of the Holy Cross, B200

Sisters of the Holy Names of Jesus and Mary, B184

7.4 Index onomastique des fondateurs et autres collaborateurs canadiens

7.4 Onomastic Index of Canadian Founders and Other Collaborators

288

Le Bihan, Yvonne, B219

Leblanc, Adolphe, B77

LeBlanc, Édouard-Alfred, B101

Leduc, Claire, B72

Leduc, Mathilde, B145

Lefebvre, Alberta, C41

Lefebvre, Camille, B29

Lefebvre, Lucien, C41

Lesieur, Joseph-Onil, C39

Limoges, Joseph-Eugène, B64

Lussier, Gabriel-Marie, A20

McCann, Basilia, B96

McCord, *Mlle/Miss* B11

Mailly, Marie-Paule, C2

Maisonneuve, Yvonne, C14

Mallet, Marie-Anne-Marcelle, B197

Mangin, Alexis-Louis, B91

Mangin, Camille-Arbogast, B74

Marcil, Rosanna, B74

Mathys, Clotilde, B63, C31

Melanson, Louis-Joseph, B42

Ménard, Henri, A106, B182

Mercier, Antoine, B73

Mercier, Madeleine, C25

Merle, Jacques, B191

Montmorency-Laval, François-Xavier de, A91, A105

Moreau, Louis-Zéphirin, B172

Muir, George Manly, B187

Mulligan, Mary Josephine, B226

O'Connor, Mary, B105

O'Leary, Henry Joseph, B98

Olszewski, Francis, B95

Ouellet, Marie-Anne, B92

Ouellette, Jean-Rémi, B30

Panneton, Georges-Élisée, B22

Paradis, Alodie-Virginie, B29

Paradis, Charles-Alfred-Marie, A60

Parent, Louis-Marie, C20, C32

Patenaude, Angèle, C12

Perron, Agnès, B74

Perron, Zélia, B74

Pilote, François, B147

Pineault, Suzanne, B174

Plantin, Jean-Antoine, B149

Poirier, Justine, B174

Poirier, Marie-Salomé, B65

Poitras, André, C27

Pommier, Hugues, A91

Porcile, Eugène-Henri, A21

Potvin, Éléonore, B91

Pouliot, Gilberte, C26

Prévost, Eugène, A32, B67

Raizenne, Marcile, B11

Raizenne, Marie-Clothilde, B11

Raizenne, Tharsile, B11

Raymond, Joseph-Sabin, B138

Renaud, Rita-Marie, B79

Riopel, Albertine, B74

Robillard, Cordélie, B74

Robinson, Jonathan, A114

Roch, Avila, A104

Rondeau, Marie-Louise, B74

Ross, François-Xavier, B206

Rouillé, Mathurin, A47

Roy, Elmyre, B14

Roy, Elzire, B74

Roy, Henri, C19

Roy, Jeannette, B79

Sauvé, Marie-Anne, C25

Savaria, Victor, C10

Schilbertz, Hildegard Gertrude, B99

Simard, Françoise, B168

Souart, Gabriel, A47

Sureau dit Blondin, Marie-Esther-Christine, B174

Tavernier, Marie-Émilie-Eugénie, B150

Tétreault, Marie-Délia, B202

Thuot, Marie-Michel-Archange, B193

Toupin, Laurette, B182

Trépanier, François-Xavier, B152

Trépanier, Marie-Benoît, B65

Trottier, Marie, B22

Turcotte, Béatrice, C30

Turgeon, Élisabeth, B14

Valiquette, Anita, B72

Van den Akker, Emma, B72

Véronneau, Salomée, B174

7.5 Index des termes canoniques de langue française

7.5 French-Language Index of Canonical Terms

Les termes énumérés plus bas renvoient au numéro de section approprié dans le chapitre 3.

The terms listed below refer to the appropriate section in Chapter 3.

7.6 Index des termes canoniques de langue anglaise

7.6 English-Language Index of Canonical Terms

Les termes énumérés plus bas renvoient au numéro de section approprié dans le chapitre 3.

The terms listed below refer to the appropriate section number in Chapter 3.

8. FORMULAIRES DE MISE À JOUR

8.1 Pour les organes directeurs et les archives des instituts de vie consacrée

Après avoir lu la notice consacrée à votre institut, croyez-vous qu'il y manque des données ou que des détails supplémentaires seraient utiles?

Vous pouvez utiliser le questionnaire suivant pour vous guider, sans vous sentir limité par lui en aucune façon; n'hésitez donc pas à répondre par d'autres moyens si vous le désirez, y compris par l'envoi de brochures ou d'autres textes sur votre institut ou votre fondateur.

1) Le nom utilisé en vedette est-il bien celui utilisé actuellement le plus couramment au Canada? Vérifiez bien le nom dans les deux langues officielles.

2) Les autres noms en référence à la fin du texte sont-ils corrects? Certains doivent-ils être ajoutés ou omis? Nous nous limitons aux noms en français, en anglais et en latin, ainsi qu'aux noms dans la langue de l'institut ou de la majorité des membres actuels.

3) Les détails de la fondation sont-ils corrects selon les normes des sections 2.2.2.1 à 2.2.2.3? Il s'agit du lieu de fondation, de la date de fondation et du nom du fondateur. Rappelons les principales normes:
   - lieu: nom civil au moment de la fondation;
   - date: date du premier regroupement; si cette date n'est pas claire, donnez les diverses dates en les expliquant;
   - nom: noms laïc et religieux complets, y compris donc les prénoms; dans le cas d'une femme mariée ou veuve, ses prénoms et nom de famille en plus de ceux de son mari; si le fondateur était **déjà** membre d'un **autre** institut au moment de la fondation, de quel institut s'agissait-il?

4) Les détails historiques publiés sont-ils nécessaires et suffisants pour expliquer votre évolution? Sinon, n'hésitez pas à en fournir d'autres, en vous assurant que les dates et les noms sont aussi précis que possible.

5) Les instituts qui sont le résultat de fusions, d'unions ou de scissions, ou qui ont participé d'une façon ou d'une autre à un institut donné voudront bien fournir des détails précis sur tous ces événements si les notices ne sont pas assez complètes.

6) Les instituts qui sont du tiers-ordre régulier d'un ordre voudront bien donner la date de leur agrégation et les autres dates appropriées (v.g. celle du renouvellement).

7) Les détails relatifs à l'établissement de l'institut au Canada sont-ils corrects? Cet établissement a-t-il été précédé d'un ou de plusieurs voyages exploratoires? Si oui, quand?

8. FORMS FOR UPDATING

8.1 For Officers and Archivists of Institutes of Consecrated Life

Having read the entry on your institute, do you think that some information is missing or that some more details can be added?

You may use the following questionnaire as a guide, without feeling that you have to be limited by it in any way; do not hesitate to answer by other means. You may, if you wish, send us brochures and other literature on your institute and your founder.

1) Is the name employed as the heading really the one presently used in Canada? Look at the forms in both official languages.

2) Are the other names in reference at the end of the text correct? Do some have to be added or omitted? We are limiting ourselves to the English, French and Latin names, as well as the name in the language of the institute, or the name in the language of the present majority of its members.

3) Are the details relative to the founding correct according to the norms of Sections 2.2.2.1 to 2.2.2.3? We are referring to the place and date of founding as well as the name of the founder. Here are the main norms:
   - place: civil name at the time of founding;
   - date: date of the first grouping; if that date is not clear, give the different dates and explain;
   - name: complete lay and religious names, including, therefore, the forenames; in the case of a married woman or of a widow, her forenames and surname, as well as those of her husband, are given. Was the founder **already** a member of **another** institute at the time of founding? If so, which one was it?

4) Are the historical details published here necessary and sufficient to explain your development? If not, do not hesitate to furnish us with the appropriate information in the most precise form possible.

5) Could those institutes resulting from a merger, a union, or a split and those that have in some way been participants in a similar enterprise help us by furnishing precise details on these events, where our entries are insufficient?

6) Could those institutes which are third orders regular of an order give us the date of their affiliation and any other appropriate dates (e.g., renewal)?

7) Are the details relative to the establishment in Canada correct? Was this establishment preceded by one or more exploratory trips? If so, when?

294

8) Les instituts savent-ils si certains de leurs membres ou des membres d'autres instituts ont fondé des instituts ici ou à l'étranger, ou ont été mêlés à des fondations? En l'occurrence, veuillez donner les détails pertinents. (Bien sûr, il s'agit de membres canadiens ou qui ont vécu au Canada.)

Donc, si vous avez des détails à nous fournir sur vous-mêmes, veuillez les adresser à:

Section des publications
Bureau des relations publiques
Bibliothèque nationale du Canada
395, rue Wellington
Ottawa, Ontario K1A 0N4

D'autre part, saviez-vous que tout ouvrage publié au Canada est sujet au dépôt légal, c'est-à-dire que deux exemplaires d'un ouvrage doivent être déposés gratuitement à la Bibliothèque nationale du Canada? Cette exigence s'applique aux règles, constitutions, coutumiers, livres liturgiques ou de prières, brochures diverses, notices nécrologiques, bulletins, périodiques, etc., en autant que ceux-ci sont fabriqués, imprimés ou édités au Canada ou bien à l'étranger, mais rédigés par des Canadiens. Ces ouvrages, bien sûr, sont surtout d'usage interne, mais ils ne sont pas nécessairement des ouvrages de nature purement éphémère ou administrative; c'est la raison pour laquelle ils doivent être déposés. Ils sont très importants pour les chercheurs. Vous avez tout à gagner à vous faire connaître. Pensez à ceux qui font des travaux de recherche!

Vous devez envoyer deux exemplaires des documents déjà publiés et de ceux à venir à:

Bureau du dépôt légal
Bibliothèque nationale du Canada
395, rue Wellington
Ottawa, Ontario K1A 0N4

8) Do institutes know if some of their members or some members of other institutes have founded institutes here or abroad, or if they have in some way been involved in a founding operation? Give the pertinent details. Of course, the members in question have to be Canadians or to have lived in Canada.

So, if you want to give us information about yourselves, please send it to:

Publications Section
Public Relations Office
National Library of Canada
395 Wellington Street
Ottawa, Ontario K1A 0N4

Did you also know that any work published in Canada is subject to legal deposit, i.e., that two copies have to be deposited free of charge in the National Library of Canada? This regulation applies to rules, constitutions, service or prayer books, pamphlets, obituary notices, newsletters, serials, etc., as long as they are produced, printed or published in Canada or outside Canada, but written by Canadians. Of course, these works are usually for the internal use of institutes, but they need not be only administrative or ephemeral documents; this is why they are subject to legal deposit. They are very important for researchers. Help us get to know you. Think about the researchers!

Send two copies of the documents already published and those to be published as they are published, to:

Legal Deposit Office
National Library of Canada
395 Wellington Street
Ottawa, Ontario K1A 0N4

8.2 Pour les chancelleries et archives diocésaines

Si, après avoir vérifié vos dossiers, vous constatez que des instituts ont été présents dans votre diocèse dans le passé, peu importe la longueur de ce séjour, ou que d'autres y sont présents actuellement, et que ces instituts ne figurent pas dans le présent ouvrage, n'hésitez pas à nous en faire part.

Veuillez nous donner, en vous inspirant du questionnaire de la section 8.1, tous les détails pertinents, en n'oubliant pas de bien spécifier
- la date d'arrivée et le lieu du premier établissement d'un institut dans votre diocèse ou au Canada,
- la date de départ de votre diocèse et pour quel pays,
- l'adresse de la maison-mère, de l'administration centrale ou d'une autre maison de l'institut où nous pourrions obtenir des renseignements supplémentaires.

8.2 For Diocesan Chanceries and Archives

If, after having checked your files, you find that there are or have been institutes present within your diocese, for even the shortest period, that are not included in this work, do not hesitate to notify us.

Taking the questionnaire in Section 8.1 as a guide, give us all the pertinent details; specify
- the date of arrival and the date of the first establishment in your diocese, or in Canada;
- the date of departure from your diocese and the country of destination;
- the address of the motherhouse, of the headquarters or of another house of the institute where we could be supplied with more information.

Dans le cas d'instituts avec lesquels vous avez été en contact mais qui ne se sont jamais établis au Canada, en plus des détails mentionnés en 8.1, pouvez-vous nous renseigner sur les pourparlers en question? Vous pouvez nous fournir
- la date et les circonstances du premier contact,
- la date et les circonstances de la réponse négative définitive de l'institut,
- la date du ou des voyages exploratoires faits au Canada par un ou des membres de l'institut, s'il y a lieu,
- d'autres détails pertinents.

Vous voudrez bien adresser tous ces renseignements à:

Section des publications
Bureau des relations publiques
Bibliothèque nationale du Canada
395, rue Wellington
Ottawa, Ontario K1A 0N4

In the case of institutes that you have been in contact with regarding an eventual establishment in Canada that actually did not occur, could you, in addition to those matters referred to in 8.1, provide us with information about
- the date and circumstances of the first approach;
- the date and circumstances of the final negative answer of the institute;
- the date of the exploratory trip or trips made by members of the institute to Canada, as the case may be;
- other relevant details.

Kindly send all this information to:

Publications Section
Public Relations Office
National Library of Canada
395 Wellington Street
Ottawa, Ontario K1A 0N4

Nihil obstat quominus imprimatur
   Ottavae, die 26 mense junii   anno 1979
   Joannes Moncion, o.m.i., censor deputatus

Imprimatur
   Ottavae, die 3 mense julii anno 1979
†Josephus-Aurelius Plourde, archiepiscopus Ottaviensis